故宫答问

郑欣淼访谈录

故宫出版社
The Forbidden City Publishing House

序言

2008年年底，在故宫出版社（原紫禁城出版社）的帮助下，把我在故宫博物院工作六年中接受报纸、杂志访谈的文章汇集起来，以《守望经典——郑欣淼谈故宫》的书名印行。此书共收入42篇访谈录，最早一篇刊于2002年11月23日《文汇报》，最晚的载于2009年第1期《学术界》，其中公开发表的40篇。采访的报纸有12种，为《文艺报》、《人民日报》、《光明日报》、《中华读书报》、《新京报》、《中国文化报》、《中国文物报》、《人民政协报》、《解放日报》、《广州日报》，另有台湾《中国时报》、香港《文汇报》；刊物共20种，为《书法》、《中国青年》、《凤凰周刊》、《往来》、《时政瞭望》、《三联生活周刊》、《文物天地》、《艺术市场》、《华人世界》、《中国报道》、《台声》、《风范》、《小康》、《中国文化产业》、《民主与法制》、《中华英才》、《北京青年周刊》、《人物》、《学术界》、《紫禁城》；另有陕西渭南电视台的采访。

从2009年至2011年，我又先后接受了多种媒体的采访，有报纸、期刊，也有网络、电视。其中报纸有14种，为《人民日报》、

《光明日报》、《中国文化报》、《中国文物报》、《中国青年报》、《北京青年报》、《人民政协报》、《文汇报》、《解放日报》、《新京报》、《中国社会科学报》、《中国改革报》、《深圳商报》、《渭南日报》；期刊11种，有《东南文化》、《中国报道》、《三联生活周刊》、《凤凰周刊》、《今日中国论坛》、《中国经济周刊》、《南风窗》、《中国之音》（法文版）、《环球人物》、《中华儿女》、《使命》；电视台3家，央视、凤凰卫视、东方卫视；网站5家，有光明网、新华网、人民网、网易新闻、搜狐文化客厅；另有台湾的《中国时报》、《艺术家》等报刊。去除了数篇我以为可收可不收的以外，共得访谈录50篇，49篇都发表于我在故宫博物院院长任上，唯有与阎崇年先生关于"大故宫"的对话，则是我卸任之后两个月进行的，之所以收录进来，是因为所谈的内容我以为很重要，崇年先生以《大故宫》的讲演和著作，充分阐述了"大故宫"的内涵，而"大故宫"是我一直倡导的，是故宫学的一个重要内容。

《守望经典》所收录的访谈，是按发表的时间顺序排列的，《故宫答问》则做了大致的分类，共为四辑：

第一辑，27篇，是关于故宫及故宫博物院的价值与意义的认识，故宫管理者的责任，应有的胸怀、眼光及一些具体的措施，反映了故宫保护的新理念与博物馆建设的新的进步。《一杯咖啡打不倒中华文化》、《故宫保护需要社会的支持》、《保护一个完整的故宫》、《故宫要有"营销"的态度》、《博物馆姓"文"不姓"钱"》等，从题目上就反映了一些新的视野与思维。故宫学是一门正在成长的学科，《"故宫学"的视野和梦想》是我在上海《解放日报》

举办的一次国际著名博物馆馆长论坛上的讲演，全面而简要地阐述了故宫学得以形成的背景、条件和意义。《古老的故宫　年轻的故宫学》与《以学术研究推动故宫发展　以开放理念完善公众服务》是我很在意的两篇专访。前一篇的采访者是祝晓风先生，他一直关注着故宫学的发展，从所提问题就可以看到他思考的深入；后一篇的专访者是南京博物院院长龚良先生，他以深厚的学术素养及博物馆同行的职业经验，对故宫的工作做了梳理。

第二辑，14 篇，关于两岸故宫博物院的交流与合作。如果说，在 2009 年之前，故宫古建筑维修一直是社会关注的热点，那么两岸故宫在隔绝 60 年后的再度聚首就成为了 2009 年后轰动海内外的一件大事。《两岸故宫之“脉”》对两岸故宫的渊源及交往的必然性做了比较深刻的论析。《故宫博物院有两个，但故宫只有一个》，介绍了故宫在两岸同胞心目中的地位。《故宫学：搭建两岸合作的“虹桥”》，说明故宫学研究的现实意义。《两岸故宫交流需有更多智慧》，根据交流的实践体会，提出要勇于探索。

第三辑，2 篇，关于 2011 年故宫博物院发生失窃等事件的访谈。这一年的 5 月，正在故宫举办的一家香港私人博物馆的展品发生失窃，由此引发一些事件，后来又有人接连“爆料”，一时沸沸扬扬，故宫成为舆论的焦点。《打开故宫“十重门”》一文，笔者以认真负责的态度，对所提出的一系列问题做出了实事求是的解答和说明，表明了吸取教训和改进工作的决心。《故宫的“多事之秋”：想象与现实》，记者通过对故宫博物院大量人员的采访，目的是探究“想象与事实之间，究竟有多远的距离?”

第四辑，7 篇，重点是关于笔者个人的经历、生活、爱好等。

我的经历比较复杂，也有多方面的爱好。《故宫的守护者》、《一路书香一路歌》都是介绍我的经历的访谈，特别是《斑澜岁月诗意人生》一文，更是全面地记述了我的人生之路，其中关于我当年报考鲁迅专业研究生未果，后来却坚持进行鲁迅思想的研究，我是如何从陕西调到中央工作的等，都是第一次披露。我曾任过八年中国鲁迅研究学会的会长，2006 年与 2010 年，接受过三次有关鲁迅的访谈：《鲁迅的方向仍然是中国先进文化的方向》（《文艺报》）、《鲁迅是一种力量》（《解放日报》）、《我读鲁迅》（《人民论坛》），这三篇文章已收录在《山阴道上》。我的鲁迅研究，在本书收录的一些文章中也有谈及。我喜欢旧体诗词，2006 年接受过《中国文化报》的采访，题目是《旧体诗创作：从复苏走向复兴》，《新华文摘》转载了，也收入《山阴道上》。本辑中的《诗人郑欣淼：感时赋事吟心声》，就是对于我的诗歌创作的访谈。

需要说明的是，这种分类只是大概的，事实上，许多采访特别是三大电视台及几家网站的访谈，都包括了故宫维修、文物清理、两岸故宫交流以及故宫学发展等内容，当然各部分所占分量不尽相同，多数还是有重点的。

这些访谈反映了社会对故宫的关注。访谈不只是单纯的你问我答，而是一种交流，是互相启发的过程，有时甚至成了一种探讨。我对访谈都很重视，会做认真的准备。但访谈中采访者也会突然提出一些问题，常使我“措手不及”，但又非答不可，这时就可能“脱口而出”，这些未经深思熟虑的话，往往可能是自己最真实的想法，我的答问中就有不少这样的内容。

故宫是说不完的话题。对故宫的认识也没有止境。但愿这些访谈文字，对于读者了解故宫与故宫博物院能有所帮助。

郑欣淼

二〇一三年一月于御史衙门

目 录

第二辑

第三辑

第四辑

第一辑

故宫的胸怀

——对话故宫博物院院长郑欣淼

采访者：《解放日报》记者曹静、尹欣

85 岁“高龄”的故宫博物院，近期新闻不断：

与台北故宫携手办展、同巴黎卢浮宫签下“文化大单”、回应“故宫里的星巴克”、故宫文物家底大整理、首次在网上开卖纪念品……

一系列动作背后，是故宫一以贯之的文化态度和文化胸怀——不唯我独尊、不孤芳自赏，大气自信地面向世界、面向大众、面向未来。

不能怀着狭隘的想法去计较，而是要以开放的胸怀、长远的思维来看待两岸文化交往

新闻背景： 11 月 18 日，两岸故宫第二届学术研讨会在北京举行。会上透露的信息显示，2011 年将是两岸故宫携手合作的重要一

年：除了将参与《富春山居图》在台北的合璧展出，还有“康熙大帝与太阳王路易十四”大型展览、两岸故宫第三届学术研讨会。

记者：去年，在两岸故宫实现60年来首次互访后，我们曾专访过您。一年多过去了，现在的两岸故宫交流处于何种状态？

郑欣淼：交流非常频繁。去年，我们和台北故宫合作，在台北搞了“雍正特展”。今年上半年，台北故宫来我们这里交流志愿者工作（他们称为义工），下半年，我们也派人过去学习。11月2日，两岸故宫视频连线，召开了工作会议。可以说，我们正通过一件件实实在在的事情，将两岸故宫的交流制度化、常态化。

记者：我们注意到，目前正在北京故宫博物院举办的“明永乐宣德文物特展”，和2011年北京故宫将要推出的“兰亭序展览”，都无法见到来自台北故宫的文物。在两岸已经举办的合作展览中，都是北京故宫单方面向台北故宫借出文物。

郑欣淼：限于法令与名称问题，台北故宫的藏品目前还无法到大陆参展。因此，对于我们目前借出文物到台湾，有的人颇有意见，认为这是一种“不对等”，建议我们也不要出借文物。

记者：您怎么看这个问题？

郑欣淼：北京故宫和台北故宫之间有着特殊的情愫，这种紧密维系是客观存在、不可抹杀的。我们能向台湾同胞展示作为一个整体的故宫，展示两岸人民共同拥有的文化记忆，就已经是一件非常好、非常有意义的事情了。所以只要他们提出要借，我们能支持的就支持。我们不能怀着狭隘的想法去计较，而是要以开放的胸怀、长远的思维来看待两岸文化交往。

记者：我们出借了文物，一定也收获了很多。您认为，两岸故宫一年多来的交流，为北京故宫带来了什么？

郑欣淼：我感到，我们的交流是互相尊重、互相借鉴，在比较中细细观察学习对方的好处，一点一滴地积累、提高。台北故宫在文物展览、文化创意产品开发等方面，都有许多值得我们学习的地方。他们和国际博物馆界开展交流比我们早，视野比较开阔，同样是办展览，筹备经验比我们丰富。去年办“雍正展”，他们下了一番功夫，研讨会组织的论文质量高，对我们很有启发、借鉴作用。因此，我们今年办“明永乐宣德文物特展”，也精心准备，推出150余件（套）文物，将永乐宣德时期中国艺术发展史的基本概况贯穿于8大类展品中。同时举办的两岸故宫第二届学术研讨会“永宣时代及其影响”，发表了不少高质量的学术论文。

视野限制思考方式，故宫
不能只知道自己这一块田，埋头耕种

新闻背景：11月5日，北京故宫博物院和巴黎卢浮宫的代表签下文化大单，将未来五年合作计划落上纸面。在明年9月到11月，北京故宫将首次在卢浮宫举办大型展览，也是中国文物第一次在卢浮宫举办大型展览。

记者：我们注意到，故宫不仅加强了两岸交流，还进一步走出国门。此次故宫和卢浮宫签订的“文化大单”，包括哪些内容？

郑欣淼：我们将在文物和艺术展览、人员和经验交流以及信息

沟通等方面加强交流与合作。故宫和卢浮宫可以说是世界上接待游客最多的两家博物馆，故宫博物院今年接待游客预计达 1200 万人次，而卢浮宫去年接待游客 800 多万人次。怎样在满足不断增多的观众的服务要求的同时保护好文物，这是我们两家面临的共同难题，也将是我们交流的重点。

其实，我可以透露，这不是故宫和卢浮宫首次签订合作协议。早在 2005 年，我们就签署了第一份协议，并于 2008 年合作，在故宫博物院举办了“卢浮宫・拿破仑一世”展览。除了卢浮宫之外，近年来我们还陆续和美国大都会博物馆、英国大英博物馆、俄罗斯艾尔米塔什博物馆、德国德累斯顿艺术博物馆、日本东京国立博物馆签订了长期战略合作意向书，开展广泛的学术交流与合作。

记者：古老的故宫逐渐有了面向国际的视野。

郑欣淼：确实，我感觉最近几年故宫最大的变化就是开放与交流。这种交流，不是看对方的名气，谁的名气大就和谁交流，而是从故宫的实际需要出发。除了博物馆界，我们也和国内外高等院校、科研院所及其他学术机构合作。比如，我们和德国马普科学史研究所联合开展“中国古代宫廷与地方技术交流史”项目，与四川文物考古研究院、首都师范大学共同研究藏传佛教，与香港中国文物保护基金会合作建福宫花园复建项目，和美国世界建筑文物保护基金会合作倦勤斋保护项目。

记者：这种跨国界、跨学科的合作是否擦出了不一样的火花？

郑欣淼：对我们非常有启发。比如，德国马普研究学会是非常著名的科学研究机构。我们的合作项目是用科技史的角度来研究故宫文化遗产，探求中国古代科技的发展与变化。

看看这些研究课题："皇宫与地方建筑内檐装修技术的交流"、"12至18世纪官民瓷业技术的互动"、"西藏与宫廷——乾隆时期藏传佛教铜法物加工技术之选择与引进"……这些都是过去只注重器物研究的我们提不出来的。

记者：令人耳目一新的课题，不仅意味着研究方法的转变，也意味着思维方式的转变。

郑欣淼：视野限制思考方式，故宫不能只知道自己这一块田，埋头耕种。人类历史早就证明了，不交流是无法获得更大发展的，汉唐盛世就是打开大门迎接世界后才出现的。我们故宫博物院现在设五个研究中心：古书画研究中心、古陶瓷研究中心、明清宫廷史研究中心、藏传佛教文物研究中心、古建筑研究中心，都延请国内外一流的专家，用开放的心态来做研究，既提升了我们的科研实力，又培养了人才，使故宫的学术逐步走向学术界的前沿。

一小杯咖啡就能打倒故宫？民族自信心不是一种简单的排外，应体现出文化上的大气大度

新闻背景：10月13日，故宫博物院院长郑欣淼做客《人民日报》，开讲"叩开故宫的神秘大门"。对人民网编辑关于"星巴克出现在故宫引起争议"的提问，郑欣淼首次作了回应。

记者：关于"故宫里的星巴克"的争论已经过去多时。2007年，星巴克最终迫于压力，退出了故宫。而故宫方面对此始终没有表态。此次您为何愿意正面回答这个问题？

郑欣淼：争论发生时，我们有一个基本态度，就是作为当事方，尽可能地不去参与讨论，避免炒作、被断章取义，因此始终没有正面回应。在不久前的这次论坛活动中，人民网编辑提了这个问题。考虑到这一新闻事件已过去好多年了，我就作了回答。

记者：您对此事的看法是什么？

郑欣淼：从当时到现在，我的态度一直都是一致的。我觉得，这事件首先说明了大家热爱故宫，认为故宫是中华文化、民族尊严、民族历史的象征，这点很让人感动。

但同时，我认为，星巴克作为一个为公众服务的场所，也有存在的需要，我们不应对此“上纲上线”。在法国卢浮宫，里面的经营也是多种多样。假如卢浮宫里有人卖中国茶，法国人就宣称要把它剔除掉，我们会怎么看？

所以我在回答的时候说，我们的国家正在发展，我们的民族也在复兴，有着如此悠久历史的中华民族，难道一小杯咖啡就可以打倒？这个事件过去了，我相信大家可以更理性地来看待。毕竟，中华文化具有强大的包容性，我们也要有一种文化的自信。

记者：您认为将星巴克“赶出”故宫其实是一种文化不自信的表现？

郑欣淼：自闭或自大，其本质都是缺乏自信。我们说中国的崛起，是经济实力的发展，也应该是文化上的崛起，应该体现出文化上的大气、大度。尤其在全球化时代，民族自信心不是一种简单的排外。

故宫作为世界文化遗产，说明它在世界文化中有独特的价值。但我们更应尊重不同文明的贡献。在世界文明的形成过程中，任何民族都有它独特的贡献。对于本国文化，我们确实应该有一种钱穆先生所说的“温情与敬意”，但这种“温情与敬意”不是说其他人都不如我，排斥其他文明，这种心态要不得。

鲁迅先生曾说过，我们许多人缺乏对我们自己的正确认识，缺乏自信。现在，特别是在中国经济崛起的背景下，人们开始重视文化建设、民族素养、人民心态的情况下，我们看问题的态度也应该更理性、更自信。

记者：过度保护与自我封闭，对我们的文化其实是有害无利。不过现在还有一种不好的倾向，就是把文化遗产当做工具，对这些遗产缺少“温情”，更别提“敬意”。

郑欣淼：这种情况是有，我们也碰到过。去年是共和国60大庆，有关部门提出，贵宾车队要停放在内金水河桥北面，就是太和门前，这样车辆就要驶过内金水河桥，这对石桥保护是很不利的。因此，经过研究，我们认为不宜在此停车，如果一定要停，那就要在桥上临时搭个保护装置，让车在这上面经过，而且方案必须要经过专家鉴定通过。在我们的坚持下，贵宾车队停放在内金水桥内侧的方案最后被放弃。我认为，以文化的态度对待文物，这才是保护。对我们祖先遗留下来的文化遗产的崇敬，应该体现在对它的文化内涵的理解弘扬、对它的物质形态的真正保护上。

打开思路，用“故宫学”的视野
重新审视故宫，有不少令人欣喜的发现

新闻背景：今年年底，历时整整7年的故宫馆藏文物清理核对工作将基本结束。一批曾经被忽略的老物件被提升为文物，每件文

物的名称、数量、尺寸、方位等信息全部录入电脑。约 150 万件“家底”的故宫文物目录，有望陆续向社会公布。

记者：故宫文物大清点，是否可以视作是为了加强对故宫文物的充分理解，其实质也是对故宫的保护与弘扬？

郑欣淼：是的，只有彻底弄清博物馆藏品的种类和确切数量，才能有效地实施保护，才能对它的内涵、特点以及价值有更为全面、准确的认识，也才能对它进行更为深入的研究和挖掘。

记者：早在 1925 年成立时，故宫博物院就开始边对外开放，边清点文物藏品，同时整理出版藏品目录。新中国成立后，故宫先后进行了 3 次文物清理。这次大清理和过去的清理有什么不同？

郑欣淼：这次清理是在“故宫学”的视野与理念指导下进行的。从“故宫学”的角度看待故宫，我们对文化遗产的理解逐步深化。我们意识到，不仅故宫古建筑、宫廷文物珍藏有重要价值，原来不被重视的宫廷遗物，是反映宫廷历史文化的实物见证，也有着非常重要的意义。

因此，这次清理，我们不仅将过去从未系统整理过，既不算文物，也不算资料的物品，如 13 万件清代钱币、2 万余件帝后书画进行了系统整理，而且对所有资料藏品进行了重新鉴定、研究，完成了共计 180122 件资料提升文物的工作。

记者：跳出原有的思维习惯，以新视野重新审视故宫，是否有不少令人欣喜的发现？

郑欣淼：确实是。这次发现，从顺治到宣统，乃至慈禧、隆裕的墨迹都有传世，保存良好。尤其是一批比较完整的“乾隆御稿”，内容多样，有乾隆的朱笔草稿、诗文和诸多随手写下的文句拈条，以及侍从翰林大臣誊清的楷书诗文稿，共约数万张，是研究乾隆皇帝的重要的第一手资料。过去，因为帝后不是书法家、艺术家，帝后书画不受重视。但现在看来，它们是重要的历史资料，对于宫廷文化、思想研究也具有重要价值。

还比如，袁世凯要当皇帝时，准备把三大殿名字改了。我们此次就发现了当时特意做的一批门帘，上面的黄条写着新殿名，还没来得及挂起，非常有研究价值。还有过去随便夹在包袱里的清宫衣鞋纸样和衣盒等，这次找出了 330 件。它们是清宫服饰的重要组成部分，有很重要的历史价值。

记者：可以想象，此次大清理后出版的《故宫博物院文物藏品总目》、《故宫博物院藏品大系》，将会引起海内外史学界极大反响，对未来的明清史研究、艺术学研究等产生重要影响。

郑欣淼：故宫博物院丰富的藏品是中华民族珍贵的文化遗产，不是故宫所独有的，而是故宫代表国家对其进行保管。对这些文物进行妥善的保护与研究，是故宫对国家、对民族应该承担的责任。

在面向普通大众的过程中，既要保持民族性，又要体现时代性。

新闻背景：近日，故宫博物院在淘宝网开通了官方旗舰店。面相憨憨的皇帝皇后、肚子浑圆的八旗娃娃现身网络，立刻受到了广大网友的热捧。

记者：故宫和淘宝网，很难想象这两者会发生联系。故宫一面在文物大清理，一面在网上开卖故宫纪念品，这是出于什么想法？

郑欣淼：今年是故宫博物院建院85周年、紫禁城肇建590周年。文物大清理时对故宫丰富的历史内涵进行深入、全面的发掘。另一方面，故宫也要更便捷地接近大众，使故宫文化走进千家万户，变成“流动的故宫”、“可带走的故宫”。

记者：面向普通大众，其实也是故宫应有的胸怀。

郑欣淼：是。而且，在面向普通大众的过程中，一定要和当代社会相适应、与现代文明相协调，既保持民族性，又体现时代性。

记者：故宫如何在文化产品上体现这一点？

郑欣淼：这次故宫淘宝主推的是适合年轻人的Q版产品。大家看到的“宫廷娃娃”、“Q版大兵”、“大明潮人”等等，都是故宫专家和设计团队历经几年潜心研究的成果。这种故宫之前未曾使用过的“话语系统”，受到了好评，像“宫廷娃娃”系列形象获得了2010年博物馆文化产品一等奖，销售额在所有产品中列首位。以后，我们还会针对不同人群推出有故宫特色、故宫风格、故宫气派的产品，让更多人了解故宫、亲近故宫。

记者：故宫开网店，一方面是接近大众，但另一方面也令人产生疑问：故宫怎么也开始想到赚钱了。故宫如何把握商业开发的尺度？

郑欣淼：一方面，我们要开发具有故宫特色的文化产品，让人们在买走它的时候也等同于“带走”一座紫禁城，以后一看到，就立刻想到故宫、想到中华文化。另一方面，我认为，博物馆的产品开发不是指产业化，博物馆不是企业，不能以盈利为目的，它有它的底线。我们可以赚钱，但要符合博物馆的运作规则以及形象。请大家放心，我们绝对不会以任何不当行为影响故宫的声誉。

原载 2010 年 12 月 3 日《解放日报》

故宫要有自觉的文化承担

采访者：《中国文物报》记者孙秀丽

在中国历代宫殿中，只有明清皇宫紫禁城在总体布局上最接近左祖右社、前朝后市、五门三朝等儒家的理想和封建礼制。……我们代国家管理文化遗产，管理先人留下的这么多珍贵的东西。我们是要有这个责任感的，这是对国家、对民族负责任的表现。

——郑欣淼

7 年前，郑欣淼提出了故宫学，他把这视为近 80 年故宫博物院历史的水到渠成。在他看来，故宫学一直是存在并被前辈实践着的，自己只是明确提出这个理论并加以归纳。而提出这个理论的契机是，2002 年他受命担任空缺长达 13 年之久的故宫博物院院长，开始主持百年不遇的故宫大修。

“故宫要有一个自觉的文化承担。我们要在中国文化艺术史的建设上真正做出贡献。”他举例说，故宫博物院将和镇江合作，出版 30 余卷的《米芾全集》，下一步则计划继续出版“宋四家”及

《赵孟頫全集》等历代著名书画家作品全集。“像这类古代艺术家的作品，大都分散在全国各地甚至海内外，相对来说，故宫收藏的数量比较多，因此由故宫出面好组织。”

这样的事情只能故宫牵头来做，而且每一件都是中国文化建设的大事。在故宫学提出 7 年之后，“构建故宫学学科体系，时机已经成熟。”郑欣淼兴致勃勃地对故宫学的发展前景充满信心。

作为对他信心的反馈，中国艺术研究院聘请郑欣淼院长为博士生导师并招收了故宫学方向的博士生；台湾学者谢敏聪于 2009 年秋季开始在台湾清华大学讲授“故宫学概论”课程，每学期有 2000 余名学生以电脑选课的方式争取 80 个修课名额，授课参考书基本来自郑欣淼的故宫学著作。这一切让郑欣淼感到安慰。他说，“如果作为一个学科，故宫学很有它发展的人文前景。想一下子搞到轰轰烈烈，也是不可能的，但是能踏踏实实地推进。”

故宫学的研究范围被概括为 6 个方面：故宫古建筑（紫禁城）；院藏百万件文物；宫廷历史文化遗存；明清档案；清宫典籍；80 余年的故宫博物院发展历程。其中，紫禁城被视为故宫学研究的核心。回首 7 年历程，再谈故宫学提出的缘起，郑欣淼无限感慨。对他而言，故宫学概念的提出，最开始并非为了提出新理论，而是为了解决最现实的故宫管理问题。

执掌故宫之初，郑欣淼首先感到的是故宫的庞杂。要面对“故宫头绪太多”的挑战：各种展览、收藏以及保护、科研、维修，都是很重要的工作，但彼此不相联系……提出怎样的管理思路摆在郑欣淼面前。他需要一个能从管理层面抓故宫领导工作的重点，作为“纲”来统领工作。为此，他先后查阅了故宫 20 世纪 30 年代出版的刊物、书籍及资料，看了台北故宫的学术期刊和著录，还找了国外汉学家研究中与故宫有关的、与清宫历史有关的、与清宫散佚出去的文物有关的研究，并多次召开专家座谈会倾听故宫人意见。在进行了半年多细致调研之后，他意识到，对故宫的认识是个不断加深的过程，了解的越多，越感到故宫的博大精深，不敢轻言真正懂得了故宫。而且了解故宫学术研究，就要和对故宫博物院近 80 年历史的考察结合起来。2003 年 3 月，在上海博物馆举办的“国际博物馆馆长高峰论坛”，郑欣淼作了题为《故宫的价值和故宫博物院的内涵》的讲演，申明了对故宫与故宫博物院的定位。这次演讲可以说是故宫学理论提出的一次预热。他提出，故宫不只是“中国最大的文化艺术博物馆”，而且是世界上极少数同时具备艺术博物馆、建筑博物馆、历史博物馆、宫廷博物馆等特色，且符合国际公认的“原址保护”、“原状陈列”基本原则的博物馆和文化遗产。这个观点迅速在学界引起较大的反响。于是同年 10 月，他正式提出“故宫学”概念，并在以后的 7 年里，和他的同事们一起，通过一系列大刀阔斧的工作实践，使故宫学的学科理论探索，在进步，在发展。而“故宫学”实际统领了他担任院长的故宫博物院主要工作，包括整体大修和家底大清查。更重要的，他始终坚持了故宫面向公众的姿态。

推进故宫学研究，是故宫博物院在 21 世纪的学术使命

郑欣淼一再强调，故宫学是几代人努力探索与实践取得的共识。

之前的近80年已有了长期的学术理论积累和准备，欠缺的只是一个对故宫本身的拔高，尚属学科发展的自发阶段。而故宫学的提出并确立使故宫学研究进入了自觉阶段。他认识到了能串联起故宫各项工作的这个概念，不仅仅把它视为一个学科或一门学问，而是在实际工作中碰到的，并且可能与其实际工作结合在一起的一个思路。

而更早的思路的酝酿，还可以追溯到1999年故宫举办的“清代包装艺术展”。这个展览让时任国家文物局副局长的郑欣淼大受震动：“那么好的包装，皇家的材质、工艺，本身就是艺术品，却长期被忽视。”他在《我看清代宫廷包装艺术展》一文中谈到，从展览上得到三点启发，“加强了对文物内涵的理解，拓宽了文物概念，人文历史传统的研究”。对文物概念的重新认识，也构成了日后故宫学概念形成的最初灵感：“由于受传统的文物观的影响，我们对包括宫廷文物在内的许多东西是不太重视的。传统的‘古董、古物、古玩’观念对人们的影响很深，而没有把评判文物价值主要放在文物自身所蕴涵的历史文化信息上。从文化遗产的角度去看待故宫的宫廷遗存，并挖掘、突出它的社会文化价值，就会发现这些原本不起眼的东西有其独特的历史文化内涵和一定的认识作用。”

“实践证明，在2003年得出的这一结论基本上还是站得住的，是符合实际的。故宫学研究范围虽然宽广，但故宫文化的核心是以皇宫、皇权、皇帝为重点的皇家文化。”郑欣淼肯定了自己当年的思路，“只是现在的理解比当初深刻得多了”。通过《故宫博物院发展总体规划纲要》可以看到，过去7年的故宫，是一个积极的故宫，奋发的故宫。科研和出版尤为鼓舞人心。郑欣淼表示：“我就是想在文化积累上、文化建设上，真正地把故宫提上来。不都是故宫一定要做的事，但故宫理应做出更多的贡献。”

从2006年开始，“永远的故宫”系列宣讲活动开始在高校、社区和军营陆续展开。首站在北京大学，然后是清华大学、中国人民大学、北京师范大学、国防大学、北京林业大学、中央民族大学、北京外国语大学、中国社科院研究生院、中央党校、浙江大学以及台湾政治大学，等等。每年两个选题，主题就是“故宫与故宫学”。除了讲座，还有图片展，反响都很不错。他说：“我们能做的，是尽量向社会提供普及的机会。”

要看到故宫的特殊性　分清“宫”和“院”

故宫是学术机构，是故宫博物院成立伊始就明确的定位。在考察故宫历史的过程中，郑欣淼发现，故宫在学术研究方面曾有很好的传统。而后来很长一段时期，大家把故宫视为一个普通的博物馆，没有看到故宫的特殊性。故宫的藏品和中国的历史文化有着特殊的渊源关系，历代皇家的藏品，不止是价值连城的艺术品，而是和历代皇家的统治权联系在一起的。

这也是令郑欣淼自豪的地方。他说，对比西方的几大博物馆如大英博物馆、卢浮宫、大都会博物馆的不同在于，西方各个大博物馆，其藏品往往是在18、19世纪，特定的历史时期，从各文明古国以各种手段掠夺而来，文物藏品与其国家的历史文化一般没有关系，文物的价值离开了它原来的发源地。而故宫的文物，是和一段特殊的历史联系起来的。因此，故宫学提出以来，一直在提出要摒弃旧有对故宫文物认识上的缺陷，扩展故宫学的外延，如物质遗产领域的皇家庙宇、园林、陵墓、典制、军事、狩猎、窑址、仓储、漕运等等；非物质文化遗产领域如工艺技术传承乃至传承人；明清以来与世界文化的碰撞、吸纳研究。需要整合的还有北京、台北、沈阳、南京以及其他地区的皇家遗迹，以及流散在国外的清宫旧藏。

郑欣淼的“野心”是，故宫学应该与敦煌学、甲骨学一样，成为一个独立的学科。而故宫博物院在故宫学研究中有着特殊的地位，它不仅要利用自身优势，在已有基础上有新的提高，而且要为海内外故宫学研究提供服务。“不止在文物清理上，在学术研究、文物陈列展览、文物保护、古建维修等多个方面，故宫都需要树立开放心态，勇于打破封闭，加强对外交流与合作，加强博物院与社会联系。这是故宫保持生机与活力的重要保证。”

“凡是能反映宫廷历史文化的，都有同样的价值。它的价值是客观存在的，只能说我们是否已经认识到。认识水平决定了我们对文物价值的认识，随着我们认识的不断提高，或者我们视角的变化，可能很不起眼的东西，就具有重要的作用。”在不遗余力地推动故宫学的过程中，郑欣淼一直在坚持的一个思路就是文物概念的拓宽。明确我们要保护的对象是什么，为什么需要全面保护？

从故宫博物院成立以来，就存在“宫”和“院”的关系问题。郑欣淼指出，故宫与故宫博物院是两个不同的概念，又是两个有联系的概念。故宫博物院是依托故宫这座宫殿建立起来的，所以故宫成了一个特殊的博物馆，代表着中国古代宫殿建筑的最大成就，本身信息量巨大。他举例说，故宫所包含的内容，它的联系应该比敦煌学更为密切。皇家的藏品本身都是有记载的，包括造办处的档案，至今仍保留着。这就涉及对宫廷文物、对故宫非物质文化遗产的看法问题。比如在过去，马鞍上装饰着小钟表，钟表被取下来给了钟表部，不把包装当文物的事例更不胜枚举。而故宫拥有的精美皇家包装，仅目前整理出来的就有5000多件。“因此，要把大量的宫廷实用品遗存纳入进来，这部分实用性的物品反映的是典章制度、宫廷日常生活。”在他来看，这其实是指导思想的一个大变化，是对以往文物概念的颠覆。而在2002年修订过的《中华人民共和国文物保护法》中，文物概念的这种变化在法律上获得了承认。

另外一个保护对象就是宫廷的非物质文化遗产，如古代官式建筑技术、建筑艺术、文物修复技术，都是上百年传统技艺的传承。像修复钟表、书画装裱、古画临摹、青铜器修复、宫殿维修的匠师，一直没有离开故宫，并代代相传，成为故宫博物院的骄傲。传统古建技术对故宫来说还有两项其他地方难以比拟的优势。一是有大量的历史资料、文档，包括清代世袭皇家建筑师“样式雷”家族留下的2000余张包括故宫一些建筑物在内的样式图，还保留了80余具“烫样”，即当时做的建筑模型；清代档案中有不少与故宫的建设、维修有关的档案；1949年以来的维修档案都完整保存着。另一优势是故宫长期以来一直有专门的维修管理机构和施工队伍，不仅服务于故宫，而且惠及社会。故宫大修设置了专门机构，对大修全过程跟踪摄影记录，就是为了使古建技术得以保存。

发动社会力量，用开放的气度
吸纳全世界多学科的参与

由于故宫学涉及范围广泛，已有的许多研究成果都是中国文化

史、中国艺术史、中国明清史的重大课题，郑欣淼提出，“在研究中需要运用历史学、考古学、文献学、建筑学、文艺学、美学及相关的自然科学的理论和方法，把院藏文物、古建筑和宫廷史迹作为互相联系的整体来研究；需要多学科协作；把人文与科技结合起来；把学术研究与业务工作结合起来；把研究与传承结合起来。”

因此，故宫博物院自身的功能也在具体工作中进行了调整。收藏、保护、管理、展览、科研、人才培养、学科理论建设等等，在推动故宫学的过程中被重新排序，应运而生的是故宫博物院5个研究中心的规划和设立。

5个研究中心分别涉及陶瓷、古书画、明清宫廷史、古建筑及藏传佛教。事实上，这正是郑欣淼谈到的管理故宫需要的突破点之一。统领5个研究中心的是今年9月份刚刚成立的故宫学研究所，方向就是故宫学研究。可以预见，5个研究中心的成立，将为国内外专家学者开展合作性课题研究提供学术平台。研究中心人员一般由两方面组成：一是院外、海外、国外有关大学与博物馆及科研机构的著名专家学者；一是院内专业部门人员及相关部门的专家。院外尤其是国外专家学者的积极参与，使故宫人有机会借鉴国外同行的研究方法和学术成果。

另一方面，借助故宫大修，故宫的文物保护科技部也得到空前的发展。2009年12月，“古陶瓷保护研究国家文物局重点科研基地”已在故宫博物院挂牌。

与此同时，故宫博物院和国际上的交流也出现了一些很有意味的变化。从过去接受文物修复与自然科学领域的支持，到如今出现了在文物本身的研究和宫廷历史文化方面的研究内容。如故宫博物院和德国马普学会共同进行的“17～18 世纪中国古代宫廷与地方技术交流史”研究课题。由此可以看到的是，故宫的研究，已不止于北京故宫这 72 万平方米之内的内容，外延到包括明清皇家遗存、中国和国外的宫廷史研究比较领域等。而后者已经把古代社会技术史、科技史研究包含在内。仅上述一个课题，目前参与者都有了自己的研究方向和成果，如“乾隆御窑厂的管理体制和官样制度”、“清代皇家织造考察”、“扬州匠艺与宫廷内檐装修”、“宫廷与苏州——以乾隆时期的玉器雕刻为考察对象”、“西藏与宫廷——乾隆时期藏传佛教铜法器加工技术之选择”、“康熙雍正时期宫廷与地方画珐琅技术的互动”，以类似的交流项目为桥梁，故宫研究在深度、广度以及相应的人才培养方面都走上了新台阶。

除了德国，故宫博物院还和法国科学院、美国的有关大学合作成立藏传佛教研究中心；与四川省文物考古研究院及有关大学合作在四川、西藏的考察；和浙江、江西合作官窑遗址的发掘与研究，等等。学术研究早已超越了原来就器物说器物的范围。2009 年，故宫博物院恢复了中断 18 年的科研成果评奖，鼓励采用新的研究手段方法进行研究的一批青年学者。

在鼓励年轻学者创新的同时，故宫对徐邦达、耿宝昌、杨伯达、郑敏中等老一辈专家配备助手，开展抢救传承，如系列图书、音像的出版，“故宫绝活”非物质文化遗产的拍摄。郑欣淼表示，“人才培养的导向很重要，故宫人不管年龄老的，年龄轻的，都给他们发展的机会。”

在一系列鼓励政策的基础上，故宫开始了宏大的图书出版计划。大力资助相关专著、学术丛书的出版。把出版和培养人才、博物院的建设捆绑起来。如“紫禁书系”、长达数百卷的“故宫藏品大系”、多达两千万字的“故宫百科全书”，还有“线装版石渠宝笈”、“明宫史研究丛书”以及有关故宫文化遗产的志书、实录、编年、纪事系列等等。同时，伴随着故宫整体维修，《故宫古建筑实录》大型丛书的公开出版也被列上日程，对每处维修的宫殿编制完整的档案，提供科学报告，这套计划约50册以上的丛书目前正在编纂中，计划到2022年结束。在故宫学大框架下，这些举措终将达成与文化遗产走向公众的大方向的契合。郑欣淼认为，凭借现有的藏品的优势，很多出版大系可能都是国内其他博物馆无法做到的。因此，这是故宫需要具备的超越意识。他把故宫藏品大系的编辑出版视为“需要长时期努力的文化建设工程”。

可以说，当前的故宫，在故宫学的统领下，开始了一个新的时代。

保护文化遗产，永远不能懈怠
故宫作为大文化遗产的文化担当

“故宫的古建筑群不是孤立的一个‘壳’，它与丰富的清宫遗存连在一起，成为中华传统文化的一个载体和中华文明成就的一个标志。”郑欣淼指出，过去大家没有注意到紫禁城与故宫文物的不可分割性。所以前几年有人提出，故宫的文物书画没有地方展，可以放到其他地方。就是因为不懂故宫形成的内在联系，把这些文物简单化了。

“在清理文物的过程中发现，我们自己对宫廷遗物的认识也是不够的。长期以来，许多宫廷文物是不被当作文物看待的。所以必须进行文物清理，文物底账要弄清楚”，郑欣淼一次次向公众解释最近这次文物家底清查的初衷。据1990年代的统计，北京故宫博物院的院藏文物为100万件左右。而近年，将过去排除在文物清单外的善本、珍本图书、书版以及包括2万件帝后书画在内的文献资料列入其中。加上其他新发现，总数已增加到150万件（套）以上。即将结束的最新一次文物清理将对150余万这个数字具体到个位，并出版《故宫文物藏品总目》。同时付诸巨大人力物力编辑出版卷帙浩繁的《故宫博物院文物藏品大系》。“既可以更好地为社会服务，对我们自身也是监督。故宫文物是价值连城的国有资产，我们有这样的责任。”而且，他提出，从民国时期就形成的“绝对公开”作风应该得到进一步发扬光大，公开故宫藏品，各种档案文献也尽量向社会公布。有些藏品可能是永远不能展览的。要使故宫的价值为社会深入认识，才能体现“故宫是公民的故宫”。同时故宫也有义务使观众从一般“游览”的心态转到对优秀传统文化的景仰、熏陶、启迪。

今天，一个真实的故宫，离公众的视线已经越来越近。进入21世纪的故宫博物院，面临着有史以来最好的机遇。2001年11月，国务院确定了全面维修故宫的任务。这次故宫百年来规模最大的一次维修，正是促使郑欣淼执掌故宫的契机之一，更是促使他提出故宫学学科建设的缘由。从国家层面开始重视的故宫大修，以及借故宫大修进行的为期7年的“家底”总清查。使故宫学的指导意义变得具体而实在。在制定《故宫博物院发展总体规划纲要》和《故宫保护总体规划大纲》中，他把建立“故宫学”的学科目标、规划

“故宫学”学科框架作为重要内容，制定了全面、系统的故宫学术研究计划。

2009 年，两岸故宫之间破冰开展往来。双方通过合作展览，学术讲座，互派人员学习、观摩文物等方式展开了低调而积极的往来，院领导之间还开通了视频通话。郑欣淼欣喜地认为，这是故宫割不断的关系使然。两岸交流确实需要两岸一个大的、良好的气氛环境，需要两岸领导人的推动。但最根本的、持久起作用的是两岸故宫的关系。说到底，可以用故宫学来推动两岸故宫的联系。

而北京故宫从明清皇宫演变为博物馆，再到世界遗产，乃至纳入故宫学学科研究体系，故宫遗产也被上升到大文化遗产的高度去整体保护。2003 年，郑欣淼是基于“故宫是一个博大精深的文化整体”的大背景下提出故宫学。他把从实际工作的体会中总结出的故宫学概念，和故宫博物院的工作结合了起来。通过理论的概括、深化、提高以后，再来指导工作，力争引领更多的人来参与。在故宫学被学界广泛认知的今天，大家已经意识到，故宫文化遗产理应被视为中国古代乃至近现代文化史的一部分，它 85 年的保护历程和最近 10 年的飞跃，是中国文化遗产事业发展递变的映照，更是中国文化遗产保护需要引为借鉴或经验的样板。因此，由故宫学指导下的故宫遗产的保护管理以及科研实践，对于今天的文化遗产保护有着不言而喻的示范意义。

在一次采访中，郑欣淼诗意地表达了自己对故宫的情感：“在故宫的日出日落中，像林徽因说的一样，有多少悲壮的历史情景，梦幻一般远逝，但是故宫却挽留住了历史的精神气质——我还能用什么样的语言来描述故宫呢？还能用什么样的语言去表达我对故宫的热爱呢?”对于这位63岁的学者、故宫管理者来说，投入情感，投入智慧，终于不枉执掌故宫的重任。

原题为《郑欣淼：故宫要有自觉的文化承担》，原载2010年第5期《中国文化遗产》

故宫是一座文化底蕴深厚的宝库

采访者：《中国改革报》记者裴力

故宫始建于1406年，是明、清两代的皇宫，那时叫紫禁城，现在仍有8000多间殿宇，在漫长的491年间，曾有24位皇帝相继在此登基执政，是世界上现存规模最大、保存最完整的古代宫殿建筑群。1925年，紫禁城完成它的历史角色转换，由昔日皇宫变身为故宫博物院。这座历经风雨的恢宏建筑群承载着明清500余年的历史，蕴涵着中华5000年文明的演变历程。它作为世界遗产受到世人广泛关注，作为国内博物馆的“龙头”，更是从整体上反映着中国博物馆事业的发展水平。就故宫的文化研究和学术发展，本刊主编采访了北京故宫博物院院长郑欣淼。

故宫是一座文化底蕴深厚的宝库

记者：故宫博物院是以故宫及其丰富的珍藏为基础建立起来的中国最大的博物馆。“宫”与“院”究竟是什么关系？

郑欣淼：“宫”、“院”合一的特殊身份，成就了故宫博物院举世闻名的特殊地位，同时也带来特殊的难题与挑战。多年来形成的各种历史遗留问题带来的不利影响，以及近年来随着故宫保护与博物馆事业的迅速发展产生的一些新问题逐渐显现，并无一例外地聚焦在如何看待和处理“宫”与“院”的关系上。

“宫”、“院”关系在某种意义上可以理解为故宫保护与利用的关系。二者之间的关系，在一些具体问题上尽管有矛盾，甚至是比较尖锐的冲突，但是作为依托故宫建立的博物院，保护故宫的完整性和历史真实性，其实也是为故宫博物院发展腾飞创建平台。反过来，把故宫博物院建设成为世界一流博物馆，也必将更全面地向公众诠释、宣扬紫禁城，更好地促进对故宫的保护。

“宫”、“院”结合的故宫博物院，既不能因为要确保故宫的安全而关门大吉，把观众拒之门外，也不能完全照搬一般旅游景点的服务标准而漠视对故宫真实性完整性的保护要求。故宫博物院必须兼顾故宫的有效保护与适度利用，寻求两者的最佳结合点，在保护中实现彰显价值、发挥作用的使命，促进故宫保护与故宫博物院建设协调可持续发展。

记者：故宫的文物和中华民族的命运紧密相连，它承载着深厚的文化意义和民族情感，是把海峡两岸联系起来的强有力的纽带。两岸故宫的交流一直为大众所关注，现在的交流处于什么样的层面，未来在哪些方面可能有所突破？

郑欣淼：20 世纪 40 年代末，故宫博物院抗日战争时期南迁文物的 1/4 被运到台湾，1965 年在台北成立故宫博物院。从此，世界上有了两个故宫博物院。两个博物院同根同源，其一是从 1925 年至

1949 年，两家博物院有着长达 24 年的共同历史；其二是文物藏品都主要来自清宫旧藏，而且有很强的互补性。这就决定了两个故宫博物院具有深层次的关系。

2009 年，两个故宫打破 60 年的隔绝状态，开始了交流与合作，联合举办文物展览，共同召开学术研讨会，并在文物影像资料互惠共享、信息化技术交流、图书资料交换、互派人员到对方从事短期研究等方面都全面展开。两岸故宫的交流有三个特点：一是交流合作的项目由点到面，范围不断扩大；二是逐步走向制度化、规范化；三是通过两院合作，带动了与相关文博单位的交流。今年不仅是故宫博物院建院 85 周年、紫禁城建成 590 周年，也是世界反法西斯战争胜利 65 周年。北京故宫与台北故宫联合举办“温故知新：重走故宫文物南迁路”的活动，北京故宫于院庆期间还将举办“明永乐宣德特展”以及“故宫学国际学术研讨会”等活动。

记者：每一个走进故宫博物院的人，对国宝有一种很神秘的感觉。但是北京故宫博物院一级文物就有近万件，这么重要的馆藏，我们如何保护它？

郑欣淼：故宫的保护工作是第一位的，现在对外宣布的文物是 150 万件（套）。我们现在有一个现代化的地下库房，这个地下库房有 2 万多平方米，我们搞了十年搞起来的，有 100 万件文物在地下，而且是恒温、恒湿的，相当安全。我们把保管条件要求不高的文物放在地面库房。我们有一个 70 多人的文物保护部门，叫文物科技保护部，负责故宫文物的保护。同时我们有大量的现代化的设备，为故宫文物保护提供强大的科技保障。

保护任务是很重的，有些是需要日常保养的，比如说钟表，要进行日常养护，使其维持最佳运行状态。书画也要定期检查，对故宫的钟表和字画珍品，我们有一套严格的保护程序。有些书画在休眠期就不能展出。《千里江山图》这幅画20年没有展出了，去年在书画馆展出，在这20年里，除非特殊的需要，一般是不能随便打开的。

这次故宫维修是国务院确定的任务，要通过整体维修保护使故宫重现盛世庄严、肃穆、辉煌的原貌。7年来，工程进展顺利，达到了预期目标。故宫维修的意义体现在两个方面：一是对故宫“完整保护、整体维修”理念的实践，体现出对故宫保护的文化传承意义；二是维修的思路、原则、要求、标准、方法不但对国内，而且也对国际文化遗产保护做出了贡献。

记者：故宫是民族文化的浓缩，而您则浸润在这个浓缩的深宅大院里，守卫着我们民族的精神宝库。终日里与这个深宅大院朝夕相处，您对故宫一定有很深的感情。如果有一天让您离开这个朝夕相处的深宅大院，您会是怎样的心情？

郑欣淼：这些年来我每天早上6点多就来故宫上班，可以说这里是我生活中很重要的组成部分，甚至已经成为一种生活方式了。刚才你说得好，故宫是我们民族文化的浓缩，能够浸润在这个博大精深的深宅大院里，研究和守护国家这块灿烂的文化遗产，我感到自豪，也感到责任重大。80年来，我们在故宫精神的哺育感召下，创造着新的故宫精神，而这种故宫精神则是古老传统文化血脉的延续。我感受比较深的，故宫有一位老先生叫郑珉中，他是著名的宫廷史专家。郑先生1947年就进入故宫，今年86岁。我们给他配了车，他却坚持骑自行车。当然他早就退休了，但是像这批专家仍然每天到故宫来上班，每天在故宫的红墙边，都能看到他的身影，他和故宫已经融在了一起。我迟早也会离开工作岗位的，但我会仍然热爱故宫，会进行有关故宫的研究。

故宫有一些因守卫需要而引进的外国名犬，有人训练它们。我碰见一个小伙子，他每天骑着自行车，狗就跟着他跑。有无数这样的人，他们把自己的一生献给了故宫，他们以故宫为荣。和这些默默无闻的普通工作人员一样，我对故宫的感情在不断地加深。

记者：应该说故宫的守卫者们都是一代一代的传承，也深深的把自己的情感投入到故宫里面。故宫不单是一座皇家宫殿和中国最大的博物馆，它是一个将建筑、文物、典籍等多种元素融合在一起的文化整体，是中国五千年传统文化的结晶。因此怀着对故宫古老文化的眷恋与敬重，您提出了“故宫学”？

郑欣淼：你说得好，正是对故宫的深厚感情，2003 年我提出“故宫学”，这几年来，它得到很多专家学者的赞同。台北故宫的周功鑫院长对此极力支持，她说这个提得好。我为什么要提出“故宫学”，我感觉我们过去对故宫的理解是分散的、割裂的，这个后果就是缺乏对故宫整体的认识，对它丰富内涵的认识。

现在提出“故宫学”，有这样几个意义。第一，故宫确实作为一个文化整体，比如说我们传统看什么是文物，可能你也知道，青铜器是文物，古代的书画是文物，玉器是文物。但是皇宫大量的一些用品、反映典章制度的用品算不算文物？过去我们把一些就不算文物，还有一些没有引起重视，比如说像清代帝后写的字、画的画，现在有 25000 多件，这些过去在文物总数里并没有包括它，认为帝后不是艺术家。

现在还发现了一批乾隆诗稿。作为“故宫学”来看，凡是能反映宫廷历史，反映这个时代的都是重要的历史记录，所以“故宫学”的提出，就是好多我们过去引不起重视的东西，都从文化遗产角度给予重视，这也反映我们对文化遗产的全面保护。

还有一个我认为很有意义的，就是如何看待流散在外的清宫文物。故宫的文物有好多流散在世界各地。这些文物离开故宫原来存放它的场所和环境，其文物价值大打折扣。比如说最近拍卖的乾隆皇帝所谓的宝座、玉玺，如果和故宫联系起来，和当时的典章制度联系起来，和乾隆皇帝的其他收藏联系起来，就有了深刻非凡的意义。所以“故宫学”的提出，我觉得对于散佚在海内外大量的清宫文物有了一个学术上的归属。这些文物在海外可能是孤零零的，放在“故宫学”里，与故宫联系起来就有了生命、有了灵气、有了丰富的内涵。

所以“故宫学”的提出，打破了单一学科的界线，也使故宫文物的研究与归属具有了新的视角。我们欢迎世界各地的学者来参与“故宫学”的研究，因为“故宫学”是一个开放的学术体系，自然该有一个开放的心态。

记者：故宫是传统文化的浓缩，但是在故宫文物的展示、保护等方面，我们采用了很多国际领先的高科技手段。譬如说“数字故宫”。“数字故宫”听起来很时尚，应该是与信息化结合在一起的。您能否介绍一下“数字故宫“？

郑欣淼：“数字故宫”包括很多内容，包括文物的展示，我们有网上的博物馆，在网上也可以看到故宫的一些藏品等。另外也包括文物的管理系统，比如说我们的文物账目就是电子化的，过去是人工的，人工出现什么问题？可能登记重了。一个东西登记几张卡片，有的是漏登了。现在通过电子化，账册基本上就避免了这类问题。当然还有办公系统，我到故宫这几年，已经没有在纸上批文件了。

另外，比如我们和 IBM 搞穿越时空的紫禁城，上网就可以看到，还包括一些游戏。我们和日本的凸版印刷公司，已经合作快 10 年了，在故宫里成立故宫文化资源数字研究所，这个研究所是中国文物界唯一的、名副其实的中外合作的研究单位。故宫这几十年来唯一一个新建的建筑物就是数字化研究所。

我们感觉到它对博物馆发展起着相当重要的作用，带来工作方式的一些变化，当然我们还有一些，比如在展览的时候，辅助的利用数字化，辅助的介绍，大家更直观、更好地对展览有所了解。总的来看，“数字故宫”的建设，我们在数字化发展方面目前还是走在比较前边的。当然这方面的竞争也是很激烈的，最近国内各地新办了好多博物馆，一些新博物馆起点很高，他们在这方面也做得很不错。台北故宫在这方面也下了功夫，我们叫数字化，他们叫“数位化”，他们在这方面也很有特色的。数字化也是我们和台北故宫合作交流的一个重要方面。

原载 2010 年 8 月 27 日《中国改革报》

“故宫是有灵性的”

采访者：《环球人物》杂志记者朱珠

从故宫的北门神武门入内，向西走去，有一排很普通的青砖平房。其中没有挂门牌的那一间就是院长办公室。现任北京故宫博物院院长郑欣淼在这里办公将近8年了。

房间的隔音效果并不好，外面有人走动，里面就能听得一清二楚。但这根本没有影响到他的谈兴。只要谈起故宫，谈起文物，他整个人就会沉浸其中，浑然忘却外部的世界。

使命和责任

在已过花甲之年的郑欣淼身上，有着传统中国文人的深刻印记。他擅长写作严格合乎声韵的古体诗，并认为文言文是中文的根基。他有着儒雅的谈吐和做派。郑欣淼把“文人”这个词定义为“修养”、“担当”和“责任”三个方面：“国难当头，能够坚持到最后的都是读书人，你看文天祥是这样，清末‘庚子国变’时也有大批这样的人。”

郑欣淼在2002年以文化部副部长的身份兼任第六任故宫博物院院长的职务。在这之前，故宫博物院院长的位子已经空缺了十多年。他刚到故宫的时候，称自己“诚惶诚恐”：“受到国家和人民的委托管理故宫，深感责任重大，我一定会把故宫保护好，请人民放心。”

带着这份文人的责任感，郑欣淼到故宫之后，进行了几项改革，其中便包括不再允许国内外贵宾的车辆通过内金水河上的汉白玉石桥。他认为，允许车辆通过内金水河上的石桥，“不仅是破坏文物，还是对待民族文化的态度的问题”。他援引钱穆的话说明改革的原因：“任何一国的国民，对待本国的历史文化，都应该抱有一种起码的温情和敬意。”从此，这项规定一直被执行了下来。2009年国庆阅兵，有关机构想在太和门前安排停车，与故宫协商，后又致函故宫的上级部门。其间很多人劝郑欣淼让一次步，他却给上级写了正式的报告，说明要在太和门前停车，就得过内金水河上的石桥，而内金水河上的石桥是重要的文物，被车来回碾压会造成破坏。如果一定要使用，就必须在桥上再架设一个保护措施。最后，他的坚持得到了认同，阅兵当日，太和门前整洁肃穆。当记者问起这件事，他只是说：“我是这里的负责人，这个话我不说，谁来说呢?”

与文史的不解之缘

郑欣淼生长在陕西，至今，他的言语中还带有未完全改变的乡音。陕西是一个遍地都是文物的大省，曾是中华文明的中心。郑欣淼用“有幸”二字来形容自己成长的经历。他曾就读于临潼县的华清中学，学校就位于骊山脚下，离秦始皇陵只有七八里路，华清池是同学们经常去游玩的地方。从骊山烽火戏诸侯到唐玄宗和杨贵妃的缠绵爱情故事再到“西安事变”，用他的话说：“那里本来就是历史的热土，在那里洗个澡都可以和历史联系在一起。”

在西安工作的 15 年间，因为单位所在的陕西省委离大雁塔不远，每天晚饭后，或者休息日，郑欣淼就会溜达到大雁塔去。这块积淀下厚重文化的土地，给了他开阔的胸襟。“中国历史上最强盛的周秦汉唐，都城都在这里。这里到处都是古迹，这对我的影响非常深。”

郑欣淼喜欢读书是出了名的。1995 年 9 月，郑欣淼调任青海省副省长，在青海工作期间，他的身影时常流连在一个叫“白唇鹿”的民营书店中。一个副省长跑到书摊去借书，难免会招人议论，为免让路人好奇，郑欣淼每次都让司机把车停得远一些，自己走到书店去。

在他现在的办公室里，记者看到一侧的大书架上堆得满满的都是书。其中有他自己的一些著作，更多的还是几代“故宫人”的研究成果，还有中华书局版的二十四史。郑欣淼告诉记者，他在北京图书馆、首都图书馆都办有借书证，“我平时比较忙，借一些书读，不只为增加知识，也能使人的心境平和一些。现在社会风气有些浮躁，可谓‘天下熙熙，皆为利来；天下攘攘，皆为利往’。我的体会是，能看上半天书，或到书店走走，总会有收获。”他这样说。

从政几十年，郑欣淼的工作都是以文史为主。最后来到故宫，也可以说是他一生事业走过“春华”，到了“秋实”的时候了。

两岸故宫文物首度聚首

台湾政治大学位于台北市的文山区，离台北故宫博物院所在的外双溪尚间隔着相当长的路程。这是一座建立在半山上的学校，2009 年 10 月 9 日，正值秋光明媚的时节，郑欣淼来到了这里，他即将在政大的舜文大讲堂以“故宫和故宫学”为题发表演讲。那天他提前到了半个小时，见到负责接待他的政大文学院院长周惠民时，他道歉说：“我到早了。”对方连声回答道：“不早不早，已经晚了 60 年。”

郑欣淼是为了 2009 年 10 月 8 日的“清世宗文物大展”赴台的，在展出的 246 件文物中，有 37 件来自北京故宫博物院。从 1949 年故宫博物院被一分为二，到这次两岸故宫文物首度聚首，中间已相隔了整整一个甲子。喜欢作诗的郑欣淼以一首七言绝句总结了这次交流的成果：

犹记春华灿漫时，
而今秋实满枢枝。
果然好雨如期至，
敢忘殷勤谨护持。

自 2003 年以来的数次台北之行及与同仁的交流，令郑欣淼感触最深的是对方经营博物馆的理念：“台北博物院几十年的努力，对台湾社会、台湾民众文化素养的提升，起到了非常积极的作用。博物馆不光是要办好展览，还有社会教育的责任。北京的故宫也是一样，它不是一个简单的旅游景点，它承载着更多的内涵，应该发挥更重要的作用。”

把故宫看成一件大文物

2010 年是紫禁城建成 590 周年，也是故宫博物院成立 85 周年的重要年份。届时故宫会推出一系列重大的展览和学术会议，包括“永乐宣德文物大展”，“重走故宫文物南迁路”活动以及关于“故宫学”的研讨会等。

“故宫学”的概念是由郑欣淼提出的，它的研究范围大致包括故宫古建筑、院藏百万件文物、宫廷历史文化遗存、明清档案、清宫典籍以及 80 多年的故宫博物院的历程等六个方面。这个成体系的崭新学科，是他奉献给故宫的最重要的成果，也是对数代前辈“故宫人”的交代。“故宫学”一问世，便受到海内外学者的高度关注和支持，和红学、敦煌学、甲骨学一样，故宫终于也有了属于自己的独立学科。

郑欣淼如数家珍地告诉记者，在院庆的这一年将要完成什么工作，要出版什么书籍，要整理什么文物：“故宫虽然在我们这里，但是我们希望不同地域、不同领域的人都来研究它，所以我们要给大家提供这样的平台。要让社会知道我们拥有什么样的东西。”

故宫的藏品有它的特殊性，从明宫到清宫，从清宫到国民政府，再到抗战中的南迁，它一直和整个中华民族的感情联系在一起。郑欣淼在“故宫学”中表达了这样的观念：“我们应该把故宫看成一个大文物来研究。故宫所承袭和经历的历史变迁，也正是中华文明逐步进化、发展的过程。”

郑欣淼喜欢在清早上班后从办公的神武门附近一直散步到三大殿前，这是一片3万平方米的宽广区域，他常常站在这里遐想。金水河的水流引自北京西郊的玉泉山，天气好的时候，河中可以倒映出蓝天白云、红墙黄瓦。600年的岁月，像水一样，匆匆地从这里流过。

“今天我作为一个管理者站在这个地方，想着600年的人和事，感到非常庆幸。故宫是有灵性的，不知道记载了多少故事。它也是一本书，我们不停地在阅读，也在不断地给它增添新的内容，最终我们也会成为它的历史。”

原载2011年第5期《环球人物》

永远的故宫　开放的故宫

——专访故宫博物院院长郑欣淼

采访者：《人民日报》记者李舫、杨雪梅

去年2月14日，台北故宫博物院院长周功鑫应邀参访北京故宫，实现了两岸故宫60年来首次高层互访，实现了两岸文化交流的重大突破。今年10月10日为故宫博物院成立85周年纪念日，两岸故宫正在商洽共同重走77年前的“南迁之路”，这也是两岸故宫对不平凡历史的又一次深情回眸。就85年来的文化研究和学术发展，记者采访了故宫博物院院长郑欣淼。

记者：故宫是一个文化整体，而现在大多数人对它的认识往往局限在某个方面。如果从当代博物院的理念来看待故宫，您认为故宫最大的特色是什么？

郑欣淼：所谓故宫是个文化整体，是指故宫古建筑与清宫藏品及遗存有着密切的关系，而且其中还包含着历史上与之有关的大量人和事。有人曾提出，要把故宫的一些藏品划拨到其他博物馆，理由是故宫的展示条件不太好。这说明对故宫文物藏品特点缺乏深入了解，把它们只看成一个个孤立的、毫无关联的物品，忽视了这些文物与宫廷的关系，以及文物之间的关系。从文化整体的视野上来研究，故宫古建筑与故宫文物就有了新的价值，就有了生命。从文化整体的角度来看待，故宫博物院就是一个非常特殊的博物馆，是世界上极少数同时具备艺术博物馆、建筑博物馆、历史博物馆、宫廷文化博物馆等特色，并且符合国际公认的“原址保护”、“原状陈列”基本原则的博物馆和文化遗产。这就是故宫最大的特色。

记者：故宫博物院是以故宫及其丰富的珍藏为基础建立起来的中国最大的博物馆。“宫”与“院”究竟是什么关系？

郑欣淼：故宫作为世界文化遗产，我们必须实现有效保护；而作为博物院，在保护的前提和基础上，也要充分履行研究、展示等适度利用、服务社会以及弘扬中华文化的博物馆职能和历史使命。“宫”、“院”合一的特殊身份，成就了故宫博物院举世闻名的特殊地位，同时也带来特殊的难题与挑战。多年来形成的各种历史遗留问题带来的不利影响，以及近年来随着故宫保护与博物馆事业的迅速发展产生的一些新问题逐渐显现，并无一例外地聚焦在如何看待和处理“宫”与“院”的关系上。我们只有认真对待并正确处理二者之间的关系，才能为故宫保护和博物馆建设赢得更大的发展空间，从而实现双赢。

“宫”、“院”关系在某种意义上也可以理解为故宫保护与利用的关系，或者说是故宫保护与博物馆建设的关系。我们认为，二者之间的关系，在一些具体问题上尽管有矛盾，甚至是比较尖锐的冲突，但是作为依托故宫建立的博物院，保护故宫的完整性和历史真实性，其实也是为故宫博物院发展腾飞创建平台。反过来，把故宫博物院建设成为世界一流博物馆，也必将更全面地向公众诠释、宣扬紫禁城，更好地促进对故宫的保护。

“宫”、“院”结合的故宫博物院，既不能因为要确保故宫的安全而关门大吉，把观众拒之门外，如此也就谈不上文化的弘扬了；也不能完全照搬一般旅游景点的服务标准而漠视对故宫真实性完整性的保护要求。面对世界遗产保护和对公众开放的不同要求，故宫博物院必须在多方面分析、多渠道探索中妥善处理二者关系，兼顾故宫的有效保护与适度利用，寻求两者的最佳结合点，在保护中实现彰显价值、发挥作用的使命，促进故宫保护与故宫博物院建设协调可持续发展。

记者：故宫的文物和中华民族的命运紧密相连，它承载着深厚的文化意义和民族情感，是把海峡两岸联系起来的强有力的纽带。两岸故宫的交流一直为大众所关注，现在的交流处于什么样的层面，未来在哪些方面可能有所突破?

郑欣淼：20 世纪 40 年代末，故宫博物院抗日战争时期南迁文物的 1/4 被运到台湾，1965 年在台北成立故宫博物院。从此，世界上有了两个故宫博物院。两个博物院同根同源，其一是从 1925 年至 1949 年，两家博物院有着长达 24 年的共同历史；其二是文物藏品都主要来自清宫旧藏，而且有很强的互补性。这就决定了两个故宫博物院具有深层次的关系。

2009 年，两个故宫打破 60 年的隔绝状态，开始了交流与合作，联合举办文物展览，共同召开学术研讨会，并在文物影像资料互惠共享、信息化技术交流、图书资料交换、互派人员到对方从事短期研究等方面都全面展开，虽然还有一些问题和障碍，但总的发展态势是好的。两岸故宫的交流有三个特点：一是交流合作的项目由点到面，范围不断扩大；二是逐步走向制度化、规范化；三是通过两院合作，带动了与相关文博单位的交流。

今年不仅是故宫博物院建院85周年、紫禁城建成590周年，也是世界反法西斯战争胜利65周年。北京故宫与台北故宫将于6月上中旬联合举办“温故知新：重走故宫文物南迁路”的活动，北京故宫还将于院庆期间举办“明永乐宣德特展”以及“故宫学国际学术研讨会”等，这些展览和学术活动都有台北故宫的支持和参与。

记者：故宫是中国首批列入《世界遗产名录》的遗产，去年有1100多万人参观故宫，几乎达到了承受的极限。2002年10月17日开始的故宫百年来的最大规模修缮，引起海内外的高度关注。请问故宫维修工程有什么重要意义？

郑欣淼：故宫维修是国务院确定的任务，要通过整体维修保护，使故宫重现盛世庄严、肃穆、辉煌的原貌。7年来，工程进展顺利，达到了预期目标。故宫维修的意义体现在两个方面：一是对故宫“完整保护、整体维修”理念的实践，体现出对故宫保护的文化传承意义；二是维修的思路、原则、要求、标准、方法不但对国内，而且也对国际文化遗产保护做出了贡献。

记者：近年来，故宫尽管身处古老东方，却一直放眼世界，特别是故宫学概念的提出，更引起广泛的关注，请问故宫学的提出有什么意义？

郑欣淼：故宫学是我们于2003年提出的，其主要依据是故宫为一个文化整体，80来年的故宫研究成果是其重要基础。故宫学体现出的故宫博物院对传承弘扬中华文明的强烈的责任感、使命感和自觉性，它倡导的“故宫在中国、故宫学在世界”理念所蕴含的开放的工作思路、自觉的创新意识，不仅引领着故宫学术研究从自发走向自觉、积极规划故宫的学术前景、提高故宫的学术影响力和学术地位，更为故宫保护和博物馆建设事业提供了理论的指导。

原载2010年5月14日《人民日报》

故宫之旅

采访者：［法］塞利·佩罗、王雪飞

通过对故宫博物院院长郑欣淼的采访，北京故宫的大门对我们敞开了。通过这次机会，可以了解这一著名博物院不为常人所知的方面。

尽管他掌管这一中国最神奇的地方已经八年了，但他并不高傲。六十来岁，中等身材，面带微笑，尽管政绩突出，曾任文化部副部长，但依然很和蔼。平易近人的他在故宫里的办公室热情地接待了我们，并回答了我们的所有问题。我们交谈得十分愉快，他非常热情地给我们介绍了一些这一世界上最大博物馆之一的部分鲜为人知的事。

管理职责

作为占地面积72万平方米的故宫管理者，郑院长知道管理工作的难处。这一全年不间断每日开放的博物馆，有大概300名保卫和管理人员看管那些大殿。17 点关门之后，这里就成为一个坚固的堡垒。只有管理 3800 把钥匙的钥匙房不关门。所有大殿都不能进去了。有保卫人员牵狗夜里巡逻，让这里变得安静，并保护这里的财宝。

大部分财宝都是平时游客看不到的，大约有 150 万件。其中 100 万件被放在故宫内一个面积 2. 3 万平方米、3 层深的地下宝库内。进出这里有严格的规定，里面也有 1000 多个摄像头监控。这里也放置一些避免损坏，需要长时间封闭保存的脆弱的丝、纸质文物。例如宋代的书画有的已 20 年未能展出。看那些珍宝也不必进入藏室，各角度高清晰摄像头可以帮助我们在外面详细地观察文物。故宫的文物保护得非常好！另外，为了向公众介绍故宫巨大的馆藏量，故宫博物院将出版馆藏目录，共 500 卷。对文物和建筑的保护，旨在不惜任何代价保护特有的文化精神。“文物都是有生命的”，郑院长如是说。

郑院长近些年还处理过一些棘手问题，比如流浪猫。它们已经占据了北京许多公共场所，自然也会选择故宫作为栖身处。但猫的数量令人担忧，特别是对于那些孕猫。故宫的领导采取了行动，把那些猫捕获并做了绝育再放回，这样他们就会自然地一点点减少。

抢救过去：修缮与保护

自 1925 年 10 月 10 日故宫开放以来，这里只有两年没有进行修缮（这一数字当然包括从 1966 至 1977 年期间，当时故宫因“文化大革命”关闭）。现在对故宫的紧急性修缮是由国务院决定的。

2001 年，对 2002～2020 年的修缮工作做出了规划。目前已有 4 万平方米古建筑完成修缮，这其中就包括占地2400 平方米的太和殿（故宫和中国最大的宫殿）。在此之前，太和殿自康熙在位（1661～1722）后就没有修缮过。故宫有自己的修缮队，但是根据法律，还要进行公开竞标，所以先后有 19 家企业加入到修缮工作中来。每年修缮花费的资金在 1 亿元左右。故宫的门票收入足以承担这笔费用，不需要外界的资助。

故宫自 1987 年进入联合国教科文组织人类文化遗产名录。2005 年，联合国教科文组织一些代表来到北京，考察故宫修缮的情况。他们曾经担心修缮会失去一些历史信息。而大部分修缮工作其实是符合从 1965 年开始实施的《威尼斯宪章》的。而这一文件是针对欧洲古建筑保护的。但在亚洲和故宫，很多建筑都是木质、有瓦的，要用特有的方式来维护。2007 年，在北京召开了针对东亚古建筑保护的研讨会，共有 20 多个国家的 60 多名代表参加，并签署保护关于亚洲遗产的《北京文件》。这样联合国教科文组织就放心了。

同样，在故宫拍摄电影的规定也是严格的。在中国改革开放前，电影业尚不发达，没有一部电影在故宫拍摄。在 20 世纪 80 年代，有些电影在故宫拍摄外景，但没有进入大殿。包括 1986 年的《末代皇帝》。不久，人们就发现这里不适合承担电影的拍摄。于是从 20 世纪末开始，就禁止在故宫拍电影了。

充满变数的未来

星巴克事件引起了很大反响，也体现出故宫在多数中国人心中还是神奇的，永恒的，是民族和历史的象征。2000 年的时候，星巴克这一美国品牌在故宫内开了一家咖啡馆。生意不错，却也招来非议。很多中国人，甚至外国人，都觉得在这儿开咖啡馆对这一承载历史的地方来说是不可接受的。迫于压力，星巴克于 2007 年撤离了故宫。关于这段历史，郑院长有独到的见解。他认为故宫是历史景点，但同样是前卫的地方：在明清两代，皇帝们都向欧洲世界敞开了皇宫。所以，今天在故宫里出现星巴克或者其他西方文化产品都是正常的。故宫的外国游客也越来越多，故宫博物院应该根据全世界的游客的需求提供适当服务。故宫本身也与一家美国录音导游公司合作了十多年。

这种开放性政策同样体现在故宫和其他博物馆的合作上。台北也有一家故宫博物院，里面有很多当年从北京故宫运过去的文物。很长一段时间内，北京和台北故宫没有交流。然而几年前，双方开始有了交流的倾向。1949 年中华人民共和国成立的时候，故宫里的一批文物被运到台北。尽管双方在保护和弘扬中国文化上有共同的精神，都是中国文化的橱窗，但毕竟在两条不同道路上走了 60 年，还是有差异的。在很长一段时间内，中国大陆是不开放的，对中国文化感兴趣的西方人只能去台北参观。台北故宫也曾于 20 世纪 60 年代在美国举办过展览。今天，最能代表中华民族历史文化的是北京故宫，因为它有古建筑和大量文物，蕴含极为丰富。郑院长说："这些文物只有在故宫里或者与故宫联系在一起才是活的，才会有更强的生命力。"郑院长还认为，为了促进两个故宫各自的发展，它们之间的文化交流很有必要。

故宫也和世界上一些大的博物馆有合作，特别是巴黎卢浮宫和圣彼得堡埃尔米塔什博物馆，还有英国、美国和日本的一些大博物馆。这些博物馆间的长久合作关系已经建立，一些法国和英国博物馆已经在故宫举办过展览，如 2008 年卢浮宫在故宫举办的拿破仑展。谁将是下一个驾临故宫的皇帝呢？

链接：关于故宫的数字

1.2

单位是百万。本次修缮中替换的瓦片数量，其中有38 万块需要修复。仅太和殿就有 7 万多块瓦被取下，并逐一编号，在检查后，一些被替换，一些被放回原处或重新上釉复烧后放回。

11.85

单位为百万人次，这是2009 年故宫游览人数统计。这创下了博物馆访问量的世界纪录。游客中有 200 万到 300 万是外国人，中国游客还是占绝大多数。

35

故宫配备的电子讲解器的语种数量，这也是世界之最。

60

门票价格，单位是元。参观珍宝馆和钟表馆要另加20 元，如有临时展览则不再另收门票。如此规模的博物院，这个价格是相对较低的。2002 年曾有人提议涨价，但在召开听证会时被否决了，因为他们希望能让更多的人接受故宫的票价。

300

单位是百万元，财政部每年给故宫用于修缮和员工工资的拨款。

560

单位是百万元，故宫的年门票收入。这笔钱上交国家财政部。

1400

故宫在职员工数量。他们被分为30个部门，其中以警卫部门和宫殿开放管理部门为主。同时还有700名退休员工。

148000

故宫的单日访问量记录，这是在2008年10月2日创造的。

原载2010年第3期《中国之音》（法文版）

郑欣淼：守望故宫

主持人：《东方卫视》杨澜

杨澜：大家好，欢迎收看《杨澜访谈录》。从2009年的10月一直延续到2010年，“雍正——清世宗文物大展”在台北故宫博物院正式开展，这是60年来北京故宫博物院和台北故宫博物院的首度合办，因此备受关注。随着展览的举办，一个备受争议的话题再次浮出水面，那就是两个故宫博物院，同样的传承，究竟谁才更能代表故宫的正统？

本次“雍正——清世宗文物大展”自10月7日开展起至11月中旬，参观人数已超过27万人，最高时每周达到6万2千多人次的参观纪录，与本次展览相关的出版物也因此销售火爆，有的甚至需要接二连三的加印才能满总需要。而双方这一次的合作构想早在2004年就已经开始酝酿。

郑欣淼：在2004年的时候，台北故宫的院长叫石守谦，石守谦先生给我来过一封信，介绍一个人，台北故宫的人到北京故宫来看一些文物，与这个人研究的专题有关，同时看宫殿，我也给他回信。

2004年的10月份，《光明日报》托人采访到石守谦院长，同时也找我，说把你们两个都报道一下。居然在《光明日报》同时登了我们两个的文章，2005年是两岸故宫建院80周年，就说各自都想干些什么事，这个也很不容易。2004年的年底，石守谦院长派了一个人，这今天我是第一次对外公布的，一个姓林的博士，他以休假旅游的身份到北京来，其实是和我们谈两岸故宫交流的事，我们对外都没有谈，当然向我们上级报告了。根据谈的结果，我们拟了一个合作意向书，发给他们。这以后没有音讯了，时间不长，因为一个重要的原因，我们通过了一个《反分裂法》，台湾这个大的环境又发生变化，院长也换了，这件事又放下来了。在这以后，还有日本的平山郁夫，他来找我，就在这儿（漱芳斋）谈的。他想把我和当时台北故宫的院长，已经是林女士了，他说把我们两个都请到日本去谈，我们说可以联系，以后就他到台湾去，但这件事也最后不了了之。今年这个来往，就是我说的是必然中的偶然，这两岸联系其实是割不断的。

郑欣淼：雍正展我个人是这样理解的，就是说他（台北故宫）不借北京的，他也可以办一个像样的展览，不是说他就不能办展览。但是有北京故宫的这些东西，它肯定是一个更棒的，更名副其实的大展。他们（台北故宫）一个副院长到北京来参加一个活动，她就通过人问说，我们想借你北京故宫的一些东西，搞雍正展，你们同意不同意？我知道以后，我说行，怎么不行？

杨澜：您就一拍脑袋就说行啊？

郑欣淼：我认为这任何人都会赞同的。我同意以后，台湾马上就行动了，说他们要来，要来看文物。所谓看文物，这是名义上，其实是在谈合作的，所以这个雍正展它是必然中的偶然，然后她（台北故宫院长）来以后，我们就定了 8 条交流合作的这么一些内容。然后我 3 月又去，重新把这个确认了，对外公布，这样 10 月份（展览）开幕，而且这一次展览，本来他只是借了 37 件文物，他自己有几百件展品，但是台北故宫对外宣布这是两个故宫合办的展览，我认为这是一个很好的善意。是前几天，11 月 3 号啊，展览有一个国际研讨会，这个研讨会叫做“两岸故宫第一届国际学术研讨会”，是由他们来组织的，开了这个头，明年我们要办一个（永乐宣德展），也要办一个国际学术研讨会，就叫“两岸故宫第二届国际学术研讨会”，由北京故宫博物院来承办，这我们对外都宣布了。

杨澜：您觉得这是不是只是一个开始？

郑欣淼：对，它既是一个开始，也是我们半年多来工作的一个成果。因为这个确实有标志性的意义。这 60 年来，故宫的文物分开以后，这是第一次两岸故宫的文物放在一起，所以它的意义很大。当然我们现在看，不仅是说清宫的文物在一起了，它深层的意义，在于我们两岸同胞对于我们共同的历史和文化的一个认同，一个共同的回顾，所以这个意义我认为是很大的。

随着“雍正——清世宗文物大展”的成功举办，围绕着北京与台北两座故宫博物院各自藏品的学术争论再次受到人们的关注。历史上的故宫博物院经历过多次的战火困扰，1933 年为躲避日本侵略，故宫博物院的文物开始南迁。抗战胜利后南迁文物的一部分又于 1948 年底运往台湾，而这些文物也就构成了如今台北故宫博物院的主要藏品。

杨澜：过去有一种，大家口口相传的一种认识，就认为北京的故宫是有宫无宝，而台北呢是有宝无宫。但是您在一系列的文章，特别是写论文当中就提出来，其实未见得如此。您能不能谈谈您这个观点是怎么得出来的，是不是只是因为您在这当院长，所以就得出这个结论。

郑欣淼：这我做了大量的考察、调查，做了一些研究，去年的后半年，我出版了一本书，叫《天府永藏》。这个书有 20 多万字，我是谈故宫博物院的历史，同时谈到两个故宫的，它的这个来龙去脉。各自的特点是什么，藏品有多少，有代表性的东西是什么？这样大家看了以后，就比较明确了。为了这个书的准确性，特别是台北故宫的一些，我也找了好多资料，包括台北故宫现在的副院长冯明珠，她当时是文献处的处长，她给我也提供过一些资料。

杨澜：您这里有什么具有颠覆性的，或者是有一些新的见解。

郑欣淼：对，你比如说像我这个结论，就是两岸故宫的藏品都很丰富的。但北京故宫当然是东西更多了，我们 150 万件，台北故宫有 65 万件，而且还有一个重大的区别，台北故宫 65 万件里边，近 40 万件是明清的档案，主要是清宫的档案。北京故宫，刚才你进西华门，路过第一历史档案馆，这是 1980 年，再一次把故宫博物院的明清档案部划给国家档案局的。当时我们储藏管理的档案已经 800 万件。

杨澜：这从数量上来说，的确是很大的一个数量级的对比。

郑欣淼：同时我个人也有一个观点，认为因为北京故宫的东西这么多，所以在总体上，精品北京故宫还是多的。当然台北故宫的确运去的多是（精品），但是北京故宫因为它有特殊的一些原因，藏品很多。例如书画，两岸故宫都很重视书画，台北故宫宋代的书画是比较有名的。台北故宫书画藏品不到 1 万件，北京故宫有多少？近 15 万件书画，那是各种样式的都有。

杨澜：那是不是说精品在台北呢？

郑欣淼：北京故宫也有一大批精品，北京故宫应该说书画方面的精品未必比台北故宫少，最早期的一些书画作品，反而在北京故宫。因为故宫博物院成立之前，溥仪就以赏赐他弟弟的名义，把 1000 多件书画带出去了，而且这一些书画是早期的多，早期的书画多是手卷，像《清明上河图》，包括《五牛图》，这都是早期的。

杨澜：汉唐的，什么宋代的。

郑欣淼：这一些作品大致有三分之一多回到北京故宫了。现在辽宁的博物馆还有 160 多件，包括上海博物馆也有一些。所以北京故宫早期的一些作品，包括一些你像《平复帖》，这唐代时候就在内府，这回是张伯驹先生收藏了以后，捐献给国家的。这是我们现在唯一的 1600 年前的书法，最早的中国一件名人的墨迹。你说这个王家，王羲之，王献之，这王家一门多少大书法家，写了多少东西，现在真正留下来的，唯一的一件真品，大家公认就是王珣的《伯远帖》，这也在北京故宫呢。

杨澜：乾隆皇帝的三希堂收藏了王家三代的作品，但是现在是两件在北京故宫，王羲之的那一件是在台北故宫。

郑欣淼：对，那也是临摹的，

杨澜：哦，那也是临摹的。

郑欣淼：包括我们的《中秋帖》，王献之的《中秋帖》也是临摹的。大家认为，王羲之的是唐代，《中秋帖》认为是宋代的，宋人的。所以唯一的一件真迹就是王珣的《伯远帖》，这是大家没有争议的。我就说这一个。

杨澜：您想证明您的家底还是比台北厚是吧？

郑欣淼：说实话，我是想采取一个客观的立场。为什么你必须客观？你只要一写成白纸黑字，你只要一说出去（你就要负责任），那东西它是实实在在的，你没有的你不能说成你有的，是不是？我这一本书，台湾一个出版社出版了繁体字本，出版后，有人也借这个制造一些新闻。比如说有两点，一个就是说郑欣淼的书里说北京故宫的好得多，台北故宫一个负责人就说，什么是精品这应该由专家去评说。我赞同这一个观点，当然我们也是一家人，但东西它是实实在在的，主要是你怎么去看。另外一个还在台湾有一场风波，我这个书上就说，文物南迁的时候，当时挑选文物，因为多种原因，包括当时人的专业知识的程度，包括这个当时的时间，各方面的要求，在装箱的时候，装得不一定的好，不是说好的都装走了，有一些也有假的。有一个报纸的记者，看到这点，她马上就给台北故宫一个副院长打电话，她说您怎么看待这个事？这个副院长第二天在台北给我说的，她说她表示不予评论。我一看报纸也登出来了，把我书里说的南迁文物有假的与运台文物联系在一起。所以到我们开记者招待会时，我看周院长在那不停地讲说，文物临摹的不能算作假的，我开始还没领会，最后我才知道，这是周院长要解释，比如说好多临摹的（不能算假的）。

杨澜：就像您刚才说王羲之的那一幅，可能是唐朝人临摹的。

郑欣淼：所以她说这个，我也感到，我心里觉得对不起周院长，所以在我的新书发布会上，我专门讲了这件事，我说当时南迁文物，包括人们挑选文物的眼光，包括人的专业知识，挑出一些不好的东西，甚至是假的，我说这不是我说的，这都有好多专家，好多当事人写过。但是我说我没有说，南迁装箱的这些文物和运到台湾的这批文物是什么关系，因为之间隔了十几年，48 年底到 49 年初才运到台湾的，我说到 1933 年装的箱，这已经是 15 年前的事，我说这两个是没有必然的联系，最后报纸也登了，说是郑欣淼专门解释了这一件事。

主持人话外音：说起故宫的这些宝贝，郑欣淼是娓娓道来，如数家珍，那份自信和骄傲都写在他的脸上，究竟谁才更能代表故宫的正统？两岸故宫博物院，同根同源，藏品都很丰富，又有很强的互补性，都是中华文明的结晶，同样肩负着弘扬中华文化的使命！他告诉我上任 7 年以来，他常常在清晨漫步在故宫的红墙下，那时游人的喧嚣还没有打破故宫的宁静，你会产生一种非常奇妙的与历史重逢和对话的感觉，当然这一份厚重的文化感也会给人带来一份沉甸甸的责任。

杨澜：当得知自己要出任故宫博物院的主要负责人的时候，您的心情和考量是怎么样的？

郑欣淼：我当时也是很激动的，感到担子很重。因为在此之前，故宫博物院有十多年没有院长，有主持工作的负责人，但是没有院长。这个故宫在多年发展也是比较好的，但是积累起来的问题也是相当多的。

郑欣淼：因为这在国务院那边还有一个任命的程序，所以这一段我是一直也应该说做功课吧，我做一些准备，看一些有关故宫的资料。这个时候，就是我虽然还没有上班，但我是 9 月份，我已经知道了。但我的真正到故宫来宣布我的任命，是很有意思的一件事，是2002年的10月10号，10月10号是故宫博物院成立的日子，所以我在故宫博物院成立的纪念日，孙家正部长来宣布的，所以我就感到很巧合的。

杨澜：那天早晨起来的时候，有一种什么不同的心情？

郑欣淼：知道是自己，现在我要真正到故宫去担担子了，从此以后这故宫的发展，这就是我的责任了。

杨澜：得知您要上任的消息，您的朋友圈子里是为您感到高兴，非常羡慕的人多呢？还是为您担心的人多呢？

郑欣淼：应该说是高兴的人比较多，也有人担心这个担子太重，故宫要干的事很多，而且应该说我来的时候，故宫也处于一个转折的时期。

杨澜：什么样的转折？

郑欣淼：就是作为一个博物院，大家都感到，和故宫本身的地位，它应该是很高的。但是和世界的大博物馆，我们几乎没有来往，没有这个交流。

杨澜：没有横向的这个交流。

郑欣淼：没有建立起这么一个关系。我们也办了一些展览，但是很重大的一些，有影响的展览还不多。我们的游客不少，但好多人是来看皇宫来了，不是看博物院来了，同时加上故宫这个维修，这么大的，一年花一个亿的人民币，而且要连续搞18年，所以这一些事都是交织在一起的，大家担心也是有道理的。

主持人话外音：在郑欣淼上任之前，时任国务院副总理的李岚清曾经找他谈话并且指出，他上任之后最重要的一项工作，就是主持故宫的大修。要知道这是1911年辛亥革命以来故宫进行的首次全面整修，它将耗时 18 年的时间。

随着清王朝的没落，特别是新中国成立前的38 年中，由于战乱不休，故宫建筑日渐破坏，不仅多处宫殿群倒坍损毁，往日恢弘的紫禁城甚至垃圾成山而无人问津。新中国成立后，故宫博物院从五六十年代起陆续进行了数次修整，但整体、全面的大修至今为止尚属首次。

杨澜：这个任务光是想象的话，已经知道它是一个非常繁琐和巨大的一个工程，所以当时的在这之前，有没有什么样的压力？

郑欣淼：其他压力还不是很大的。这个关键是，这个故宫要大修、要维修，它牵涉到一系列的工作，因为它既是一个世界遗产地，又是一个大博物馆。怎么样把故宫的维修和其他工作协调、安排好，对我来说是一个很艰巨的事。

杨澜：作为一个普通人，我都可以想象，这个故宫这样一个工程，到考古、保护、修缮然后工艺等等各个方面的因素，大修是一个多么繁杂的浩大的工程。在这个过程当中，您最大的一种体会是什么？

郑欣淼：最大的体会就是这个难度很大的，但是又相当重要的。我开始给你讲过，就是怎么样协调其他的关系。你想在里边维修的工人，最多的时候达到过上千人，在大修期间，我们没有因为大修停止过一天开放，每天都开放。我要保证游人的安全，要保证工程的质量，又要保证工人的安全，所以这对我们来说，一个是工程的质量，一个是整个的安全，这都是我们大家时刻小心的。

在故宫大修的过程中，尽管整体顺利，但修复过程中一些小的难题和难以调和的矛盾仍然不断出现。

杨澜：这中间有没有一些比较极端的事情发生？比如对您的压力或者是让您感到最担心的事情？

郑欣淼：这个也有一些，我们在维修过程中，牵扯到技术的一些问题。比如说过去都有专门的架子工，搭架子的。现在这个都是新的，都是现代化的那个。但是要搞古建维修，有时还必须搭架子，用传统的办法，我们过去有人干这个事。但是如果不是这个具体的工程，这个工种也后继无人了。再一个就是工程的质量，因为时间要求，有时候工期上面批准还有个程序的过程，还要赶季节的问题，这里边我们都是感觉到每一个环节都不能松懈的，有时候差上一步，可能这半年一年就差下来了。

杨澜：比如说什么样的事，差一步会造成半年一年的延期？

郑欣淼：你比如说雨季来临了，不能在雨季干的一些活，你这好几个月就不能干了，这一类都是专业性比较强的，时间性也是比较强的。还有一个困扰我们的问题，就是我们这个中国的古建筑，是土木的，西方它是石头的，国际上有通行的文物修复的一些基本原则，像《威尼斯宪章》，但是中国故宫这样一修，包括颐和园修，天坛修，国际上有一些专家就提出质疑了，说你是不是准备不足，是不是本身修坏了。可能你注意有一段时间，报纸上曾有这样的观点。他说你看你这琉璃瓦怎么这么新，你西方不用琉璃瓦，琉璃瓦主要是中国用，而且中国主要是皇宫在用，所以你西方不用琉璃瓦，你说它是新的，新烧出来肯定是新的。但是它过一年两年，这颜色就沉下来，差别就不大了。你如果一开始看我们的武英殿，修好以后，你看有些就是新的，但现在看它已经没有那个感觉了。这个议论弄得影响比较大，有一些人整体对故宫包括颐和园、天坛都提出质疑。在2007年的时候，专门开了一个国际性的会议，就研究东亚地区的古建筑维修，当然以我们中国为主了，通过现场的观察，有三个遗产组织，国际上的三个组织，20多个国家的60多个专家，由故宫博物院来承办的会议，国家文物局来负责。这次会很重要，通过一个《北京文件》，就是对中国的维修，对故宫，给予肯定，充分的肯定。这个意义确实很大。

主持人话外音：在郑欣淼的眼中，故宫不仅仅代表着明清两朝的帝王文化，更代表着华夏文明从萌生到发展、到辉煌的全景的展示。所以他提出了“故宫学”的概念，同时他也呼吁人们要用温情和敬意来对待自己的民族文化。不过既然提到了温情和敬意，那么他们所针对的必然是冷淡和麻木，究竟是一些什么样的事情曾经深深刺痛了郑欣淼的心呢?

郑欣淼：我来以后，就碰到一个，你如果是从午门进来，就马上是（内金水河），那很漂亮的五座桥了，再进去一过桥就是太和门了，太和门一过就是太和殿了。我们一般接待这个重要的外宾、国宾都是从午门进，午门进来以后，我就发现他这个车一直经过内金水河的桥，我自己心里很不是滋味，因为我们都到好多国家去过，我们去看他的皇宫，去他的博物馆，那他们那是相当的认真的。

杨澜：而且很少有车能够开到大门口的。

郑欣淼：是。我说车能够开进来，这就很了不起，这就是一个很特殊的待遇了。我们再要把车开过这个（内金水河桥），我心里确实不是一个滋味。不是简单说我这个桥能不能承受，寿命多长，我是感觉到对我们民族的文化、历史文化的一个态度问题。

杨澜：所以您觉得这应该是武官下马，文官下轿地方。

郑欣淼：但是这个问题我了解不是外宾提出的，是我们自己搞的。我们为什么这么搞，为了简单。你车开进来，一看完这就走了，这我心里确实不是滋味。我就让我们当时的一个副院长，专门找外交部，专门协调，其实这个事到最后解决起来都感到没有什么，说那我们重新定就行了。

杨澜：本来也是我们自己定的事。

郑欣淼：是的，没有谁给你要求说我一定要过的。而且我感觉到，我们对自己的文化越重视，对我们的历史越敬重，那外国人也会更对我们民族尊重。

杨澜：遇到有什么阻力呢？

郑欣淼：当时就是说程序上，就是要变这一个，把这个习惯要变过来，大家有个适应的过程。说实在没有什么。

杨澜：那用了多长的时间完成了这个程序？

郑欣淼：起码过了一个多月吧，就是从谈开始各方面，因为外宾来了，他不直接和我们院办公室联系，他和我们宣教部联系。因为我们几乎每天都有重要外宾，我们一般也不陪同，除非特别重要的一些元首，外交部或者有关领导机关给我们说，你们需要有一个人去陪同，有的比如说像那一年的印度总理，2003 年来，说让我陪同，一般我们也不陪同。其中环节还好多，比如公安保卫，大家一起最后都认可了，这就改过来了，这也很简单。

每当提起故宫，人们很自然会想到金碧辉煌的庞大建筑群，而郑欣淼心目中的故宫则远不止如此。在他看来，故宫不单单是一座皇家宫殿，也不单单是中国最大的博物馆，它是将建筑、文物、典籍等多种元素融合在一起的文化整体，是中国五千年传统文化的结晶。

杨澜：我相信您可能每天都会在思考的一个问题，就是故宫对于中国人究竟有多大的意义。比如说我要带我的孩子，小朋友们要来看故宫，说妈妈我们不愿意去，那就是房子，有什么好看的，如果对于这样的青少年，您会用一种什么样的方式让他们对故宫产生兴趣？

郑欣淼：这一个我认为也是多年来故宫的缺失。就是说故宫的价值，这是一个对我们传统的态度，是不是对它采取一种很敬重的态度。像这个皇宫，我们过去搞革命，这个帝王将相、才子佳人都是我们反对的。所以对皇宫这几十年来，也发生过好多风波的。比如说有的要在故宫里边修一条大路，有的就感到它是封建落后，地广物稀。所以我感到很重要的是，是我们对自己这个重要的文化遗产的认识，我们没有达到一个应有的程度，这样在社会上，在宣传各方面也是不够的。所以人往往知道，故宫是有宝贝的，就说我们藏了很多好东西，对于故宫本身的价值，其实是割裂开来，认识不足的。

杨澜：所以，如果能够简而言之，或者是来概括一下的话，故宫对于中国人到底有什么意义？

郑欣淼：我想这个故宫的意义，其实是一个不断认识、升华的过程。我想今后还会再继续再认识，再深化。现在它是作为世界的文化遗产，这是说明它不仅是我们中华民族的，也是世界的。同时这个故宫你看它，它是一个物质的一个建筑物，到明年就 590 周年了，但是它承载着中华五千年的文明，包括它的建筑物，它的文物藏品，它作为一个文化的整体，是不可分割的。我在一些地方也讲过，说有人给我讲，你是故宫的院长，你总要说故宫的东西好，中国这么大，民间的，公立的博物馆这么多，民间收藏这么多，我们的考古发掘也都在不断的进行，经常有惊天动地的发现，难道他们东西不如故宫？我说这是两个概念。

一个是故宫的东西，故宫本身是皇宫，皇宫是个政治中枢，明清时代它作为国家政权的中心，本身的政治意义我们大家都是了解的；同时它的藏品，作为宫廷的藏品，它不仅是因为值钱，还带有和它的政权联系在一起（的特点）。就是说皇帝收藏这些，不仅因为它贵重，当然它应该是贵重的，应该是好的。同时，这和政权联系在一起，你比如说谁推翻了前一个王朝，当了皇帝，他就继承这一套收藏，他这个收藏就有政权更迭的意义，等于天命现在到我的身上了，我接收你，这是政权转移的一个象征性的事件。所以中国的皇家的收藏，它有这么一个重要的意义。到中华民国以后，一直到故宫博物院成立，这一批藏品，已经赋予了新的内容，就是我们民族文化传承的这么一个新的意义。

郑欣淼：他和民族的感情联系在一起的。而且故宫文物保护的精神，应该说是我们民族精神的一个部分。所以这一点是其他文物不可代替的；故宫的文物，我们叫国宝，和民族的命运联系在一起的，而且它是长期积累的，所以它是不可替代的。

主持人话外音：由于中国人对于故宫有着一种难以割舍的情感，所以故宫博物院在管理上有任何创新或者是改革都会相当的引起关注。从“星巴克风波”到“天价牛肉面”，从一杯小小的咖啡到一碗面条，似乎都可以上升到民族情感和文化尊严的高度，这也成为困扰着故宫博物院管理层的一个课题。

杨澜：其实故宫的一举一动，国人都很关注，而且经常有一些情感因素，倾注在其中。比如说当年故宫受到很大的批评，就是因为要开星巴克，这种当代的流行的文化和时尚，怎么样能够和一个世界的文化遗产结合在一起，其实很多人是有不同的看法的，您怎么看待这种矛盾？

郑欣淼：因为故宫太敏感了。故宫的一举一动，我们都很谨慎的。

郑欣淼：我今天和你第一次谈星巴克，我过去对外也不谈这个，避免引起一些争议。我认为星巴克，它作为一个服务的场所，而且它就占了那么小的一个房间，九卿房里边，直到事情发生之后我才去找星巴克到底在什么地方。

杨澜：都找不着是吧？

郑欣淼：我的前任院长是张忠培先生，是著名的考古学家。这个事儿报纸炒的沸沸扬扬以后，张先生给我打过一个电话，他就批评这一种态度，他认为是一种狭隘的民族主义的倾向。所以我们一直对外没有公开谈过故宫博物院是什么态度，我们没有明确说它对或者不对。受到压力大的是星巴克本身，星巴克中国总部的一个负责人，给我写了一封信，说他们也很有压力，感到说他们成了破坏中国文化遗产的罪人了，所以也不愿意在故宫，（认为）我是做生意，在这老受批判，何苦再在这里。当然他们也想找一个合适的机会出去。也牵扯到这个我们（场馆）规划的实施，最后和星巴克商量，星巴克他们就提出要撤离。

杨澜：所以这件事给平复下去了，但是从您的内心来讲您觉得公众应该更宽容一点。

郑欣淼：我认为应该宽容的。如果说卢浮宫有一个中国茶馆，是不是我们中国人（开的）就了不起了，我想不能那样看的。再一个，而且清宫你看一下，清代的历史，其实皇宫里边是接受新事物是最多的，在我们这个屋子看到的，现在这灯具是清朝（末期）的。

杨澜：这是原装的。

郑欣淼：这都是引进的，这在当时应该说，也是新潮玩意儿了，是很新潮的。包括我们看到溥仪骑自行车，包括慈禧太后喜欢照相，包括康熙皇帝那西洋乐队，我认为我们有时候把一些问题过于极端化的来看，我们就缺乏一个比较好的心态。

杨澜：故宫经过整理以后，发现这个文物有 150 万件，这是一个浩瀚的数字，但是真正让游客能够看到的，似乎在我的印象里，总是钟表馆、珍宝馆这一点点的东西，为什么这么多年以来，不能够有更多的新的轮回的这种展览，能够让普通的游客都能看到呢？

郑欣淼：150 万件文物，其实平时能拿出来展览的，也只是极少量的。不是说所有东西都能展的，你比如说我们的陶瓷有 35 万件，这样的量相当大的。我们的服饰这些也都是几十万件。

杨澜：那您轮流给我们看个几百件我们就很心满意足了。

郑欣淼：我们现在也在不断改变，故宫的展览大致有不同的层次。一个就是我们称为原状，或者原状式的陈列。比如说你路过三大殿，里边摆设就是让大家知道当时是一个什么样子。与此同时，我们对表现宫廷日常生活的，文化活动的一些，你比如说车轿展览，乐器展览，包括皇帝大婚展览，它反映宫廷的典制。

郑欣淼：另外我们办的重要展览，就是一些专题馆，如珍宝馆，钟表馆。现在我们还有文华殿里的陶瓷馆，这个陶瓷馆我不是吹嘘，是相当有特色的。当时周功鑫院长来，看了她也感到很好的。另外我们在武英殿有个书画馆。

杨澜：所以应该说，现在这种专题性的展览，比过去多多了？

郑欣淼：多了。

杨澜：如果从故宫博物院长远的发展来说，用一种当代博物院管理的理念，来看待目前的现状，您认为最需要改进的是什么？

郑欣淼：博物馆还是（要办）陈列展览。我们现在还是需要建立一个现代化的展馆，这也是我们多年来努力做的。我来之前，我的前任他们已经费了很大气力了，准备在地下建一个展览馆，这个已经经过论证，做了很多工作。但是因为一部分专家的反对，现在还在搁置着。

杨澜：您不会将来请贝聿铭再造一金字塔的，盖在故宫里。

郑欣淼：那我估计这个大家接受不了的，那个地下展厅，他们都要拿那个卢浮宫的（“金字塔”来说）。

杨澜：对，当时他就是为了地下采光的问题，造了那个“金字塔”。

郑欣淼：我们现在也在考虑，（院内）也还有一些可以利用的一些场所，我们正在做这一方面的工作。应该说过几年，会有一个大的改观。但是我感到这都属于硬件方面的，最重要的作为一个博物馆，一个是办好的展览，包括展览的推广问题，社会教育问题，特别像故宫博物院这样有着特殊的（地位），我们要做的工作还是很多的。

主持人话外音：今天当我站在故宫博物院的时候，我依然可以感受到浓浓的历史的气息，真正的文化具有这样一种力量，它可以穿越时空、跨越隔阂。当故宫博物院以一种更加包容的心态呈现出多元的文化，并且与我的当代生活产生更多的呼应和共鸣的时候，这庄严的殿堂也被赋予了更多的活力。感谢您收看本期杨澜访谈录，我们下周见。

本文为东方卫视“杨澜访谈录”的文字稿，首播时间为2010年7月11日

“问答神州”之郑欣淼

主持人：《凤凰卫视》吴小莉

核心提示：本期《问答神州》吴小莉专访北京故宫博物院“掌门人”郑欣淼。回望历史，由于战争原因，故宫文物经历过抗战时期的辗转南迁，又由于国共内战，国宝分居两地，两岸故宫各自向前发展着。但是，进入新世纪以来，两岸故宫合作交流成为必然趋势，北京故宫也是几次应台北故宫之请，借出文物供台北展览。但台北故宫文物60多年来却未曾踏上大陆的土地，这不得不说是一种遗憾。郑欣淼认为两岸故宫交流有两大障碍，一是合展署名问题，另一个是司法免扣押的问题。郑欣淼表示，这些问题解决之前，北京故宫博物院对台北故宫能支持的都会支持。

上篇

吴小莉：在北京的中心，有一座城中之城，这里曾经住过两家人，一家姓朱，一家姓爱新觉罗，这里就是皇帝的居所，紫禁城。

公元 1925 年 10 月 10 日，紫禁城神武门的门洞上悬挂起了一块匾额，上书“故宫博物院”。从那天起，昔日皇宫首度向公众开放，两天之内就有 5 万市民拥入紫禁城，真正是“皇帝前脚走，百姓后脚来”。直到今天，故宫博物院已经走过了 85 年。

前不久，我也来到了这片曾经的禁地，穿过游人如织的御花园，推开一扇并不起眼的院门，等待我的是我今天的向导，也是我们这次问答的嘉宾，故宫博物院院长郑欣淼。

在郑欣淼的提议下，两岸故宫重走昔日南迁路

郑欣淼：你好！你好！小莉，欢迎。

吴小莉：谢谢，谢谢您邀请我到故宫来。

郑欣淼：欢迎。

吴小莉：这个院子本身也很有特色，它本身有一个戏台，因为漱芳斋好像是清朝时候看戏的地方。

郑欣淼：对，这个地方整体这一大片，重华宫（区域）这都属于，这个地方是乾隆皇帝改建的，重华宫是他当皇子时候居住的地方，他当了皇帝这个地方其他人就不能用了，所以他经常在这搞一些文化活动。因为乾隆皇帝是一个艺术素养很高的人，他搞的一些聚会啊，写诗啊，和大臣唱和啊就在这个地方。

解说：乾隆年间，每至逢年过节，皇帝都会在漱芳斋与家人和近臣欢聚。而在漱芳斋的西间还有另外一个小戏台，取名“风雅存”，是专门为皇帝和太后进膳、赏戏所用。郑欣淼告诉我，自从 1925 年故宫博物院成立之后，漱芳斋就一直被用作接待故宫贵宾的

地方。

郑欣淼：你看到这个多宝格里面放的都是清宫的藏品，也有人问是不是假的，代替的，我说这不是，代替的文物成本可能还更高。

吴小莉：但是多宝格本身这个架构是清朝的。

郑欣淼：是。

吴小莉：这个木架都是清朝的。

郑欣淼：都是的，这都是清宫的东西。

吴小莉：我们第一次到一个地方采访，告诉我们这不能随便坐那不能随便碰，因为都是文物。

解说：故宫博物院的收藏，主要是来自清宫遗留下来的历代宫廷传世之宝。而这些珍宝的命运，也始终伴随着国运与时局的变化而动荡起伏。

1933 年，为了躲避战火，国民政府决定将故宫文物南迁。那一年 2 月 5 日的深夜，第一批南迁文物从故宫神武门广场起运，随后离开北平一路南迁、西迁、东迁及北归，经历了 15 年之久的颠沛流离，也因此，有了北京、台北两个故宫博物院的局面。

2010 年 6 月，故宫博物院建院 85 周年前夕，两岸故宫人员重新踏上了当年的文物南迁路，而这正是缘于郑欣淼的提议。

郑欣淼：去年有一件事对我很有启发，这个故宫（南迁）的文物我们大家都知道，最后分三处存放的，三处里边放文物最多的是（四川）安谷，安谷这个地方啊，有个农民，一个姓王的农民，他已经 70 来岁了，做生意赚了一些钱，他用这些钱办了一个纪念馆，叫故宫国宝南迁陈列馆。我就想到，对故宫文物南迁在民间的这个认知的认可的程度，而我们故宫博物院缺乏这么一种对它应有的重视，这是我受到的一个启发。去年的10月份我在台湾的政治大学讲演时候说到这一件事，由这件事开始我就提出，今年我们要搞一个重走文物南迁路的活动，我们邀请台北故宫的同仁参加。

解说：战火纷飞中，上百万件故宫文物，历时15年，辗转大半个中国，绝大部分毫发无损，这本身就是个奇迹。

吴小莉：好几次刚离开一个地方，原来储存的地方就被炸了，所以就是很多的惊险就发生在当中，也有人在问这次的南迁这么长的时间，究竟有没有文物损失，损失的严重吗？

战火纷飞国宝南迁中确有部分损失

郑欣淼：有损失，肯定有损失的，损失应该比较起来不算大。比如说在陕西的汉中，警卫军人所佩带的手榴弹……

吴小莉：手枪走火。

郑欣淼：手榴弹突然掉到地下爆炸了，他人不仅死了，也伤到个别人，文物也有（损伤），但所幸不是很大的。所以一些人经常见我说，说是老郑，你可能在故宫，就吹你故宫的文物那么好，这中国这么大，博物馆这么多，出土的东西这么多，就好东西都在你那？我说不是这样的，不能这样看。首先我那存的，包括台北存的都是好东西，这应该承认；同时我这一批文物，在我们民族危机的关头，它和我们的民族共命运，多少人为它进行了保护，所以我说因为它有这么一个抗战的历史，给故宫的文物附加了这么重要的价值和意义，那你其他的文物，相比之下，你就是不能和故宫文物相比。

解说：1945 年抗战胜利后，南迁的故宫文物陆续回到南京，然而这批文物的征程并没有就此结束，而是在 3 年之后，又被一分为二，从此在北京和台北隔海相望、各自前行。

郑欣淼曾建议两岸“三希”合展，因时机不成熟故未成行

郑欣淼：紫禁城大致这样，它是分两个部分，这是一个，这是一个分界线，这前面叫前朝。皇帝真正的办公是在后边，包括他的住宿，寝宫，但是从雍正皇帝以后，就搬到养心殿了，这也成了定制了，雍正以后的包括乾隆啊，包括最后一个皇帝溥仪，把他赶出去的时候，1924 年的 11 月 5 号他离开的时候也是从这个地方。

解说：溥仪被赶出紫禁城的那天，仓皇之中只来得及选择一件文物带走，而这件文物就是书圣王羲之的《快雪时晴帖》。《快雪时晴帖》曾经是乾隆皇帝最为心爱的至宝。不仅如此，乾隆还把养心殿西暖阁改名“三希堂”，将《快雪时晴帖》与王献之《中秋帖》、王珣《伯远帖》一起放置在内，时时赏玩。

如今，养心殿里的三希堂依然保留着当年的样子，而“三希”之首的《快雪时晴帖》在漂泊了大半个中国之后来到台湾，目前收藏在台北故宫博物院。

郑欣淼：2003 年我就在，就在这个漱芳斋接受过一次台湾媒体的联合采访，当时我提了一个，能不能我们两岸故宫在联合展览上，把三希堂，我们所谓的“三希”，三件书法作品，我们不需要太多的，就拿这样三件东西，或者先在台湾来展出，或者先在北京展出，

我说能不能作为2005年建院80周年的我们两院之间的一个合作，但看了当时的条件是不成熟的。

吴小莉：除了向媒体说以外，有没有向台北故宫正式咨询？

郑欣淼：没有，没有。

“雍正这个老头儿”让分隔一甲子的两岸故宫走到了一起

吴小莉：郑欣淼告诉我，60多年来两岸故宫虽然没有正式的来往，但在私底下还是有沟通交流。2004年，时任台北故宫院长的石守谦曾经派人拜访北京故宫，讨论加强两岸故宫交流合作，当时还起草了一份“合作意向书”。但是后来由于两岸之间的政治气氛发生变化，合作也就搁置了下来，直到2008年。

按照郑欣淼的话说，谁都没想到会是“雍正这个老头儿”，让分隔一甲子的两岸故宫走到了一起。

吴小莉：听说在2008年年底的时候，台北故宫还特别有一位副院长刚好来北京参加学术交流的时候，跟您提出，希望能够借雍正的一些画像肖像这样的一些珍品，能够到台北去联展。

郑欣淼：对，我们两岸故宫的交流，应该说它是一个必然的，迟早要发生的一件事，这个台北故宫冯明珠副院长叫“导火索”，她写篇文章说导火索就是雍正展。但是雍正展，他们没有雍正的画像。我们这边雍正时期的文物也比较多的，他们就想，能不能向北京故宫借，当时我没有见到他们的人，我们的管这方面（事务）的人就向我汇报，我说你回答一定借给，这个没有商量，我们一定借给的，因为这样，马上形势就起了很大的变化了。

解说：2009 年 2 月 15 日，在人群和镁光灯的包围中，北京故宫院长郑欣淼和台北故宫院长周功鑫，在紫禁城的红墙之下并肩前行，成为 60 年“冰封”之后，两岸故宫院长的首次正式会晤。

吴小莉：听说周功鑫院长看了三希堂帖当中的两帖，在北京的珍品，她还是非常的惊叹的，当时她特别有没有要求希望看什么，然后北京故宫给了什么样的珍宝给她看?

郑欣淼：当时我的印象，没有特殊的，书画方面的，我们都满足了，另外她还去看了文渊阁，因为文渊阁的《四库全书》是七部《四库全书》里边最好的一部，现在在台北故宫，她就看文渊阁那个书柜子，她也是很有感慨。我第二次去（台湾）的时候十月份，周院长跟我说，我再一次来北京，要上文渊阁上面，要去楼上再看一下。

解说：2009 年 3 月 1 日，郑欣淼访问台北故宫。

吴小莉：台北故宫的一些宝物您可能都在画册上图片上看过，亲身去看的时候有没有什么特别的感触。

郑欣淼：我到山洞里边，他们有一批东西在，包括陶瓷啊，因为把这个文物迁到台湾以后，他也其实长期在备战，也是一直处于紧张的这么一个状态。我去看了以后，感受深的就是，他们在文物的管护，比如说这个箱子打开，怎么样取（文物），都是有一套程序性的，看完以后又装，装箱以后又用封条来封，这和我们北京故宫是一样的，这都是长期几十年来，两岸故宫的一个传统，对我感触很深的。

解说：雍正借展文物装箱仪式……

解说：不同于70多年前为躲避日军、仓皇打包离京，这一次的文物装箱则是为了“出宫探亲”。由于雍正大展的契机，隔水相望了一个甲子的故宫珍宝，终于得以在台北汇聚一堂。然而台北故宫的文物何时能到紫禁城展出，至今还是个未知数。

署名问题成两岸故宫交流障碍

郑欣淼：其实我们的交流有两个障碍，一个是名称问题，他们坚持叫“国立故宫博物院”，这样就牵涉到我们一起，出现的署名（问题），我们当然是不同意他们用这个名称。所以我们就采取了一个办法，比如说，我们商定了八条协议，这个协议怎么宣布，一起联名，联署，这是按正常的情况。台北故宫无所谓，我们接受不了这个。最后想了一个办法，各自宣布，大家都遵守，条文是一样的。你在你的范围内去宣布，他也（在他的范围内）去宣布，这样没有实质性的影响，都是互信的。另外，对这个司法免扣押，我认为这个问题不是台北故宫博物院自身能解决的。但是这个问题，在没有解决之前，北京故宫的东西，我支持去台北故宫，我这个一定过去，包括他们明年有一个重要的展览是康熙皇帝和路易十四的展览，他也借我们一批东西，这我们都借给，还有《富春山居图》，光《富春山居图》，就那么一点，他要办一个黄公望的展，他开始给我们提出借七件，以后提出要借九件，我认为我们能支持的就支持。

吴小莉：1948年的12月27日，一艘名叫中鼎舰的军舰抵达台湾基隆港，船上运载着320只大木箱。当时正是国共内战的后期，蒋介石下令将存放在南京的故宫南迁文物运往台湾，中鼎舰上运的就是当中的第一批。两个月过去后，一共三批文物，总计2972箱的珍宝运抵了台湾，虽然这只是故宫南迁文物的四分之一，但却都是筛选过的精品。

有人说北京故宫有宫无宝，郑欣淼不以为然

郑欣淼：那些包括我接待的，我们的一些领导人也问我，说是不是台湾的，台北故宫的比我们多，我说绝对我们北京故宫的多。也有人说那是不是好的他们都拿走了，我说也不是这样。比如说像书画，他们不到1万件，就算1万件吧，我们有15万件，我们这15万件，你比如说元以前的，他们总体比我们多一点，但是我们有一些很了不起的东西。你说王家一门有（多少书法家），王羲之的，或者是临的，或者是摹的，或者以刻本流传，没有一件真迹。真正留下的，包括王氏一门的唯一存下来就是他侄子王珣的《伯远帖》，就是三希堂“三希”里面的之一，这是大家公认的，就在我们这边。你像早期的绘画，这个《韩熙载夜宴图》，这个北宋张择端的《清明上河图》，因为它有个很重要的（原因）就是溥仪出宫前他把一千多件早期的书画都弄出去了，《清明上河图》，你故宫博物院成立时就没有这一件东西，你“三希”的除了那个《快雪时晴帖》，《中秋帖》和《伯远帖》就不在故宫。反而是北京故宫，把溥仪带出去的，他一直带到长春的文物，抗战胜利以后，我们有300多件（书画）都是从那个时候拿回来的。

解说：郑欣淼告诉我，目前北京故宫对外宣布拥有藏品150万件，但这还不是最后的数字。事实上，北京故宫馆藏的确切数量是

多少，藏品的具体名录又是怎样，还都从未向社会公布过。

郑欣淼：北京故宫的东西，外界了解的不是很多的，这是一个客观事实。这牵涉到一个博物馆的理念问题，我们的人，（过去）不愿意公布，好像这些东西，这是我们藏品，没有必要叫你旁人知道的。故宫的书画等都是比较清楚的，像铜器、玉器，但是清宫的一些物品，宫廷类的物品，它不很清楚，不清楚在于一些该算文物的没有算。你比如说，我到故宫以后，它这个清宫帝后的书画就不算文物，它连资料都不算，说这皇帝皇后不是艺术家，你的东西怎么能算文物？这有 25000 件，其中乾隆就 1 万多件，都不算文物。这就是个观念问题，你说应该不应该算的？肯定应该算的。

解说：郑欣淼接掌故宫博物院之后，制定了一项为时 7 年的"清点家底"计划，对于每一件文物、宫廷用品和各类资料，每一座宫殿以及库房，都将进行彻底的整理和清查。

吴小莉：今年年底之前，这个咱们的家底就全部慢慢把底账都给做出来了。您目前看到的有没有让您大为惊叹的，以前不知道的发现。

郑欣淼：今天上午我陪我们蔡部长到故宫检查工作，我让他看，两个雕龙的，雕漆的箱子，就是乾隆皇帝御稿，有些是他的草稿，有些是大臣给他抄的，朱笔写的，那改的那都很明显，而且是按年份（编排）的，有的一年就分几册，这算了有几万张，按博物馆的算法这就几万件，（这些）我们不仅没有算文物，还从来没有人谈过这一件事，现在正在清理。所以我做的这一件事，目标就是全部弄清楚，弄清楚以后，然后我出两套书，一套叫《故宫博物院藏品大系》，一套叫《故宫藏品总目》。我们公开以后，社会可以监督你是不是管理好了。另外一个，可以更好地为社会服务，你说我15万件书画，我35万件陶瓷，我不可能都去展览它，肯定得有主题才能办展览，包括一些小的书画家（作品），可能永远也展不了，但也可能有人要研究它，就需要它，我公布以后大家就能知道。

北京故宫却面临着文物保护和展览上的两难

吴小莉：对于任何一个博物馆来说，150万件馆藏都是令人羡慕不已的数字，然而北京故宫却面临着文物保护和展览上的两难。相比台北故宫大名鼎鼎的毛公鼎、肉形石、翠玉白菜，北京故宫能够叫得响的镇馆之宝有哪一些？修建地下展厅的计划，故宫曾经论证多年却为何最终搁浅？而自2002年开始的百年大修，又会给故宫带来怎么样的改变？下周我们继续问答郑欣淼。

下篇

北京故宫博物院院长：馆藏珍品众多，难评“镇馆之宝”

吴小莉：有好多的网友对您有一些提问，特别有兴趣，我们一起来看看网友提问。这里有网友问，他说郑院长你平常逛故宫吗？这么多的游客大排长龙就为进太和殿去看一把龙椅，而且还是一把假的。

郑欣淼：这个说法是不对的，我不知道他这个概念是怎么得到的，故宫我们看到的所谓龙椅就是（太和殿）那个雕龙髹金的一个大椅子，这个椅子在袁世凯要做皇帝的时候，他把这个撤走了，搞了个西式的高背大椅子。新中国成立以后把这个换掉了，找到原来的龙椅了，这个工作是谁完成的？是著名的宫廷史专家朱家溍先生。您听说过吧，朱先生很有名的，应该是有很高权威的，这个椅子考证是明代嘉靖年间在皇极殿用过的，一直用到袁世凯把它撤出去。

吴小莉：也就是说太和殿那把龙椅就是那个明朝时候的那把龙椅？

郑欣淼：就是。

吴小莉：在展示的就是那个？

郑欣淼：就是那个。

吴小莉：在许多人看来，看过了太和殿的龙椅，才算是来过了紫禁城。按照北京故宫的设计，太和殿的展示叫做原状陈列，是严格按照明清两代皇帝举行大典时的样子，向游客呈现。像这样的原状陈列在北京的故宫一共有八处，其中颇具人气的还有储秀宫的慈禧卧房，那里从每一把椅子、每一张画，到炕上的水烟袋、梳妆台上的香水，都是慈禧太后用过的，也是照着她居住时的样子一一摆放的。

虽然北京故宫藏宝无数，但是对于很多观光客来说，古代皇帝嫔妃们的日常生活，似乎比那些名称复杂的瓷器字画更具吸引力。也有很多游客，抱着一睹中国国宝风采的希望而来，然而偌大的故宫博物院，应该去哪里、看什么才算不虚此行，不少人感到迷惘。

吴小莉：去台北故宫人都说台北故宫有“镇馆三宝”，毛公鼎、翠玉白菜、肉形石，但是来到北京故宫，大家觉得就是看故宫的宫殿，对于宝藏来说，他们就印象没有特别宣传哪一种，未来是不是也是会对一些重点的文物进行宣传，让大家对于北京故宫的文物也有一些重点式的印象？

郑欣淼：这个其实是应该的，但是有时候这也有它的难度，好多人都像你这样问过，说北京故宫你有什么镇馆之宝？我有时候还真的不好回答，因为我们没有搞过这一类的评选活动。另外一个就是，好像这门类，北京故宫的更多一点。陶瓷，比如说我们有一件东西，过去叫“瓷母”，乾隆时代的一个大瓶，这个瓶子上它把烧制瓷器的不同的（釉彩），和不同温度要求的这个制瓷工艺，集中到这么一个瓶子上，那还真的了不起。这个我们过去放在地下库房，领导人包括一些人来参观，我们只是把柜子门开开，让你看一下，都没有人敢拿出来，害怕万一有个闪失我们担当不起。现在就在文华殿陶瓷馆里面展出，展出以后有老先生给我写信不同意展出，害怕万一出事，我说我们虽然只有一件，但还必须让大家看。

解说：这尊被称为“瓷母”的瓷瓶，出自乾隆年间景德镇的御窑厂。它总共汇集了 15 种釉彩，16 道文饰，彩绘 12 幅吉祥图案。在那之前的历朝历代都没有能够烧制出这样硕大而精美的器物，就算到了今天，也没能有人把“瓷母”复制成功。

而郑欣淼也告诉我说，像这样的镇馆之宝，游客在故宫能够看到的还有很多。

郑欣淼：你到宁寿宫的乐寿堂，大禹治水玉山，你看过那个吧？五吨重，一万斤重的玉料，从和田运到北京，花了三年，画样，样子画好以后运到扬州，扬州雕刻好了又运回来，前后花了十七八年。这是世界上最大的一件玉雕，从乾隆年间做好放到那个位置，到现在都没有动过，这个大禹治水的玉山。另外像那二十五宝，中国历代皇帝的印章啊，都是有记载，没有实物，唯有清代的25方印章叫二十五宝，完整的保留下来。包括有人说那是假的，其实是真的，皇帝的宝座，这都可说是故宫的镇馆之宝，怎么样集中地宣传，这个我们会认真考虑的。

台北故宫文化产品的开发做得很好

解说：台北故宫曾经评选出院藏“十大国宝”，学者和民众给出了不同的答案。在学者的眼中，散氏盘、《早春图》、《快雪时晴帖》榜上有名；而在网络票选的版本中，翠玉白菜、龙形佩和《清明上河图》才真正享有超高人气。这些人气国宝，或许不是专家眼中最有价值的馆藏，但是它们雅俗共赏、名气响亮，也正因如此，它们始终是台北故宫宣传策略的轴心。

2009年3月，郑欣淼到访台北故宫，看完展览之后来到了远近驰名的台北故宫礼品部，以馆藏文物为创意的衍生商品也给郑欣淼留下了深刻的印象。

郑欣淼：我去台北故宫，它把《清明上河图》的那个桥，弄成那个积木，让孩子怎么把它能够搭起来，把桥都搭起来，培养孩子的兴趣。再一个是它的文化产品，其实我前年就让我们一个副院长李文儒同志，到台北故宫去学习。我说台北故宫文化产品的开发，它做得是好，以故宫的文化元素来开发的，人家买了你这个，留下的印象是对你故宫的印象，其实是对故宫的一个纪念和宣传。

吴小莉：教育和推广。

郑欣淼：或者说他带走了一个不可带走的紫禁城，从这个观念出发，我就感到台北故宫是做得（好），值得我们学习的。

故宫部分宫殿的格局不利于用作展馆

解说：建筑大师贝聿铭曾经为法国卢浮宫设计了一座地下展厅，在一次国际会议上，贝聿铭对与会的北京故宫专家说，“迟早你们也得走这条路”。

其实相比于北京故宫，卢浮宫的砖石结构宫殿，已然仿佛是天生为博物馆而造，就算是这样，卢浮宫依然需要扩建新的现代化展馆以实现发展。而在以木结构古建筑为主的北京故宫，本身就需要小心翼翼地来维护，要想引进恒温恒湿的陈列设备、防火防盗的安全报警系统，更是面临种种难题。也正是因为这样的条件限制，很多国宝只能够沉睡库房，无缘与普通观众见面。

吴小莉：以前是不是也是因为展馆限制的关系，有些东西不能常年展是不是有这样的关系。

郑欣淼：对，人家过去修皇宫，就不是想到你几百年以后要办展览对不对，这里边有矛盾的，也有它有利的。你比如说台北故宫要办一个展览，它可能还要造一个三希堂，就是一个情境，我们有这么好的背景，有这么好的环境，也有一批文物适宜于在这么一个环境中展出。但是也有一部分，你像书画作品，它也有个要求的温度，湿度，包括丝织品，它也有这样的要求，而且这个古建筑，有的宫殿它的格局不利于你去展出的。这展场问题也是困惑我们的一个问题，我们一直在努力寻找解决办法，周院长给我已经说了几次了，说郑院长你要搞一个好的展览馆。我说我们会的。

吴小莉：现在展览馆跟古时的建筑能够很好地连接。

郑欣淼：对，其实现在有很多有利的，可能你也听过，我们想搞一个地下的展览馆，下了很大的功夫，也做了很多工作，但最后还是有专家反对。

解说：有古建筑专家认为，故宫的基础是一个由夯土和城砖组成的整体板块。当年明成祖朱棣营造紫禁城时，为了防止敌人挖地道潜入皇宫，便以横七层、竖八层的方式，把大块城砖埋填进地基之中，再浇灌石灰浆把它们黏合成一个整体。按照专家们的说法，就算在这样一个整体的板块上打一个洞，都可能会对地上建筑产生影响，而大规模的挖掘后果不堪设想。

吴小莉：是说是地下同一个板块有“七横八竖”，然后真的会怕动到一个板块影响到基建。

郑欣淼：不是，没有影响。最后我们找的最好的地质勘探的，没有这一类的问题，就是说现在的技术是可以解决的。我认为主要是个文化心理因素，就是大家不主张，这么好的皇宫你怎么在它底下挖来挖去的。我也理解一些先生的这个想法，这件事现在搁置着，我们现在也想其他的一些办法，在故宫内修这个新展馆，我想也还有余地的。

解说：有人认为，在故宫的古建筑内打造现代化的展馆，午门展厅是个绝好的例子。这个植入午门城楼里的“玻璃盒子”，以特制的钢化玻璃建造。展厅内恒温恒湿，非常有利于保护在此展出的文物。而透过消除了镜面反光的玻璃幕墙，参观者还可以充分领略故宫精湛的建筑装饰工艺。

午门展厅开放以来，凡尔赛宫、卢浮宫、克里姆林宫曾经来到这里办展，而此前由于展览条件限制而无缘展出的故宫珍藏，也得以在午门展厅与公众见面。

吴小莉：所以比如说午门这个展馆，就是一个很好的现代跟古代的一个结合，当时午门这个展馆，是不是还是比较好的一个创意，目前的结果，除了面积比较小之外，它得到的反馈还是非常好的。

郑欣淼：对，您看到的现在是午门，午门两边还有雁翅楼，像大雁的翅膀，这两边的东西雁翅楼，这里边放的是文物局寄存的一批瓷器。这个正在，今年应该把它就转移完了，这以后也可以搞一个和午门连成一体，我认为这个效果会很好的。

吴小莉：其它方式是不是也像午门一样，外面是古建筑，里面就是玻璃的透明的展览馆。

郑欣淼：对，我们现在正等它转移完了以后再研究再设计。这个时间不会太长的，我估计今年肯定会运走的，另外我们也在其他的地方，你比如说中国第一历史档案馆，它修好（新）地方以后，这个已经定了，修好它就要搬走，也是相当的一大块面积。

吴小莉：您觉得这样子全面现代的展馆，在古建筑物里面现代展览的条件，什么时候能够完全具备。

郑欣淼：我们现在有一些就是可以做的，你像地库上面的造办处的那一块地方，因为我们现在要修啊，我们要考虑到，古建整体与故宫风格的协调问题，我们还要有一定的先进设施的问题，把这个矛盾要很好的解决的。

尊重民族文化就是对中国历史的尊重

解说：在2002年之前，来到北京故宫的贵宾都能够受到这样的礼遇——国宾车辆从午门驶入之后，可以一直穿过金水河上的汉白玉石桥，直到太和门前的台阶处，再下车步行。而在郑欣淼上任之后，这一惯例被改变。

郑欣淼：我说我们要下决心改一下，我说不能过内金水河桥，这是牵涉到对我们民族文化遗产的态度问题，对中国历史的尊重问题。我说这不能怪外宾，不是人家提出来非要这样，是我们自己来这样设定的。他们就说这个比较复杂，要改就要找外交部啊，我说不管找哪一家，这个问题要解决。

吴小莉：最终在您的坚持之下解决了。

郑欣淼：最后解决了。

吴小莉：据说那次奥巴马来他就已经是停在午门外了。

郑欣淼：车就停在这了。

吴小莉：走过去。

郑欣淼：走过去。

吴小莉：您那时候说了一段话非常好，您说钱穆先生说过，对自己民族的历史要有温情跟敬意。

郑欣淼：是，我认为我们对故宫，对故宫的文物，对故宫的古建筑的态度，其实是对我们先人的一个态度，作为后人我们一定要有敬畏之心。

解说：有人说，在郑欣淼的身上，有着传统中国文人的印记。

他生长在陕西，喜好写作严格合乎声韵的古体诗，工作经历从中央政策研究室的组长，到青海省主管文化的副省长，再到国家文物局的副局长，始终与文化事业相关。2002年，郑欣淼被任命为文化部副部长、故宫博物院院长。而在此之前，故宫院长的位子已经空缺了十多年。

吴小莉：在您之前，故宫大概有十多年没有院长，十多年没有院长，为什么？

郑欣淼：这个我还真的不大清楚，因为我到文物局是1998年底，我来就知道没有院长，我知道准确应该说，起码从1991年，1991年以来，一直没有院长。当然我想，它肯定有原因的，原因肯定也是多方面的。但最后叫我来，我也感到意外。

吴小莉：不过2002年您那时候要来故宫的时候，据说是主管文化的李岚清副总理跟您说的，当时他跟您说什么？对您的要求又是什么。

郑欣淼：当时中组部的一个领导找我谈过话，说是你去故宫（主要）是维修，他跟我谈了意见。

解说：就在郑欣淼履新之后不久，紫禁城百年以来最大规模的整体修缮，拉开了序幕。这一次的故宫大修，从2002年开始，计划到2020年完工，整个预算达到19亿元人民币。同时这也成为故宫历史上最为细致的一次修缮。

纪实段落：

吴小莉：听说这个砖也是金砖，

郑欣淼：对。

吴小莉：称为金砖的原因是因为它的造价很高。

郑欣淼：它有几种（说法），一种说法是，它是从苏州烧造好以后要运到京城的，便叫京砖，声音念转了就成“金砖”了。也有说因为它敲起来有金属的声音，也叫金砖。当然它也很值钱，很贵的，所以叫金砖我看也是名副其实的。

解说：这种世界上独一无二的金砖产自苏州郊外的御窑厂，几百年来，它的工艺代代相传，延续至今。这次大修，故宫大量使用了这样的传统材料和民间手艺。然而由于太久没有进行大规模的修缮，故宫博物院曾经拥有的三四百人的修缮队伍，已经逐渐减少到四、五十人左右。

郑欣淼：随着有一些人的年龄到退休了，我们现在也正在采取一些比较灵活的方式，搞师承制，我们有拜师会，就是由老师，师傅带徒弟，就采取这种办法。

吴小莉：但是只有三四十人。

郑欣淼：有四五十人吧。

吴小莉：四五十人，但是如果我们现在很多宫殿都在修，当然也有跟别的地方做合作，所以会有一些外面的技术的队伍加入？

郑欣淼：是，我跟你说的我们这一次维修，就采取招标。一般同时有好几个社会上的古建修缮队在我们这干，我们最多的时候这里面的有一千多人进行维修。

吴小莉：那像这些建筑工人，或者是修缮工人，他们本身是不是应该有特殊的技艺？

郑欣淼：他们的工程队必须有一定的资质，就是文物部门承认或者授予他们的古建维修的资质，符合这个资质就有资格来参与竞标了。这都是有一套严格的要求的。包括材料，你像这材料，我们现在采取的都是，琉璃瓦都是过去御用，烧琉璃瓦的地方来供应的，包括金箔，都是南京的，过去就是这儿来供应的。

2020 年故宫大修结束
众多“游人止步”的区域将陆续开放

解说：按照规划，到 2020 年，故宫大修工程将全部结束。到那个时候，世人将重新领略历史上康乾盛世之时的紫禁城的面貌。而故宫里众多“游人止步”的区域，也将在修缮之后陆续开放。

吴小莉：以前开放的面积，有人说是紫禁城的大概三分之一，据说在整个修缮完毕以后，可以开放大概 70% 到 80%，是这样子的规划吗？

郑欣淼：差不多，因为这个开放也有一个怎么样的开放方式，我们也会再探讨的。比如是不是同时全部开放，或者是在一定时期内，比如说现在没有黄金周，但是也有相对的人流比较集中的，这个我们会认真研究的。

吴小莉：您来了以后，除了修缮，除了清理家底之外，您还提出“故宫学”，您把故宫当成一门学问，而且现在也是继红学、继鲁迅研究之后成为一门非常重要的学问。

郑欣淼：台湾政治大学有个教授，给我提了一个问题，她说，你认为在故宫学研究上，台北故宫是一个什么地位？我听来她的意思，是不是说，你认为故宫在北京，你就好像是老大，其他只能围着你，我回答说，任何人都可以研究，我为什么要把故宫的藏品公开，就是让社会来研究。故宫在北京，故宫学在全世界。

吴小莉： 谢谢院长接受我们的采访。

上篇于2010年8月28日在《凤凰卫视》播出，下篇于2010年9月5日在《凤凰卫视》播出

寻幽探胜说故宫

主持人：中央电视台《文明之旅》杨锐

主持人：各位观众大家好，我是杨锐，欢迎收看《文明之旅》，今天我们非常荣幸请到了北京故宫博物院院长，63 岁的郑欣淼先生，郑先生曾官拜青海省副省长和文化部副部长，而今他却成了故宫的守护人，而且学识非常渊博，今天我们特别期待，他能够在这里讲述一下，故宫六百年的历史掌故、文物价值、文物保护，特别是两岸故宫的交流，接下来让我们通过这个大屏幕，了解一下今天的嘉宾。

（播放短片）

主持人：想给大家出一个小的测试。说到故宫，俨然我们上下五千年的中华文明和历史的源远流长和博大精深的所有这一切都在这里似乎能够找到答案，但是如果我要很快问你，一提到故宫，你脑子里首先闪现出的是哪几个关键词。

观众一：我觉得应该是博物院。

观众二：国宝南迁。

观众三：红色，因为它的墙所有都是红色的。

观众四：提到故宫，我最先想到的就是皇权和威严。

观众五：提到故宫，我首先想到是对称两个字，因为它的建筑呈中心对称的。

观众六：提到故宫，我就想到文物和中国古代的字画，因为我是美术专业的。

主持人：字画。

观众七：我想到的是沧桑。

主持人：郑院长，刚才我们年轻的学生对故宫的了解有点出乎我的意料，包括权威的巅峰，包括建筑的对称，包括它的墨宝，还有它的沧桑和博物院，这些关键词当中，对于您来讲，您从 2002 年就开始担任了故宫博物院的院长，对于您来讲，这些关键词哪一个最能够涵盖和概括，代表了故宫文化。

郑欣淼：其实大家都谈得相当好，都从不同的角度谈到故宫的一些特征。比如说就像谈到故宫的文物南迁，这牵涉到博物院的历史。说到它的对称，故宫确实反映了我们中国传统美学的一个重要理念，就是对称，包括还有的谈到它的书画，它的藏品，我刚才听到，我感到“沧桑”两个字，比较更模糊一点，但是更有想象的余地。

主持人：您出生在陕西省的澄城县，那是一个文化大省，跟您后来走上文化部的副部长的高官的位置，后来又能够担纲故宫博物院的院长有一定的关系吗？

郑欣淼：这个我不敢说一定有必然的联系，但是我这个话常说，一个人他肯定有理想，但自己走的路回过头来看，都不是按自己的想象来实现的。但是对我来说，在陕西工作的时间长，我也曾经对文化工作是相当喜欢的，以后在青海省工作，管过文化，在中央政策研究室当过文化组组长，我以后又到国家文物局，当过国家文物局副局长。我感到，好像是冥冥之中安排的，最后一步一步走，它的走也是有逻辑性的发展，最后就走到故宫博物院了。

主持人：而且我感觉您的两肩还带有秦兵马俑里的尘土。

郑欣淼：好多人也问我这一个，特别我和国外一些大博物馆的同行进行交流的时候，他们一般对陕西都很了解，中华文明的一个重要的发源地，而且陕西现在的文化遗产相当多，所以大家感到，好像我在陕西，我在西安工作过 15 年，这样我虽然走了好多地方，但以后我在 8 年前，我到了故宫博物院，大家也感到这一条路好像是为最后设定的，只是我自己没有想到这一点，这条路，看来走得是与故宫有关的，一步一步最后就到故宫了。

主持人：我还有几个小问题，您还担任过鲁迅研究院的院长。

郑欣淼：鲁迅研究学会。

主持人：学会的会长 8 年之久。

郑欣淼：对，8 年。

主持人：您还担任了中国诗词学会的会长？

郑欣淼：是。

主持人：您当年写了《文化批判与国民性改造》这本书。

郑欣淼：对。

主持人：从哪儿谈起呢？您现在又研究故宫的国学国故，而我想起鲁迅，鲁迅其实在研究孔孟的礼教的时候，居然写下通篇两个字，就是“吃人”，血迹斑斑的“吃人”，痛斥了传统文化当中礼教的虚伪，回过头来您又在研究国故，似乎对它饱含深情，您又研究国民性，又对文化进行批判，这个批判与继承之间，我们来审视故宫文化，这有必然的联系吗？怎么成就您今天一脸自信的微笑呢？

郑欣淼：我对鲁迅相当热爱，我写过两部有关鲁迅的作品，一个是主持人讲的《文化批判与国民性改造》，还写过一本《鲁迅与宗教文化》，我主要是研究鲁迅思想的发展。我感到鲁迅在他的时代，不同的时代有不同的任务，包括我们现在对文化遗产的保护，包括鲁迅当年对孔孟之道的批判，我个人感到，我们有一个共同之处，就是对我们民族的热爱，对我们中华民族，当然可以从不同的角度，鲁迅他是从怎么样让我们的民族复兴，民族振兴，他更多地看到了那个时代的不足的地方，我们现在其实也是和鲁迅的目的是一样的，在我们新的时代，我们在文化的传承方面可能做得更多一点。

主持人：鲁迅说过，我确实在时时地批判别人，但更多的是我在解剖我自己，那回过头来，我从您的身上一直感觉到您有一种自省反省的文化自觉的高度。但是我们还是赶紧回到故宫本身，尽管有人不愿意这样称呼，可我愿意说您是故宫博物院第五任院长，如果不是第五代的掌门人，您清晨6点就能够在披星戴月地开始工作，而且从明清到现在将近600年的历史当中历经了24任皇帝。

郑欣淼：我当年给启功先生说过一句（玩笑）话，我说启功先生，我是为你们家族在守皇宫的，他说不是，我不是这个家族的。在我们的今天，刚才主持人也谈到，我个人感到有一个责任感，因为我来之前，故宫1991年开始没有院长，我是2002年到任，到任以后事情很多，我也有一个，因为在我的经历里面，我也明明白白知道，故宫是我人生工作的最后一站了，所以我一定要把这几步路，最后的路要走好。

主持人：郑院长，虽然故宫博物院的职位，对于您的人生，对于您来讲是最后一站，但绝不是最不重要的一站，接下来我们可能通过海峡两岸的故宫合作来体现您的岗位的重要性。为什么《富春山居图》这样一个旷世合璧，血脉相连的一幅画现在成了海峡东西两岸各执一半的，甚至不到一半的历史的悲剧呢？我们能否从这个历史讲起来？

郑欣淼：好，这个是反映了我们民族的一段历史，故宫博物院当年藏的，现在台北故宫有《富春山居图》的大部分，它也是当年故宫的藏品，文物南迁的时候就带到南方，在 1948 年底和 1949 年初的时候，有一大批，现在算起来也就是近 60 万件东西运到海峡对面的台湾去了，以后成立台北故宫博物院，《富春山居图》就在对岸了，就在台北的故宫了。而我们浙江省博物馆有与《富春山居图》有关的另一部分，这样就是《富春山居图》分在两岸。

主持人：《富春山居图》的画家是元代的黄公望先生。

郑欣淼：对。

主持人：他是 79 岁高龄花了 7 年时间完成的这幅画，他如此喜欢这幅画，以至于后面收藏它的人叫什么？收藏它的人如此钟爱它，以至于他死之前要把它焚掉，要它殉葬，后来他侄子把它从火中抢救出来，剩下了今天的东西两岸各一半。那么，今年的两会，在记者招待会上，温总理好像对于《富春山居图》有一句话，当时这句话怎么说？

郑欣淼：他意思好像就是说，这幅画分藏在两岸，这个画尚且如此，人何以堪。

主持人：人何以堪，情何以堪，确实我们骨肉分离，到今天已经有61年了。

郑欣淼：1933年，文物就开始运到南方，开始运到上海，以后就在南京修了一个保管库房，到1936年底，1937年初，文物全部从上海运到南京的库房里面，但是时间不长，不到半年时间，又是卢沟桥事变，等抗日战争全面爆发之后，近13000箱，又运到西南的偏僻的地方，然后一直到抗战胜利，抗战胜利以后，又运回到重庆，当时属于陪都了，又从重庆运到南京。到1948年底，1949年初的时候，有2900多箱分三次运到了台湾。

主持人：也就是1949年国民党退居台湾的时候带走了2900多箱的文物，然后他们在哪年成立的台北故宫博物院？

郑欣淼：1965年。

主持人：今天台北故宫博物院的院长叫周功鑫女士。

主持人：说也特别有缘分，我觉得，我不知道郑先生您是不是能够经常百度，但年轻人经常百度去搜索，我每次打郑欣淼三字，那个欣都是三个金加在一起的鑫，于是就有了你们的“双鑫会”这样历史上的机缘巧合，周功鑫与郑欣淼，听起来是谐音双关，您怎么看待这次雍正大展两岸走在一起这样的机缘巧合，记得您当年说了一句，多亏这老头。

郑欣淼：是。

主持人：这老头是谁？

郑欣淼：雍正皇帝。我讲过两岸的交流，因为两岸故宫，我跟大家讲，刚才主持人也讲了这个历史。两岸故宫，这是很特殊的一个问题，就在 1925 年故宫博物院成立，一直到 1949 年，这之前的 24 年里面其实是一个故宫博物院，然后一部分文物到台湾去，当时故宫博物院也去了少数的我们的同仁，他们当时去，也是派他们的，他们当时是有任务去的。他们去的，和留下来的人，有的是父子关系，有的是一家分开的。另外，还有很有意思的，就像《富春山居图》一样的，带走的东西里面，当然我们本身就是一个整体，把它分了，不过它少一点，但有好多东西，你比如说一部大书，可能又分藏在两边了，还有一些成对的，你像有的青铜器，它也是分藏在两岸的，这一类的事例比较多。还有一个深层次的，我认为还有一个更重要的，就是对故宫博物院的看法。在台湾，它要叫故宫博物院，这一个说明它的文物是故宫来的，另外一个，大家如果没有到过台湾，我估计年轻人可能去的不多。但是我们看照片，它是模仿一个宫殿建筑的，在台湾，台北故宫博物院的地位很高的，它是作为我们民族文化这样看待的。我们北京的故宫博物院，既有宫，也有院。

主持人：现在是一宫两院了。

郑欣淼：一宫两院，所以它本身的意义，在两岸的同胞里面，故宫博物院刚才大家说到的，还有一位女士谈的，对故宫印象最深的是文物南迁。文物南迁的时候，为什么这一批文物要南迁，就是大家认识到它的价值，绝对不仅仅指它值钱。

主持人：好像当时文物南迁参与者，他们当然是相濡以沫的战友和同事，好些人其实是两岸故宫元老级人物，现在还有没有幸存者？

郑欣淼：现在没有了，都过世了。

郑欣淼：这个故宫文物南迁，它也使故宫的文物经历了和我们中华民族共命运这么一个历史，它有这么一个过程，所以故宫文物也被赋予了特殊的意义，当时也有一些人反对文物南迁，但多数人主张。这一批文物绝对不是一般的古董，不是因为它值钱，我们五千年的民族文化的载体就在这上面，所以大家说国土丧失了，我们可以夺回来，但是这一批文物失去了，那就是不可挽回的损失了，所以在整个文物南迁的时候，大家对文物高度关注。这一批文物，一部分运到台湾了，大部分留在大陆了，大家对故宫的重视，我认为和这批文物所承载的我们民族的历史文化有关，所以两岸故宫的交流，它就是标志性的一件事，它不是简单地说两个文化机构之间的事，它要引起海内外关注的。

其实去年的 2 月份，周功鑫院长要来之前，日本《朝日新闻》的一个记者，他是日本东京派驻台湾的一个记者，他专门到北京来采访我，他跟我谈，这不是一个小事，这个事将来会引起海内外的轰动，果然《参考消息》登了他的那一篇报道，也引起轰动了。

主持人：多亏这老头，雍正皇帝，咱们去年 11 月份在台湾举行的雍正大展。

郑欣淼：10 月份。

主持人：10 月份是奥巴马来故宫访问。

郑欣淼：10 月份举办的这一个展览，大的展览都有一个学术研讨会，11 月份举办了，而且这个研讨会称作两岸故宫第一届学术研讨会，就是围绕雍正文物大展的研讨会。

主持人：您瞧他面目有神，天庭饱满，一幅帝王之相，就像刚才一位学生讲的，是一个帝王权威的代表。这里面，两岸北京故宫博物院和台北故宫博物院同宗同源，一宫两院，而且我告诉大家一个秘密，周功鑫院长，台北故宫博物院院长和我们的北京故宫博物院郑欣淼院长都是同岁，对吧？

郑欣淼：是巧合。

主持人：我还可以告诉大家，有的时候我这人不信教，可有的时候不得不信有的巧合，1979 中美建交，那时候美国的总统叫卡特，他的生日居然是 10 月 1 号，中华人民共和国的国庆日。故宫大展，雍正大展里面是 200 多件，有 37 件是来自？

郑欣淼：37 件是北京故宫博物院的，当时他带走不少清宫的东西，但清代帝王的、帝后的画像他们一件都没有带走，雍正时期的文物我们也很丰富，光瓷器北京故宫有三万多件，这一次他们主要是借了一些有关他的画像，最先他们要借一个“为君难”的印章，开始他们这个展览，起了个名字叫“为君难”，“为君难”是《论语》上的一句话，他们当时说“为君难”这三个字是反映了雍正当时的内心思想深处的一些矛盾。

主持人：一会儿电视镜头会给一个特写的。

郑欣淼：展览的主题它确定“为君难”，但是它没有这个印章，印章在北京故宫，同时……

主持人：他们也没有皇帝画像。

主持人：搞雍正大帝展竟然会没有雍正的画像吗？

郑欣淼：雍正这个人，可能大家的印象里面，一般看雍正皇帝，感到他个性很内向的，待人很刻薄的，其实他内心有丰富的情感，丰富的内心世界。

主持人：但是并不像乾清宫上面的那个匾额，正大光明那么光明是吗?

郑欣淼: 是，我们有一批清代帝王的行乐图，就是宫廷的画师所画的皇帝一些日常生活的场景，包括他想象中的一些，最多的就是雍正皇帝了，你像雍正的，大家能看到这很怪的，大家看（指画面）。

主持人: 这不是武松打虎?

郑欣淼: 西洋的一个绅士，他戴个假发，拿一个铁叉，他向老虎扑过去，这就是雍正皇帝想象中他的一个样子。他做各种扮相。作为僧侣、道人，根据这个画的，完全是理想化的读书人的扮相。因为台北故宫缺乏这么一些东西，他们就提出向我们借，当时他们是通过旁人带来一个话，我听到以后，我说一定借给，结果台北的周院长就来了，前后四天，第一次来待了两天就走了，她是 2 月份来的，3 月 1 号我就去，3 月 4 号的早晨我就回来了。所以，刚刚您说这个，我在雍正展的开幕式上说，我们两岸故宫的交流不能忘了这个老头子。

主持人: 郑院长打断一下，我们大屏幕上出现了一首诗，您告诉我一下，这首诗是您什么时候写的吗?

郑欣淼: 这是我第二次去，10 月份写的。

主持人: “今又凌虚宝岛行，风云幻化看沧溟。别来半载凭栏处，无恙圆山依旧青。”圆山是指圆山饭店吗?

郑欣淼: 圆山饭店。

主持人: 陈江会在那里举行的。

郑欣淼: 对。

主持人: 海协会跟海基会，两岸会谈的地点，这里边“别来半载凭栏处”，似乎凭栏处潇潇雨歇，饮马长江，有一番凌云志之类的，有何感慨，在文字之中？

郑欣淼：因为圆山饭店在台湾也是一个标志性的建筑了，我两次去的那个房间都是 801 房间，房间也没有变过，陈云林第一次去就在那个房间里面住的，这外面一个露台很大的，有栏杆的，而且看的视野相当开阔，大半个台北市尽收眼底，给人很多想象。

主持人：月出于东山之上，徘徊于斗牛之间，凭栏远眺，把栏杆拍遍，无人会登临意？是不是？

一院两宫，东西两宫，这确实是有很多故事在这里边，接下来我想问一下，故宫的大修，从 2001 年咱们国务院就下令对整个故宫进行全面的整修，为什么您提出一个 20 年的计划？

郑欣淼：故宫建成到今年是 590 周年了，中国古建是土木结构的。

主持人：土木结构，这一点很重要，跟接下来的故事可能很有关。

郑欣淼：我们看欧洲，看罗马的斗兽场，几千年的石头建筑不变，我们这个土木结构有我们的优点，但缺点就是它时间一长，必须要维修的，这是我们的建筑材料，建筑技术决定的。所以故宫在明清两代，它是经常地要维修的，故宫博物院是 1925 年成立，1925 年成立到今年是 85 周年，85 周年，我看资料，只有两年没有修过，一个是 1927 年，那个时候社会比较动荡。

主持人：军阀混战。

郑欣淼：故宫的日子也不好过，还有一些特殊的原因，那一年没有安排，另外一个是 20 世纪 70 年代有一年是安排了一些零星的工程，没有大的项目。除此以外，就在日本人占领我们北平，北平在沦陷期间，故宫每年的大修都没有停过，每年都有维修的项目。所以故宫过去有一个说法，就是十年一大修，大修得十年，就是说它永远不断地维修。

主持人：我看到了一份文件，叫《威尼斯宪章》，1961 年，一些搞古建的专家和一些技术方面的学者，云集于意大利的古城威尼斯，来探讨如何修复文物、古建筑的修复，您刚才谈到一个土木建筑的中国的古建筑，为什么有点一定意义上修改了《威尼斯宪章》呢？是不是颠覆性修改？

郑欣淼：我们也没有说修改，也没有说颠覆性，可以这样说，《威尼斯宪章》主要是根据欧洲的，主要是意大利的文物保护的实践产生的，虽然它有欧洲的特点，但是这个文件本身对文化遗产保护的理念或精神，大家都是应该遵循的，这个是完全正确的。但是具体到我们中国、东亚的建筑，东亚的，包括像韩国、朝鲜，像越南，像我们，主要是土木结构，日本也是这样的，这种建筑决定了本身过一段时间非修不可。所以欧洲的建筑，石头建筑，他是不提倡你动的，就维持原样。我们的如果这样时间一长不动的话，可能就毁坏了，最后就消失了，这次故宫的维修，我们的实践，我们的做法，也丰富了世界文化遗产保护的理论，应该说是一个丰富。

主持人：非常感谢。郑院长，关于故宫维修，您好像是闪烁其词，拒绝，或者是无意直接面对我、直接回答我下边另外一个问题。很多游客抱怨咱们故宫的收费太高，对不对？（鼓掌）

旅游旺季门票一张成人 60 元，淡季 40 元，然后大家讲，一年我们的人次有一千万人次，这且不得了，是不是都拿过来用于修缮了我们的故宫，如果这样大家感到聊以自慰，对不对？如果不是，可是您后来又讲，你们收支两条线，那么这钱到哪儿去了？回答各位。

郑欣淼：主持人，我不会闪烁其词，任何一个问题，我不清楚就是不清楚。我们的门票收入是比较高的，因为游客比较多，去年一千一百多万，今年一千二百多万，去年门票收入是六个亿，六个亿的人民币，其实我们故宫能用的也就是一半，其他的我们都交给国家了。我们每天都通过指定的账户，都交走了，所以这个不存在我们为自己做什么。但是这是国家规定的价格。

主持人：人们问这个问题，或者有这样类似的抱怨，是因为那些去过英国的人知道，大英博物馆是不收门票的，后来您在回答网民的提问时也说到了，那是从工党开始，实行了免费参观，在那儿之前也是收费的，是吗？

郑欣淼：是，我个人感到收费不收费不是决定博物馆的特点的，在世界上多数博物馆都是收费，我们如果到美国去，到法国的卢浮宫，当然价格的制定与国民的收入这些应该有一个……

主持人：水涨船高，现在提起物价飞涨，大家就心有余悸。

郑欣淼：也应看到，今年特别是国庆的时候，故宫的游客相当多，很多人建议要涨门票，我不主张涨。

主持人：您顶住了压力。（掌声……）赶紧抓紧时间去看，门票 60 元，赶紧。

郑欣淼：即使涨了，该去的还是要去的，所以这个涨不是解决问题的根本办法。

主持人：其实今天机会难得，各位，我有一个小小的建议，刚才我们的郑院长代表故宫博物院向大家颁发了小礼品、奖品，接下来我特别希望郑院长，能够作为中国最具权威的故宫博物院的导游，通过我们的电子图，来一起畅游故宫好不好？

当然我有一个小小的附加条件，因为呢，郑院长年事已高，如果领着大家九千九百九十九间的房屋挨个转一遍，挨个详详细细说一遍，恐怕他受不了，我也受不了，大家也受不了。如果是大家故宫一日游，那么您挑选一下最佳旅游路线是什么？来，有请。

郑欣淼：一般现在游客，其实我们所谓故宫的游人太多时，一个是时段，就是每年的五一和十一期间，另外一个游客所走的路线都是固定的，像我们一般是从午门，多数人从午门进了以后，三大殿。

主持人：前三殿，后三宫，东六宫，西六宫。

郑欣淼：如果大家是一天的时间的话，我们现在开放的区域是很多，我跟大家说，这边是武英殿，这边是文华殿。在太和殿，太和门的两边各有一个宫殿，武英殿和文华殿。武英殿有我们的书画馆，文华殿是我们办的一个陶瓷馆，然后我们大家看宁寿宫，东北的这一块是我们的珍宝馆，奉先殿这是钟表馆，这儿还有一个石鼓馆，我们这边靠后三宫的地方，有一批我们的青铜器馆、玉器馆，金银器馆，包括我们搞捐献的景仁宫都在这个地方。

然后这边这些原状的，这边是一个养心殿，这也是一个。故宫的，一般的人来，但是你说一天的时间，在很多游客是达不到的。

主持人：一天要看完是看不完的。

郑欣淼：一天要安排都在故宫，我估计这个，就像我们到……

主持人：大英博物馆一样，一天是看不了那么多。

郑欣淼：我们一般也不会安排一天的，但是如果没有一天的话，用半天时间，一般的人也就是从午门进来以后，这些殿堂现在不让进了，从两边，从窗子看一下，然后这儿照个相，后三宫，御花园，从神武门出来，也有一部分人是从神武门进来，中轴线，这是绝大多数第一次来故宫的人，因为来的文化层次不一样，或者是来的需求不一样，很多人可能就主要是照个相，我到此一游了，但是我希望大家能看到，我们有很多展览其实是不收费的。

主持人：我先问一下，我太好奇了，我是第一个游客，你们先往后靠一靠，我利用一下这个特权。据说当年雍正大帝，在某一个殿，前三殿，后三宫，东西各六宫，某一个殿举行最高考试的殿试，快速抢答是哪个殿？

郑欣淼：这个在……

主持人：中和殿，我隐隐看到中和殿。

郑欣淼：对。

主持人：那是一个至高无上的荣誉，但愿别像范进中举一下晕倒了。

郑欣淼：大家看我们西边有些宫殿都是开的，收费就是一个钟表馆，一个珍宝馆，另外我们办的很多展览，包括午门也办了一些展览，包括神武门也有展览。

主持人：午门有没有“推出午门斩首”一个特定的项目。这个午门，我一听就鬼森森的。

郑欣淼：一般来说，恐怕得一天时间看，如果半天时间，也只能在中轴线看细一点，再照个相。

主持人：中轴线是一个非常关键的词，什么意思？

郑欣淼：中轴线就是这一条，这一条线，这是北京城的中心，老北京城的一个中心。

主持人：首先是北京的城中之城。

郑欣淼：城中之城，而且中轴线南边是永定门，就在南二环，一直到北边到钟鼓楼，这有八公里长，最精彩的一段就是故宫了，这个建筑学家，中外的建筑学家对这一条中轴线评价相当高的。

主持人：这里有风水因素在这里面吗？

郑欣淼：也有，比如说像景山就是制造的一个山了。

主持人：这个景山是怎么堆出来的，大家知道吗？52 米宽的护城河，挖出来的瘀泥堆成了景山。崇祯皇帝上吊死的“歪脖子树”是在哪个公园里面？

郑欣淼：就在景山。

主持人：景山公园。

郑欣淼：过去叫煤山。

主持人：煤山。

郑欣淼：刚才有一个同学讲故宫的对称，怎么对称，就是中轴线两边的对称了，而且这个对称，不光是它的建筑，最重要的建筑就在中轴线上，然后根据等级，离中轴线越近的一般越重要，然后像武英殿、文华殿，包括它的名称，大家也能看来是对称的。这也是我们传统的中国美学观念的体现，而且故宫，大家看，其实很复杂，是由不同的四合院组成，它是中国最传统的建筑，不同的四合院组成大大小小的区域，所以故宫虽然千门万户，但是它并不零乱。西方的建筑物，我们去看一个宫殿，它就是一个孤立的宫殿，中国是群体优势，铺展开来，来显示宫殿的雄伟。所以大家要去的话，如果是第一次来，如果有一天的时间，我是希望能两边先在文华殿，我们的陶瓷馆是中国陶瓷通史的陈列，我们有几十件一级品，其中还有一个最重要的叫“瓷母”，陶瓷的不同温度，不同的手法制作的瓷器，把它集中烧在一个陶瓷上，这在过去都没有展出过的，台北故宫的周院长看了以后也感到相当好的。武英殿是书画馆，我们有 15 万件古代书画，我们办了三年展，每年办三期，每一期都有精品，像你说的“三希”的《伯远帖》、《中秋帖》。

主持人：养心殿里三希堂里的三帖，其中两帖就保存在这里面是吗？

郑欣淼：在这儿展出过，我们今后还会轮流再展的。

主持人：您讲半天，其实我最想问的就是皇帝们，嫔妃成群成对的，后宫佳丽有三千，三千宠爱在一身，后宫在哪儿？

郑欣淼：后宫就在这两边。

主持人：男性鼓掌比较多。

郑欣淼：就在后边，后三宫的两边。

主持人：这都是后宫。

郑欣淼：对，东西六宫了。

主持人：很多丽人这一辈子都幽禁在那里，从来没有见过皇帝一面是吗？

郑欣淼：有这样的说法。

主持人：反正有这样的记录。为什么郑院长老是鼓励大家去一次不够，去一次 60，再鼓励你去一次两次，两次 120，如果是珍宝馆和钟表馆也各去一次，那么每次 20，再加第二次再去就是 40。谢谢您。

跟郑院长开玩笑了。其实郑院长有一句“雷人”的话“文物姓文不姓钱”，金子旁的钱，这话很厚重，怎么讲？

郑欣淼：因为这牵扯到对文物的看法，这有不同的层次，比如说对文物的价值，我们不能用古董的眼光来看，像故宫的藏品，很多是宫廷的，故宫的文物藏品其实两个方面。一个是我们历代传承下来的，皇家收藏的，像青铜器、书画等。另外一部分它是宫廷的生活用品，当时并不是作为文物来看待的，比如说皇帝的宝座，那么多的明清家具，我们有5000多件家具，当时是使用的，并不是文物。皇帝用的印玺，宝玺，它为使用的，不是文物。但是今天作为文物了。如果我们用现在市场价格来看的话，可能有一些能卖出很好的价钱，有一些可能不一定，因为它材质比较一般，它的重复品太多，可能不一定很珍贵的，但在反映宫廷的历史文化来说，它也有自身的特殊意义，也是不可缺少的，所以不能用市场金钱来衡量它。

主持人：另外一个我是不是能补充一句，若干年后，其实您做出的贡献具有了，包括您本人对您本人的研究，也具有了文物的价值。

郑欣淼：我感到，我们对文物的研究，其实也是对文物价值的探讨，我们怎么能保护好。无论如何，比如说开发、利用，我们要有文物的底线，首先要保护好，不能简单地把它和市场和钱联系在一起。

主持人：其实61年前，我们中华人民共和国成立，我们首先应该感谢傅作义将军，和平起义，保护了古老的北京城免于战火的摧毁，多少人了，包括始于1931年“九一八事变”后的文物南迁之路，中华儿女携手进行了一场前所未有的“文化抗战”，保护了一共多少件文物，那个时候。

郑欣淼：那个时候如果按箱算的话，故宫的文物是13000箱，还有一个，南迁其实不光是故宫的文物，还有6000箱是古物陈列所的，国子监的，颐和园的，也是故宫博物院的人在管理，19000多箱。

主持人：如此说来，还有沈阳故宫博物院里一部分，被带走了。

郑欣淼：沈阳故宫的文物，在1914年，和承德避暑山庄的文物，在那儿运了有20多万件，民国政府在故宫前边的三大殿，在文华殿和武英殿成立了古物陈列所，文物南迁的时候，20万件有一半也南迁了。

主持人：云里雾里的，郑院长，您看您有承德避暑山庄，有沈阳故宫博物院，有台北故宫博物院，北京故宫博物院，据说现在在南京当时的三年内战的时候国民党的首都也有很多文物，至今还被尘封在地下，加起来一共您的家底有多少，能不能透露一下？

郑欣淼：可以，今天首次透露，明天上午，28号上午，我们要开一个文物清理7年的总结会，我要公布的文物总数是1807558件。

刚才主持人问到南京博物院代管的故宫文物，南迁以后，就在南京修了一个库房，叫朝天宫库房，以后把它改成“北平故宫博物院南京分院”。现在我们的文物，相当一部分都运回来了，分了三次，1950年运了一次，1953年运了一次，1958年运了一次，现在仍然有2000箱，10万件文物在当年的朝天宫库房里面。

主持人：何时能够重见天日？

郑欣淼：我想问题会解决的。

主持人：那么如此浩大的文物清理工程，意义何在?

郑欣淼：我想有多方面的意义，一个是故宫是博物院，博物院首先就是要有物，得有藏品，藏品的家底不清楚，博物院的定位，博物院的功能的发挥肯定是不好的。

主持人谈到意义，还有一个很重要，我们是受国家的委托来管理故宫博物院，故宫的文化财产是我们民族的文化财产，我们有责任把它保管好，我现在把它保管，不仅把它的底细弄清楚，而且要出目录的，我这 180 万，每一件，我都会公开给大家，给社会公布的。比如说有一些人，搞研究的，我这 180 万，不可能都同时展出，有的文物也可能永远不会展出的，但是有人因为研究，可能需要了解，他通过目录就可以查到的。另外，我的目录出来以后，其实是我们接受社会的监督，我们管理得怎么样，这些东西在不在，就可以拿这个来查我。

主持人：现在国际社会审视崛起的中国，有一个关键词叫透明度，看来做得最好的应该是郑欣淼院长，对不对？掌声鼓励。

您知道在 1988 年，全国人大常委会，通过了一个叫《村民委员会选举组织法草案》，当时就规定，村民选举村官，透明度非常关键，大家的钱谁来管理，家底谁来管理，看来中国是有草根民主的对不对？好，你看他们报以微笑。

郑院长，我为什么说过些年后，对于您的研究，具有文物价值呢？您提出了一个很核心的理念，叫“故宫学”，能不能跟大家讲一下，为什么故宫学对于您人生最后一站如此的重要?

郑欣淼：故宫学是我 2003 年提出来的，到今年 7 年多了，故宫学不是简单赶时髦，比如说你搞什么就叫什么学，那就泛滥了。故宫学的核心，一个就是故宫本身是一个很丰富的，它有丰富的研究内容，比如说故宫的古建筑，大家现在看到，建筑学家可以从很多方面去研究，故宫的宫殿建筑也是中国历史上宫殿建筑的集大成，看起来是明清时代的，其实是几千年宫殿建筑的积淀，而且它本身反映了丰富的传统文化的内涵，阴阳五行，包括风水的观念，都用建筑的语言体现出来了。

另外，故宫的文物藏品相当丰富，我现在谈的是 180 万件，台北故宫有 60 万件，这我不说了。故宫的藏品，它还有一部分，比如说明清的档案，现在中国第一历史档案馆，藏品大家知道有多少？有 1000 万件，当年 1980 年，由故宫博物院的明清档案部划出去，成立的中国第一历史档案馆。

主持人：这还不算从敦煌莫高窟运走的，被人抢走的大量的历史的卷宗是吗？

郑欣淼：那个可以归到敦煌的范围，我们这个就说在清宫里面发现的明清档案。

主持人：可是这 180 多万件故宫文物，也有从各地方博物馆调拨的对不对？

郑欣淼：可以这样说，在解放 60 多年来，除了清宫的旧藏以外，我们也有数十万件的文物，支援给全国，应该说相当一部分省的博物馆都有故宫博物院的藏品，同时也有相当一部分藏品调拨支持了故宫博物院，还有一些是民间人士、社会各界人士捐赠的，这样合起来，大致有 24 万多件，就是故宫（现在藏品中）不属于清宫的文物，24 万多件，但是起码 150 多万件主体还是清宫的，这样也占到百分之八九十了，所以还应该说它是清宫的。

主持人：私人捐赠的呢？

郑欣淼：私人捐赠有 3 万多件。

主持人：3 万多件，有没有最感人的故事？

郑欣淼：也有，像我们大家知道有张伯驹先生。

主持人：民国四公子之一。

郑欣淼：对，张伯驹先生有几幅藏品，像《平复帖》。《平复帖》是他捐献的，我们中国现在传下来最早一件文人的墨迹，就是《平复帖》，西晋陆机的作品，到现在 1700 多年，张先生当年在抗战的时期，他把这一件文物缝在自己的身上。

主持人：缝在自己的棉袄里。

郑欣淼：是，新中国成立以后，包括李白《上阳台帖》，包括很多书画巨品，他都无偿地、无私地贡献给了国家。

主持人：第一个接受他这笔宝贵文物的听说是我们的共和国第一任主席毛泽东同志？

郑欣淼：其中有一件《上阳台帖》，是张伯驹先生送给毛主席的。

主持人：后来回到故宫博物院了。

郑欣淼：以后政府都拨到故宫。刚才谈到故宫学，我想再说一点，故宫学它是建立在丰富的研究对象的基础上的，同时这些研究对象又是有机的联系，不是各是各的，文物是文物，建筑是建筑。从 1420 年到 1911 年，这 491 年时间，明清两代有 24 位皇帝在故宫里边生活，执政。在此期间，文物的收藏，包括这么多宫殿的修建、扩建、改建，都是联系在一起的，所以在这个基础上，我就提出了故宫学，我也发表了一系列的文章。这两年，我出版了有四本关于故宫的专著，其中一本就叫《故宫与故宫学》。

主持人：我们今天把您这本书带来了，《故宫与故宫学》，郑欣淼著，这个在台湾出版了吗？

郑欣淼：在台湾的远流出版社也出版了。故宫学，经过我们这么多年的努力，经过学者的关注，也产生了一定的影响。

主持人：由紫禁城出版社出版，紫禁城也是归您管的吗？我指出版社。

郑欣淼：我今年得到了一个意外的消息，台湾新竹清华大学，不知道（在座的）有没有清华大学的学生？清华大学，台湾的清华大学，从2009年秋季开始，它开设了一个“故宫学概论”的课程，这个课程是计入学分的，80个修课指标，电脑报名达到两千多人，他们以后给我寄来资料，我看（照片），听课的人仍然很多，绝对不止80人，最后也了解到，在他那儿学习的，有从北京的清华和北大去的学生也修了这个课，他们感到，通过故宫学概论，他们很直观地、生动地了解了中国的传统历史文化。

我再告诉大家两个消息，一个就是明天的上午，也是28号（2010年12月28日），我们和中国社会科学院的研究生院要签一个合作的协议，中国社科院的研究生院决定开设故宫学方向课程，培养故宫学方向的硕士研究生，他们已经把一套，包括课程的设置，都列出来了，还有浙江大学决定成立一个“故宫学研究中心”，所以我也感觉到，故宫学能进高校，它对故宫学的发展，必将起到积极的促进作用。

主持人：听说您应邀到了台湾清华大学作了讲座，关于故宫学的讲座。

郑欣淼：对，今年12月，我恰好有一个机会，到台湾去访问，清华大学知道我来以后，就邀请我去讲，本来6号那一天是他们的课程，老师就要讲故宫学，但是那一天我因为有公务不能去，我就推迟了一天，他们仍然安排了一个讲座，来的人也还是不少，包括学校搞研究的一些老师，晚上和校长一起吃饭，大家对故宫学还是很感兴趣的。

主持人：我想问您一下，您到圆山饭店，住在801，那是陈云林先生住过的地方，下榻的地方，您又到了台湾清华大学讲故宫学，有没有民进党，台独的势力在外面捣乱、搅局、抗议？

郑欣淼：去年10月份，我在台北的政治大学有一个讲演，我讲完以后，有一个记者就问我，他说他是台湾的某某时报的，因为这个报纸经常发表一些（关于两岸故宫交流）不大准确的消息，我就拒绝了这个记者的采访，这个记者给我解释说，他是跑文教口的，学校也反映这个人还报道得不错，但我没有接受他的采访。因为我感到两岸故宫才开始交流，大家都应该爱护，再有一个什么乱报道，可能产生不必要的误会。

主持人：不管从1925年故宫博物院至今，一宫两院之间的历史变迁和风云，给双方带来多大的政治上影响，但是大家的信念似乎是一致的，大家选择与文物同在。在您这本《故宫与故宫学》书里，我注意到有一篇文章是纪念马衡先生逝世50周年，马衡先生是故宫博物院第二任院长，从1933年到1952年，他有19年担任院长之职，为什么1949年国民党退居台湾，他没有跟着走，而留下来呢？如果他去了台湾，恐怕是台北故宫博物院第一任院长了。

郑欣淼：马衡先生是一位著名的学者，原来北京大学的，他是一个金石学家，也是我国考古学的先驱。故宫博物院成立的时候，1925 年成立，他就是理事了，就是古物馆的副馆长，当时故宫分两个（业务机构），一个叫古物馆，一个叫图书馆，以后改成三个机构，一个是图书，一个是档案，再一个是古物，古物包括我们现在除了档案和图书以外所有文物，都叫古物了。当时的院长易培基先生兼任古物馆的馆长，马衡先生是副馆长。1933 年，易培基院长因为牵涉到所谓的“盗宝案”，易先生要打官司，提出辞职，辞去故宫博物院的院长，这个时候，马衡在 1933 年就当了代理院长，1934 年正式当院长，一直当到 1952 年。整个抗日战争时期，都是马衡先生亲临第一线，包括到贵阳的文物，第一批西迁的文物，到贵州贵阳这个地方，都是马衡先生亲自看的。

郑欣淼：马衡先生无党派，他是凭着他的观察，因为他看到国民党政权的腐败，他就决定留下来，我们现在看到一封马衡先生给杭立武的信，杭立武是故宫博物院的理事，1949 年的时候，李宗仁当代总统的时候，他当了教育部长，在文物西迁的时候，他是当时的南京国民政府教育部的副部长。在 1949 年，南京政府就给故宫博物院发来一个电报，要求把北平故宫文物精品造册，然后把它集中起来，准备空运，那个时候除了运走南迁文物以外，他们也想把北平故宫文物运走，但是马先生以各种理由拒绝。马先生最后说局势太紧张，治安不好，把故宫四个门都关了，文物也运不出去了，我们现在看到马衡先生给杭立武的信，我们过去没有发现，这个信是杭立武本人保存的，台北故宫印的一部故宫博物院 70 年的书里，把这封信影印出来了。当时已经派飞机到北平来接马院长，像胡适，像当时故宫博物院图书馆的馆长袁同礼先生，还兼北平图书馆的馆长，这些人都是坐飞机走的。但是马院长坚持不去，他当时说，医生给我检查，我有心脏病，不适宜坐飞机，我不能走的。这样，马院长就等到北平的解放。我个人认为他当时是站在民族大义的立场。他个人也不是共产党，也不是国民党，他就是看到国民党政权的腐败。他给杭立武的信说，文物当时运台三次，他说，我希望第三次是最后一次，不能再运了，所以马先生，我认为是值得尊敬的。

主持人：非常感谢郑欣淼院长在今天面对你们，面对电视机前的观众，讲了这么多尘封已久，鲜为人知，感人至深的故事，无论是文物南迁之路，还是国共历史上的恩恩怨怨，故宫博物院从1925年成立至今，180万件，至今留在北京故宫博物院文物，它的保留、保护，它的研究，背后有大量感人至深的故事，马衡先生就是其中之一。让我在这儿不揣冒昧地念一段，郑院长在他这本《故宫与故宫学》的书中，纪念马衡先生逝世50周年，开篇第一段里，其中有这样一些文字："马衡又是著名学者，金石学大师"，不知道他有没有收录或研究过李清照的爱人，赵明诚的金石学？这一句是我自己插上的。"中国近代考古学和博物馆事业的开拓人。古人云'太上有立德，其次有立功，其次有立言'。此乃人生之三不朽。人生在世求之其一已属不易，而马衡先生在德行、功业、著书立说三个方面都有所立，都令我们永远感念。"谢谢您。

郑院长，现在我们看一下大屏幕上的又有一首诗，我想请您自己念一下，什么时候有感而发，落笔成了这一首诗。

郑院长：这是在台湾的远流出版社，出了繁体字版的《故宫与故宫学》，搞了一个新书发布会，他们叫发表会，这个会台湾文化界、艺术界的很多我认识的朋友，包括我不认识的，来的人很多。

主持人：关于哪一本书？

郑欣淼：就是《故宫与故宫学》，其实去年我去过两次，我第一次去，台湾的艺术家出版社出了我的《天府永藏》这么一本书，繁体字版，这本书是一个什么特点？我的副标题是两岸故宫博物院文物藏品概述，因为很多人，我估计同学们也是这样，文物南迁了，是不是台湾的东西比大陆的多？或者我说还是北京的多，大家可能就会问，是不是好东西他都运走了？其实很多领导同志也这样问过，这是人之常情，大家想了解，又不了解。我写了 20 多万字，就是写两岸故宫藏品来源，而且从 12 个方面做了比较。这是我去年 3 月 1 号去艺术家出版社。我第二次……

主持人：郑院长我打断一下，您的副标题是两岸故宫博物院文物藏品概述，我的眼光落在了文物藏品这四个字上，这背后有一段故事，就是雍正大展，本来是人家想借我们几件文物，搞自己台北故宫博物院的展览，结果后来由于您特爽快地答应，我们完全可以把我们收藏的关于雍正的一些文物借给你们，于是就开启了两岸故宫之间的学术交流。可是据我了解，当时台湾对我们心有余悸，很不放心，您是否也希望作为交流，一定是平等，在平等的前提之下，能否把台北故宫博物院收藏的 60 多万件的文物，拿一部分过来，到我们这儿，也让我们一睹为快。结果对方非常不放心，他们担心他们的文物到了大陆会被扣押，但您为什么在不平等的情况下，非常爽快地答应把我们 37 件文物，远渡台湾海峡，当然近在咫尺，是一家人，您为什么能在这样特殊情况下，爽快地答应了？

郑欣淼：我认为如果你当故宫的院长也会这样答应。

主持人：很难说，我也不放心呢。因为一旦被台湾当局扣押了，我说不清楚。

郑欣淼：因为我们故宫的东西以前在台湾也展出过，台北的故宫暂时不能来大陆，因为他有一个所谓的“司法免扣押”，不是台湾的所有文物，是指台北故宫博物院的文物。大家知道，他的东西是从北京过去的，从大陆过去的，所以他怕（被扣押），当时这个规定，还不是针对大陆，主要是在欧洲、在美国，他都提出这个要求，要叫展出国给他在司法上有这么一个承诺。这样在美国，他曾经展出过，在德国展出过，他一直说要在日本展但未展，因为日本没有司法承诺，所以到大陆，他也提出这个。我们想，台湾是中国领土的一部分，之间不是一个外交问题，是我们内部的事务。

主持人：兄弟之间好商量，没有什么外部问题。

郑欣淼：他们要借这个文物，我们认为这样可让两岸同胞，特别是台湾同胞能看到一个完整的故宫。

主持人：为此你鼓吹了七载，回到这首诗。

郑欣淼：对，是。这本书，我去年10月份去的时候，台湾的繁体字版也出版了，我刚才就说，我也很感动，“鼓吹七载起波澜”，就是我提出已经七年了，“笔翰磨人鬓已斑”。

主持人：您两鬓已经微霜，已经一头银发了。

郑欣淼：是，“我愿诸公多顾念”，大家都能关注一下，大家都能留意一下。

主持人：对，拜托各位多关注一下哦，郑欣淼先生提出的故宫显学。

郑欣淼：我感到欣慰的，特别是三个大学都搞（故宫学），其中有这么一个台湾的。

主持人： 哪三个大学?

郑欣淼： 就是台湾清华大学，开了故宫学概论课程，中国社科院研究生院要培养硕士，故宫学方向的硕士研究生，浙江大学要建立一个故宫学研究中心。

主持人： 最后一句。

郑欣淼： “故宫之学显瀛寰!”我们最近还有一个举措，故宫成立了一个基金会，我们在本月 23 号的下午，开了第一次全体会议，研究我们下一步基金会的工作时候，提了将要做的一件事，就是国际上，外国的研究故宫学的专家，我们会给予资助，他可以来北京，我可以管你的一切费用，但是当然你要有研究题目，你要有研究基础的。

主持人： 而他们一路过来的盘缠，都是在座很多人会有的贡献，我们买故宫博物院的票，门票，对不对?

郑欣淼： 所以我也希望，同学们也要多顾念，大家都能关注这个故宫学，其实对故宫学，可能开始还是不清楚，不完全弄得很明白，但是只要有多一点了解，都会接受故宫学的。我也希望大家为故宫学的兴旺发展，襄助一臂之力。

主持人： 拜托各位了。

郑欣淼： 谢谢大家。

主持人： 不过说到文物的交流，其实我们去过欧洲的都知道，在卢浮宫，在凡尔赛宫，在英国的大英博物馆，都有大量当年被侵略者掠夺走的文物，2010 年是我们纪念圆明园被毁 150 周年，历史经验暂且不谈，追讨文物此事，我们也先按下不表，居然我们开展了双边和多边文物交流，这方面您怎么如此虚怀若谷，又做了哪些事情让人记得住？

郑欣淼：我给大家要介绍的，是我们明年，已经定的初步时间是9月28号开幕，在卢浮宫举办故宫博物院的文物展。卢浮宫在欧洲，在美国，它也是有象征意义的，它在12世纪的时候就是一个要塞，以后也成为国王的官邸，它也是法国革命以后，把它由皇宫变为博物馆的。卢浮宫是以收藏西方的一些著名的艺术品出名的。

主持人：卢浮宫的“镇宫三宝”，无头女神像、断臂维纳斯和神秘的一笑。

郑欣淼：蒙娜丽莎。

主持人：蒙娜丽莎，咱们故宫博物院也有什么“镇宫之宝”吗？

郑欣淼：我们在绘画方面，因为故宫的文物藏品比较复杂，比如说书法，我刚才说的《平复帖》，中国流传到现在1700多年的墨迹，这是最早的了。包括绘画方面，像《韩熙载夜宴图》、《清明上河图》，包括瓷器方面，包括一些宫廷文物，皇帝的宝座等，这都是很了不起。我们和卢浮宫建立合作关系已经5年，2005年10月份签订了五年协议，在2008年的时候，故宫博物院办过法国卢浮宫的展览，拿破仑一世的展览。根据协议，明年在卢浮宫举办故宫的一个展览。我给大家要说明，在卢浮宫办中国的文物展是很有意义的，因为卢浮宫的地位，我们过去中国文物都没有在卢浮宫办，都是在反映东方艺术的一些博物馆，所以在卢浮宫办展也是很有意义的，而且在此上一个月，11月份，我们故宫博物院和卢浮宫签订了第二个五年的合作协议，这个协议是在两国元首的见证下，我们签的字，我们常务副院长和卢浮宫的馆长共同签字。

主持人：您签第一个五年合作协议，当时法国总统是现在的前任希拉克总统，当时我小小透露了一下，希拉克总统是收藏中国古玩的一个行家，在他的任内中法关系迅速地升温，他走了之后，咱就不说了。

郑欣淼：他对中国的青铜器也是很有研究的。

主持人：很有研究。

郑欣淼：我们现在要办的这个展览，初步定的藏品有140多件。这个名字叫"重扉轻启"，"重"是重量的重，"扉"是户字里面一个非常的非，"轻"就是轻重的轻，"启"是启发的启。副标题是明清宫廷生活展览，这个意思就是打开紫禁城戒备森严的重重门户。

主持人：庭院深深深几许，文物它在珠帘第几重。

郑欣淼：最近12月8号，我看新华社发了一个消息，到法国展览的赞助商已经确定了，施奈德公司来赞助。

主持人：施奈德公司，德国一个电器公司，法国一个电器公司。除了英国的博物馆，法国卢浮宫，还有美国大都会艺术博物馆，俄罗斯的埃尔米塔什博物馆，德国德累斯顿艺术收藏博物馆，东京国立博物馆，一共加起来六个世界知名博物馆，跟咱们签订了战略合作的意向是吗？

郑欣淼：我们这个合作不仅是办展览，还有人员的交流，包括技术上，保护技术上，一些理念的交流，我们初步和这几个大博物馆建立，我们同时和一些不一定很大，但是很有特色的，像荷兰有一个自动音乐博物馆，像八音盒的那一类，它是一个国家博物馆，修钟表还很好的，也和我们建立很好的关系，

主持人： 1994 年，我到英国留学的时候，碰巧遇见一位从上海到大英博物馆工作的一位女士，您知道她的工作是什么，是帮着修复从中国抢去的书画的工作，这一方面，我们且不论国民的感情如何，我们有交流，帮大英博物馆、卢浮宫、凡尔赛宫，美国大都会等等，东京的，修复从中国流失到那儿的文物，它们或是巧取豪夺的，或是直接抢去的，我们有义务，或者交流当中有这样项目，帮他们修复吗？

郑欣淼： 我们和大英博物馆有一个项目，我有一次去他们那儿谈的，他们还有一批中国的书画藏品，因为缺乏专业人才，没有得到很好的整理，他们就请我们院里面一个研究员，当时我们书画部的主任，现在我们科研处的处长，他们想要他去待一年，或者是更长的时间，当时我也答应了，但是我说一年可能有点长，可以多去几次。我们在文物，特别是中国文物的修复，都在建立这一类的联系。像还有欧洲，有的博物馆对我们的地毯有兴趣，参与我们的保护，我认为这是一个双向的事。

主持人： 而且我认为，您不仅谈论双向、多边，超越了历史，超越了政治，站在人类共同的非物质文化遗产的高度进行交流，那么行文至此，我们像写一篇文章一样，关于您对故宫和故宫学的理解、追求，您的理想、信念，我发现您是一个非常典型的中国知识分子，您的身上带有许多中国知识分子的气节、良知、自觉，我不想有太多溢美之词，新闻工作者的职业的准则是让事实说话，大家掌声鼓励。

我想在座的各位同学，各位观众一定有很多的问题，其中让我再先发一言，您是如何理解知识，知识分子和知识分子的人格，当然这个话题是放在了您对中国文物保护这样一个大的框架内，是站在一定的高度来审视这三个问题的，想得到您的答案。

郑欣淼：知识分子这个概念，西方也有它特定的含义，在我们中国，我感到我们传统的中国知识分子，我们的文人的一些操守、传统，我认为也是很可贵的，包括我们一些前辈，一些学者，包括一些从事我们国家管理的，包括各方面的，他们都体现了对我们这个民族的热爱，对我们国家的热爱，我想特别是在当前，在市场经济大环境下，我们推崇这么一种精神，它就是一个献身精神，一种钻研的精神，他可能不一定是轰轰烈烈的，不可能是轰轰烈烈。

主持人：是要耐得住寂寞的。

郑欣淼：对。

主持人：我再跟进一句，郑院长，您离开了青海省副省长的职位，离开了文化部副部长的职位，您一下子一头钻进了神武门，那一排青砖小平房里默默地奉献了这么多年，从 2002 年走马上任到今天，推动故宫学，研究文物的保护、维修和故宫博物院的维修，两岸故宫博物院之间的交流，您有没有感觉到，离开官场以后有一种失落吗？还是目前的工作给您提供了无法用语言表述的一种慰藉，精神上的慰藉，怎么样去表述现在的真实心情？

郑欣淼：因为我也在很多岗位工作过，我想，每一个岗位都需要有人来干的，但我自己到故宫博物院以前，我在国家文物局曾经工作过三年半的时间，我到故宫博物院，现在第九年了，我感到，这首先是适合我的，我自己与故宫，不仅是我为故宫干了什么？我更看重的是我在故宫这么一个文化遗产中，我得到了什么？而且我感到，我在这么一个充满历史文化蕴涵的紫禁城里边，我在研究，我在翻阅很多资料，看到我们前人的贡献的时候，我认为我本身在故宫汲取的东西，远远多于我的付出，而且这种汲取，使我自己感到精神的升华，在人格上，在责任上。像我们前辈，文物南迁的时候，在一个偏僻的地方一待六七年，他们在那么困难的情况下，包括现在我们故宫博物院，大家看到故宫每天游客很热闹，其实它有很多似乎很简单的事，比如说在太和殿里面，里边不通电，在冬天那么冷，夏天那么热，里边总要有人值班，像我们的钥匙，我们有一个钥匙房，钥匙科，管1500个锁的钥匙，每把锁的钥匙不止一个，还有几把，还有明代的钥匙，还有清宫的钥匙，三大殿，一尺多长的钥匙，现在还能用，很多人就是一种奉献，他一辈子干的就是这个事。

主持人：这一辈子都能耐得住寂寞，尽管您现在是故宫博物院的院长，远离了副省长和副部长官场上的喧嚣和光环，前呼后拥的那样一种世俗意义上的成就感，但是我们都认为您是成功的对不对？

郑欣淼：谢谢大家。

主持人：一千多把，故宫博物院那一千多把钥匙当中，我们都不怀疑，在您手里有一把通往成功之路的金钥匙，您告诉一下我们，毕63年于一役，您走到人生最后这一个驿站，您如此自豪地在讲述着每天默默无闻地从事着简单但极有意义的工作，这把金钥匙的含金量到底有多高。

郑欣淼：在我人生最后这一站肯定是故宫了，我也63岁了，我不管干多长时间，我想我不在这个位置上，我还会心系故宫，我会力所能及进行我的研究，或者对故宫的保护，当然作为一个负责人承担的责任重大，但是你即使不当院长，你也仍然可以尽自己的力量，我想最关键的是要有一种对我们民族历史文化的热爱，对我们历史文化的敬畏，这也是我心头经常感到的，也是一种自省，也是一个自励。

主持人：让学生向您鞠一躬，您对传统的热爱和敬畏感，我想一定深深地感动了我们在座的每一位学生、观众和电视机前的观众，非常感谢您，您同时还兼着中华诗词学会的会长，我们感觉到您像是在诗意一样栖息在自己的精神家园，在我们栏目快要结束，在我们这个节目快要告一段落的时候，在大屏幕上出现了另一首诗，我们想以一种诗兴的方式，结束今天非常令人愉快的文明之旅好吗？有请郑院长读一下您自己的诗好吗？

郑欣淼：好。这是我去年第二次，10 月份到台湾去，到台北故宫出席雍正大展开幕式，雍正大展刚开始主持人介绍了，本来是他们办展览，但是最后台北故宫提出以两院合办的形式，所以我和周功鑫院长，我们都作为主办方，我们都致欢迎词，我们两个同时启开展览的大门。我在台湾的诗，应该说纪事诗，都是记一些我的感受，包括一些具体事件。

尽教年来望眼穿，
殊珍至宝本骈连。
大门徐启看雍正。
盛世鸿泥总斐然。

主持人：“望眼穿”有什么样的感慨呢？

郑欣淼：去年台北故宫也很高兴，因为雍正展，它的观众是相当多的，我跟周院长开玩笑，我说这大半年来都是给您做广告的，因为两岸交流当时就是围绕着雍正展，所以到台湾看，我们大陆旅游团去，包括海外很多人都去了。

主持人：但是你毕竟实现了“双鑫会”的愿望对不对？周功鑫和郑欣淼两欣会，只不过她的含金量特别高，三个金叠在一块，而且特别令人欣慰，第二句。

郑欣淼：“殊珍至宝本骈连”，我们两家都藏着是祖国的宝贝，本来它们就是连在一起，不可分割的。第三句是“大门徐启看雍正”，就是当时的开幕的一个仪式，我们两个同时按下按钮以后，这个展览的大门开启了。“盛世鸿泥总斐然”，我们看到历史所留下的一切，都是让我们感到很好的。

主持人：为什么“鸿泥”二字呢？雪泥鸿爪吗？

郑欣淼：是。

主持人：有点禅意？

郑欣淼：也不完全，“康乾盛世”有许多都是值得纪念的，因而都是“斐然”。

主持人：虽然人生无常，但我们却迎来了盛世华章，躬逢其盛，谢谢您。有请到这个地方，有请。接下来我相信，听君一席谈，胜读十年书，一点都不夸张，我们请来了故宫博物院最具权威的发言人，他也是故宫1925年成立到现在，第一次在我们中央电视台国际中文频道面向海内外广大华人观众的一次对历史掌故的讲解，相信大家还有很多的问题。

问：您好，刚才您提到在故宫博物院与英国大英博物馆、卢浮宫有过一些文化交流活动，我想请问您在这种中西文化的碰撞中，您的感受是什么？

主持人：刚才我们一直讲文明和文化交流的和谐，今天这位先生提出了中西文化交流当中的碰撞。

郑欣淼：对，这里边也有很多，比如说我们故宫，以清宫旧藏为主，我们在和国外的博物馆，特别是一些大博物馆的交流中，我们也是在不断地反思，也得到一些启发，当然我想，我们的一些做法，国外的同行也会引起他们的重视。对我们来说，博物馆本身是一个理念问题，近代的博物馆也是西方传来的，博物馆功能的发挥问题。包括你办这个是不是开放的，是不是以人为本的。我这儿就说到台北的故宫，因为它开放比较早，和国际接轨早，有着为公众服务的理念。特别是西方的一些大博物馆，他们的国际联系比我们更广一点；另外一个也有中西（文化）的碰撞，比如说我们站在国际的视角来看我们的文化遗产，我们会有一些心得，比如说我们不是简单去赞美我们过去怎么样，我们要把我们的文化遗产，要把我们的历史文化和我们今天当代中国文化建设怎么结合起来，怎么创新，怎么发展，这也是在中西文化的碰撞中，对我们感受最深的。不能光说我们过去，我的祖先，鲁迅（笔下）的阿Q，说我的祖先比你阔多了，怎么让过去这些历史文化，在今天发挥它的价值，发挥它的力量，发挥它的作用，它应该和今天不是脱节的，关键是我们做得如何。这是一个大题目，谢谢。

问：郑院长您好，我就想问一个比较简单的问题，我知道故宫有些地方它是不对游客开放的，然后我就想知道，为什么那些地方不对游客开放，我想知道未来是否有可能这些地方对我们游客开放，就是这个问题，谢谢。

郑欣淼：这个没有开放，有几种情况，一种是它在过去，本身就是库房这么一些地方，现在也仍然是作为保管，在我们有那么多宫殿开放情况下，不是说一定要开放它，它还有其他的功能要发挥的。另外还有一种就是因为它本身的唯一性，比如说我们有很多佛堂，都是清宫的，没动过的，到现在那些在乾隆年间修的佛堂，它里面的壁画，挂的唐卡，摆放的法器、造像，它的位置都没有变过，相当珍贵的，像雨花阁、梵华楼，因为它的脆弱性，它的珍贵性；你到雨花阁，你在一层走，第一层就有三个珐琅的坛城，还有很多佛教的文物。我们要带个包，如果进去弄不好，可能就会撞到文物身上，像这一类，也不适宜于公开的，可以让少数做研究的人，包括一些专门的，像宗教界的可以看。这一类，我们遗址类的文化遗产，在很多地方也都存在的，特别是清宫里面，其实我们能开放的，我们尽量都在开放。

主持人：是不是还有另外一个原因，那一年，我跟朋友一道去山西境内的恒山悬空寺，当时我们看到下边有一段说明文字，警告、忠告、善意的提醒，爬到半山腰的悬空寺上的游客说，上面只能承载多少多少人，但是我能记得住真正爬上去的人，比规定的人可能翻了一倍，我当时非常的害怕，我内心惴惴不安，这是不是一个原因，我们的人太多了，以至于我们不得不有所控制。

郑欣淼：是。我们最多一天，创纪录的一天，前年（2008 年）的 10 月 2 号，这一天的游客是 14 万 8 千人，这是不得了的一个数字。

主持人：应郑院长的要求，我们在座的几位外国嘉宾，外国客人，是不是也有你们自己想问的问题。（英文）

问：我想问一个小问题。

主持人：您是来自于哪个国家的？

问：我是泰国人。

问：九千九百九十九间房间，老师告诉我，不能是一万，因为一万是天，所以我要问，为什么？（英文）

主持人：这个问题问得很好，您听懂了吗郑先生？这位女士不要有挫败感，我是非常好的翻译，她说故宫博物院有九千九百九十九间，可能包括半间的屋子，就是没有到一万，据有关权威人士解释，到了一万，就到了天，一步登天，天是代表了皇权，可是你们的皇帝，号称是天子，也就是至高无上的，为什么不能给他一个机会，让这个房间的数到达一万，让他接近天，或者他就代表了天？

郑欣淼：这个关于九千九百九十九间半，应该是一个传说。

郑欣淼：大家知道，我们中国的建筑的间，和西方算房间不一样，他是 4 根柱子之间就算一间房，所以太和殿就是很多间，在明代嘉靖年间就有很多改建。清代用了明代的宫殿，以后，在乾隆年间，又有很多改建、扩建、重建，一直到清朝的末年，到民国时期，一直到快解放时期，我们现在如果从西华门进来以后，有一大片，都是过去内务府的地方，房间以后都倒掉了，现在剩下的就是 8700 多间，十五万七千多平方米的建筑物。

主持人：这是室内建筑，还是室外建筑？

郑欣淼：室外。

主持人：不是 17 万平方米。

郑欣淼：对，这样它也是世界上目前建筑面积最大，保存最完整的皇宫建筑群，刚才这位女士说的九千九百九十九间那是一个传说了。

主持人：谢谢您揭示了，我们高 10 米的城墙，宽 52 米的护城河之内故宫所有故事其中最精彩的部分，非常感谢您。郑老师在上，学生即兴赋诗一首，与您分享，诗兴栖依在精神家园里，由其是今天特别有意义的访谈，您多指教。即兴的一首诗：

文明之旅故宫游，
海峡两岸话春秋。
南迁之路今重走，
兄弟一见泯恩仇。

郑欣淼：很好，真的很好的。

主持人：谢谢郑老师的表扬，我诚惶诚恐，谢谢您。感谢各位的光临，各位再见。

首播于 2011 年 2 月 14 日中央电视台《文明之旅》节目

认识故宫

主持人：光明网姚源

主持人：各位网友大家好，欢迎您收看这期的视频访谈，今天做客我们演播室的嘉宾是全国政协委员、故宫博物院院长郑欣淼。郑委员您好，首先欢迎您做客光明网。郑委员，故宫博物院这次做了长达7年文物清理工作，请您介绍一下这次文物清理的成果。

郑欣淼：我们从2004年到2010年进行了7年的文物清理，因为故宫藏品的特殊性，我们知道是清宫的旧藏，清宫旧藏是中国历代皇家收藏的结晶，这批藏品非常珍贵，社会也相当关注。故宫博物院从成立以来经常进行文物清理，大的已经进行了四次，每次要搞近10年左右，一直没有搞得很彻底，这次我们下了决心，一定要清理到个位数。这有一个什么问题呢？过去由于对文物的看法问题，清宫遗存下来的东西有两部分，一部分是传统的铜瓷书画，这是公认的传统文物，古玩，艺术品；还有一些是当时的生活用品，反映衣食住行的，包括典章制度的，比如皇帝的玺印，印造出来肯定不是做文物的，是实用的。皇帝的龙椅肯定是用的，包括里边的家具，用的车、轿，穿的衣服，包括好多东西等等。对这些，我们过去在文物的观念上有一些比较狭隘的地方，我们视野不够宽广，传统地认为是珍贵的或者是值钱的、材质好的才重视。相反的一些可能是材质不怎么好的、量比较大的，认为它的价值就不一定高。还有一些可能是我们的观念问题，比如说清代的帝王他们的文化素养都比较高，我们现在保存从顺治皇帝一直到光绪皇帝每位皇帝的书法作品，我们都有，还有一些皇帝的画也画得很好，我们有 25000 多件，过去我们没有把这个当文物来看待，连资料都没有定。还有一批是故宫自己定的，不够文物，但是又很有价值，把它叫做“文物资料”。我们长期以来有一些东西没有引起重视。包括宫廷的服饰，过去明代、清代宫廷唱戏是相当重要的，不光是文化娱乐，到清代的时候唱戏是礼仪一部分，什么活动唱什么戏是固定的。光剧本我们就有一万多册，还有大量的戏衣、道具，我们把戏衣当文物，但没有把盔头鞋靴当文物，其实只有把它们连成一体才是完整的一套戏服，我们现在有 888 件盔头鞋靴已列入文物了。这个理念是从故宫学来的。这件东西的价值怎么看，从发掘故宫历史文化内涵的角度看就有价值，它的价值是客观存在的，只是我们没有认识到它而已。我们认识到了，它就有很重要的价值，所以这次文物清理有一个重要的观念，不是传统的文物观念，而是从文化遗产、能反映宫廷历史文化内涵的东西，我们都把它保护起来了，所以这是我们这次很重要的指导思想。当然宫里边也很大，过去有些死角没有完全清理，这次清理了。这七年大家是相当辛苦的，因为我们还有很多日常的业务，我们完成最后清点数 1807558 件，很不容易。我们在开表彰会的时候，有些人发言的时候泣不成声，大家感到自己的努力是值得的，我们对故宫这个世界文化遗产，我们祖国最优秀的文化遗产，反映古代先人的智慧和创造的东西，我们担负着保护的责任。你要保护，如果连它的底数都不清楚那是不行的，所以这次既是博物馆建设实际的需要，也是我们对国家一个负责任的态度。

主持人：郑院长，故宫在古建筑维修和文物保护都取得了哪些进展，今后发展理念和方向是什么样的？

郑欣淼：这几年来我们从实际工作以及学术研究得出了这样的理念，一个是对故宫要完整地保护；另外一个就是故宫学着眼于故宫是文化整体，是一个整体的文化。所以作为故宫遗产的完整性和故宫学的整体性，这两个的结合是我们这几年来取得的最重要的成就，也是我们今后继续发展的一个指导思想。我想稍微具体说一下什么叫故宫的完整保护，因为我们现在看到的故宫，大家可能认为就是红墙里面的八千七百多间建筑，其实这还不是真正的完整的故宫，故宫的修建是中国几千年宫殿建筑的总结，还有社稷坛、有太庙等，在《周礼》里边就有“左祖右社”、“前朝后市”等。故宫从它的功能上来说，除了皇帝在皇宫里边的执政生活，它的祭祀也非常重要。所以“左祖右社”是皇宫不可分割的有机组成部分。景山过去和故宫也联系在一起，还有皇史宬，放档案的地方，是整个皇宫的组成部分。所以在故宫保护上，在1930年，故宫第一任院长给当时的行政院写了一个报告，报告叫《完整故宫保管计划》，当时故宫也被好多单位、部队占用，包括当时还有一个古物陈列所，现在看故宫的牌子为什么在北边不在南边。

主持人：为什么？

郑欣淼：故宫博物院成立的时候，其实南边即前朝部分已经开放了，1914 年的北洋政府，北京的民国政府就决定成立古物陈列所，当时已对外开放了。这是另一个在故宫里边开设的比故宫博物院还早的博物馆。所以故宫博物院成立的时候只有后三宫，包括东西六宫，所以它的门在北边，牌子挂在北边，当时就提出应该把南边的古物陈列所这部分也交给故宫。当时这个提案是由理事蒋中正领衔上报的，行政院很快批准了。最后落实则到抗日战争胜利以后，1948 年才实行的。

我们故宫的保护，新中国成立以来也因为多种原因，一些建筑被划出、占用，那样做肯定有当时的实际状况。但是今天从遗产的完整性来说，这很重要的是认识在不断提高，我们的眼界在扩大，文物保护的理念在提升。故宫作为世界文化遗产，关键是它的价值怎么样体现，要把它的重要功能联系起来，一起来保护才是一个完整的故宫，才是一个真实的故宫。为什么文化遗产单位要有缓冲地带？另外，这一些和故宫有关的单位，统一用世界遗产的管护标准来管理，才能使它更好地得到有效的保护，所以完整的保护就是多年来，不光是我们故宫博物院也是社会上的有识之士、是文物界的几代人，大家共同呼吁的，这已经很有效果了。像大高玄殿，1950 年被一个单位占用了，到 2010 年，整整 60 年后归还给故宫了，我们今年准备进行维修，它是很重要的皇家道教的殿堂。还有端门，端门在二十年代划给当时的历史博物馆了，天安门的北边，午门的南边，就是端门，这应该说划给历史博物馆已经 80 多年了，现在国家博物馆有了新馆，我们已经商定，我们两家都是文化部管理的，文化部领导明确指示、国家博物馆领导也很支持，现在要交给我们管理。我们管理以后对这一块的治安状况也会加强。所以完整的故宫保护是我们要做的。

另外作为文化整体的故宫学，这个完整不简单是形式上的完整，还有它的内在完整性，这个完整性当然也不仅是建筑物，还有文物，包括作为491年的皇宫期间发生的人和事是文化的有机载体，这是我们工作的指导思想，我们要开放、办展览都要与这个理念结合在一起。说起来道理讲的多一点，但这确实是我们的体会。

主持人：郑委员，两岸故宫博物院合作项目引人注目，两岸交流以后取得哪些方面的成果？

郑欣淼：两岸故宫的交流，不光是两岸的同胞也是国际社会关注的，我想它的意义大家看得很清楚。当年有这么一批文物到台湾去了，到了今天，文物之间的联系也是我们民族文化血脉的联系，是我们两岸同胞共同重视的问题。大家知道从2009年所谓“破冰之旅”，台北故宫院长到北京故宫来访问，我又到台北故宫回访，当时开始的时候由于办展览，台北故宫办雍正皇帝展缺一些文物。其实从这件事我们看到什么？两岸故宫文物不可分割性，台北故宫也拿去60万件，但是仍然缺很多，因为文物是整体的。北京故宫尽管多达180万件，但是台北故宫只有和这一部分结合起来，大家才能看到中国古代文化遗产的灿烂辉煌，这才是一个完整的故宫。当然故宫里有好多东西也流散了，但是两岸故宫把最重要的部分仍然保留了下来。开始我们以展览入手，从展览入手以后我感到很重要的是两岸故宫都有一个真切的期望，是要真正地推动交流。比如说，这个展览，其实台北故宫有200多件文物，周院长提出说我们能不能叫两岸合办，我们认为这体现我们合作的成绩，我们也很高兴。2009年，雍正皇帝特展，我到台北故宫去，我们和台北故宫是合办的，我们围绕这个展览举办的国际研讨会，把它叫为“两岸故宫第一届学术研讨会”，有第一届就会有第二届、也会有第三届，这说明了我们的期望。一开始大家都是想继续推动的，而且我们的特点是什么？从一件事入手，就在一个方面议定了一系列的今后发展的方向。

比如说召开了第一届学术研讨会，我们去年办了明代永乐宣德文物特展，相应举办的研讨会就称为“两岸故宫第二届学术研讨会”，尽管台北故宫没有文物参加，但是他们也来了代表团，也来致辞参与会议。去年台北办的一个南宋的展览，“文艺绍兴——南宋文物展”，我们也派专家出席。今年在台北召开第三届两岸故宫学术研讨会。他们要出《龙藏经》，康熙时的在他们那边，乾隆时的在我们这边，他们有一函因为300多年了，东西都打不开了，用的是北京故宫提供的影像。两岸故宫为此商定，今后在文物影像上，凡是用于学术交流、学术研究，都给予对方以优惠，从一件事入手达成一个方面的合作协议。到2011年，我们还在文化产品销售上有一些大的动作，两岸互设柜台，台北故宫博物院的产品在北京故宫就可以买到，他们也有柜台卖我们开发的产品，我们现在还在进行电子商务的研究，应该说台北故宫比我们做的要快，他们动手早、经验也多。另外我们在人员的交流上，做过几个专题研究。我们有一套清宫档案叫陈设档，就是宫殿里边的陈设记载，这对清宫文物研究意义相当大。我们图书馆的馆长给我提供了一个情况，说我们把这700多件档案都数字化了，去年台北故宫一位处长来的时候我们刚刚完成全部数字化，她是第一个享受了整个数字化陈设档的人。过去大家也用过，但是数字化还未完成，现在可以通检，所有700

多件档案任何一个字都可以搜检出来。我们也到他们那边考察他们的学术管理问题，最近我们图书馆馆长要在那儿待半年时间，因为两岸都是清宫藏书很多，包括藏书的盒子两岸都有一些，她说这次去重点是看书籍的装帧、包装等。大家知道文渊阁的《四库全书》最好，现在在台北故宫，我们有当年的文渊阁在，书架子在，我们的馆长上次去已经看过一些书了，这次还要看。

我们在展览交流上，今年台北故宫沸沸扬扬的《富春山居图》的展览，我们借给两件黄公望的作品，另两件是明清时代的画家临摹的。台北故宫还办康熙大帝与路易十四的展览，我们借给他们20件藏品。应该说我们力求常态化交流，不求轰动效应，常态化、制度化是我们追求的，不断深入。

主持人：您担任中国鲁迅学会名誉会长，还是中华诗词学会会长，这次两会提案跟鲁迅和诗词有关，能给我们介绍一下您这次的提案吗？

郑欣淼：这次对于中华诗词，我有一个关于大众传媒，特别是中央电视台应该在弘扬中华诗词方面加大力度的提案。另一个提案是，今年是鲁迅诞辰130周年，9月25是他的诞辰日，我建议把这一天作为中国的读书日。

主持人：为什么想到把鲁迅的诞辰日作为读书日。

郑欣淼：对于读书，国家很重视，党中央很重视，20世纪80年代，我记忆犹新，那个时期对读书十分重视。应该说一个民族的精神境界在很大程度上与全民的阅读水平是有关的。我们的可持续发展，阅读应该是很重要的支撑。我们国家每年12月是读书月，有的地方也定过不同的读书节，但是现在没有一个读书日，在国际上有一个读书日，是4月23号。我为什么要提鲁迅，我认为现在的读书状况不容乐观，一个是网络阅读，怎么处理它和传统阅读之间的关系。另外就是现在阅读的偏重实用的比较多。

主持人：休闲阅读？

郑欣淼：很多是考试辅导教材、或者是赚钱秘笈、或者权谋处世之道，真正经典阅读不够。功利化的阅读使人丧失了创造性，还有现在专业分工越来越细，这样大家的阅读面受到很大限制，所以现在需要有一个创造性的、独立思考的、真正通过经典的阅读，培养大家一个好的读书的习惯。现在国际上读书日是4月23日，这是英国莎士比亚的诞辰日，也是西班牙塞万提斯逝世日，我们中国把鲁迅的诞辰日作为读书日，这符合国际惯例，也满足了大家的要求，这是第一点。第二，现在围绕鲁迅时不时还看到一些争议，但鲁迅的伟大、鲁迅的精神遗产，这是客观存在的，鲁迅是新文化的杰出代表，他很好地继承了中国的传统，而且他的贡献赢得了国际声誉。所以把鲁迅的诞辰日作为读书日也是对鲁迅一种最好的纪念方式。第三，鲁迅一生读书、写书、编书、译书，一生与书有关，他关于书的见解，比如“拿来主义”，鲁迅既不排外又反对对外来的东西一味说好。他提出要吸收精华，他对读书的主张对于我们今天也是有启发的，所以我感觉用这个日子作为读书日是很有意义的。

主持人：您的另外一个提案是加大传媒对诗词的宣传，前两天有代表说央视应该停播商业广告，您认为这个时段如果加大诗词宣传力度效果会怎么样。

郑欣淼：我认为会很好。大家知道中国是诗的国度，诗词是中国传统文化的精华，如果说国粹的话，中华诗词应该是国粹中的国粹。我们知道中华诗词在近代以来受到很大冲击，遭受了不好的命运，但是总体几十年来没有断过，特别是改革开放以来又出现了很好的发展势头。可能有一些人不大知道，仅仅以中华诗词学会来说，现在会员就达18000多人，遍布全国31个省市，现在各级都有诗词组织，省、市，包括一些中学都有，解放军部队及消防、公安都有，学校、企业也都有诗词组织。现在的各种诗词刊物有600多种，每年包括内部发行的刊物要发表上百万首诗歌，这确实是很了不起的。但是我们不能说中华诗词已经振兴了，它还没有真正繁荣起来，现在还处于一个要如何继承传统中的精华，特别是它在当前如何得到新的发展，提高质量仍然是大家所关注的。在这种情况下，我们怎么样让社会关注诗词事业，为更多的人普及诗词知识，这是我们长期要做的工作。你要提高质量，要培养现代诗家，日常的宣传是很重要的。而且这个宣传传播中，大众传媒特别是电视可以发挥更多的作用，我们现在是一个网络化的世界，中国的电视、手机拥有量、上网的网民数字都是世界第一的，而且我们生活节奏在变快、生活方式在改变，在这种情况下电视大众传媒起着重要的作用。

现在总的来看，我感到还有几方面的不足存在，比如说中华诗词作为中国优秀的传统文化以及当代文化建设的组成部分的重要性，还是认识不足。再一个就是传媒对于中华诗词的介绍没有计划性，也缺乏针对性，缺乏系统性，时断时续。另外我们也看到有一些大的传媒也有诗词讲座，有的也有结合传统节日的传统诗词介绍，但是力度和深度都不够。特别是讲传统的比较多，对现当代的，特别对当代的诗词创作的状况缺乏介绍，我们在电视上看不到。所以我就提出这么一个建议，在大众传媒，特别是电视，特别是中央电视台应该加强这方面的宣传。我个人想，比如说在合适的频道，我不好说一定是哪一个频道，电视台可能认为哪一个频道最合适，然后办一个固定的栏目。每天可能一两个小时，让我们能知道几点就是中华诗词节目，这里面包括什么内容？一个是中国经典诗词名篇、名诗人介绍与赏析；第二是现当代诗词名家名作的介绍和赏析；再就是关于诗词知识、创作经验的介绍；另外还有诗词与书画艺术、诗词与音乐结合的问题，诗教的问题，这些都应该有。包括当代诗词创作动态的反映，可以设不同栏目来做，当然中华诗词学会会做好积极配合。其他的地方电视台也是大有可为的，利用当地的历史文化遗产并结合当前文化建设的实际，可以探索不同的传播弘扬中华诗词的形式，也可以办讲堂，我认为会受到大众的欢迎。通过他们的切实努力，我认为对于我们整个诗词创作水平，大家的欣赏能力会起到重要的提升作用。

主持人：感谢郑委员的精彩解答，由于时间的关系，今天的节目就结束了，感谢各位网友的收看，也感谢郑委员，再见。

郑欣淼：再见。

原载 2011 年 3 月 12 日光明网

郑欣淼：守护国人的文化宝库

主持人：新华网赵艳

主持人：欢迎收看《高端访谈》，我是主持人赵艳。当人们走进故宫的时候，不应该只是来看“皇帝住的地方”，在这里，可以看到华夏文明从萌生到发展、再到辉煌的文化链。可以说中华五千年文明的足迹在博大精深的故宫都有收藏。今天演播室作客的嘉宾是北京故宫博物院院长郑欣淼，欢迎您！郑院长。

郑欣淼：谢谢主持人。

主持人：您是故宫的守卫者，也是守卫着我们国人精神的宝库。您对故宫的感情是怎样的？

郑欣淼：我到故宫工作已经 7 年多了，我几乎每天早上 6 点多就上班。这几年来，故宫同仁对故宫进行维修，我们搞了很多展览。我们感到，守护国家这块灿烂的文化遗产，我们很自豪，也感到责任很重大。但是对我个人，我感受最深的还是故宫的人。

郑欣淼：因为这批人，80 年来，故宫精神哺育了这一代人，这一代人也在创造着新的故宫精神。比如我感受比较深的，像一些年老的，我们故宫有一位老先生叫郑珉中，他是著名的宫廷史专家。郑先生 1947 年就进入故宫，今年 86 岁。我们给他配了车，当然他早就退休了，但是像这批专家仍然每天到故宫来上班，每天中午 12 点前后，当我往食堂走的时候，我就发现他在红墙边骑着自行车过来，他和故宫的感情已经不一般。

郑欣淼：故宫有一些守卫故宫的引进的外国名犬，每天下午 5 点钟左右，有人训练它们。我碰见一个小伙子，他每天骑着自行车，狗就跟着他跑。有无数这样的人，他们把自己的一生献给了故宫，他们以故宫为荣。我对故宫的感情，本身对故宫的了解，同时也是对同事进一步了解过程中，我在不断地加深。

主持人：应该说故宫的守卫者们都是一代一代的传承，也深深地把自己的情感投入到故宫里面。故宫不单单是一座皇家宫殿，也不单单是中国最大的博物馆，它是一个将建筑、文物、典籍等多种元素融合在一起的文化整体，是中国五千年传统文化的结晶。您提出“故宫学”是基于什么样的考虑提出的？

郑欣淼：“故宫学”是 2003 年我提出来的，这几年来，它得到了好多专家学者的赞同。台北故宫的周功鑫院长对此极力支持，她说这个提得好。明年是我们建院 85 周年，一个重大活动是故宫学的国际研讨会，我已经邀请周院长出席，她已经答应了。我为什么要提出“故宫学”，我感觉我们过去对故宫的理解是分散的、割裂的，这个后果就是对故宫整体的认识，对它丰富内涵的认识。

郑欣淼：现在提出，有这样几个意义。第一，故宫确实作为一个文化整体，比如说我们传统看什么是文物，可能你也知道，青铜器是文物，古代的书画是文物，玉器是文物。但是皇宫大量的一些用品、反映典章制度的用品算不算文物？过去我们把一些就不算文物，还有一些没有引起重视，比如说像皇帝写的字、画的画，现在有25000多件，这25000多件在文物总数里并没有包括它，过去认为他们不是艺术家。

郑欣淼：现在还发现了乾隆（御稿），上万件的作品。作为“故宫学”来看，凡是能反映宫廷历史，反映那个时代的都是重要的历史记录，所以“故宫学”的提出，就是好多我们过去引不起重视的东西，都从文化遗产角度给予重视，这也反映我们对文化遗产的全面保护。

郑欣淼：还有一个我认为很有意义的，比如现在圆明园在追索它的文物，其实故宫的文物有好多也流散在世界的好多地方，博物馆、大学，包括民间。这些东西离开故宫原来存放它的场所，离开了这个环境，就文物谈文物，它也是很宝贵的。比如说最近拍卖的乾隆皇帝的宝座、玉玺，它的价值也很大。

郑欣淼：但是和故宫联系起来，和故宫的古建筑联系起来，和当时的典章制度联系起来，和乾隆皇帝的其他收藏联系起来，就有了深刻非凡的意义。所以“故宫学”的提出，我觉得对于散失在海外大量的清宫文物有了一个学术上的归宿。就是这些东西在海外、在国外可能是孤零零的一个东西，就是一件文物，但是放在“故宫学”的视野中来看，它就有了生命、有了灵气、有了丰富的内涵。

郑欣淼：所以“故宫学”的提出，在研究上是多学科的，能打破过去在博物馆内，比如搞书画就是搞书画，搞玉器就是搞玉器，但从“故宫学”看是相通的，这样打破了学科的界线。同时也是彰显文化遗产是全中国人民的，它的财富也是全世界人民应该共同享有的。同时对故宫的内涵挖掘，也要社会各界的参与，故宫在北京，故宫的藏品在北京故宫，台北故宫也有很多重要的藏品，但是对“故宫学”的研究是世界的，我们欢迎世界各地的学者来参与“故宫学”的研究，所以这是一个开放的心态。

主持人：“故宫”已经是大文物，呈现的是一种中国的文化。2005年10月10日，北京故宫博物院迎来它80岁的生日，80多年的风雨路。对于博大精深的中国文化历史来说只是沧海一粟，而故宫博物院其间又经历了哪些具有代表性的发展阶段？

郑欣淼：这个问题要说的话，牵扯到两岸故宫。因为故宫博物院是1925年10月10号成立的，1949年是我们新中国成立。在这个同时，故宫南迁文物四分之一被运到了台湾。应该说在此之前，一直到1949年以前，现在的台北故宫和北京故宫，1925年到1949年初，这是两个故宫共同的历史，这是一个阶段。另一个阶段，1949年一直到“文化大革命”，这是恢复发展的时期。

郑欣淼：从“文革”之后，十一届三中全会一直到现在，我们可以作为一个比较长的历史时期。每个时期可以分不同的阶段，每个阶段也有不同的特点，我不细说了。部分故宫南迁文物，从1949年运到台湾以后，一直在库房保管。1965年以后，他们成立故宫博物院，他们不叫成立，叫恢复，他们认为他们是故宫博物院的正统，1965年成立，到现在已经44年多了，这一段发展也是不错的。可以说从今年开始，故宫博物院进入了一个新的历史时期，这个新的历史时期就是两岸故宫的交流与合作，突出成果就是大家瞩目的雍正皇帝的展览。当然，两岸还有一些具体的协议。对于两岸故宫来说，现在进入了新的历史时期。

主持人：提到雍正大展，这是两岸故宫60年来首次合作举办。您作为参与者，从开始到成功的举办，这一系列的过程您都非常熟悉，您对这次大展怎样评价？

郑欣淼：大展确实很重要，很有意义。从社会各界、国内外、海内外的关注就可以看到。我想它的最大意义在于开启了两岸故宫的交流与合作。所以我在台北雍正展的开幕式上开了一句玩笑，说我们两岸故宫多亏了这个老头（雍正皇帝）。台北故宫要办这个展览，他们知道北京故宫有一些藏品，如果能借过来，这就是一个很好的展览，是一个名副其实的大展。他们这个意向给我们透露以后，我们感到很好，决定支持。这样周院长在2月初就率人来了，就谈展览。

郑欣淼：其实以展览为由头，我们开展了全面的交流。接着我又去了，又进一步深化、确定、扩大一些项目。最后，这个雍正展，国际社会的关注，包括两岸同胞的关注不仅是两个故宫的事，它绝对不是两个故宫之间简单的文化交流，而是两岸文化的交流，文化是根，同根同源。它不仅是分割60年之后，故宫文物的重新聚首，也是两岸同胞对于共同的历史、共同的文化的深情拥抱，这表明我们一个民族的凝聚力，民族文化的认同感。同时我还提到，两岸原来互不来往，后来则发展到不断升温的交流中，也反映了中国文化的包容性和传统文化的力量。

主持人：由于历史原因造成两岸各有一个故宫。台北故宫博物院对于大陆的大多数人来说既熟悉又陌生，熟悉是因为它闻名已久，陌生是还不是那么容易亲历。从您的视角介绍一下台北故宫目前情况是怎样的？

郑欣淼： 台北故宫我去过三次，我到他们地下库房看过一次，到山洞里面，他们也是备战，好多都运到山洞里，我们去看了。我也做了大量的研究，特别是我写了一本《天府永藏——两岸故宫博物院藏品概述》，去年在大陆出版，今年 3 月份我去的时候，在台湾的一个出版社也出版。对台湾社会、民众了解北京的故宫博物院起了积极的作用，同时对我们了解台北故宫的状况也有所帮助。我个人总体印象是这样，台北故宫博物院从 1965 年建成以来，确实是发挥了重要的作用。

郑欣淼： 作为博物馆的建设，它在理念上，特别是为公众服务方面，在精心筹办一些展览方面，都是做得很好的。同时在对外交流方面，应该说在传播中华文明方面都做了很多工作。我还有一个感受，台北故宫博物院和台湾社会的关系是比较密切的，台湾人对于台北故宫是很敬仰的，有一种很神圣的感觉。台北故宫在台湾社会整体文化素养提高方面起了积极的导向作用。我感觉这是很好的。

郑欣淼： 它们的藏品现在有 65 万件，有 60 万件是南迁的文物，5 万件是他们到台湾以后征集的、捐献的、买的。我简单给大家介绍一下这 60 万件，其中有三分之二是明清档案，而且他们档案整理得很好，包括这次的雍正展，好多就用了档案文献。它和北京故宫不同的是，北京故宫现在档案基本都交出去了，大家知道有一个中国第一历史档案馆，还在故宫的红墙之内，1980 年，（故宫的）明清档案部交给国家档案局了，当然之前还有一些变化。

郑欣淼： 1980 年，我们当时交出的档案有 800 万件。我感觉到两岸故宫还有很多共同的地方，就是我们对 24 年的那一段历史不是过眼烟云，当时制定的一些规章制度在许多年后，特别是文物南迁中的一些严谨的工作作风，两岸故宫都保留了。我到台北故宫山洞里看文物，文物一看完，马上贴一张封条，北京故宫也是这样的，都是很严格的。它也是在国际上很有影响的一个博物馆，它和北京故宫博物院一样，实际上都是在传播中华文明。

主持人：每一个走进故宫博物院的人，对国宝有一种很神秘的感觉。但是北京故宫博物院一级文物就有上万件，这么重要的馆藏，我们如何保护它？

郑欣淼：故宫的保护工作是第一位的，现在对外宣布的文物是150万件（套）。对它的保护，在设施方面，比如我们现在有一个现代化的地下库房，这个地下库房有2万多平方米，我们搞了10年建起来的，有100万件文物在地下，而且是恒温、恒湿的，相当安全。另外我们在地面的库房，保管条件相对不是要求很高的文物在地面库房。对它的安全，不一定在库房的文物就是安全的。为什么这么说？因为在库房，文物本身有一个老化的过程，特别是自然环境、温度等各方面都可能带来变化，而且一些确实是时代久远的，包括材质比较脆弱的，受到其他一些因素影响的文物，对它的维护、管理、保养是很重要的。我们有一个70多人的文物保护部门，叫文物科技保护部。包括我们有大量的现代化的设备，这在全国博物馆也是绝无仅有的，在国际上也是不多见的。我们保护文物根据种类不同而采取不同的方法，既有传统的，也有现代的，包括我们和兄弟博物馆合作进行一些文物的修复、保护，也给予一些帮助。

郑欣淼：总的来说，保护任务是很重的。有些是需要日常保养的，比如说钟表，过去一直有，日常保养就是要检修。比如说书画等，都是要定期检查的，我们已经有一套严格的程序。比如说有些书画就有休眠期，最近书画馆展出了第六批书画展览，《千里江山图》这幅画20年没有展出了，在这20多年里能看见它的人也不过是四五个，而且是出于检查保护它而看的，看的也是片断，不是全部。这个不是说谁想看就能看的，我们都是有严格规定的。

主持人：我们这么细心的保护这些藏品，就是希望它有机会面向世人。北京故宫有150多万件文物，85%是清宫旧藏。除了有形的宝库，其实故宫也蕴藏着众多非物质文化遗产，我们如何传承和保护它？与时俱进的看，您对非物质文化遗产有怎么样的思考？

郑欣淼：这个问题提的确实好。提出“故宫学”以后，我们文物保护的理念也在变化，视野也在开拓。文物保护不光是保护你看得见的东西，还有些是属于技艺型、工艺型的，你看不见，它反映在人的身上，对它的保护也相当重要。比如说我们的书画装裱技术，书画装裱（技术）很多，包括日本都有装裱不错的，但是故宫包括装裱在内的这些技术，基本上是清宫流传下来的，起码是一二百年以上的技术。我们的书画装裱技术去年被国务院公布为第二批国家级非物质文化遗产项目。

郑欣淼：今年我们还报了三项。比如说钟表，当时清宫有个专门做钟的，它就叫做钟处，既有做钟的，也有维护保养的人，这批人一直延续到什么时候？1924年的11月份把溥仪赶出宫去，宫里有一批为他服务的人，其中就有维修钟表的，我们就把维修钟表的人留下来了，这些人一代一代流传，到现在钟表的维修仍然是我们的强项，因为这很重要，世界上没有哪一个国家像我们集中了这样一批欧洲早期的钟表。

郑欣淼：另外我们还有青铜器的修复技术，还有书画的临摹技术，这些都是流传有绪。他怎么来的，他的师傅是谁，师傅的师傅又是谁，都可以找来的。今年我们也申报了几项非物质文化遗产（项目），我们感到过去也有不足的地方，也需要从理论上研究提高，也需要和现代的一些科技更好地结合起来。我们现在做的一件事就是整理、总结，正在拍摄一个电视资料片，就叫“故宫绝活”。

郑欣淼：我对你那句话很感兴趣，故宫是一个大文物，它不仅是看得见的铜瓷书画，还有一个大宫殿，本身就是了不起的文物，对故宫宫殿的维护也是非物质的传统的技术，也需要传承的、维护的。因为故宫从 20 世纪 50 年代初就有一支维修的队伍，维修队伍最多时曾经达到 300 人。这批人（好多）都是身怀绝技的专家。比如说现在修房子，脚手架都很好，都是很现代化的，过去故宫有专门搭架子的工人，特定的维修场所只能用传统的搭架，现在不用，架子工就没有了，我们现在就恢复了架子工。

郑欣淼：包括一些油饰彩画，这些都是需要传承的。故宫古建筑、故宫“官式建筑”的营造技艺也作为国务院公布的一个非物质文化遗产项目。对这个传承我们搞拜师会，我们搞了多次。维修一开始就花了上百万元，买最先进的摄像器材，随着维修同步记录下来，记录目的（主要是为了）技术的传承，故宫博物院维修的过程也是我们培养人才的过程。

主持人：我们在文化遗产保护当中提出了很多概念。之前也提出一个新的概念，叫“数字故宫”，与信息化结合在一起。您给我们简单介绍一下数字故宫？

郑欣淼：“数字故宫”包括很多内容，包括文物的展示，我们有网上的博物馆，在网上也可以看到故宫的一些藏品等。另外也包括文物的管理系统，比如说我们的文物账目就是电子化的，过去是人工的，人工出现什么问题？可能登记重了。一个东西登记几张卡片，有的是漏登了。现在通过电子化，账册基本上就避免了这类问题。当然还有办公系统，我到故宫这几年，已经没有在纸上批文件了。

郑欣淼：另外，比如我们和IBM搞的“穿越时空的紫禁城”，上网就可以看到，还包括一些游戏。我们和日本的凸版印刷公司，已经合作快10年了，在故宫里成立故宫文化资源数字研究所，这个研究所是中国文物界唯一的、名副其实的中外科技合作研究单位。故宫这几十年来唯一一个新建的建筑物就是数字化研究所。

郑欣淼：我们感到它对博物馆发展起着相当重要的作用，带来工作方式的一些变化，当然我们还有一些，比如在展览的时候，辅助的利用数字化，辅助的介绍，大家更直观、更好地对展览有所了解。总的来看，“数字故宫”的建设，我们在数字化发展方面目前还是走在比较前边的。当然这方面的竞争也是很激烈的，最近国内各地新办了好多博物馆，一些新博物馆起点很高，他们在这方面也做得很不错。台北故宫在这方面也下了功夫，我们叫数字化，他们叫“数位化”，他们在这方面也很有特色的。数字化也是我们和台北故宫合作交流的一个重要方面。

主持人：文化遗产保护需要不断地与时俱进。近年来，文化传承、历史遗迹的保护和城市现代化建设的高速进程之间出现了些不和谐现象，比如京城名人故居1/3已被拆除，网友纷纷提出异议，比如说梁思成林徽因故居拆迁问题最终得以解决，随着北京35中新址拆迁，鲁迅和周作人的故居的拆迁也引起网民的热议，如何保护一个城市文化厚重标志和不可再生的人文资源呢？

郑欣淼：应该说北京的状况现在比以前好多了，但是也要看到现在已经破坏的、损失的也是相当相当地大。像北京这样一个厚重的，有历史文化沉淀的城市，历史不仅仅有紫禁城，不仅仅是有明清的皇家建筑，不仅仅是有一批全国重点文物保护单位，城市文化积累是由不同层面构成的，文化名人的故居不仅仅是个建筑，而是和特定的历史人物经历、事件与国家发生的一些大事联系在一起的。

郑欣淼：这个我认为没有谁会公开反对说必须拆它或者以其他这样那样的理由要拆掉它。但是我感觉到，报纸上能有这么多引起反弹的，说明舆论的情绪或者大家的共识越来越多。北京城市如此，其他各地都碰到有类似的情况，我个人感觉到一定要慎之又慎，拆掉比较容易，如果拆掉感到后悔了要恢复，那不是能够简单恢复的，新建不能代替原来的，这方面的教训我们太多了。

郑欣淼：有时候出现这类问题，大家都感到很吃惊，这几年大家都认识一致了，怎么又出现这样的问题了。这说明文化遗产保护意识从决策层、政府的层面和民众的认识都需要提高，特别是决策层面，特别是对一个城市文化的理解认识。这几年对中国文化遗产出现的破坏，特别是在城市改造上，这个教训是记忆犹新的，我们不应该让它再出现了。

主持人：各地纷纷出现了一些因为城市建设而遇到的文化遗产保护措施上的一些不和谐现象，也体现了我们在文化遗产保护方面有一些欠缺。这方面的欠缺如何能够改善？也希望听到郑院长的一些意见。

郑欣淼：我们对文化遗产的认识，比如说这几年来出现了很多要打造什么文化城，打造什么新的，我觉得这是对文化简单的理解，可能认为修一个文化宫就是一个文化，可能建一个博物馆就是一个文化，它没有想到文化是一个积累的过程。

郑欣淼：现在我们对为什么要保护文化遗产，什么是文化遗产，就是说文化遗产到底为什么要保护，保护它仅仅因为能吸引来游客或者说能作为旅游的资源来开发吗？还是把它真正作为我们一个城市文脉的传承，甚至是城市的精气神就反映在你看不见的胡同里面或者是其他场景，我感觉这个问题还要解决，真正解决为什么要保护文化遗产，文化遗产到底有什么作用。文化遗产并不是说都能赚钱。比如说周口店的北京猿人（遗址），它也是世界遗产，是重点文物保护单位，知名度也很高，但是去的人少，那你说它保护不保护？是必须保护的。

郑欣淼：包括有很多老建筑，不一定说游客多就一定要保护，一定要从对文化遗产的理解上，我们为什么要保护文化遗产，什么叫文化遗产，我想这个问题不解决，今后还会出这样那样的问题。

主持人：您有一句话说得特别好，您提到保护文化遗产不一定是能赚钱的。也有网友问道：像法国的卢浮宫，英国的大英博物馆等等，他们在面向公众时更开放，门票售价也更便宜等等，有网友说故宫门票有点贵，不知道您怎么看待这个问题？您觉得国外在保护文化遗产方面有什么值得我们可以借鉴的？

郑欣淼：这也是很多人关心的。我个人是这样理解的，比如说大英博物馆，现在不收门票，并不是说过去一直不收门票，也是工党上台以后决定不收门票的。卢浮宫去年有600万游客，它是收票的。我感到欧洲这些著名的大博物馆，总体上它们在为公众服务，在展览上有很多是值得我们学习的。

郑欣淼：因为这几年我们和大英博物馆、卢浮宫已经签订了合作协议，已经分别举办了他们的展览，现在我们正在筹办到他们那边去办。通过这样的合作，也感到他们的历史，包括在理念方面都有我们学习的地方。我感到最重要的地方，就是他们以人为本，他们认真地办展览，让公众能更好地观看。

郑欣淼：北京故宫这几年也在改进，我要说的一个很重要的和他们的不同，就是我们的游客人数是不得了的。今年截止 10 月 22 日，游客已经达到 1000 万人次。我说的 1000 万人次是买票的，不包括各种免费的，这个游客数是其他博物馆都没有碰到过的状况。

郑欣淼：所以联合国教科文国际遗产组织给我们提出一个重要的建议，就是旅游风险的防范问题，这么多游客，怎么处理好安全问题，这个安全既有文物的安全，也有游客的安全，对我们来说还有一个提高服务质量的问题。比如去年 10 月 2 号，故宫博物院一天最多是多少人？14 万 8 千人。这是一个什么概念呢？就是一般的人，年龄大一点，你要上太和殿的台阶都是要小心的，你可能是上不去的。

郑欣淼：故宫的门票现在是 60 元钱，淡季是 40 元。里面有两个馆，一个是珍宝馆，一个是钟表馆，各收 10 块钱，此外所办的其他展览都不收钱，我们有书画馆、陶瓷馆以及午门一些特展，我们都不收钱。这个价位专家也研究过，认为目前在国内好多（景区）纷纷涨价的情况下，我们这个还是比较适合的。

郑欣淼：当然我还要说，故宫门票收入是收支两条线，收得再多我们也是不能花的。如果故宫不收门票或者很便宜，可能带来管理上的问题，人多对文物带来的影响就会更大。所以我们国家让大家都能很好地享受到我们民族的文化遗产，绝大多数的博物馆都在免费。像遗址类、古建类的博物馆，国家没有让免费，我想都是经过多方面考虑之后作出的决定。

郑欣淼：比如说三大殿，其实过去是可以进去的，以后人越来越多，不能进去了。（这是原状）类型的展览，我们通过窗户能看到里面的摆设，这个摆设就是当时宫（殿内陈设）的样子，大家有一个直观的了解。第二个方面就是我们办了一批清宫历史文化的展览。

郑欣淼：如果从午门进来，路过太和门，太和殿、保和殿，它的东西（两庑）我们都办了展览。比如说武备展、车轿展、宫廷乐器展等，让大家知道皇宫的历史文化。我们有近 15 万件书画，决定用三年时间，每年分三期，三年九期展示出来。我们通过三年九期的展览，每一期的展览都有不同历史时期的精品。

郑欣淼：我们还有一个陶瓷馆，上一次台北故宫周院长来看了，对这个相当赞赏。我们在展品的选择上以及展示的方式上，甚至灯光上，包括辅助的介绍设施上，都是很有进步的。还有钟表馆、玉器馆、青铜器馆等，这些都是很多的。但是一个人到故宫来不会待的时间太长，往往随团的就是半天时间，有时候从南到北，顶多到两边看一下，可能大家就筋疲力尽了。

郑欣淼：但是对我们来说，感到还是有差距的，我们的工作还是要继续提高的。包括我们展示的水平，每一个都要做成精品，每一个都要相当的用心，我想这也是社会对我们的期望，也是我们看到一些国际上的大博物馆的经验对我们的启发。

主持人：故宫作为国人的精神家园，是需要一代一代的传承。我们的网民也能体会、理解由于国情的不同所带来的一些门票上的小问题。很多网友最近关注圆明园组织专家海外寻找遗失的文物，他们非常期待我们的文物能够“回家”，您认为这个愿望能实现吗？

郑欣淼：我在这儿先介绍一个很有意思的事情，我今年3月1号到台湾去，恰好是国外对圆明园兽首的拍卖会。这次我10月5号再到台湾去，（台湾）又出现说圆明园的兽首要给台北故宫，台北故宫拒收的事。有人说我们两院合作怎么都出现和圆明园兽首有关，是不是有人有意的，时间怎么这么巧合。这次我在台北的时候，包括3月份，问我最多的就是这个问题，他们问的就是你认为应该不应该（拍卖），另外就是台北故宫拒收这个东西你怎么看？

郑欣淼：我想这件事大家的心情是可以理解的，这与我们屈辱的一段历史，与我们民族的感情是联系在一起的。我们国家这么多年来，改革开放以来的重大发展，经济实力的提高，或者说中国的崛起，我们不仅在经济上，在文化上，大家的自信心也在增强，我认为这是一种很合理的要求。这种要求不光是中国，我们看埃及要他的东西，（提出不惜）要跟英国断绝来往。我想这是任何一个文明古国都有的。

郑欣淼：我个人感到它又比较复杂，特别是牵扯比较早的，其实我们说的圆明园，追溯到19世纪后半期，一直到20世纪前半期，都有因为战争被掠走和非法流失的文物。国际社会有关这方面的公约，在公约生效前发生的事是没法追索的，所以这又牵扯到很复杂的问题。我感觉我们要理性地来对待这件事，它不单是你要有一腔热情，这种做法在公约的框架范围之内，又怎么通过外交途径合法合理地解决，当然是坚持不懈的。我想政府的立场也是，对我们过去流失出去的，一直有我们的立场，什么时候是合适的时机，采取什么样的合适方式，我觉得这是需要认真研究的，不是凭热情就能简单办到的。

郑欣淼：其实这几年的过程，我们大家已经看得很清楚了。还有一个，目前很重要的，我们要管好我们现在的文物，我们也要防止新的流失。最近几十年来，盗墓、文物走私，流失在海外的不在少数，而且文物的重要性不亚于过去流失出去的，这个是我们现在应该更加重视的，如果光一味追索过去，过去是要追索的，圆明园现在采取一个很好的做法，就是要出去调查，这个消息当时我还不知道，中央电视台给我打电话，采访我是什么看法，我说真不知道这个事。我说这是一个好事，好就在于它和追索是两回事，不能说其中没有关系。作为圆明园，知道圆明园的文物都在什么地方，这是一个好事。但我们也要防止新的文物流失。

郑欣淼：另外，展示很重要，在国内，像故宫博物院来说，怎么尽可能地让更多的好东西让国人见面，让世人参观，如何办好展览，这是整个博物馆界应该做好的一件事情。

主持人：您刚才说得太好了，除了要追回我们流失的文物，更重要的是要更加保护，不要再有文物流失出去。您提到，我们现在可以做到的就是尽可能的办好展览，能够使更多的展品面向世人。其实新中国成立以来，故宫文物征集组一直在为这些国宝重归故里而奔波，其中有众多不计其数、不计名利的捐献者，他们也是让我们国人非常感动的，很多网友希望与您分享一些其中的故事？

郑欣淼：刚才我说了，150 万件文物里面，130 万件是清宫旧藏，有 20 万件是新进的。新进的，一部分是国家拨给我们的，一部分是我们买的，一部分是捐献的。国家拨交的一部分里面，有一些是捐献者把他的文物捐给国家，国家给到故宫的。比如说给我开车的师傅，他的老师说（自己家藏）赵孟頫一幅画捐给故宫了，故宫捐献榜怎么没有他的名字。昨天我们有人去查，是王冶秋局长给他发的证书，他是捐给国家文物局，然后文物局拨给我们的，所以景仁榜就没有他的名字，这些人是很了不起的，文物局很清楚。现在捐的，截至现在有 700 多人，捐献的东西有 3 万多件，这些东西不要小看，都很了不起的。

郑欣淼：我举几个例子，大家都听过张伯驹先生，他是“民国四公子之一”。我们国家最早的一幅字，就是用墨写的字，是《平复帖》，到现在 1700 多年了，还是完好的保存，这也是我们的镇馆之宝，这就是张先生当年不惜花巨资收藏的。在战乱期间，他把这件东西缝在自己的棉袄里面，最后他捐给国家，由故宫保管。还有展子虔《游春图》，他为了不让这幅作品流失海外，他拿房产和夫人的首饰给买下了，捐给国家，我们都很感动的。

郑欣淼：还有个朱翼庵先生，他也是精于收藏和鉴赏。1935 年故宫博物院的文物首次到英国展览，书画文物就是他挑选的。他最有名的是有一批碑帖，过去清宫里面碑帖收藏的并不多，不是很受重视，现在北京故宫的碑帖收藏，主要就是朱翼庵先生一家捐的，当年他是故宫博物院专门委员会的委员，这时候是马衡当院长。说故宫出 10 万银元给买下，朱先生说我不卖，以后我要捐给故宫博物院。

郑欣淼：他是 1937 年去世的，50 年代初，他的夫人和他的四个儿子遵从他的遗愿，把706件碑帖全部无偿捐给了故宫博物院，所以故宫博物院碑帖是世界第一的，就是朱先生这一家人捐的。这一家人很了不起，朱先生的大儿子文物南迁时就是故宫的人。另一个儿子朱家溍是清宫史的专家，他们一家收藏的明清家具很有名，都捐给承德的避暑山庄。朱先生的一个儿子在中国社科院工作，古籍善本捐给中国社会科学院了。在前几年，把他仅剩的书画藏品和名人用过的一些砚台，把这些东西捐给他的家乡浙江省博物馆。我觉得这种精神那不是一般的，确实是高山仰止，我们感到这一家人确实是了不起的。

郑欣淼：还有一个香港的医生叶义先生，叶先生给我们捐过50多件犀角雕刻品。这种雕刻容易腐烂，不好保存，叶先生给我们捐了50多件。他还把一批外销瓷捐给台北故宫。还把他的一些竹雕捐给香港艺术馆，这都是了不起的。当然有很多是特殊情况下的捐献，比如说周绍良先生很有名，他收藏的东西很多，种类也很多，“文化大革命”开始时破四旧，弄不好这些东西就要毁，他就把一批清代的墨捐给故宫博物院。周先生父亲曾是中国佛教协会副会长兼秘书长，他（后来）也是中国佛教协会副会长兼秘书长，墨作为一种学问是他提倡的，而且他写了好几种墨的著作。他去世以后我专门到他家吊唁，最近我们出了他几本书，他的女儿找我一定要给她父亲的书写序，他不仅给故宫捐，也给很多地方捐了。

郑欣淼：前些年李敖先生到故宫博物院，我们常务副院长带他到景仁宫，上面有一个景仁榜，是多年来捐给故宫文物的人的名字。李敖看了以后说，你们的意思我清楚了，我也要捐一件，他捐了一幅乾隆写的字，是通过凤凰卫视的刘长乐先生给我们捐的，因为他没有再来，就用了一个录像，他讲了很多，说我让乾隆又回宫了。最后他开了一个玩笑，他说以后大家少到故宫去，一到故宫，看到这么多东西，你可能良心发现，你的“赃物”可能就要拿出来捐献。

郑欣淼：所以这次我到台湾曾专门拜访他，向他表示感谢。我们也经常碰到一些人，包括海外的，比如刘墉的后代，去年捐了一幅字给我们。现在市场经济，这些都是大家自觉自愿，我们仍然碰到好多是基于对故宫的信赖，感觉我把东西放在你这儿是放心的，感觉他的东西能和中华民族最优秀的一些遗产放在一起，他感到自豪。

郑欣淼：这些年不光是书画，比如说国家级的工艺大师的一些作品捐献给我们。包括这些年我们和一些著名的，比如吴冠中先生、范增先生等等，我们给这些先生办过展览，他们捐献一批书画。在这些人身上，我们感到一些可贵的闪光的精神，也激励着我们一定要管好这批民族文化精品。

主持人：我们要感谢这些捐赠者。文化遗产保护需要我们世世代代的共同努力，故宫作为国人的精神家园，也是要坚守的。再次感谢郑院长做客新华网，本次访谈到此结束。

本文为作者在新华网接受访谈的文字稿，首播于2009年11月6日

守望故宫：视国宝为生命

采访者：《人民日报》记者吕绍刚

590岁的中国读本，85载的典守精神。故宫博物院院长郑欣淼做客《文化讲坛》。

10月10日，故宫博物院成立85周年。今年，也是故宫建成590年。作为世界文化遗产，中国历史文化地标，故宫蕴藏了怎样的内涵？曾经的皇城，今日的博物院，还有哪些瑰宝深在宫中无人识？60多年前，战火纷飞，大批文物南迁大半个中国，颠沛流离十余载，有着怎样的故事？两岸分离60载，“一宫两院”令人叹。故宫文物何时不再隔海相望……

针对一系列疑问，10月13日，故宫博物院院长、“故宫学”首倡者郑欣淼做客《文化讲坛》，给现场听众以及广大网民带来了一场精彩的演讲，并回答了大家的提问。以下为演讲摘编。

今年是故宫建成590年，故宫博物院成立85年。

故宫是今人对它的称呼，明清两代时叫紫禁城。我们谈到故宫时，往往包含三重含义：作为体现“非壮丽无以重威”、皇权至上、代表中国古代官式建筑最高水平的建筑群；作为中国历史皇家文物、特别是清宫文物收藏的重地；作为见证中国封建权力中心变迁，以及宫廷文化延续的历史缩影。

因为诞生于中国最后的王朝，身处封建社会末期，所以，它也是中国封建制最后、最完备、最特殊的表现，是源远流长的中华文明的见证与载体。

故宫博物院历史不长，是辛亥革命推翻封建帝制、把末代皇帝赶出皇宫后的事，但却反映出了当时中国人对历史和文物认识的高度。它的命运也随着中国现代历史进程而起伏。

文物南迁：培育了故宫精神

关于故宫，大家都比较关心文物。当我们津津乐道故宫现有150万件藏品时，却不得不提抗战时期故宫文物南迁的故事。正因为这次文物大迁移，才使得大量文物避免了战火的破坏，也直接导致了“一宫两院”的隔海相望。

所谓文物南迁，从“九一八”事变后就开始筹备，1932年装箱，决定运往上海租界存放。当走到南京时，有人反对，因为去租界存放文物，很没面子。僵持不下，最后，继续运到上海，同时在南京修保管库存放。1937年底，由上海运到南京存放的文物又分三路先后西迁避敌。

第一批走南路，共80箱。从南京到汉口，改用火车运到长沙，在湖南大学图书馆存了五个月，后到贵阳、安顺，最后又迁至四川巴县。

第二批走中路，文物最多，9331 箱。从南京到汉口，又从汉口到宜昌，再从宜昌到重庆。由于重庆轰炸得比较厉害，以后又疏散到乐山的安谷乡。

第三批走北路。坐火车从南京运到徐州，从徐州经陇海线又到宝鸡、汉中。在汉中待了一段时间，又运到成都，最后运到四川峨眉县。

抗战胜利以后就是文物东归了，东归也是很复杂的，相对也是比较安全的。先集中到重庆，再分批运回南京。新中国成立后，文物又北返，1950 年时从南京运回第一批 1500 箱，到 1953 年又运了一大批。

抗战期间，故宫南迁文物 13000 多箱，再加上其他单位的文物，数量相当大。其实在二次世界大战时，不光是中国，欧洲不少国家为了防止希特勒的掠夺，也都进行了文物迁移，但都没有像我们中国，特别是以故宫为主的这样的文物大迁徙。

我做了一个比较。在时间上，我们动手早，持续长。美国、苏联是在 1941 年受到德军、日军攻击后才着手文物档案等的安全转移；在空间上，中国幅员辽阔，古物文物穿越南北，横跨东西，播迁不断；在保护任务上，我们数量众多，欧洲各国的文物转移难度不可与我们同日而语；在保护力量上，投入巨大，集中了大量的财力、人力和物力。现在，重走文物南迁路，有飞机、高速公路，也走得不容易，何况那时？

故宫文物南迁和保护是抗日战争的有机组成部分，是全民抗战的生动体现。保管人员精神固然可贵，但如果离开了政府、军队、民众的支持，寸步难行。

这也直接培育和强化了故宫人视国宝为生命的典守精神。波澜壮阔的抗日战争是一次伟大的民族洗礼。中华民族在救国图存中形成的以爱国主义为核心的民族精神，进一步凝聚了中华民族的意志和力量，促进了全民族空前的警醒和团结。故宫同仁在这一抗日洪流中，在保护国宝的实际工作中，在本院已有精神资源的基础上，也形成了具有鲜明特色的故宫精神。故宫精神是伟大的中华民族精神的一个部分。

两岸交流：体现同一个信念

文物南迁也形成了一个故宫、两个博物院的局面。

1948 年 9 月下旬，中国人民解放军发动了辽沈战役，解放东北全境，全国战局发生根本变化，南京国民政府准备退守台湾，故宫南迁文物也决定运台。

此次共分三批入台，第一批文物由海军部中鼎轮载运，共计 320 箱；第二批是招商局的海沪局的海沪轮载运；第三批由海军部昆仑轮运输，由于仓位有限及军舰停留时间短等原因，已装箱的 1700 箱文物仅运走 972 箱。

许多人都爱问，两个博物院，到底谁的宝贝多？谁的宝贝价值更高？其实，二者各有千秋。

他们有许多早期的书画。比如王羲之《快雪时晴帖》、唐怀素《自叙帖》、五代赵干的《江行初雪图》等，铜器有宗周钟、毛公鼎、散氏盘等重器，但数量不多，只有五千六百多件，我们有一万五千多件。图书方面，他们好书比较多，比如《四库全书》，还有不少宋元版的书籍等。

我到台北故宫博物院三次，印象很不错。他们坚持弘扬中华文化传统的理念，多年来在办好展览，为公众服务等方面都有突出的成果。比如，为方便游客，展览场所有母婴室；他们的志愿者队伍已经搞了 20 多年了，我们才搞了四五年；在开发文化产品上，他们也做得很好。

总体而言，两岸的故宫博物院有着割不断的联系。首先，他们的藏品都主要来自清宫旧藏。台北故宫博物院的清宫文物占到 92%，北京故宫博物院来自清宫的文物则达到 85%。而且，许多文物都互有关联，如郎世宁《十骏图》，两个故宫博物院各藏 5 轴；仅存的一对西周早期有铭文的青铜乐器，一件阳文的在北京故宫博物院，另一件阴文的在台北故宫博物院；宋徽宗制作的大晟编钟，北京故宫博物院藏 6 枚，台北故宫博物院藏 2 枚等，甚至台北故宫博物院有些文物如唐代怀素的《自叙帖》等精美的原包装盒则留在北京，珠椟相分，令人感慨。

其次，两个博物院都拥有从 1925 年至 1948 年这一长达 24 年的共同院史。而这 24 年中，又有 16 年是文物南迁时期。其三，两个博物院的一批元老级人物，都曾是国宝播迁中相濡以沫的同事和战友，都曾有过深厚的情谊。在地覆天翻的历史转折关头，个人的作用总是微弱的，故宫同仁在去与留的抉择中，道路不同，信念却依然相同，那就是“和文物在一起”。

两岸故宫博物院的交流，既是出于我们双方事业发展的需要，也是两岸同胞的共同福祉，同时在世界上对弘扬中华文明也有积极的意义。两岸故宫的合作交流本身体现了中华文化的刚健、坚韧、包容、和合的意义。

目前，最大障碍是由于台湾所谓的司法免扣押规定，台北故宫博物院的文物暂不能来大陆。另外，名称载示也影响到两岸故宫博物院直接签署协议，以及对台北故宫博物院文物图片的利用等。但是，这个问题我认为还是会解决的，中华民族总是有智慧的。

原载 2010 年 10 月 14 日《人民日报》

一杯咖啡打不倒中华文化

——郑欣淼首度回应“星巴克事件”

整理者：《人民日报》记者杨宁

2010年10月13日，故宫博物院院长、“故宫学”首倡者郑欣淼做客《文化讲坛》，讲演结束后，听众和网友热烈回应，踊跃发问。针对大家关心的文物保护与商业开发、海外流失文物追索等问题，郑欣淼院长条分缕析，娓娓道来，赢得阵阵掌声。

听众：听说，每年国家有一些专款用来回购流失文物。我想知道这个款项的使用情况如何？故宫已回购了哪些宝贝？海外文物追索，有没有新的想法？

郑欣淼：海外这一块，我没有参与，所以不大清楚。故宫博物院现有的文物征集经费，来自国家一年划拨的一千万。当然国家很支持故宫，如果看准的好的文物，价格高一点，也会给予支持的。因为经费有限，所以，我们对文物回购有一定侧重，还是以清宫流失出去的一些重要文物为对象。而且，用这个经费，也只能买一些一般性的东西，大量回购还做不到。

2003 年我们曾经买过《出师颂》，当时花了 2000 万，加上手续费，2200 万。这几年还买过一些，但是在拍卖会上买得比较少。

听众：每到节假日，故宫游客很多。有人将之比喻成“庙会”，既热闹，但也受罪，这既影响了参观质量，对文物保护也会造成不好的影响。是否考虑过通过限制参观人数等办法，来改善这一局面？

郑欣淼：故宫的人流量大，已经持续很长时间了。卢浮宫最高的年均 800 万人次，而故宫年均已经接近 1200 万。今年国庆黄金周，故宫游客总量也达到 61 万人次。

游客多了，必然会影响服务质量，包括参观感受。但是，我不主张通过简单限制游客流量，或者提高门票价格来解决。我的想法是，首先疏导人流，避免游客在相对集中的时间，出现在相对集中的区域。其次，可以通过实行电子门票，来实时监测游客数量。另外，还可以在机场、火车站等地设立售票点，方便游客提前买票。

听众：故宫是中华文明的标志之一。前几年，星巴克出现在故宫，引起了很大的争议，请问您对这个事怎么看？

郑欣淼：关于这个问题，由于种种原因，我们始终都没有正面回应。这也是我首次公开谈这一问题。我觉得，这件事首先说明了大家热爱故宫，认为故宫是中华文化、民族尊严、民族历史的象征，这点很让人感动。

同时，我个人认为，星巴克作为一个为公众服务的场所，存在也是有必要的，有的时候不应“上纲上线”。比如在法国卢浮宫，里面的经营也是多种多样。假如卢浮宫里有人卖中国茶，法国人就宣称要把它剔除掉，我们会怎么看待？

国家正在发展，民族也在复兴。有着如此悠久传统的中华民族，难道一小杯咖啡就可以打倒？尽管这个事件过去了，我相信大家可以更理性来看待。毕竟，我们中华文明具有强大的包容性，我们也有要一种文化的自信。

听众：现在很多地方都在依托文化遗产进行开发。您如何把握故宫在商业化开发方面的尺度？

郑欣淼：我们现在都提文化产业化，博物馆现在也提倡开发产品。但是我认为博物馆的产品开发不是指产业化，因为博物馆有它的底线。它不是企业，不能以盈利为目的。我们可以赚钱，但要符合博物馆的规则以及形象。

当然，我们的思路也在改变，比如开发一些具有故宫特色的文化产品，相当于让买走这些产品的人，带走一座“紫禁城”。事后，大家一看到，就立刻想到故宫，就想到中华文明，想到中华文化。这是我们要做的事情。

10 月 10 日，故宫还成立了一个文物保护基金会，向社会募集一些资金。募集来后，我们当然不是要给自己发钱，改善福利，而是要做一些研究项目。总之，我们绝对不会以任何不当行为影响故宫的声誉，请大家放心！

原载 2010 年 10 月 14 日《人民日报》

大哉故宫：阎崇年对话郑欣淼

采访者：《新京报》记者张弘

前不久，由阎崇年主讲的“大故宫”登陆央视百家讲坛，据此而成的图书《大故宫》第一部也由长江文艺出版社出版。阎崇年所讲述的“大故宫”，打开了故宫外延，首次将颐和园、圆明园、避暑山庄、沈阳故宫、南京故宫、台北故宫等，纳入故宫姻系，并以此为脉络，透彻解析绵延千百年的封建皇家族系、机制构架、社会人文、文化渊源，以及建筑、文物、民风等等。就人们如何认识和了解“文化和历史中的故宫”，如何认识作为现实中实物存在的故宫等问题，3 月 12 日，本报特邀阎崇年和北京故宫博物院前院长、“大故宫”概念的首创者郑欣淼进行了对话。

遐思空间之大　实体故宫包藏着文化故宫

“大故宫”这个概念的形成，一般公众应当怎样认识故宫，理解故宫，以及它和中国历史、文化之间的关系，阎崇年和郑欣淼的视角既有统一，也有互补。

阎崇年：大故宫这个概念，其实还是受了郑欣淼院长故宫学的启发。把故宫作为一个学科来建设是郑院长第一个提出来的。他提出，故宫这个范围不仅仅是紫禁城圈里，天坛、颐和园、避暑山庄，包括南京、沈阳，都算故宫学学会的团体会员，这样一来，我们的视野就扩大了。

郑欣淼：阎崇年先生既谈了故宫外延的大，又谈了它内涵的丰富，外延的大，现在已经很清楚了，北京的故宫是从南京故宫和凤阳的中都延伸发展而来，而它也集中国历代宫殿建筑之大成。沈阳故宫作为世界文化遗产是北京故宫的拓展项目，所以，两者在精神上是不可分割的。另一个，特别是在典章制度的这一方面，故宫也是集大成的。所以这个“大故宫”相当丰富，我跟阎崇年先生说你讲永远都讲不完。

阎崇年：公众在参观故宫时，要想收获大，既要看内在的，也要联想到外延的，或者看了外延的，联想到内在的，两者联系起来，收获就大了。其实还有一个层面，文化层面，我举个例子，比如说咱们文渊阁和武英殿，你看《四库全书》、《古今图书集成》这几部书，再一对比，文渊阁那《四库全书》现在在台湾的故宫博物院，这自然就延伸了。我们参观台北故宫博物院的时候就联想原来书在这儿，参观这儿又想着后来文物南迁在那儿。

比如说《永乐大典》，严格说起来，讲北京故宫不能讲《永乐大典》，因为它在南京文渊阁呢。南京文渊阁，北京文渊阁有一个历史的联系，这样就把南京文渊阁贮存的《永乐大典》也拉起来了，这就大了，内涵就更丰富了。我们把视野再推开来看，乾隆修这《四库全书》大概20多年，这20多年，全国的精英集中在一块，一本一本抄书，对于知识精英的创造精神和思维精神，某种意义上是一种扼杀。这个时候，法国百科全书派是一种创新，他们沿着那条路下去，后来就产生法国大革命；我们沿着这条路径，就抱残守缺。结果中国与西方各自走上不同道路，这很值得人们深思。文渊阁则成为这一历史的见证。

郑欣淼：对我们同胞来说，到北京要到故宫，对国外的人来说，如果到中国没去故宫，就等于你到法国没到卢浮宫去。还有，我们到欧洲去，看教堂的多，因为它历史上是政教合一，宗教大于世俗的政权，很多艺术品都在教堂里，比如壁画、建筑等等。

而中国是皇权至上，比如，过去佛教并没有禁止吃肉，就是梁武帝定的不准吃肉。好多规矩，是皇帝定的，皇权始终高于宗教。我们看到的故宫，首先是一种建筑语言，它体现的是一种封建的伦理关系，皇权至上，而且里面有阴阳五行，有传统文化。比如说像三大殿，八米高的高台，在那么大的一个广场，你看太和殿，就会受到震撼，那确实是一个泱泱大国给你的威武之气，像唐诗里面万国来朝的那么一种感觉。而且，三大殿是土字形的，五行土在中间。这里面学问很多。

故宫的建筑给游客的视觉冲击会很强烈，不了解的人就看黄瓦红墙，千门万户。特别是秋高气爽的时候，故宫的建筑在蓝天白云之下更显得丰富多彩。但是对于建筑里面所蕴含的内容，就需要一定的知识储备了。

2009年2月，两岸故宫交流，首先是台北周功鑫院长带人来的，她提出，要看文渊阁，因为七部《四库全书》，文渊阁是最好的，但她没有到过。文渊阁的书柜都很完好，摆得整整齐齐。周院长来看了。到我去回访，她说，她再来故宫要去文渊阁上二楼看看，因为她第一次来没上楼，感到很遗憾。这说明什么？两者之间有丰富的联系。

文化内涵之大　要看到“物”后面的“文”

故宫的文物很多，相当一部分人可能关注的是它值多少钱。要想全面认识故宫文物的价值，不仅要看到表面的“物”，还要了解“物”背后的“文”。

阎崇年：我们平常会注意，这个杯子是金的，玉的，瓷的，如果能够看这个物背后的文，这个物就有生命了。

举一个例子，比如台北故宫博物院的翠玉白菜，他们还送我一个，摆在我的书桌。可是，我们看到翠玉白菜，都很喜欢，就看它是不是翠玉。翠玉多了，干吗这个白菜就这么好？这次台北故宫从数十万件文物藏品中评出一百件，因为那边精品多，翠玉白菜文物价值没有这么高，按说它评不上。那为什么把它评上了？其中一条就是工艺，大家就喜欢这个。为什么它知名度高？就因为大家喜欢（白菜）摆财，发财，这还是表面。还有更深层的东西。

这个翠玉白菜，原来摆在瑾妃的宫里。瑾妃哪儿来的呢，现在初步研究是她娘家陪嫁时候给的，瑾妃这件东西，和她妹妹珍妃又连在一起了。作为姐妹的陪嫁，又和光绪的活动连在一起了。就这样，一个翠玉白菜，和当时的历史人物、宫廷就都联系起来，还有背后文物的文化生命，这个信息就丰富了。

再一个是以传统文化为魂，因为故宫要不跟传统文化联系起来的话，那它就是黄琉璃瓦盖的一个纯建筑。我再说一点，传统文化是有负面的东西，更多的是正面的东西。我总的一个想法是通过大故宫，把传统文化的负面东西也评评。故宫的这些建筑中，有的地方也让人不寒而栗。我讲过乾清宫的三个案子，叫“乾清三案”，第一个案子是永乐宫案，永乐皇帝死了之后，妃嫔殉葬，换上好衣服，一个人一个小床，推到乾清宫，每个人都站在床上，房梁上拴上绳，太监把那床一撤，几十个人同时吊死，这也是故宫的一部分，这是恶的一面。殉葬制度，到明英宗才取消。但是，故宫里也有善的一面，我就是要扬善抑恶。

郑欣淼： 这次两会，有委员提出，故宫的文物展览条件有限，建议把其中一些书画藏品拨给有条件的博物馆。这个问题，我是这样看的：

故宫的文物藏品是中国历代皇室收藏的结晶和延续。在封建时代，皇家收藏有很强的政治性，与其政权的继承性、合法性联系在一起。国民党败退大陆之时，把南迁文物的一部分运到了台湾，美国与台湾的一些学者都持有这么一个观点，即蒋介石不仅认为这些文物珍贵、值钱，而且认为与其政权的延续性有关。美国华盛顿大学有个人叫沈大伟，写了一本书叫《中国皇室收藏传奇》，就是这么认为的。故宫博物院的成立，这批皇家收藏被赋予了民族文化命脉的新的意义，抗战时期的文物南迁，既是为了保卫这些文化瑰宝，也宣示了中华民族不屈不挠的决心和信心。

故宫所藏古代书画，许多收藏过程就很复杂、很有意思。王羲之的《快雪时晴帖》原放置在乾清宫，王献之的《中秋帖》原在御书房，公元1746年乾隆皇帝得到晋人王珣的《伯远帖》后，把三件书迹移置在养心殿西暖阁，名为“三希堂”。乾隆在《快雪时晴帖》上的题跋达73处。在他认为是真迹的《富春山居图》上的题跋也多达55处。乾隆皇帝喜欢在书画、瓷器、漆器、玉器上题词，题诗，国家图书馆出版了一本他的题文物的诗集，有3200多首，多数是题书画的。这些题跋，反映了他的艺术观，他的审美趣味，而且与当时发生的军国大事联系在一起。因此，这些书画就不只是一般的艺术品，还有与宫廷历史文化有关的丰富的内涵，有独特的价值。

史料意义之大　故宫和故宫文物不可分割

有观点认为，故宫文物对外展示的部分太少，可以考虑在其他有条件的地方展示。前者涉及对文物的认识，后者涉及故宫的文物能否与故宫分开——对此，两人都不赞成。

阎崇年：故宫的建筑，和故宫的文物，有着不可分割的血缘关系。我举一个例子，比如内阁大堂，其实那个大堂就是很普通的三间房子，还是硬山顶的，盖的琉璃瓦。从建筑艺术的角度看，没多大特别。但是，内阁大堂里发生的事情就有文化价值，比如说明朝宰相杨廷和，他就在这个内阁大堂当宰相，嘉靖皇帝继位，是他提出来的，因为正德皇帝没儿子，死得又很突然，国不可无主，那么让谁做？他提出建议让嘉靖来继位，“父死子继，兄终弟及”，太后也同意。这中间，皇位空了38天，因为嘉靖从湖北安陆来到北京，路程很远。这38天，实际上是杨廷和这个忠臣在这里主持朝政，他利用了正德皇帝死后，新皇帝还没继位这个空当，做了几个重要决定。其中一个就是把锦衣卫裁了14万人，不但机构精简，减少国家财政支出，对于那些胡作非为的人，邪恶势力，也是一种打击。

杨廷和的儿子杨慎就更有文化了，他考了状元，因为嘉靖干了一件事，杨慎不赞成，嘉靖就把他发配到云南的永昌（现在云南的保山）。《三国演义》开篇的《临江仙》（滚滚长江东逝水……），就是杨慎写的。你把这些事情和内阁大堂联系起来，和整个故宫联系起来，它就有生命了。

郑欣淼：故宫文物藏品与宫殿有着密切关系，多年以来，台北故宫博物院都有研究人员来北京故宫看宫殿。前年，台北故宫还有一位研究人员在北京故宫待了好几个月，就是想弄清楚运台文物当年存放在哪些宫殿。

台北故宫的前院长石守谦先生，写过一篇有关“清室收藏的现代转化”的文章，寄给我看。他认为“皇帝的收藏品有时也在其特定时空中的政治脉络内获得新的意义”。如乾隆皇帝1776年在一件质量并非很好的钧窑碗上刻辞，除了鉴定了该碗的制作年代，更重要的是记述了该碗是乌鲁木齐的驻军农垦时在地里边挖出来的，而此地正是乾隆皇帝1759年才平定的。乾隆皇帝在刻辞中进一步宣示，现在在大清国的庇护下，此地的人们可以过上好日子了。这样，这件钧窑碗连同刻辞，就像记功的石碑一样，被赋予了新的政治涵义，而它的艺术价值已不重要，质量虽非上乘，但仍能成为皇室收藏中的珍品。

故宫的好多东西就是这样，不能简单说它好不好，问题是怎么评价。有人是从他的专业角度出发提一些建议，有他的合理性，但是，这个行不通就在于，故宫丰富的文物和宫殿是不可分离的，而且它本身具有丰富的历史文化价值。故宫的文物为什么不能随便调出去？简单说，不是一个所有权问题，而是它不可分割的整体性。

交流价值之大　两岸故宫，有很强的互补性

台北故宫和北京故宫关系千丝万缕，随着两岸交流的密切，有很多大陆游客游览台北故宫后可能产生一个印象，北京的故宫是壳，瓤却在台北。对此，两人都不认同。

郑欣淼：产生这样的印象，还是因为大家对当年文物南迁的历史感到好奇而且不甚了解，以为运走的肯定是更好的，不然他为什么运？大家不清楚，当时其实已经决定全部运走了，只运了三次是因为不能再运了。我写过一本书《天府永藏》，在台湾出版了，影响很大，我将两岸故宫藏品的来龙去脉，分了12个专题进行比较。比如说书画，台北故宫1万件，我们15万件。最近有人出了《宋画全集》，台北故宫的宋画是250来幅，北京故宫是260来幅。

相对而言，台北故宫的藏品是公开的，比如说在20世纪六七十年代，欧美学习中国艺术史，看的书法和绘画，主要都来自台北故宫。有的学者，就是根据台北故宫的东西梳理出中国绘画史的概念。大陆的藏品当时他们不可能看到。另外，连北京故宫内部的人互相之间都不清楚家底，我们没有对外公布过，开放程度确实不够。在对外界的开放和作为博物馆的陈列展览方面，台北故宫有很多经验值得我们借鉴。

但是，我们两家其实有很多不同的地方，社会上很多人可能不

了解。比如说，台北故宫的文物65万件，其中近40万件是国史馆的档案。我们过去有明清档案部，1980年划归国家档案局，成立了中国第一历史档案馆，我们当时交给他们的档案是830万件。现在已达1000万件。但是据我了解，这些档案还有很多未编目，底子不清，现在正关门搞清理。再一个是图书，他们有十六七万册，真正的铜、瓷、书、画等台北故宫有10万件，我们是100万件。现在谈论这个，不是要去比较谁的东西多，这是很狭隘的。这些文物，都是中华民族创造的。而且，文物是不可替代的，它的价值和附加值，可以不断去加深认识，就看你能不能认识到它。

另外，台北故宫现在很羡慕我们宫廷里的一些东西，这些过去好多都没有当文物，我们的明清家具就有五千多件，还有十数处原状保持基本完好的佛堂、道场等，而且这些东西的价值随着时代变化，越来越重要。这也关乎文化遗产的理念问题。

阎崇年：准确说，现在是两宫三院，北京故宫，沈阳故宫，台北没有故宫，三个故宫博物院，北京故宫博物院，沈阳故宫博物院，台北故宫博物院。当然，大家在习惯上把台北故宫博物院称呼为故宫。作为一个学者，我经常要利用两边的档案。我讲一个具体的事吧。昌平有个郑家庄王府，有护城河，有城墙，有人说是吴三桂的王府，我说绝对不是，他说谁的王府能有城墙，有护城河？就把我给问住了，我就查台湾故宫的档案。那边的院长也帮我找，结果找了一个满文的档案，里面记载太具体了，护城河多长多宽，城墙多长多宽，多少间房子，柱子多高，甬道多宽，甬道中间是方砖，两旁是普通的砖，都记载得很详细。

但是，孤证不成立。回北京以后，我就找咱们这边，这个王府开工的档案。那时，60多万件满文档案，好多还没整理。我就从内务府找，内务府档案有10万件，我说王府在康熙六十年竣工，往前推五年，从康熙五十六年开始查，查了二十多天，最后查到了王府开工的满文档案，两个一对，完全符合，而且，做的账显示，财政预算最后省了20两银子。两岸故宫的档案各有所长，我把它统合起来，经过研究，证实这是康熙的儿子，废太子胤礽的儿子弘皙的王府，他是理亲王。这个王府旁边还建了康熙行宫。因为这个废太子不能住在皇宫（故宫）里面，就让他到那儿住去，还没有来得及处理这事，康熙就死了，所以雍正体会他爸的意思，是让胤礽去，但是他爸爸又没说让胤礽去，怎么办，让他儿子去，就让弘皙搬去了。

原载2012年3月17日《新京报》

故宫保护需要社会的支持

采访者：《深圳商报》记者梁瑛

“我订了深圳的两份报纸，经常翻阅《深圳商报》的文化广场。你们对基金会的报道，我也看了。”4 月 19 日上午，故宫博物院院长郑欣淼在接受记者采访时，接过名片第一句话就这样说。4 月 17 日至 19 日，故宫博物院郑欣淼院长一行来深参观考察，在深圳走访了雅昌、万科、腾讯等知名企业，谈到近日引起关注的“故宫文物保护基金会”，他对深圳企业的人文精神表示赞赏，并详细介绍了基金会目前的运作情况。

作为由故宫博物院发起的我国首个国家级博物馆基金会，“故宫文物保护基金会”的成立在国内引起特别关注。这不仅由于其理事会成员中包括了王石、万捷、刘长乐、宁高宁、马化腾、陈启宗、陈东升、冯仑等八位知名企业家，更由于基金会采用的“非公募”方式，引发人们对我国国家博物馆在吸纳社会力量参与管理，以及在制度管理创新方面的积极探索的关注。《深圳商报》记者在第一时间披露了这一消息，并专访参与筹划基金会的雅昌集团董事长万捷。而此次故宫博物院院长郑欣淼接受本报记者采访，则从博物馆的角度，解读了“故宫文物保护基金会”的意义。

支持文化遗产保护显现企业境界

记者： 为什么要在此时成立“故宫文物保护基金会”？

郑欣淼： 故宫从成立以来，一直接受海内外捐款。我们不仅把这看作一种捐款，而是把它作为一种社会参与的形式。早在上世纪20年代末，故宫博物院就接受了一个美国人的捐款，这是故宫接受的第一笔捐款。新中国成立后，特别是改革开放以来，我们感觉社会对故宫越来越关注，比如恒隆基金对故宫建筑修复投入已经超过3000万。故宫有和社会合作的传统。改革开放以后，内地的企业实力越来越强，很多企业非常重视企业文化建设，有人文理念，强调社会责任，回馈社会，企业有钱了，而且愿意把钱拿出来支持文化建设，支持文化遗产保护，这是企业的境界。另外，国家法律法规也都鼓励社会力量参与文化遗产保护。

记者： 非公募基金在国内一直面临许多制度上的限制，比如缺乏免税制度等，“故宫文物保护基金会”在这方面有什么应对之策？

郑欣淼： 不仅是基金，还包括文化遗产保护方面的捐款。在西方，只要企业愿意在公益事业方面投入资金，国家都会对企业实行相应的免税，但我们国家还不能做到这一点。现在有关方面也在呼吁加快这一问题的研究和解决。

但在现有情况下，仍然可以做一些事，比如我们的基金会，有八家发起单位。这些企业的企业形象良好，社会影响很大，也愿意在文化方面投入，而且，其中很多企业自己也有基金会，比如腾讯、万科、香港恒隆等。如果相关问题解决，可能会更好，但现在也不影响大家投入公益事业的热情。

记者：故宫文物保护基金会的成立，能否促进相关法规尽快出台？

郑欣淼：我想这是所有基金会的共同愿望。作为国内第一家博物馆基金会，我想“故宫文物保护基金会”运作得好，运作得成功，会有利于大家对基金会的进一步认识。

我们的目标不在于吸收多少钱

记者：除了最初发起的八位企业家，基金会是否接纳其他企业捐款？

郑欣淼：除了现有的八家发起单位，我们可能还会增加一两个发起企业。但理事会成员不会再增加，以后其他企业可以加入基金会来捐款。我们这八家企业非常有代表性，他们中大部分是民营的，也有国营的，有内地的，也有两家香港的，既有房地产企业，也有IT 企业，还有传媒比如凤凰卫视，也有雅昌这样和文化更贴近的企业，而且这些企业都是有相当名气的。

记者：除了 1600 万的启动资金，这八家企业还将继续定期投入资金吗？

郑欣淼：很多人问，你们吸收资金的目标是多少？准备要多少钱？我可以说我们的目标不是预先确定一个吸纳资金的数字，而是首先确定基金会要干些什么事，根据项目来争取社会力量的支持。

用项目来吸引资金是我们的宗旨，我们没有固定规定每家一年要给多少钱。

基金将用于国家拨款达不到的领域

记者：基金将主要用于哪些领域？

郑欣淼：现在在文物保护方面，我们还是以国家保护为主。我们成立基金会干的事情，相当一部分是国家的正常预算里面不会批的。比如，基金马上将要开展的是对故宫学研究的推广和资助。国家有用于科研的经费，但还有些费用，国家财政不可能列入项目。比如说，海外研究故宫学有成绩的学者，可以向基金会提出申请，到北京进行深入研究。再比如，美国梅隆基金会近十年来，每年在中国选拔几个人到美国的大型博物馆参加培训计划。我们也准备设立类似的项目，现在已经确定，准备通过基金会，把我们的一些学者送到欧美的大型博物馆进修。而且为了保证公平，操作这件事的，不是我们的院内专家，而是委托一个中间机构，对有资质的申请人进行考察。

除此之外，我们今年在法国卢浮宫要办一个展览，还要举办一个《兰亭集序》的展览，围绕这些展览，基金会要组织一系列活动。也就是说，这些展览是国家拨款的，而基金会将围绕展览，开展一系列活动。

记者：基金会资助哪些项目，将由谁来确定？

郑欣淼：由理事会来定。不过理事会只是确定一个大的方向，至于项目的具体落实将由专业人员进行筹划和组织。基金会的工作与故宫有关，但同时它也是一个独立机构，要独立运作。我们每年要请外面的审计机构，按照国家规定，进行审计。不管怎样，基金会的运作还在开始阶段，工作制度和章程还要继续完善。我们会吸收一些其他基金会的成功经验。

大企业在深圳发挥着示范作用

记者：深圳有很多企业热心社会公益事业，尤其是关注文化发展，对此您怎么看？

郑欣淼：这几年我来深圳比较多，我对深圳印象不错。深圳这几年搞文化活动比较多，从我参观的几个企业看，这些大企业所起到的示范作用，他们所体现出来的精神、价值观，以后会对深圳发展起重要作用。比如我到腾讯参观，他们把他们的平台用于公益、慈善，成绩很显著。重要的不是他们出了多少钱，而是他们愿意花心思在文化事业上，我想通过这些大企业的善举，体现在他们经营生产中的人文关怀、企业理念对于深圳的长远发展是非常有利的。

原题为《深圳企业愿意花心思做文化》，原载2011年4月20日《深圳商报》

保护一个完整的故宫

采访者：《南风窗》记者兰燕飞

随着郑欣淼入主故宫，被称为“百年大修”的故宫维修也拉开了帷幕，这一持续时间长、资金投入多的工程一直为海内外所关注，一度也曾引起争议。至今维修已进行了 9 年，记者就维修以及与故宫保护有关的问题采访了故宫博物院院长郑欣淼。

记者：您上任的时候，为什么故宫维修是当时最重要的任务？怎样理解这是一次“百年大修”？

郑欣淼：故宫维修是我去故宫工作之前国务院确定的事项，我去后具体组织实施。故宫维修其实是一个经常性的工作，向来有“十年一大修，一修要十年”的说法，这是中国土木结构工程的特点所要求的。故宫博物院 1925 年成立，第二年就有两项维修工程，除过 1927 年和 1970 年外，其余每年都有维修项目，即使在抗日战争北平沦陷期间，维修也未停过。从 1949 年到 2001 年，故宫的各种维修项目达 600 余项。

这一次被称为“百年大修”，是因为从清末直至20世纪末，由于社会动荡或经济条件的限制，故宫从总体上没有得到足够的维修机会，很多问题积累下来，有些非常严重。最主要的是自然力造成的影响。西华门内原内务府和造办处的一批房屋在20世纪初期倒塌。慈宁宫、寿康宫、英华殿等建筑群整体均年久待修。有一些大木结构材料存在严重隐患。外表完整的钦安殿、武英殿、熙和门、太和殿都在检修中发现部分承重梁、柱严重糟朽。建筑外表面材料、艺术品损坏普遍：约8万平方米石质材料和总长约6500米石栏杆普遍风化或严重风化，局部污染。故宫屋顶琉璃瓦和琉璃装饰构件自身的破碎和脱釉现象非常普遍。造成瓦强度降低，污染变黑，古建筑屋顶色彩和光泽改变。具有鲜明历史价值的外檐彩画老化严重，有的甚至百年未修，完全破损。地面、墙体的砖普遍风化。抹灰层少量空鼓脱落。红涂料色调不一。古建筑的内装修基本未维修，老化破损严重，大部分亟待抢救。因此，故宫大修的决策是审慎做出的。

我认为，国家决定故宫大修，还有更重要的意义。故宫是世界遗产，我国加入保护世界遗产公约，说明我国向国际社会承诺保护遗产是国家的职责，进行故宫大修，保证故宫的历史真实性和完整性，表明中国政府对国际社会庄严承诺的认真履行。

我的理解，所谓“大修”，不只是指其时间长、投资多，而且是指导思想上的重大转变，即从过去仅是宫殿的一般维修保护变为“整体维修、全面保护”，既要保护故宫的文物建筑，还要保护整体布局，彻底整治内外环境，系统改善和配置基础设施，合理安排文物建筑利用功能，改善文物展陈及保存环境等。因此这是一次名副其实的大修。

记者：为了大修，故宫都做了哪些准备工作?

郑欣淼：准备工作很多，最主要的有这么几项：一是与中国建筑设计研究院建筑历史研究所合作，制定了《故宫保护总体规划大纲（2003－2020）》，这个《大纲》很重要，提出了保护原则、对策和工程的方案，这个成为修缮工程计划安排的依据。国家文物局根据国务院办公厅要求批复了《大纲》；二是成立了包括古建、考古、博物馆等多方面专家在内的专家咨询委员会；三是组织队伍，调整管理机构，文化部也成立了由部长任组长的故宫修缮工程领导小组。此外，就是具体工程准备，包括材料供应等等。

记者：大修进行中遇到了哪些困难和问题?

郑欣淼：我们感受最深的是新的建筑法规和古建维修实际的差距。现在《建筑法》及其法规体系是针对新建的项目而言，但对古建维修没有针对性。古建是文物，文物就要按照《文物法》的体系来操作，绝不能搞破坏性的建设或者建设性破坏。古建筑维修的各个环节都有自己的特殊性，不可预见的因素很多。因此方案、预算也都有很大的可调节余地。整个程序非常复杂。如果是新建的楼就不存在这些问题。例如中轴线东西庑，原定屋面只是揭瓦，结果瓦面揭下来后，发现灰背都是在20世纪50年代维修中使用了焦渣背，不符合古建筑传统做法，确定揭背；揭背后又发现望板大部分在以往维修时，使用了劣质的木板，包括一些包装箱板，这次维修必须更换；待揭除望板后，又发现有糟朽的椽子。所以工程量发生了很大的变化。工程量增大，预算增加，原定的工期也自然拖延了。

此外，古建维修工程队技术力量良莠不齐，但现在的招标最后还是谁家预算最少谁中标。我明明知道这家最好，但就是定不来，按照一些程序后他必然被淘汰。这就是劣币驱除良币。还有人才相当稀缺。颐和园、天坛和故宫同时在进行修复。因此我们用的还大多是农民工，没有经过培训或很少训练。对于古建来说，具体到一些工艺上的操作他们没有办法，这也是个大问题。

记者：失传的工艺有多少是得到解决的？

郑欣淼：只能说我们碰到的都要解决。原材料及工艺技术的问题，有些已经失传，有些面临失传，我们是在尽力恢复。例如修倦勤斋的通景画时，就碰到了纸张问题。这幅画至今保存基本完好，与其所用的“命纸”——乾隆高丽纸优良的质地有着至关重要的关系。命纸是直接托在通景画背面上的纸，因纸质的结实程度直接决定着画面保存时间的长短，所以人们把这层纸看作画的命根，简称“命纸”。乾隆年间，按照高丽纸的生产工艺制作出来的高丽纸称为“乾隆高丽纸”，这种纸的特点是柔性大，抗压耐折度可与人民币相比。由于非纤维素杂质含量少，纸呈中性或弱碱性，不易被空气氧化，故纸的色泽、纸质经久不变。但是，这种纸的制造工艺已失传。我们请国家纸张质量检测中心检测，对乾隆高丽纸的理化指标有了科学的了解，然后到安徽、浙江等省考察，最后选定了一个造纸小厂，又从原材料的选择、加工，水质的掌握，“纸药”的使用及工艺流程等各个环节认真探索，反复研究工艺技术，多次改造设备，实验了30多次，前后大概花了三年，终于仿制出了基本满意的高丽纸。

记者：在故宫维修中曾发生过争议，现在对维修的认识怎么样？

郑欣淼：在故宫维修中确实发生过争议，2007 年以后就基本平息了。

故宫与天坛、颐和园三处世界遗产地的维修几乎是同时进行的，从一开始就受到海内外关注。

自 2003 年第 27 届大会以来，世界遗产委员会讨论了关于北京三处遗产地的若干个保护状况的调查报告，并且对这些遗产地面临的诸如来自城市发展的压力、缺少适当的缓冲区、管理机制方面的难题以及当前修复工作的理念与文件依据等问题表示关切。在立陶宛维尔纽斯举行的世界遗产委员会第 30 届会议上，世界遗产委员会特别关注到关于当时在北京故宫、天坛和颐和园正在进行的修复工程的报告。报告称，这些修复工程“仓促进行，缺乏文献依据和清晰的原则以指导修复工作”。

故宫维修工程是中国政府决定的，有众多中国国内相关方面颇有影响的专家的咨询、指导，有周密的计划、严格的程序，而且当时已进行了 4 年，武英殿试点项目为大家所称赞，其他工程也得到肯定，而如果真的像世界遗产委员会报告中所质疑的那样，故宫维修工程就存在着严重的问题，甚至是修坏了。

中国政府是负责任的。中国国家文物局、国际文化财产保护与修复研究中心、国际古迹遗址理事会和联合国教科文组织世界遗产中心于 2007 年 5 月 24 日至 28 日在北京联合举办了“东亚地区文物建筑保护理念与实践国际研讨会”。此次会议针对世界遗产委员会第 30 届大会（维尔纽斯）就北京故宫、天坛和颐和园当时的修复工作所提出的关切与建议进行了研讨。会议组织了赴北京三处世界遗产地的实地参观。在故宫的神武门，考察了彩画工艺所使用的传统工具及其工艺特点；在太和殿工地，考察并详细了解有关琉璃瓦知识及其加固技术；在慈宁宫工地，考察故宫维修的必要性以及工程管理状况。会议最后通过的作为《北京文件》附件的《关于北京世界遗产地保护与修复的评价与建议》表达了与会专家的共识，是会议的重要成果。这次会议不仅通过对故宫等三处世界遗产地维修工程的考察，澄清了事实，消除了疑虑，也体现了世界遗产保护领域的多样性，故宫维修的实践与经验是中国对世界遗产保护理论的丰富和贡献。

故宫大修工程已 9 年，进展顺利，达到了预期效果。从 2003 年到 2010 年底，竣工的项目是 48090 平方米，总共包括建筑 127 座；目前施工的项目共 29 座建筑，面积 4895 平方米。从 2012 年到 2015 年计划项目是 18410 平方米。我们原来计划是到 2020 年，但现在看来到 2020 年肯定完成不了，起码还要再干五年。五年也可能完不了，完不了再继续干。这都要从实际出发，需要多长时间就干多长，我们绝不会去突击，去赶任务。

记者：您在介绍中，十分强调故宫保护的整体性，请能再具体解释一下吗？

郑欣淼：整体性就是完整性，整体保护就是强调完整保护。现在说到故宫，一般指红墙以内的 72 万平方米的皇宫，其实完整的故宫文化遗产，还包括与其有关的一些重要的明清皇家建筑，它们是故宫不可分割的部分。很多人都奇怪，为什么“故宫博物院”的牌子挂在北门即神武门，而不是传统习惯上的南门即午门。其实 1925 年故宫博物院成立，南边外朝三大殿已由民国政府开辟为古物陈列所，故宫博物院只有北边内廷这一部分。1930 年 10 月，故宫理事会向南京国民政府提出“完整故宫保管计划”，要求将天安门以北各宫殿直至景山由故宫博物院进行管理，当即得到批准。这一年接管了太庙和景山。由于时局动荡，直至1949年3月才接收了古物陈列所，从此故宫作为一个文化整体和一个完整的建筑群由故宫博物院管理。新中国成立后，为了安排其他功能，由故宫管理的一些古建筑进驻别的机构，按照文化遗产完整性保护的要求，故宫存在诸多不完整问题。近年来，通过持续艰苦努力，已解决了一些，但还有一些有待继续解决。

记者：我们注意到，大高玄殿、午门地区已由故宫博物院管理，这应是故宫完整保护的一件大喜事。

郑欣淼：确实是一件大喜事。因为这两处古建都与故宫关系密切。大高玄殿位于景山西侧，为明清两代的皇家道观，建于明嘉靖二十一年（1542年），建国前即由故宫博物院管辖，新中国成立后由于开辟道路从地理上与故宫分开，但产权一直在故宫博物院，1950年借出。多年来，大高玄殿的保护问题一直受到社会各界高度关注。全国人大代表、全国政协委员多次在人大和政协会议上呼吁并呈交提案，敦请把大高玄殿归还故宫博物院。2010年，大高玄殿在借出60年后重回故宫。端门也与故宫关系密切，1917年划归历史博物馆。在国家博物馆新馆建成后，在文化部的协调主持下，端门地区于2011年4月30日回归故宫。

收回这些与故宫有关的古建筑，不是为了扩大故宫的地盘，而是有利于对故宫的完整保护。完整保护故宫是非常必要的，首先它是一个历史文化整体，完整保护才有利于在现代社会中凸显其见证历史和展示历史的无比价值。这也是民主革命时期先行者的意愿。

实施完整保护，有利于将这片珍贵的北京历史文化核心地区按照世界遗产的统一标准进行管理、保护和开放。

记者： 按照这一观点，故宫的完整保护不仅包括古建筑，也应包括故宫的文物藏品，不知道故宫在这方面有什么要求？

郑欣淼： 故宫古建筑与故宫文物不可分割。但由于历史原因，故宫不少文物被外借或因其他原因而仍未能收回。这突出的有两项：一是当年故宫文物南迁，至今仍有约 2000 箱 10 万件文物在南京。二是洛阳白马寺借用故宫大佛堂的文物。

大佛堂是故宫西路慈宁宫后殿，明嘉靖十五年（1536）建成，为后妃礼佛之所。该殿面阔七间，进深三间，殿宇宏敞，直至 1973 年被拆之前，仍完整地保持着明清皇宫内佛堂的历史原貌。佛堂中有目前国内仅存的整堂元代干漆夹纻十八罗汉像、三世佛像、天王像、韦陀像等 23 尊，均属一级文物。干漆夹纻像是佛教造像中最珍稀的品类，它靠多层麻布、彩漆成型，重量较轻，造型精美，但因不易保存，存世极少。总之，大佛堂及其所藏文物，内容完整，工艺精美，文物价值极高，在紫禁城中地位也非常重要。台北故宫博物院征集了一尊清代金漆夹纻观音像便如获至宝，广为宣传，大佛堂这 23 尊元代干漆夹纻像，其价值更可想而知了。1973 年，原河南省革委会为充实在“文革”中遭破坏的洛阳白马寺供柬埔寨西哈努克亲王参观，报经国务院批准后，将故宫大佛堂内的全部佛教文物 2900 件迁运洛阳，佛像都被安置于白马寺内，其余文物如两座九级木塔等则为洛阳各文物部门分别占用。这次在特殊历史时期下发生的特殊事件，使历史文物价值极高、历经明清两代而保存完整的故宫大佛堂被拆空。

对于大佛堂这批文物，文物界一直呼吁归还故宫，中央领导也有过批示。最近《谢辰生先生往来书札》出版了，其中有谢老1984年向国家文物局副局长齐光同志反映此事的信件。据该书“编者注”披露，此事报告给了李先念主席，李主席于1984年8月12日作了如下批示：“静仁、穆之同志：十九尊元代夹纻罗汉，可否完璧归赵，另塑泥像，由你俩协商解决。”此事还未解决，有识之士仍在呼吁。

收回这些与故宫关系极为密切的文物，更有助于研究及发掘文物的价值，有利于作为世界遗产的故宫的保护。在社会各界的支持下，我们希望这些历史遗留问题能尽快妥善解决。

原载2012第1期《南风窗》

故宫要有“营销”的态度

采访者：《中国经济周刊》记者姚冬琴

冬日的午后，故宫里不像旺季那样游人如织，暖暖的冬阳照在高高的红墙，故宫方显出600年皇家建筑的宁静与祥和。

来到故宫的10年里，郑欣淼曾无数次像这样漫步在故宫72万平方米的重重宫阙。在办公区，每一位经过的工作人员都主动和他打招呼。而进了景区，众多游人和他就是相见不相识了。

记者问他，以故宫博物院院长身份，行走在来来往往的游人当中，是一种什么样的感觉？他笑了笑。过了一会，他说：“那些在故宫里发小广告的人，最令人讨厌。”守着近几年来每年千万以上的游人，小广告屡禁不绝。

在前往太和殿的路上，郑欣淼突然指着脚下的青砖对记者说：“看，这些砖泛出碱来了。”十年之久，让郑欣淼对故宫的一草一木都很熟悉。他还尤其关注细节，从电源插座，到厕所用纸。看到有人身着清宫服饰在招揽游客，他也会询问身边的工作人员，她是谁，哪个部门的？在故宫这个就连小卖部都有60年历史的博物院，再小的细节也不容忽视。

十年前的 2002 年 10 月 10 日，故宫博物院成立 77 周年之际，郑欣淼正式担任故宫博物院院长，他还在 2002 年 9 月至 2008 年 10 月兼任文化部副部长。

在郑欣淼到来之前，故宫博物院已经有十多年没有院长，只有主持工作的负责人。上任前，时任国务院副总理的李岚清曾和他郑重谈话，对他说到故宫后的最重要工作，就是主持故宫大修。

“如今，故宫宫殿建筑已经进行了整整 9 年的维修，进展顺利，达到了预期效果。我们把中轴线以及周围重要的建筑，120 多座单体的宫殿，进行了维修。”郑欣淼告诉记者。

十年之后，郑欣淼早已过了耳顺之年。刚刚过去的 2011 年，对于故宫和郑欣淼来说，是个多事之秋。从 2011 年 5 月 8 日香港两依藏博物馆展品在故宫展出被盗开始，故宫一度成为舆论的热点，承受了前所未有的拷问与信任危机。

郑欣淼认为，人们对故宫的拷问十分正常，“正是反映出大家对故宫有特殊的感情，特殊的期望，我们也感觉责任重大。社会的关注是一种动力，也是一种监督。”

因为，作为建筑的故宫，是世界上现存的规模最大、保存最完整的古代宫殿建筑群。作为博物馆的故宫，也是世界最大、接待参观者最多的博物馆。截至 2010 年底，故宫博物院收藏文物总数 1807558 件。截至 2011 年 12 月 25 日，故宫博物院当年接待游客超过 1400 万人次，比 2002 年的参观人数翻了一番。作为文化遗产的故宫，则是中国 1985 年加入世界遗产公约后诞生的第一批世界文化遗产。因此，完整地保护故宫，不仅是故宫博物院的责任和使命，也是全社会都在关注的大事。

“故宫要发展，而且，故宫的发展不仅是一个博物馆的发展，也反映了中国文化的发展。”郑欣淼说。

2011 年 12 月 26 日，在故宫博物院郑欣淼办公室，《中国经济周刊》对他进行了专访。

保护故宫就是保护文化根基

记者：对故宫的保护，重点在哪些方面？

郑欣淼：保护故宫最重要的，就是让它完整地传承下去。

故宫和故宫博物院是不可分割的。把故宫保护好，完整地传承下去，这对于中国文化，是带有根基性质的东西，是我们文化发展、文化建设中一个基础性的工作，很重要。

对故宫宫殿建筑而言，按照完整保护的理念，我们对它已经进行了整整 9 年的维修。已经维修的达 4. 8 万平方米，正在维修的还有 5000 多平方米。在实践中，我们感觉到，不仅要重点抓好修缮，还要抓好日常保养。故宫世界文化遗产监测中心近日成立了，就是起这个作用。这是一个涵盖了文物本体、气象变化、游客监测等全方位的监测体系。

对故宫藏品而言，我们进行了为期 7 年的清理。这当中很重要的是观念的转变。过去我们传统地认为青铜器、瓷器、书法绘画、工艺品、玉器等是文物，但是，有相当一部分反映当时宫廷典章制度、衣食住行的历史遗迹，并没有引起我们应有的重视。比如说，皇帝、皇后的字画，在我来故宫的时候，这些都不是文物，连资料都不是。现在，我们藏有帝后书画两万多件。这体现了文物保护观念的变化，对故宫也是一个有效的保护。

记者：除了宫殿和藏品外，故宫对非物质文化遗产有哪些保护措施？

郑欣淼：我们现在被列为国家级非物质文化遗产的有四项。比如故宫官式古建筑营造工艺，这就是故宫特有的，我们采取师承制的办法，包括木工、瓦工、油饰彩画等，四五个师傅收了十几个徒弟来传承。

还有青铜器、钟表、书画装裱、书画临摹等，我们对这些工艺都是认真传承的。我们为了保护故宫的非物质文化遗产，正在拍摄一套纪录片叫“故宫绝活”，把一些专家的技术用影像资料保存下来。

让传统技术和成熟的现代科学技术应用结合起来，这也是我们对故宫价值的认识。故宫价值是很丰富的，非物质文化遗产是看不见的，保护故宫，我们也要保护这些传统技艺的传承者。

记者：故宫的文物保管体系是怎样的？

郑欣淼：全国文物系统都有保管部，故宫没有。十多年前改革后，故宫的文物由各个业务部门去管。故宫有书画部、图书馆、宫廷部、古器物部等，过去他们不管文物，只是搞研究和展览，现在书画的文物就由书画部的人来管，陶瓷、玉器、青铜器等由古器物部来管，宫廷的文物就由宫廷部来管。没有保管部了。这个管理体制有争议，国内博物馆都不是这样的，但是国际上普遍如此，台北故宫也是这样，很难说哪一种一定好。

记者：2011 年发生的失窃事件，是否反映了故宫在文物保护上还存在一些问题？

郑欣淼：失窃事件在故宫20年没有发生过，但20年没有发生过不代表不会发生。2011年发生的失窃案，给我们敲响了警钟。具体情况我已经谈得很清楚了（详见《人民日报》2011年8月20日刊登的《打开故宫“十重门”》）。我们要吸取在一些环节上的教训，警钟要不断敲响。因为我们的责任是重大的。

管故宫重在管人

记者：失窃事件，给了故宫怎样的教训？故宫在管理上，会有怎样的提升？

郑欣淼：管理制度最重要的是人的方面，规章制度要严密，再严格的制度、再先进的设施也要靠人来完成。人的培养、人的觉悟也是我们重视的一件事。故宫保管条件有的比较好，有的条件不尽如人意，我们也在努力改进。我们最近正在做对故宫规章制度的修订，修订后有140项规章制度，大约有39万多字。

记者：故宫有多少职工？怎样使每个人都全身心投入到故宫保护当中？

郑欣淼：故宫在编的有1400多人，直接和文物打交道的有200来人。故宫各方面的人员的积极性都要调动起来，每个人都要有明确的责任。2011年，我们对一线部门的职工普遍进行了培训。

我们感觉到，随着事业的发展，故宫要干的事很多，对人的要求重在两方面：一是首先要有足够的力量，才能保障正常的工作，现在有些部门仍然人力不足；二是重在提高素质，要有高度的敬业责任心。故宫有些工作是单调枯燥的，年复一年，人干久了可能就松懈，怎么让大家不松懈，这是我们需要做的。这几年，我们对故宫职工进行了故宫历史、故宫精神的讨论和教育。

记者：刚才您提到近来修订了一系列的规章制度，有39万多字，这里面主要的内容是什么？怎样保证每个人都忠于职守、善待文物？

郑欣淼：那是很复杂的，除了文物管理，还有对外活动、安全消防、招标采购、财务管理等，是规范各个方面工作的规章制度。

记者：就直接接触文物的200多人而言，对他们有哪些规章制度？

郑欣淼：故宫博物院文物管理制度主要有藏品日常库房管理、出入库管理、文物在陈列展览过程中的管理三个方面。这些规章制度，对库房管理，藏品的保管、修复、提用、出入院等都有详细的规定，实现对文物安全的保障。

事实上，在故宫，文物不是随便能接触的，他要搞研究，文物交接、文物提取都是有规定的。文物库房的监控设备24小时开着，地下文物库房也有总监控室，随时的影像资料都在。

故宫也需要“营销”和“经营”

记者：现在很多公众都特别关注故宫，过去大家感觉故宫是皇城宫殿，形象博大、厚重，但有些封闭，现如今，尤其是十七届六中全会提出推动文化大繁荣之后，您认为故宫应该展现什么样的形象？

郑欣淼：我认为应该既是一个古老的民族文化、文明的历史形象，同时又是一个开放的、热情地为社会为公众服务的现代文化形象。故宫的形象仍然有你说的那一方面，但不少人对故宫的内涵不很了解，故宫是古代文明的精华，它的魅力在这方面，它的财富也在这方面。但是故宫和公众的联系，可以通过今人的诠释，今人对它的认识，赋予新的意义。

这里面有一个古老文化、传统文化与当代文化的关系问题，有一个传统文化如何在现代文化建设发展中发挥应有的作用的问题。比如，就拿大家现在很关心的文化产业来说，传统文化、故宫文化和现代文化创意产业有没有关系？应该不应该、能不能发挥很重要的作用？我看故宫文化应该成为现代文化创意产业的重要推动力量。如今来谈文化创意产业，故宫的优势在什么地方？应该在于可以提供丰富的创意资源，通过对故宫文化内涵的发掘，充分利用故宫文化、传统文化的文化艺术元素，研发创造出有中国文化特色的、受公众欢迎的文化创意产品。这些产品有中国文化的特色，也有故宫的特色，也承载故宫的声誉。可能过了几十年，一看到这个东西仍然会想起曾来过故宫。

故宫博物院在文化创意产业中应该起到更多的推进作用，这个推进作用不在于故宫的文化创意产品能卖多少钱，而在于承载着古人智慧的艺术品能给今天的人们带来一些启发，带来一些灵感。

故宫的价值要从不同方面理解。故宫的文物不是完全僵化的，它也能在实际生产和生活中产生作用。我们对文物价值的认识和发掘程度，决定了故宫价值在国人、世人中发挥作用的程度。

记者：您刚才提到一个概念是“博物馆营销”，故宫的营销和普通意义上商业层面的营销有什么不同？

郑欣淼：其实这是一个新的理论，在国际很流行。台北故宫博物院院长周功鑫也很重视这一理论。它不是一般商业意义上的营销，博物馆营销就是博物馆可以通过战略管理和市场营销的方法进行博物馆文化的推广传播。对故宫来说，通过“营销”这一途径，真正将社会需求放在首位，坚定为社会和社会发展服务的信念，提供满足社会发展和公众要求的优质的服务。“营销”和“经营”是分不开的，博物馆需要我们很好的管理经营，当然这也不是一般经济意义上的“经营”，而是要以经营的理念、要认真、细心地对待故宫，精心地组织和开展各项工作，这首先是一种态度。

记者：这就好像一个当家人要把自己的家庭方方面面都照顾好一样？可是故宫这个家庭实在太过于庞大了，“经营”起来是不是有困难？

郑欣淼：随着时代的发展，我们新的工作不断增加，我感觉责任越来越大。这几年，故宫参观人数从700万增加到1400万，而且逐年增加的态势是不可逆转的，我们碰到的困难也是比较多的，保护故宫的任务越来越重。但不管怎样，我们还是要前进，要发展。故宫发展当前面临大好的形势，包括各方面对故宫的关注，关注是一种监督，也是一种动力，也使我们感觉到自身的责任。

故宫要“走出去”、“走下去”

记者：故宫作为中国乃至世界最大的博物馆之一，它的意义不仅在于藏品的珍贵和丰富，更在于它的文化传播能力和社会教育功能。故宫在这方面有哪些做法？

郑欣淼：1935年，故宫文物曾赴英国，这也是中国文物第一次走出国门展览。从20世纪80年代初到2002年，我们组织到海外的展览有80多个，涉及24个国家和地区。从2003年到2011年，对外展览已经达到70多个，发展很快。而且这些展览都在海外产生重大影响。

比如，2011年9月故宫文物在卢浮宫的展览就具有重要意义。大家知道，卢浮宫在西方古典文明里具有代表性，具有象征意义，这是中国文物第一次在卢浮宫展出，打破了过去东方和中国文物都是在吉美博物馆展出的惯例。在卢浮宫的展出引起了重大的反响，也是对海外提供了一个了解中华文明新的机会，也是国外对中华文明在进一步了解之后更加尊重、更加重视的一个反映。

记者：作为中国的文化龙头单位，故宫对文化走出去有怎样的理解？

郑欣淼：在海外通过故宫文物的展览，世界会了解一个历史悠久、有着古老文明的国家，以及这个国家今天的精神风貌，因为，对古代文明的保护和管理水平也反映了我们对传统文化的理解和传承。通过这些展览也反映了这个国家、这个民族创造新生活，走向未来的努力。

文化走出去，当然不是简单的文物出国展览，最重要的是看展览产生的影响，能不能加深外国人对中华文明的理解和尊重，能不能增加他们对中国历史文化的了解，能不能认识到改革开放给中国带来的变化，以及今后中国发展要走的路。在这方面，我们还要继续努力，提高故宫文化走出去的质量。

记者：除了“走出去”，故宫是不是也要“走下去”，更加走近民众？

郑欣淼：这几年来我们一直在努力做这方面工作。首先做好每年千万以上来自祖国四面八方、世界各地的普通观众的服务工作，让他们参观好故宫，深入理解故宫文化。我们还最先实行对中小学生集体参观免费开放。我们也到各地参加地方的展览，把故宫珍藏、故宫文化送到各个地方，让当地公众有直接欣赏的机会。2003 年至今，我们已经在各省市办过 103 个展览。

另一方面，我们也重视故宫知识在公众中的普及。2005 年，故宫与中央电视台合作拍摄了 12 集《故宫》系列片，得到了社会很好的反响，其音像制品至今仍是中央电视台最畅销的产品之一。从 2012 年 1 月开始，新拍的百集《故宫》也会在央视播出。我们一直很重视数字故宫的建设，重视故宫文化的现代传播，据统计，故宫网站 2011 年的点击量超过了 4.7 亿人次。

原载 2012 年 1 月 10 日《中国经济周刊》

“这是我们这代人的责任”

——就藏品七年清理专访故宫博物院院长郑欣淼

采访者：《中国文物报》记者郭桂香、冯朝晖

春节前夕，故宫博物院向社会公布了一个振奋人心的消息：“经过七年不懈的努力，故宫博物院首次彻底摸清了家底，现有藏品1807558件。”古老紫禁城的家藏终于有了一个确数，这无疑是故宫博物院发展历史进程中一块新的里程碑，也是故宫人为中华传统大节奉上的一份别样的大礼。同时，对即将在全国范围内开展的可移动文物普查具有重要的意义。带着几分兴奋、带着相关问题，在虎年腊月底，我们采访了故宫博物院的当家人郑欣淼院长。

“非有根本改进之决心，难树永久不拔之基础”

2002年，中央决定对故宫殿宇进行大修。这年的10月10日，正是故宫博物院成立周年纪念日，时任文化部副部长的郑欣淼“入宫”执掌故宫。一首《水龙吟·任故宫博物院院长感赋》将他当时

的心情表达得淋漓尽致：

> 又逢双十佳期，宫城渐见萧萧气。金风曳柳，淡云宏殿，斜阳危雉。百万珍琛，中华文脉，在此承祀。忆维艰筚路，辉光八秩，拂征尘，重开翅。
>
> 大任苦人心志，亦应知、自非良器。当筵鲍老，郎当舞袖，岂能推避？千载新机，四方瞩目，须乎盛世。但中惟惶恐，浅深揭厉，且闻鸡起。

正是感念典守72万平方米“宏殿”与其中“百万珍琛”责任的重大，他“且闻鸡起”，一到故宫，便开始了方方面面的调查与研究，查阅历史文献与资料，拜访老专家，查看库房……对故宫的认识也逐步深入。继大修开始后整一年，2003年10月，他提出了包蕴多方面内涵的“故宫学”；再过一年，与大修同样工程宏大、历时7年的藏品清理在故宫悄然启动。

彻底弄清文物藏品的家底，是几代故宫人持续为之努力的一项工作。早在1934年，故宫博物院第二任院长马衡在呈行政院及本院理事会的报告中就曾明确地指出，文物藏品整理“非有根本改进之决心，难树永久不拔之基础”。事实上，只要工作秩序正常，故宫博物院的这种清理就一直没有停止过，也为本次彻底清理创造了良好的条件。温文敦厚的郑院长这样告诉我们：文物藏品是博物馆赖以存在的必备条件，是博物馆开展各项业务活动的物质基础。只有彻底弄清博物馆藏品的种类和确切数量，才能有效地实施保护，才能对它的内涵、特点以及价值有更为全面、准确的认识，也才能对它进行更为深入的研究和挖掘。这是博物馆的基础工作，是实现博物馆科学管理的前提。同时，也是代表国家行使保管故宫权力的故宫博物院对国家对民族负责任的表现，是不容许有半点疏忽与懈怠的。平静的话语里透着对文化遗产保护的责任担当。

七年规划和目标

本次清理前，故宫博物院已经有过4次清理。经过几代故宫人的努力，故宫博物院文物藏品基本上做到了管理制度健全，账物相符，鉴定准确，档案完善，备案及时，保管妥善，查用方便。但是，由于宫廷藏品及遗物数量巨大、种类繁多、存储分散，过去对文物认识的局限性以及故宫博物院成立以来历经多次动荡时期等原因，仍存在一些问题如总账与分类账不一致、账物不符，文物门类交叉导致的有些账目不清晰等问题。

此次文物藏品清理坚持“坚持质量、保证安全、常抓不懈、稳步推进”的16字方针，以解决以往4次清理遗留问题和新搬迁文物的清理确认，以最终真正摸清家底，所有文物达到总账、分类账、卡片、实物相核对一致为工作目标。清理的重点是宫廷类文物，难点是历史遗留问题。

完成原有在账藏品账卡物的核对，清理历史遗留问题

本次清理前，故宫有在账文物94万余件。1990年和1997年，故宫博物院先后建成了两期地库，原存放于地上库房的约60万件藏

品陆续搬到了地下库房，剩余地面库房也随之做出调整。藏品的收藏位置发生了变化，必须进行重新核对认定和确定方位。另外，解决了前4次清理的历史遗留下来的有账无物问题，更换了院内在陈文物的提单问题。清理工作充满艰辛，有时为了查找一件文物的信息，往返库房几十次是常事，有的还涉及宫外。如有些藏品于20世纪50年代借出展览，现在欠条还在，但东西却对不上。一件“明黄团龙缎”，总账记录拨出了分号217，而分类账记录拨出的为分号271。经核实，分217仍然在库，属调拨错误；“乾隆款歙石六龙铜暖砚”等2方暖砚，总账上记录因调拨而销号，但分类账却未销号。经核查，文物实际在库，是总账误销号。毛泽东主席委托中办转交故宫博物院收藏的“钱东璧临兰亭十三跋卷”，先由保管部工艺组的国内礼品库保管，后移交至书画组管理。移交时，老号未销，又贯了新号，导致总账与分类账数字不符；又如“楠木边油画山水围屏”，分类账上记录拨给了民族文化宫，但总账没有记录……郑欣淼说，这类问题的发生有多种原因。以前碰到这样的问题时，因怕麻烦就搁置起来。经过这次清理，这些历史遗留问题终于清楚了。

“故宫学”与藏品清理

2003年10月，“故宫学”的提出，对“文物”认识的深化，无疑从学术上为藏品清理做了准备。郑欣淼说，我们提出“故宫学”概念，主张对故宫及其丰富的历史文化内涵进行深入、全面的发掘。从“故宫学”的角度出发，我们的文物保护观念有了新的变化，对文化遗产概念的理解逐步深化，对故宫的价值有了更加充分的认识，意识到不仅是故宫古建筑、宫廷文物具有重要价值，原来众多不被重视的宫廷历史遗存、遗物也具有同样重要的意义，也是反映宫廷历史文化某些方面的实物见证。宫廷遗存的价值是客观存在的，只是由于过去认识上的局限，有很多被打入了“另册”，甚至被处理掉。郑欣淼遗憾地告诉我们，20 世纪 50 年代处理了上百万件/斤非文物，其中有许多以年代晚近、材质不好、艺术性差或重复品太多等理由，在履行严格的审批程序后处理了，如乾隆以后的假次书画、宗教画、近代书画，同治、光绪时期的粗制硬木家具，嘉庆后的大量瓷器重复品、民国时期的小钟表、大批八旗盔甲乃至新中国成立后的国际礼品等。调查中他发现，在故宫，宫廷戏衣作为文物收藏，但是盔头和靴鞋不是文物；皇帝后妃的成衣是文物，不同级别的官服“补子”，包括皇帝服饰上的“补子”，则作为服饰的“配件”；古建筑是文物，而古建图纸、模型只是资料……凡此种种，也折射出当时文博界乃至整个社会对文物保护的认识程度。

文物不能简单以材质、年代和市场价值来确定，过去用传统的古董观念来看待文物是狭隘的。故宫不仅是存放历代艺术珍品的地方，本身也是有机的文化整体，宫廷遗存是反映宫廷文化、典章制度不可缺少的一部分。故宫博物院不仅仅是古代艺术博物馆，同时也是古建筑博物馆、宫廷历史博物馆。凡是与宫廷历史文化有关的都要保存。从戏曲演出的形态看，盔头和鞋靴与身上的戏衣一样，都是传统戏装“行头”的有机组成部分，同样具有历史价值；“补子”、衣鞋纸样和衣盒，同样是清宫服饰的重要组成部分，反映了清宫服饰设计、生产和包装运输等重要制作过程和环节。这不只是郑欣淼个人的反思，也是故宫人团体的觉悟。随着全社会文物保护意识的空前提高，故宫人文物观念也在拓宽和深入，认识到宫廷遗存是反映故宫历史不可分割的活见证，与古建筑、宫藏历代文物密不可分并具有同等的重要性。

七年的藏品清理是在“故宫学”理念统领下展开的，而清理的过程也是故宫人文物认知不断提升的过程，是“故宫学”自身丰富和深入发展的过程。通过这次文物清理，故宫人的眼光、视野不一样了。这次清理对将过去既不算文物，也不算资料的13万件清代钱币、2万余件帝后书画进行了系统整理，而且对所有资料藏品进行了重新的鉴定、研究，完成了共计180122件资料提升文物的工作。在新提升的织绣类文物里，有来源于“文革”时期从房山上方山、云居寺中收缴的数千件明代经书封面，还有令外国专家激动得跪拜其上、2000年以后才开始列入编目的地毯，而宫廷部在清理文物时，发现了一批袁世凯称帝时制作的大型帘子，则填补了故宫织绣类中“洪宪”款文物空白。另外，888件盔头、鞋靴，过去由图书馆保管的约60万件善本、古籍，古建部所辖的建筑构件、200件清代“样式雷烫样”等，也纳入了文物管理范畴。这样，藏品由以前近百万增加到了180万有余，并精确到个位。这不是简单的数字增长，而是在文物认识视野不断开拓并日益取得共识的基础上，是“故宫学”指导文博实践的成果。

藏品清理与文物管理体制的完善

正是在“故宫学”整体保护、全面保护理念的指导下，这次文物藏品清理不只完成了摸清家底、账物相符的任务，而且与加强文物的科学管理、安全管理等工作结合起来，使文物管理水平得到很大的提高。本次清理结合古建筑大修，合理调整了文物库房布局，着力改善了部分库房的保管条件，文物防震工作取得了显著的成效，与相关科研单位合作，设计研制出4套雨花阁瓷塔木塔“弹性滑移减隔震系统”。部分文物藏品得到了及时的修复与抢救。文物信息化管理日渐成熟。文物管理系统中文物藏品的收藏位置数据和文物档案影像等信息得到了进一步充实、完善，且更加准确。现在，故宫博物院文物流通的全过程，包括院藏文物的账目管理、库房管理、文物修复管理以及展览信息、文物利用信息均可通过系统直观、实时地反映出来，实现了馆藏文物流通的全面信息化管理。同时，完善文物管理新体制，设立了业务职能部门——文物管理处，逐步实现了账物分开，推行文物库房不定期抽查制度，开展了长年外借文物的清理和催还，规范人员入库和观摩文物等各项规章制度。郑欣淼强调，“勿使后人再重复我们的工作。这是我们这代人的责任”。

文物普查要有愚公移山精神，不能再给后人留下难题

清理过程本身既是能力提升过程，也是凝聚团队精神的过程。本次清理成立了以常务副院长李季为组长的“故宫博物院藏品清理工作审核组”，清理由文物管理处总协调，涉及古器物部、宫廷部、书画部、古建部、图书馆等，耗时七年，投入人员近200人。七个春夏秋冬的轮回，2500多个日夜的更替，地上地下，宫里宫外，在账文物的清点与核查，所有宫殿、库房所藏物品的重新认知、鉴别，如此浩大的工程，既繁重又琐细，不但需要付出极大的体力，而且

需要有极为认真、细致的工作态度，没有兢兢业业的敬业精神，是很难坚持的；如此庞大的队伍，如果没有对故宫的深厚感情和主人翁责任感，如果没有良好的协作精神，也是很难坚持的。180 万余件文物数字舒展了故宫人因长期藏品数量模糊而紧皱的眉头，其中凝结的是每一位参与者付出的辛劳，殚精竭虑的寻觅，汗水与泪水，还有伤和痛。

藏品清理已经结束，故宫博物院的文物管理工作已转入研究阶段。郑欣淼表示，他们将继续编印《故宫博物院文物藏品总目》、《故宫博物院藏品大系》等清理成果，向社会刊行，为院内外乃至海内外的故宫学研究者提供便利，接受来自社会各方面的监督，真正担负起传承和发扬中华优秀文化的重任。而对于即将开展的全国可移动文物普查，他建议，各个博物馆对所藏文物要认真研究，制定统一的整体思路和规划，普查要与管理体制、文物库房、文物评级、文物抢修、信息化管理等问题结合起来，不能是简单的数目清理。应根据各馆实际情况，突出重点，用愚公移山的精神，以足够的耐心和责任心做好普查工作，不能再给后人留下难题。普查是一项基础工作，普查结束后不是万事大吉，还有更多相关的工作等待我们去开拓。

链接：故宫前 4 次清理

第一次，1924 年底至 1930 年，其后又用四五年时间进行点收。

1924 年 11 月逊帝溥仪被驱逐出宫后，“清室善后委员会”即组织开展大规模的物品点交，点查完大部分，为 1925 年 10 月故宫博物院成立奠定了基础。后由博物院继续主持清点，1930 年 3 月基本结束。期间公开刊行《故宫物品点查报告》6篇28册，共统计物品9.4万余号、117万余件。

故宫文物在南迁存沪期间，还进行了一次逐件点收，详细登记，油印了《存沪文物点收清册》，作为南迁文物的原始清册。故宫北平本院从1934年至1943年2月期间曾停止开放5年半，先后对留院文物进行了一次点收，总数达9.37万号、118.9万件，并对以前未经点收的各宫殿廷院的陈设品编号登记，1945年有《留院文物点收清册》问世。

第二次，1954年至1965年。

分两步进行。第一步，从1954年至1959年，主要是清理历史积压物品和建立文物库房，先后共处理各种"非文物物资"70万件又34万斤。对全院库藏的所有文物，参照1925年《故宫物品点查报告》和1945年《留院文物点收清册》，逐宫进行清点、鉴别、分类、挪移并抄制账卡。在整理中，从次品及"废料"中清理出文物2876件，其中一级文物500余件，如商代三羊尊、宋徽宗《听琴图》及一批瓷品等都极为名贵。

第二步，从1960年至1965年，对藏品进一步鉴别划级，建立全院的文物总登记账，并核实各文物专库的分类文物登记账。制定了文物分类标准，将文物划分为三级，编制了《院藏一级品简目》。经过几年的核对，基本做到物账相符，并以故宫旧藏汇总为"故"字号文物登记账，与核对过的1954年开始登记的"新"字号文物登记账，合为故宫博物院藏品总登记账。

此次清理，不仅在清宫堆积如山的物品以及藏品中玉石不分、真赝杂处的状况下弄清了基本藏品数量，而且制定了有关保管工作的规定和办法，使故宫的文物管理工作走上了正轨。

第三次，1978 年至 80 年代末。

“文革”期间，故宫的文物保管工作停顿。1978 年，恢复保管部建制，重新制定了《库藏文物进一步整理七年规划》和《修缮库房的五年规划》。这次整理的主要任务，是把库房中过去还没有完成和没有做好的继续做好。具体工作是：划分级别，鉴定年代，给文物贯号，做好文物排架，补齐文物卡片，核对文物数字。此次整理的难点是实物、账卡、单据上的混乱。完成整理后，大部分分类库房进行了小结并通过验收。

第四次，1991 年至 2001 年。

1990 年故宫博物院地下库房第一期工程完工，1997 年第二期建成。从 1991 年起，在 10 年中，院藏文物的 60% 从地面库房搬向地下库房。地面库房的大迁移和大的调整，几乎移动了所有文物。院内先后制定并修订了《故宫博物院文物出院出库管理制度》、《故宫博物院藏品管理条例》和《故宫博物院地下藏品库房管理细则》等。提出并实施了“对移入地下库房的藏品进行分类验收和更换院内在陈文物提单”的工作，核查文物数字，登录文物信息，解决历史遗留问题，分清保管与陈列责任，为进一步摸清家底，实现数字化管理打下坚实的基础。

原载 2011 年 2 月 25 日《中国文物报》

故宫掌门人详揭紫禁城家底

采访者：《北京青年报》记者王岩

新闻背景：故宫藏宝，不仅是学者们经年累月的研究课题，更是街头巷尾人们流传的故事，是文学创作的题材，是无数影视作品钟爱的演绎。然而令人尴尬的是，故宫的深深院墙里究竟藏了多少宝贝？一直以来无人能够说清。

今年春节前夕，故宫博物院终于向社会公布了自己的“家底”。故宫藏文物的准确数字为：1807558 件，其中珍贵文物 1684490 件、一般文物 115491 件、标本 7577 件。这是故宫博物院自建院以来在藏品数量上第一个全面而准确的数字，也是该院历时七年的文物藏品清理工作的结果。

与此前坊间流传的故宫藏品百万件的说法相比，这个数字陡然增加了几十万件。为何两者相差如此悬殊？故宫增添的“文物”从何而来？如此浩瀚的文物藏品保存状况又是怎样的？带着诸多好奇和疑问，本报记者专访了故宫博物院“掌门人”——院长郑欣淼先生。

记者采访的地点安排在故宫博物院行政办公室。这里是故宫神武门西侧一排不起眼的平房，暗红的门窗油漆斑驳，每间办公室的窗玻璃都配有白底绣花的窗帘。“故宫人”办公用的桌椅板凳都是那种最中规中矩的样式，令人想起九十年代“编辑部的故事”里的场景。朴素，甚至有些古旧，这样的办公环境倒是与古老的故宫配合得十分协调。

郑院长是一位温和的长者。他的普通话夹杂着陕西口音，见到记者开门见山就说：“关于故宫，什么样的问题都可以问。”如此直截了当的开场白，在一位官员身上很少见。接下来近两个小时的采访之中，可以体会到院长的思维之清晰敏捷，凡涉及文物的各种详尽数据他会毫不含糊地随口举出，无须查阅任何一本资料——故宫的“账本”俨然就在他心中。

在郑院长主持之下，故宫博物院的文物数字终于向公众有了一个确凿的“交待”。这在故宫的几百年历史中是首次，在我国文物保护进程中也将是一个重要的成果。他同时提出了“故宫学”的概念，将作为“世界文化遗产”故宫宫殿建筑，以及其珍藏的皇家文物作为不可分割的整体来看待，拓展了故宫的文化内涵。然而，作为一位对故宫有着如此深入研究的学者，郑欣淼院长仍旧以“诚惶诚恐”来形容自己对待故宫研究的心态。担任院长已经九年，他在采访时这样告诉记者：“我刚到故宫时写了一篇文章，说了自己对故宫的感受。但是这些年过去，随着对故宫了解得越多，我却越不敢再写了，生怕自己是浅薄的。”

“故宫文物”被重新定义

记者：我们知道从故宫建院开始，进行过数次文物清理工作。与之前几次相比，这次历时七年的故宫文物清理是在什么背景下展开的？它的特殊点在哪里？

郑欣淼：刚刚结束的文物藏品清理工作，在故宫博物院历史上是第五次。这一次文物清理是从2004年正式开始的，之前有过详细的调研报告。它是在文物认识视野不断开拓日益取得共识的思想基础上进行的，有几大因素促成：一是故宫作为我们国家最大的博物馆，也是世界上有影响的博物馆。在我看来，博物馆就是物，这个物的底数不清楚，这就影响了你这个博物馆的功能发挥，包括你博物馆特色，在某种程度上对博物馆性质都有影响。所以作为博物馆本身的我们必须弄清楚藏品数字，这是博物馆最基础的工作。

第二方面是我们提出“故宫学”的概念。应该认识到，故宫的古建筑不只是一个“壳”，是个场所，它与故宫的珍贵藏品一起，成为中华传统文化的一个载体与中华文明成就的一个标志。不是说古建筑就是一个壳，文物就是一个物。其实它在长达几百年的时间里，有24个皇帝在这执政生活的时候，这些是有机联系的整体。我们过去对故宫的认识比较简单，比如这个东西好，这就是珍品，历史上如何如何重要。但是它跟宫廷的历史文化是什么关系？它怎么收藏到宫里来的？这里发生过多少故事？这些我们过去不是很注重。

记者：您认为是什么原因导致了此次故宫文物藏品数量有极大的增加？

郑欣淼：“故宫学”和文物清理的关系密不可分。举一个例子：我刚就任故宫博物院院长的时候，故宫对外宣布的文物是94万件。我们现在增加了什么文物？其中很大一部分是增加了60万件图书馆的古籍。故宫藏的古籍相当珍贵，包括皇帝抄的佛经、内务府保存的没有刻印过只供皇帝御览的书等等，你说这算不算文物？我们有那么多珍本古籍，包括20多万件印书的刻版，过去都没有当做文物来统计。另外，帝后书画我们有2万多件，还有从顺治一直到光绪，每个皇帝的字都有，但是这一批我们过去通通没有计入。我们搞文物清理，从“故宫学”的需要出发，对这些我们曾经忽略的文物此次都有了新的认识。

记者：为什么会有那么多“没有计入”的文物，是不是因为故宫里的好东西太多了，所以这部分不被人重视？

郑欣淼：我认为还是观念问题，所以这就牵扯什么是“好东西”。曾经有个典型的例子就是，皇帝的马鞍子上有一个小钟表，镶嵌的特别漂亮，但是过去人们居然把钟表取下来送到工艺组保管！他们认为钟表就是器物，而忽视了它和马鞍子其实是不可分割的一个文物的整体。

故宫过去曾经处理过大量的东西，因为认为它没有用处，或者在故宫这个东西太多、重复品太多，或者是材质很平常的，把它不算作文物。但是现在从“故宫学”的角度，凡是能反映宫廷历史文化的都有它的价值。譬如腰牌，就像现在的出入证一样，上面有人名字，有的说出人的体貌特征。现在我们看，这些腰牌有上千个之多，它是当时禁卫制度的重要反映。如果我们仅仅从以前什么是“好”的标准来看，它显然不够珍贵。但是作为历史文化，全中国就是故宫文物里才有，因此它当然是“好东西”。

通过这次文物清理工作，我感觉到我们对文物的观念必须变了。不能简单说它是珍贵，它是难得的。我很赞成用文化遗产的角度来看。从故宫的宫廷文化特殊性来说，比如故宫文物里面有唱戏的戏衣，但唱戏行头里的盔头、鞋靴等等就没有算入文物之列，感觉这个太一般了。可是现在我们会认为，只有它和戏衣结合在一起才是完整的，是服饰道具不可缺少的一部分，这样的“文物”我们这次就清理出 888 件，这次也算在内。

故宫文物账目将向社会公开

记者：为什么故宫文物的清理历时五次，直至今日才能对社会有个数字清晰的交代？这是否意味着之前故宫藏品的管理状况混乱？

郑欣淼：这次文物清理很复杂，难点就在于我们要处理一些历史遗留问题。比如这次文物藏品清理工作要解决的首要问题就是“总账与分类账不一致”的问题。故宫藏文物有一个总账，还有一个分类账，还有一个卡片和实物，这四个账要核对起来一致的。说起来轻松，但其实这是很费劲的一件事。

我们了解到，文物的“账”对不上有不同的原因。历史上经历的藏品管理权限的移交、提陈手续不清就是其中之一。比如像毛主席曾经托中办转交我院收藏的《钱东壁临兰亭十三跋卷》，先由保管部工艺组的国内礼品库保管，后移交书画组管理。移交的时候原来的号没有消掉，到新的组又给增加了一个号，这就导致总账与分类账数字不符。原来调走了就要消掉，但你不消，又多出一件，这都是以后很费事的。这次我们经过核对，理清了管理和提陈的关系，重新办理了提陈手续。

还有相反的情况，比如有个“楠木边油画山水围屏”，分类账记录拨出去，总账没有记。这次清理我们到民族文化宫查到它确实还在，这证明总账漏登了，等等。故宫文物是民族的文化财产。我们作为管理者不能让它受到任何损失，前提就是必须把账建立起来，不能再出现问题。经过七年，我们调查清楚故宫文物藏品总数是1807558件，在此基础上我们将出版故宫藏品目录。现在整理好的可以出版的已经100万件，还有80多万件今年上半年可以编完，大部分出纸质本，还会出一部分电子版。

记者：故宫文物现在做到了账目清楚，这个“账本”会向社会公开吗？

郑欣淼：国家委托我们管理文物，我们就一定把它弄清楚。故宫以前的账本是内部的帐。我们现在做的这个目录就是给社会发行用的，要让社会知道故宫里到底有什么宝贝，是表示我们对国家文化财产负责任的态度。现在账本公布了，最后保管的状况怎么样，大家也能监督，也对我们自己是一个激励。同时，我们希望故宫藏品能够更好地为社会服务。就像书画，我们有14万多件珍藏，其中有一些东西可能永远不会展出来的。但是作为书画研究机构也可能会用到这些，那么从新的目录就可以查到。

记者：此次文物清理涉及文物数量巨大，在这一过程中是否会发现一些“赝品”文物？

郑欣淼：经过历史上数次对故宫文物的清理，“真伪”问题已经不是此次文物清理的重点。历史上倒是不乏在“清理”过程中，从“文物废料”中发现珍贵文物的故事。比如在1954年开始的第二次文物清理中，从“次品”及“废料”中就清理出文物2876件，其中一级文物500余件，如商代三羊尊、宋徽宗《听琴图》及一批瓷器等都极为名贵。在这次文物清理中我们也有一些牵扯到定级的文物。比如现在的一级品，有一些已经发现它的问题，我们准备把它从一级品拿下来，有的是很好，但是过去的级别低，我们要提上去。

故宫文物藏品不会全部向公众展出

记者：未来全部公开的故宫藏品目录可能供一些学者来研究调查，但对广大的游客讲，这180多万件的大多数藏品可能永远也看不到，这必然会让热爱故宫文化的游人们产生很大的落差。我们怎么理解这种现象?

郑欣淼：任何一个博物馆，包括国际上著名博物馆，它的藏品都不可能全部拿出来展的，包括台北故宫也是这样。台北故宫现在的院长上任以后，马英九给她提议希望尽可能多地展出文物，但是她也讲了是不可能都拿出来展的。因为博物馆做展览不是简单说把每样东西拿出来摆上，展览要组织一个主题，而且在展出的时候要有一定的导引，有一定的学术研究为基础的才可以。

故宫现在展出的文物，有20个宫殿之多，每个展馆都各具特色。比如武英殿书画馆，几年以来将深藏宫中的书画拿出来做了九次展出，收到很好的社会反响。其实我们的文物展出也还是量不小的，因为它不集中，所以给大家的印象不是很深。我们还会到各地办好多展览，包括各地一些博物馆的开馆展上，多有故宫文物亮相。新建的国家博物馆现在也给我们留出了一个展示厅。我们尽量将故宫文物的精华拿出来展现给公众，这也是一个逐步增加的过程。

记者：很多读者也都很关心文物在故宫的保护状况。民间有一种说法是，故宫文物太多了，多到甚至会烂在库房里。当然这个词可能有一些口语化，但大家很好奇故宫的库房究竟是处在什么样的状况？

郑欣淼：库房文物的安全问题也是这几年来国家文物局很重视的，其实普遍存在的一个问题就是库房的文物不一定是很安全的，因为它随着保管条件各方面可能对文物本身有影响。这也牵扯到不同类别的文物，比如像书画、丝织品，它对温度、湿度要求比较高，有一些例如瓷器就问题不大，青铜器弄不好也会生有害的锈。我们现在地下库房有 100 多万件的文物，都是处在恒温恒湿的环境中。绝对不会有“烂”在库房里的情况发生。

故宫博物院收藏面临资金困境

记者：故宫虽然已经有如此丰富的文物藏品，但是对于一个博物馆而言，是否会有继续扩大馆藏的计划？现在社会上的收藏热对故宫博物院丰富自己的藏品有怎样的影响？

郑欣淼：博物馆必须要不断地充实新的藏品，也是博物馆生命活力的体现，从博物馆的特点来说，证明你的藏品也是不断的延续。比如故宫藏品中一方面是清宫流失出去的重要文物，还有就是中国历史上比较重要的一些文物。这是我们过去收藏的两个主要的方向。

故宫曾经花重金购买过文物。比如 2003 年曾经以 2200 万元购入了具有极高艺术价值的国宝级文物隋人书《出师颂》卷，引起社会各界的空前关注。但是现在的情况今非昔比，艺术品收藏拍卖已经完全市场化。现在国家财政部批给故宫的收藏经费，一般一年在 1000 万元人民币左右。尽管国家也给故宫的收藏开了口子，只要我们认为“合适的、非要不可”的文物可以向国家打报告申请特批，但是以目前市场动辄过亿的艺术品拍卖价格，我们实在不好意思向国家开口。还有就是如果我们也参与竞拍，很可能会进一步抬高艺术品市场价格。

记者：这种现状会不会对故宫博物院未来的收藏产生局限？

郑欣淼：以陶瓷和书画为代表，故宫总体收藏在世界范围有许多值得称道之处。多年来故宫也接到了不少社会各界的捐赠，包括南宋佳作《萧翼赚兰亭序图》卷和元代书法经典赵孟頫临《兰亭序卷》等，都是中国书画史上的杰出作品，极大地丰富了故宫博物院的收藏数量和门类。在 2005 年故宫博物院成立 80 周年之际，故宫博物院在景仁宫内设置了景仁榜，镌刻了自故宫博物院建院以来 682 位向故宫无偿捐赠文物者的名字，这也是故宫未来丰富自己馆藏的一个思路。

除此以外，这几年我们把中国当代的艺术家的一些作品列入了故宫收藏。一直以来，故宫要不要收藏当代的艺术品，当代艺术品收藏的标准怎么样，对我们来说也是一件大事。我认为中国的艺术是一个长河，不能中断，不能说故宫就到清代为止。故宫当代的收藏中，包括齐白石、李可染、还有李苦禅先生的作品，还有去年刚刚去世的吴冠中先生也有三幅代表作留在了故宫。今年秋季我们还准备在工艺品方面收藏国内当代国家级大师的作品，包括工艺类，织绣和陶瓷类。我们和国家非物质文化遗产研究中心合作，跟各地政府合作，入选收藏的都要是国家非遗传承人的代表作。

台北故宫文物藏品来京办展面临两大障碍

记者：伴随着故宫历史上的文物南迁避寇，一部分故宫文物精品落户在台湾。您如何评价台北故宫的藏品？

郑欣淼：今天台北故宫藏品，有在当年文物南迁途中挑选出来，赴伦敦参加展览的文物精品。那是第一个在国外举办的中国文物展，当时选择文物的标准是很有意思的，不是好的不能够选，因为要代表一个国家；另外一个，最好的不能选，怕万一在途中发生意外。今天台北故宫的藏品就包括这60多箱文物。

台北故宫收藏是很丰富的，种类也是比较多的，而且它的管理工作做的也好，因为它运走以后账目都很清楚。台北故宫还有一点很重要，就是他们的基础工作做得很好，与国际的交流比我们早多了，早了整整20年。过去国外一些研究中国艺术的人都是以台北故宫藏品为研究对象。但是从20世纪80年代改革开放以后，两岸故宫之间的了解不断在加深。去年两岸故宫联手重走故宫文物南迁路，就是双方共同追忆过去，以今人的视角重新审视历史的一个方式。

记者：此前在台北故宫举办的“雍正——清世宗文物大展”上，台湾观众首次看到了来自北京故宫的文物。但是来北京故宫参观的游客们何时能够看到台北故宫的藏品呢？

郑欣淼：现在交流过程中，台北故宫认为障碍就是要求司法上的承诺，核心是不能扣押他们的东西。这个规则制定的比较早，也不是针对于大陆交流时候才定的，但是成了现在最主要的障碍。现在两岸从经济到文化的交流都非常密切，这个问题是绕不过去的，我个人感觉到凭借中国人民的智慧，这个问题肯定会解决的，但是这件事目前还没有看见有什么具体的动作。

除了文物的借展，两岸文化交流中的另一大障碍还有名称载示的问题。台北故宫坚持用“国立故宫博物院”称呼，但是我们绝不能接受“国立”两个字，这就给出版等一系列事情带来很大困难。不光是我们文化交流，教育上也有这个问题，很多场合会很尴尬。我认为这是个应该认真研究的问题。

“故宫学”研究有望成为显学

记者：您在不同场合多次提到“故宫学”的概念，在《故宫与故宫学》等著作中也有一个很清晰的阐述。但这对于广大的游客而言有什么意义？他们如何从“故宫学”的角度去欣赏这座被列为“世界文化遗产”的皇家宫殿，而不仅仅把它作为一个停留在纸上或书中的概念？

郑欣淼：“故宫学”应该说是一个学术的概念，它不可能成为群众性的话题。“故宫学”有它特定的含义。我们组织专家、研究人员对它进行研究。对广大观众来说，则是个研究的成果怎么普及、怎么样把它的成果让大家知道，包括写一些通俗的但又富有新意的导引性的册子让大家欣赏故宫，不是简单说来看个热闹，其实这也是不容易的。包括我们对故宫的一些解说词也好，还有拍摄的 12 集电视片《故宫》，这里面其实就贯穿了故宫学的理念。

提出“故宫学”概念的初衷，是希望它能够为社会所用，它绝对不是为学术而学术的。实际上，“故宫学”已经引起不少机构的重视，比如台湾的清华大学，从2009年的秋季开始设立《故宫学概论》的课程，已经搞了一年半，它是计入学分的。它有80个选修名额，结果有2000多人报名，然后又增加了15个名额，参加的还有北京的清华大学和北京大学在台湾的清华大学交换学习的学生。中国社科院研究生院去年11月份也做了一个决定，培养故宫学方向的硕士研究生，浙江大学决定成立故宫学研究所。我个人感觉到，故宫本身确实有很重要的值得研究的地方，它的内容太丰富了。作为中华文化的载体，故宫的“标本”作用无可取代。

原载2011年1月29日《北京青年报》

交出一份合格的故宫财产账

采访者：《光明日报》记者李韵

几天前，故宫博物院公布了自己的藏品数量为 1807558 件。这个精确到个位的藏品数字，无论对公众还是故宫博物院都意义重大。日前，故宫博物院院长郑欣淼就此事接受了本报记者专访。

为什么要进行为期七年的文物清理工作?

记者：本次文物清理是故宫博物院的第一次吗?

郑欣淼：不是的，这次已是第五次了。

1934 年，故宫博物院第二任院长马衡在呈行政院及本院理事会的报告中即曾明确指出，文物藏品整理“非有根本改进之决心，难树永久不拔之基础”。所以，在故宫博物院的历史上，只要工作秩序正常，这种清理就一直未停止过。在此次清理之前，自建院以来，故宫博物院已经进行过四次大规模的清理，而且每次都持续在十年左右。但是由于宫廷藏品及遗物数量巨大、种类繁多、存贮分散，以及过去对文物认识的局限性等原因，虽进行过多次清理，仍存在某些文物账物不相符合、大量重要的宫廷藏品未列为文物、一些库房尚待进一步清理等问题，院藏文物一直没有确切的数字。

记者：日前的新闻发布会曾介绍，在清理过程中，为确保文物安全，几乎所有的文物搬运都是肩扛手抬，而不使用机械。此次清理耗时 7 年，投入的人力物力之巨可想而知。故宫为何要进行这项浩大的工程？

郑欣淼：文物藏品是博物馆赖以存在的必备条件，是博物馆开展各项业务活动的物质基础。只有彻底弄清博物馆藏品的种类和确切数量，才能有效地实施保护，才能对它的内涵、特点以及价值有更为全面、准确的认识，也才能对它进行更为深入的研究和挖掘。这是博物馆的基础工作，是实现博物馆科学管理的前提。

故宫博物院作为中国文物藏品最为丰富的博物馆，彻底弄清文物藏品的家底，是几代故宫人持续为之努力的一项工作。过去每次清理，都不够彻底，这次则要求一定全面清理，彻底弄清。经过七年之久的努力，藏品清理工作终于圆满结束。

经过清理，我院藏品总数达到了 1807558 件，其中珍贵文物 1684490 件、一般文物 115491 件、标本 7577 件。这是我院自建院以来在文物藏品数量上第一个全面而科学的数字，标志着我院的文物管理工作进入一个历史性的新阶段。

本次文物清理与“故宫学”有何关系？

记者：在本次清理之前，故宫博物院的账目上有多少文物？

郑欣淼：我们原有的在账文物（指珍贵文物）约 94 万余件。1990 年和 1997 年，故宫博物院先后建成了一、二期地库，原存放于地上库房的约 60 万件藏品陆续搬到了地下库房，剩余地面库房也随之做出调整。藏品的收藏位置发生了变化，必须进行重新核对认定和确定方位。通过七年的工作，我们全面完成了这 94 万余件文物的核对工作。

记者：我记得，故宫曾一度公开宣称自己的藏品数为 150 万件，为什么清理后的数字反而增加了？

郑欣淼：主要是由于文化遗产概念的发展，将以前未纳入文物范畴的历史遗存也纳入进来了。

2003 年 10 月，我们提出了“故宫学”的学术概念，主张对故宫及其丰富的历史文化内涵进行深入、全面的发掘。从“故宫学”的角度看待故宫，我们对故宫的价值有了更加充分的认识，不仅意识到故宫古建筑、宫廷文物珍藏的重要价值，而且看到了宫廷历史遗存也有着同样重要的意义。

在“故宫学”的影响下，我们对文化遗产概念的理解逐步深化，认识到原来众多不被重视的宫廷遗物无疑是有一定的文物价值、反映宫廷历史文化某些方面的实物见证。同时，“故宫学”所体现出的故宫博物院对传承弘扬中华文明的强烈责任感、使命感，也要求我们更加自觉地对故宫进行全面的保护。可以说，这次文物藏品清理是在文物认识视野不断开拓并日益取得共识的基础上，是在“故宫学”理念的指导下具体进行的。当然，这次文物藏品清理也是“故宫学”自身深入发展的需要，是一项服务于“故宫学”研究的基础性工作。

记者：请您举一些具体例子。

郑欣淼：比如，13 万件清代钱币、2 万余件帝后书画，过去既不算文物，也不算资料，从未进行过系统整理。这次清理中，不仅对这类遗物进行了系统整理，而且对所有资料藏品进行了重新的鉴定、研究，完成了共计 180122 件资料提升文物的工作。

新提升成的文物里，如织绣类文物里来源于“文革”时期从房山上方山、云居寺中收缴的数千件经书的封面，它们绝大多数是纪年准确的明代织物，且品类众多、织工精细、纹样精美、保存完好。这在全国博物馆同类藏品中也十分罕见和难得，对于研究明代丝织品具有重要意义。其他如 888 件盔头、鞋靴，从戏曲演出的形态看，盔头和鞋靴与身上的戏衣一样，都是传统戏装“行头”的有机组成部分，同样具有历史价值。另外，图书馆所辖大量的古籍善本特藏、20 万余件书版，古建部所辖大量建筑构件、“样式雷烫样”等也首次纳入文物账进行管理。

摸清家底的同时，本次清理还有哪些收获？

记者：故宫博物院在文物清理的同时，还做了哪些相关的工作？

郑欣淼：在“故宫学”整体保护、全面保护理念的指导下，这次文物藏品清理不只完成了摸清家底、账物相符的任务，而且与加强文物的科学管理、安全管理等工作结合起来，使文物管理水平得到很大的提高。

比如，文物库房整体面貌发生了重大的变化。从皇宫变为博物馆，故宫部分古建筑被用作文物库房。本次清理结合古建筑大修，合理调整了文物库房布局，着力改善了部分库房的保管条件，文物防震工作取得了显著的成效，与相关科研单位合作，设计研制出4套雨花阁瓷塔木塔“弹性滑移减隔震系统”。

在文物信息化管理方面也日渐成熟。文物管理系统中文物藏品的收藏位置数据和文物档案影像等信息得到了进一步充实、完善，且更加准确。现在，故宫博物院文物流通的全过程，包括院藏文物的账目管理、库房管理、文物修复管理以及展览信息、文物利用信息均可通过系统直观、实时地反映出来，实现了馆藏文物流通的全面信息化管理。

在文物管理方面也有了些新举措。逐步实现了账物分开，推行文物库房不定期抽查制度，规范人员入库和观摩文物等各项规章制度，开展了长年外借文物的清理和催还。这些新举措在文物管理工作中，查遗补缺，堵塞漏洞，取得了显著的成效。

记者：您是如何看待本次文物清理成果的？下一步，故宫博物院在文物管理方面将有何举措？

郑欣淼：故宫博物院丰富的文物藏品是中华民族珍贵的文化遗产，也是全人类共同的财产。故宫博物院代表国家进行保管，对它们进行妥善的保护与研究，是故宫博物院对国家、对民族应该承担的责任。通过这次清理，我们向国家，也向全世界交出了一份合格的财产账。

今后，故宫博物院的文物管理工作将转入带有研究性质的编目工作，并将以更加开放的姿态，继续编印《故宫博物院文物藏品总目》、《故宫博物院藏品大系》等清理成果，向社会刊行，为院内外乃至海内外的故宫学研究者提供便利，接受来自社会各方面的监督，真正担负起传承和弘扬中华优秀文化的重任。

原载 2011 年 1 月 31 日《光明日报》

故宫博物院院长盘点故宫“家底”

采访者：《中国青年报》记者张国

故宫博物院院长郑欣淼日前在南开大学演讲时，介绍了令人关注的故宫文物“家底”情况。11 月 9 日，郑欣淼受聘南开大学兼职教授并做客“南开名人讲座”。他透露，自己刚到故宫博物院任职时，故宫文物统计为 94 万件，再加上图书馆的 20 万册善本书，总计 120 万件。而经过最近几年的全面清点，得出的现存文物数为 180 万件。究其原因，是以前许多没当做文物的物品，现在都统计进来了。

郑欣淼说，很多故宫中的物品以前没有算作文物，但是都很有意义。故宫文物不仅是传统意义的铜、瓷、书、画等艺术品，也包括与皇宫中衣食住行相关的日常生活用品。这些物品也是很有研究价值的，是研究明清时代最丰富、最独特的实物资料，起着补充正史的作用。

“以前很长一段时期，我们没有重视故宫日常用品的保护，一些文物因此遭到毁坏。”他透露，“八旗”的服装，因为数量很多，以前没有当做珍贵文物。八一电影制片厂在“文革”前拍的清宫戏，里面穿的衣服都是真的文物，是故宫的藏品，当时包括大规模军事场面里，演员穿的都是真品。“现在看都很可惜。不能因为同类的东西多，就不注意保护”。

此外，郑欣淼说，宫廷中的历史文化遗存也是很多的。比如现在故宫保留有剧本1万多册，道具六七千件。过去只把戏服作为文物，帽子、靴子都没有统计，可能是因为不好管理。但是从文物的角度，这些也都是很有价值的。再如内务府腰牌、红绿头签等当时进宫的通行证及引见制度的见证，都是研究当时历史重要的实物资料。

据郑欣淼介绍，故宫流失的文物有多少，至今仍然难以确切统计，是一个庞大的数字，这是历史造成的。由于种种原因，海内外许多博物馆、图书馆、科研机构以及个人，都有故宫的文物。像著名的顾恺之《女史箴图》，现在大英博物馆，是从圆明园劫掠去的，之前这件文物收藏在紫禁城中的建福宫花园。美国、日本、欧洲的许多博物馆中都有故宫的文物。从清末到故宫博物院成立前，也有大量文物被盗卖。

郑欣淼早就提出了“故宫学”的概念。他解释说，故宫学是以故宫及其历史文化内涵为研究对象，集整理、研究、保护与展示为一体的综合性的学问。他说，研究故宫学要有“大故宫”的概念，不能局限在北京故宫的红墙之内。“故宫在北京，故宫学在中国、在世界”，他说，故宫学不只是海峡两岸两个故宫博物院或是海内外收藏有关清宫文物的机构或个人的事，而应该是海内外学术界的共同事业。

原载2011年11月12日《中国青年报》

故宫和卢浮宫：欧亚两端的对视与交集

——对话故宫博物院院长郑欣淼与卢浮宫博物馆馆长亨利·卢瓦耶特

采访者：《中国文物报》记者孙秀丽

截至2010年，法国卢浮宫博物馆年接待观众860万人，北京故宫的观众则达到了1283万人。这两座气质完全不同、又有着相似历史的国家级博物馆，在过去六年里开始有了交集。2005年以来，两座博物馆两次签署框架合作协议，可以预见未来的合作充满各种可能性。在2011年故宫“重扉轻启——明清宫廷生活文物展”赴卢浮宫展出期间，故宫博物院院长郑欣淼和卢浮宫博物馆馆长亨利·卢瓦耶特就合作关系、管理理念、经营发展等问题接受了本报专访。

记者： 卢浮宫和故宫是处在亚欧大陆两端的，有着很多相同命运的两座博物馆，在《故宫博物院与卢浮宫博物馆2011至2015年合作协议》签署的背景下，故宫和卢浮宫将会有怎样的合作?

卢瓦耶特： 中法博物馆之间有过丰富的文化交流，过去多是在吉美博物馆和中国的一些学术机构之间。现在，卢浮宫取代了这一位置。有两个理由，第一：卢浮宫的收藏和展览主题非常具有世界性，也在面对全世界的参观者；比如说自从我上任10年以来，卢浮宫的中国游客从十几年前的每年几万增加到近40万。面对这样的需求，卢浮宫有着强烈的愿望想与中国进行合作；而由于中国没有一家关于欧洲艺术的博物馆，所以我们没有能够与专业学术研究机构进行对接式的合作。最终选择故宫博物院，我们基于一个非常深刻的缘由——卢浮宫和故宫博物院在历史中承担过同样的角色。

郑欣淼：自2005年至2011年9月，故宫博物院举办和参加的各类涉外展览共计80起，其中出境展66起、引进展14起。期间故宫先后同世界上8家博物馆签署了战略合作框架协议，其中包括法国卢浮宫博物馆。这是故宫“走出去”战略的一部分，我们与其中大部分博物馆实现了互换展览或专业人员互访以及项目交流等活动。卢浮宫的管理理念启发了我们在展览方面可以做更多的事情。

卢瓦耶特：两大博物馆首先围绕历史主题开始了最初的合作，通过“重扉轻启——明清宫廷生活文物展”，我们平行地把两座皇宫进行了一次类比介绍。我觉得我们还可以就这一角度，来进行其他主题的策划。比如说，法中风景画对比、法国艺术大师如何从中国文化中得到灵感进行创作、中国18世纪的一些艺术品受到法国艺术怎样的影响等等。我们与故宫之间在博物馆陈列、策展学、博物馆如何加强多媒体信息功能等领域也有重要的合作与讨论。除此之外，合作关系也将会在针对博物馆作为社会公共设施怎样更好地迎接社会公众、开展公共服务等方面进行全方位讨论。

记者：故宫和卢浮宫都拥有世界瞩目的皇家建筑群和文物瑰

宝，如何为海量的观众提供更好的服务，是双方管理思想的重心。1980 年代末，法国提出了“大卢浮宫”概念，目标是场馆的扩建以及对观众服务质量的提升。大卢浮宫计划使博物馆的面积达到了 6 万平方米，容纳的观众数量也从 400 万增加到 800 多万。但后来所谓的“大卢浮宫”开始为其成功所累，政策逐渐从挖掘展厅面积扩展到在法国国内及世界范围内建设分馆。而故宫博物院在郑欣淼担任院长后的 2003 年开始，提出“故宫学”概念，用于统领、提升故宫的管理、科研水准，并耗时七年进行了一场文物家底大清查。

卢瓦耶特：小时候，我看到的卢浮宫只是早上开门晚上关，人们对博物馆里的事情不太关注。而现在，卢浮宫每一天都是完美的演绎。每个游览卢浮宫的人都可以欣赏独具匠心的艺术品，听听古典音乐，观看与艺术史有关的电影等……近 40 年卢浮宫一直在蜕变：从建筑结构到层次空间、甚至职能都发生了变化。过去卢浮宫专事于藏品展示，供部分藏家和专业人士鉴赏；而现在，我们致力于吸引所有人和全世界的眼光，为国家、地区和城市的发展做出努力。

整理和保护文物当然是卢浮宫的第一要务。但像参观路径设计以及知识产权这些以往较次要的问题，现在已经成为当务之急。今日的卢浮宫开始迎接主动来访的游客，甚至走出去，用文化体验、感受博物馆方式，把卢浮宫的影响推广到原本无法企及的区域。

郑欣淼：故宫学所说的故宫，实际也是“大故宫”的概念。关注点不只局限于宫墙之内，还有像左祖右社、天坛、避暑山庄、沈阳故宫、皇家陵寝、三山五园、台北故宫等等，这些地方都和故宫有着不可分割的联系。所以我们始终强调，故宫有着非同寻常的价值及特殊地位。认识了它的价值及地位，才能明确故宫在当代的意义。

在故宫学概念提出以后，包括紫禁城宫殿建筑群、文物典藏、宫廷历史文化遗存、明清档案、清宫典籍及故宫博物院历史在内的学科建设和文物管理都被纳入博物馆的工作内容。推进故宫学研究，是故宫在21世纪的学术使命和学术责任。这几年，故宫博物院虽然没有建设分馆，但我们积极地参加各地的展览。大凡国内省市的重要博物馆开馆，一般都有故宫的藏品或专门展览参加。在日本长崎的孔庙，故宫文物已经连续十几年在那里办展。我们有意愿进一步扩大故宫在国内外的影响。

记者：故宫的文物展览一直给人“墙内开花墙外香”的印象。虽然每年拥有1200万以上的观众，但他们往往更关注宏大的建筑群。在博物馆大变革的时代，像故宫、卢浮宫这样的最传统、最古老的皇宫式博物馆如何应对?

郑欣淼：在故宫本体上的展览影响确实比外展小，这与故宫的建筑布局、展场分散、宣传不到位等因素有关系。而且游客有不同文化层次，需求不同，或者会受驻留时间的限制。今后我们需要一个更集中的展示场所，完善指示、加强展览的宣传方式、加强志愿者队伍和公众服务水平。可以看到的是，近年来“太阳王路易十四——法国凡尔赛宫珍品特展”、俄罗斯“克里姆林宫珍品展”、“英国与世界（1714 ~ 1830）展”、“西班牙骑士文化与艺术——马德里皇家武器博物馆珍品展”、“卡地亚珍宝艺术展”等引进展都受到广泛的欢迎。2010年的“兰亭特展”中还分别向日本东京国立博物馆和香港中文大学文物馆商借了文物参展，经验和操作越来越国际化。

更重要的是，故宫的外展项目现在已经从以前的单一展览发展到现在的全方位多层次的综合展；从单方面赴外展发展到引进展和交换展并重；从只针对发达国家到兼顾发展中国家。我们在涉外展览中更多地拥有了自己的话语权和决策权，也更加能真实客观地展示故宫的文物藏品。除了文物展览，还增加了人员互访、培训、文物保护、管理、数字化建设等专题内容，领域在不断扩展。

卢瓦耶特：卢浮宫博物馆在 19 世纪和 20 世纪前半叶是作为一个以面向世界为目标的博物馆，希望涉及所有的人类文化及历史。随后因为场地限制的问题，这个主题逐渐减弱。今天，卢浮宫博物馆就展品来讲不再是覆盖整个人类艺术。我们提出的重要问题是，怎样与我们感兴趣的国家、文化、科研机构进行合作及交流。

郑欣淼：在当今全球化背景下，博物馆的大变革时代到来了。随着各种新博物馆形式的涌现，中国博物馆开始打破传统模式，并面临着很多机遇和挑战，比如文化遗产理念的变化，全社会对博物馆前所未有的关注等等。2011 年故宫一度成为舆论的热点，就是这种理念提升的一个结果。我们需要从积极的方面来看待这件事。

卢瓦耶特：卢浮宫在担当着历史赋予的社会责任的同时，也承担着普及教育者的角色。经济利益与社会责任在卢浮宫的运转中相辅发展。最近几年，我们努力使博物馆处于最佳运转状态，博物馆的门票收入在我们的财政中处于非常重要的角色；但同时，我们一直致力于最大限度地在法国及世界其他国家向各种层面的人群进行开放和交流，这一点完全可以在我们对低收入人群和年轻人推出的特殊政策中看到。我觉得这是卢浮宫博物馆至为重要的一个成就。

记者：据了解，卢浮宫博物馆每年带动的消费可以高达6亿至10亿欧元，国家每年对卢浮宫等国立博物馆的补贴有逐渐减少的趋势，私人和企业赞助则慢慢增多。无论是故宫还是卢浮宫，作为国家级博物馆，其经营管理都在公众的注视之下。合理适度的经营也是不能回避的，都需要通过自己的方式保持博物馆的生命力。

卢瓦耶特：在1990年代后期，卢浮宫的许多展品被拿到其他地方展示，这个政策不是特别具有刺激性，因为有时候一些展品不能收回。所以卢浮宫希望能在省一级地区以及国外设立一些分馆，建立一些现代博物馆来展示卢浮宫放不下的展品。这让我们走出卢浮宫的界限而且使我们能够赢得更多的观众，也让我们有更多的主动性，使得我们在法国的领土内以及世界其他地方展示我们的藏品。

“大卢浮宫”计划目前仍在继续。将于2012年投入使用的卢浮宫伊斯兰艺术部正在紧张施工，还有可容纳70万观众的巴黎近郊朗城卢浮宫分馆、法国北部的伦斯市卢浮宫新馆都将在2012年底开馆。2012年，法国和阿联酋合作的阿布扎比卢浮宫也将开馆，在30年的合同期内，法国卢浮宫将向该馆出借展品、提供展览策划等服务，而阿联酋方面将为使用卢浮宫的名号和展品支付资金。

郑欣淼：自2008年起，故宫门票作为非税收入，全额上交中央财政。支出根据故宫每年需求，由财政部在文化部部门预算中统筹安排，资金支付按照国库集中支付有关规定执行。作为世界文化遗产和国家一级博物馆，故宫博物院的性质是公共文化服务机构，多年来我们严格遵守《文物保护法》的规定，坚持把社会效益放在第一位。而且故宫这几年不是在商业化，而是在杜绝商业化。比如，取缔了原来各宫殿说明牌和参观线路座椅、遮阳伞、甚至垃圾桶上的知名企业广告；取缔了神武门前的停车场；在持续进行的大规模古建筑维修过程中，一部分过去用作经营地点的开辟成为新的展厅，撤销、调整了不合理的经营地点，逐步形成一系列具有故宫特色的观众服务区和经营网点体系。这是出于新形势下观众对博物馆服务的期望和要求。目前故宫有限的经营活动主要有三方面：一是为观众提供餐饮、旅游必需品等服务；二是针对不同需求的观众提供的各种导览、语音讲解等服务；三是开发富有故宫文化特色的博物馆文化产品和出版物，使它们成为“带得走的紫禁城”。目前故宫特色文化产品已达到3000种。故宫的经营活动必须服从文物保护前提下的诸多限制，每年的经营收入与支出全部纳入预算，补充用于故宫文物保护和事业发展，接受财政和审计部门监督。

卢瓦耶特：文化是法国的主要经济动力之一。卢浮宫博物馆拥有悠久的传统，现在又是一个非常年轻的行政管理机构，所以在运作时需要有灵活性。我认为，什么都指望国家支持的做法最终是要改变的。我们有越来越多的自主权，而我们自身的结构、我们的公共政策和科学文化政策也要适应我们取得的自主性。

现在卢浮宫博物馆每年预算约2亿欧元，其中近一半由国家支付，另一半自筹。从2004年开始，我们保留门票收入作为自己运行的费用。这些门票收入的20%来购买新的藏品；国家的公共资助主要用于员工开销和日常维护。因此我们大力发展赞助募捐，专门设立了一些捐助管理部门，并获得了一些有利的税务政策，主要鼓励企业参与对博物馆的资助，但企业的资助只能用于购买文物；我们还设立了一些中介机构，如美国卢浮宫友协、日本卢浮宫友协及法国卢浮宫赞助企业联合会，这些政策已经取得了很大的效果。

郑欣淼：在新形势下，我们仍然不断在探索经营服务和文化产品的定位、发展等新课题。2010 年成立的故宫文物保护基金会，也在试图为对文化遗产公益事业有意愿的企业，找到一个发挥社会责任感的出口。卢浮宫“重扉轻启——明清宫廷生活文物展”开幕时，故宫文物保护基金会的部分理事曾赴法与卢浮宫的赞助企业和基金会代表座谈取经，以更规范的方式参与到故宫文化遗产的保护中来。无论如何，“故宫”二字价值就很高，不能有任何亵渎。

记者：今天的博物馆面临着全球性的机遇和挑战，我们应该如何看待国家级博物馆的使命？

郑欣淼：我们是传统的博物馆。故宫文化的整体性、丰富性及象征性，使故宫成为取之不竭的文化宝藏。保护故宫及其藏品，就是保持我们与祖先联系、沟通的渠道，就是保护中华民族的文化根基。展示中华文明，弘扬中国传统文化，这是故宫不变的使命。故宫的内涵和价值在不断得到发掘、积累和提升，人们对故宫的认识也在不断加深，随着时代的发展，又赋予它新的价值，新的使命。今年大家的关注和批评，正说明了它在大家心目中具有某种象征意义，很神圣。我们应该认识到这一点，完整地保护好故宫和它的文化遗产。

卢瓦耶特：我们博物馆的展示方式今天还是很时髦的，但是明天我们不能仍然这样下去。我们应该向广大的公众开放，使更多的公众喜欢，不能让他们看过后反而觉得没意思了。我们要更多地考虑那些认为我们的展品不好理解的人，让我们的活动适应他们。我们的使命是，要采取更加适合广大公众的方式来发挥博物馆的作用。从某种意义上讲，无论对专家还是普通公众，卢浮宫都应极具魅力。

今天，博物馆不再是那个守着历史的财富，锁在自己编织的时光经纬里的博物馆。今日的博物馆是个参与者，在都市生活、经济发展、旅游观光和可持续发展中演绎着真实的角色。卢浮宫的使命，不仅在于还原历史，展现人类发展漫长曲折的进程，还在于鼓励创新，激发当代人的思考，展示最新的科技成就，吸引新的观众群。卢浮宫既保留它独特的气质，又融入全球化的浪潮。

原载2011年11月9日《中国文物报》

博物馆姓“文”不姓“钱”

采访者：《光明日报》记者李韵

作为故宫博物院的当家人，院长郑欣淼委员并不仅仅关注故宫的发展，而是将整个博物馆界乃至文化界都纳入视野。见到记者，他爽朗地笑道：“这次‘两会’报道，你要多多关注我们博物馆发展哟。”

温总理在政府工作报告中号召：“生产更多健康向上的文化产品”。郑欣淼对此深有感触：过去不能、不愿、不敢发展文化产品，总怕挣钱多了违背了公益性，因此博物馆的造血机能很弱。“其实，博物馆从事符合自身性质、自身形象的文化经营活动是允许的，也是应该的。”郑欣淼介绍，在国外一些大博物馆中，这样的经营创收都占其经费很大的份额，例如美国大都会艺术博物馆的商业收入占到博物馆预算的一半，而台北故宫博物院每年在院内出售的商品，也约占全院总收入的20%。“对博物馆来说，转变观念，积极开发文化产品，是大势所趋。”郑欣淼说。

目前，故宫博物院的特色商品有2500余种，从数量、质量、多样化、个性化等方面都居全国博物馆前列。郑欣淼坦言，对于故宫博物院来说，钱不是大问题。之所以花费如此心血开发文化产品，主要目的是为了文化传播的需要。他说，博物馆文化产品是延伸博物馆展陈效果和博物馆文化推广的特定载体。如今越来越多的博物馆将“把博物馆带回家”的理念贯彻到日常工作中，而开发优质的文化产品正是这种理念最好的体现。这种方式既可以创造可观的经济效益，也是博物馆新的社会职能。从这一点着眼，更能提高发展博物馆文化产业的自觉性。

在谈到一些地区盲目利用文化遗产资源开发产业，以至于对文化遗产造成伤害时，郑欣淼痛心疾首。他说，文化产业与其他产业最根本的区别就在于它姓“文”而非“钱”。“任何产品都有其文化内涵，都与文化有关，但作为文化产品，特别是博物馆的文化产品，其核心是文化。”郑欣淼反复强调，“要对文化资源有起码的尊重，有正确地、全面地理解，赋予文化产品饱满的文化内涵，防止文化产品的表面化、庸俗化、简单化倾向。”

郑欣淼希望通过本报提醒同行，博物馆发展文化产业势在必行，但不能照搬企业的经营模式，因为企业是“经济利益导向”，而博物馆则是“文化价值导向”。

原载2010年3月6日《光明日报》

“故宫学”的视野和梦想

——在“解放论坛”上的讲演

主持人：杨澜

从刚才彼奥特罗夫斯基馆长的介绍中，我们看到一个具有非常丰富历史的艾尔米塔什（冬宫）博物馆，也得直面21世纪信息化的挑战和机遇。如果大家有机会去参观这个博物馆的话，我建议大家选择夏天去，不仅可以欣赏到博物馆精美的收藏，同时也能欣赏到圣彼得堡白夜的奇特景观。

下一位演讲嘉宾，我想不需要作过多介绍。说起故宫博物院，在中国无人不知。作为世界上现存最大最完整的古代宫殿建筑群，中国故宫博物院也被联合国列为“世界文化遗产”。但是大家可能有所不知，故宫是第一个对公众开放的中国博物馆，那可能是早在北洋政府时期的事了。

今天我们请来了郑欣淼先生，他从2002年起担任故宫博物院院长，致力于博物馆学的研究。2003年，他提出了“故宫学”的概念，今天他要谈的是《“故宫学”的视野和梦想》，掌声有请！

故宫是中华文明的重要象征

尊敬的尹明华社长，尊敬的各位女士、先生，大家好！

博物馆是集中收藏与展示人类文明的专门文化场所。人们从博物馆的展示中获取知识、得到启迪、净化心灵，这就是文明的共享；文明在共享中延续着自己的生命，焕发着新的光彩，因此共享的同时，也是文明的弘扬。观看不同民族、不同地域、不同类型的文明展示，更使人们看到世界文化的多样性，也有利于从世界文明的大格局中认识自身，从而加深彼此的理解，达到互相尊重，促进世界的和谐，这就是文明的对话。

博物馆对于文明的共享与弘扬的意义，是个很大的题目，我试从“故宫学”探索的角度，说明科学研究在博物馆实现自身历史使命中的重要作用。

博物馆要发挥好作用，首先要对自身有明确认识，弄清自己的特点。

故宫博物院有什么特点？它是在故宫古建筑以及主要是清宫旧藏的基础上建立的博物院。故宫又是世界文化遗产，它是中国古代宫殿建筑的集大成者与典范，它的藏品包括了中国古代文化艺术的主要门类，反映了中华文明五千年的历史。因此，它不同于一般的博物馆，它是集中国古建筑、中国艺术、中国历史以及明清宫廷文化为一身的博物馆群。

故宫博物院的这一特点告诉我们，故宫及其藏品所形成的故宫文化，在中国传统文化中，具有经典性、丰富性和唯一性。

中国皇室收藏有着久远的传统，皇室收藏的意义，不仅因为藏品的珍贵，还在于它具有政权合法性的政治意义。这是故宫博物院藏品的一个重要特点。

清代又是皇家收藏的顶峰。故宫现今的150万件藏品中，85%是宫廷旧藏。最早的有北宋宫廷藏品，至今已有千年历史。例如，北宋赵昌的《写生蛱蝶图》。此图流传有绪，著录于清内府《石渠宝笈》，图上有宋、元、明、清的收藏印章及乾隆皇帝题诗。它最早为南宋权相贾似道收藏。入元后，它为元仁宗爱育黎拔力八达之姊鲁国大长公主所收藏。明初，被内府收存。清代转入大收藏家梁清标之手，旋即又归入清内府，备受乾隆皇帝赏识。晚清宣统时又流入民间。1952年政府获得此卷，交由原东北博物馆收藏，后转入故宫博物院庋藏。在故宫博物院的15万件书画藏品中，这幅画并不是很有名，但从它的曲折经历中，我们仍可以感受到这些珍品流传至今的不易。

在抗日战争中，故宫的藏品又南迁西运，辗转十多年，与中华民族的命运联系在一起，倾注着深厚的民族感情，成为人们共同爱护的国宝。

故宫文化还有一个重要特点，就是故宫藏品、故宫古建筑与长达491年间24位在此居住执政的皇帝联系在一起，与在此发生过的人和事联系在一起。这一切，使故宫成为一个文化整体，而且有着丰富的内涵。历史的积淀，已使故宫成为中华文明的重要象征。

故宫不同于一般的名胜景点。故宫博物院有责任让参观者了解故宫深厚的文化蕴涵。故宫每年的参观人数以10%的速度增加，去年达到930万人次，今年预计将超过千万。其中六分之一为海外观众。他们的参观，既是文明共享，也是文明对话。

故宫是一个"大文物"，馆藏文物、古建筑和宫廷史迹是一个整体

一门学科的成立，要有丰富的研究对象，要有重要的价值与意义，要有社会的需要，也需要一定的研究基础和学术积累等等。"故宫学"具备了以上的条件，它于2003年提出，是水到渠成。

提出并确立"故宫学"有以下四个方面的意义：

第一，建立在"故宫学"基础上的文物保护观念，要求深化对文物的理解与认识，把故宫作为一个"大文物"来看待，对历史文化遗产进行全面保护。

过去由于传统的"古董"、"古玩"等观念的影响，在文物认识上有很大局限性。大量反映宫廷历史文化及帝后生活的物品，多不作为文物看待，只当作"文物资料"。

现在从"故宫学"研究来看，凡是反映宫廷历史文化的遗迹、遗物，都有价值，都是故宫遗产的一个部分。还有一些，我们并未把它与文物藏品联系起来，但本身价值很高，例如三大殿铺的金砖，就相当珍贵。金砖是苏州生产的，是用太湖澄江泥经过复杂的工艺加工而成。据记载，入窑以后先用糠草熏一个月，再用片柴烧一个月，之后还要用棵柴烧一个月，最后用松枝柴烧40天，灌水出窑。前后烧制要130天。包括火候等各个环节的要求都相当苛刻，程序繁琐。故宫博物院前几年收购了700多块个人收藏的金砖，平均一块砖就花了8000多元。

第二，“故宫学”要求把馆藏文物、古建筑和宫廷史迹作为相互联系的整体来研究，有利于打破故宫文物研究的学科界限，深化和拓展对宫廷历史文化的研究。

例如清宫戏曲文物很多，故宫现有不少清宫演戏的戏台，还有1万多册清宫唱本、乐谱，1.2万多件戏服、道具和2100多件乐器。它们由不同的部门管理，仅从某个方面来看，都有其不同的价值和丰富的内涵，若把它们联系起来，作为一个整体研究，则更有利于加深我们对历史上清宫演戏制度和情况的全面了解。

流散海内外的清宫旧藏有了“学术归宿”

第三，“故宫学”的提出，将使流散海内外的清宫旧藏有个“学术归宿”，它们的文化精神是“故宫学”的一部分。

由于历史的原因，从近代以来，清宫中的不少书画、陶瓷、青铜器、典籍、档案等流散到海内外一些机构或个人。特别是1948年至1949年，有60万件故宫的器物、书画、文献被运往台湾地区，1965年在台北建立故宫博物院，形成北京、台北两个故宫博物院同时存在的现状。两岸故宫同根同源，有很强的互补性，文物藏品有着方方面面的联系，如乾隆时的藏文写本《甘珠尔经》共108函，其中96函在北京故宫，12函在台北故宫；《满文大藏经》108函，76函在北京故宫，32函在台北故宫。由于故宫文化的整体性，两岸故宫的研究就有着割不断的联系，在两岸文化交流、促进祖国统一方面有着不可替代的作用。

“故宫学”的确立，推动了
学术视野的开拓与研究的深入

第四，从“故宫学”角度审视，故宫不仅是举世闻名的物质文化遗产，同时也承载着重要的非物质文化遗产内容，其中最突出的是中国古代宫殿建筑的工艺技术。故宫有专门的维修管理机构和施工队伍，涌现过一批古建筑大家和专门工艺人才。这次故宫大规模维修，进行全过程跟踪影像记录，实行“师承制”，就是为了使古建筑技术薪火相传。

“故宫学”的提出与确立，正在推动着
故宫博物院学术视野的扩大与研究的深入

以故宫藏传佛教文物研究为例，我们感到必须开阔视野，加强与各个方面的交流合作，这也是“故宫学”的要求。故宫有十余处佛堂至今仍然较好地保存自乾隆以来的历史旧貌。故宫收藏的有关藏传佛教文物约 5 万多件，主要有造像、唐卡、法器、法衣、经籍等。其中珍藏着的近 2000 轴唐卡，大部是清代皇家的藏品，汇聚了 18 世纪西藏与内地艺术家创作的一大批珍贵画作，是这一时期唐卡艺术的精华。

近十余年来，故宫的业务人员在藏传佛教艺术史和宫廷佛教史方面已经取得了相当的科研成果，形成了相对稳定的科研队伍。今年，故宫将成立“藏传佛教文物研究中心”，更好地整合研究资源，

开展积极主动的学术研究活动，扩大国内外学术交流。这些学术活动稳步扎实地推进，给故宫的藏传佛教研究注入了新的动力。

“故宫学”的视野，推动着故宫研究的深入，促进着故宫博物院收藏、展示、文物保护等各项工作的全面发展。那么，“故宫学”的“梦想”这个词是怎么产生的？这和我们这次文化讲坛有关。2006 年 9 月 19 日我参加了《解放日报》报业集团第六届文化讲坛，后来《解放日报》的同志又来找我，说要办一个全球博物馆高峰论坛。当时我们故宫的很多同事都说，这怎么可能？是梦想吧。但是你们锲而不舍的精神，终于让梦想成真。

虽然“故宫学”是我提出来的，但我认为这是时代的要求，所以我也有一个梦想，就是通过几十年甚至更长时间的努力，使这门学科逐步发展，研究不断深入，为更多的人所关注，成为国内甚至国际的一门学科，同时使故宫的价值为人们所充分认识，使中华文明得到进一步弘扬。

原载 2008 年 3 月 21 日《解放日报》

故宫学的七载光阴

采访者：《人民政协报》记者谢颖

在刚刚结束不久的国庆假期里，许多去故宫参观的游客都被两个精彩的展览所吸引，这便是为庆祝故宫博物院85周年华诞暨紫禁城建成590周年而举行的“明永乐宣德文物特展”和“故宫文物南迁史料展”。为纪念这个特殊的日子，故宫博物院还举办了故宫学国际研讨会。至此，故宫学已经历了七年的发展，在其开创者郑欣淼看来，作为一门初具雏形、正在建设中的特殊学科，故宫学别具挑战性和魅力。

故宫与“大故宫”

记者：“故宫学”从提出至今已走过了七个年头，在这段时间里，故宫学作为一个学科，是否已初具形态和规模？

郑欣淼：“故宫学”是2003年10月提出来的，但是对于故宫的研究其实从1925年故宫博物院成立后就开始了。80年来有关故宫的研究成果成为我们提出故宫学的基础，而故宫学的提出并确立使这种研究由自发进入自觉阶段，从整体上提高故宫的研究水平。

七年来，故宫博物院与关注故宫学的专家一起探讨故宫学，取得了不少共识，一些基本思路正在厘清，作为学科的框架正在初步形成。同时，故宫学也作为故宫工作的指导思想，促进着文化遗产的保护和博物院的发展。

记者：故宫学的称谓很容易使人望文生义，比如理解为研究紫禁城城墙内的一切，请您谈谈故宫学的研究对象？

郑欣淼：故宫包含着丰富的内涵，最重要的是紫禁城的古建筑、文物藏品和博物院三个方面。宫殿建筑是最能代表中国古代建筑风格和成就的建筑类型，而紫禁城是中国古代宫殿发展的集大成者，是中国古代建筑史中最辉煌的篇章。宫廷收藏曾是皇权的象征。故宫的收藏，延续了中国历代皇家的收藏，是一部浓缩的中华五千年文化艺术史。而故宫博物院的成立，将昔日帝王居住的宫苑禁区变成平民百姓可以自由出入的场所，使象征君主法统的清宫旧藏为人民所共有共享，故宫并被赋予了新的意义。抗日战争时期故宫文物南迁18年，使故宫文物与中华民族的命运联系在了一起，倾注着深厚的民族感情。部分南迁文物运台建立了台北故宫博物院。一个故宫两个博物院的存在，在弘扬中华民族文化以及两岸的交流上发挥着重要作用。这些丰富的内容，都是故宫学的研究对象。

记者：那么故宫学视野里的故宫又是怎样的？

郑欣淼：简单说，就是要把故宫当做一个“大文物”来看待。故宫学研究范围不应局限在故宫，而要树立“大故宫”的观念。明清故宫作为世界文化遗产，是指明清宫城——紫禁城内的72万平方米地面上的一切，而实际完整的明清故宫文化遗产，则不止这个范围。从横的联系看，如明清太庙、社稷坛、天坛、地坛、日坛、月坛、先农坛等，都是以皇宫为中心的整体规划中的重要部分；从纵的方面看，故宫与中国历代皇宫，与朱元璋在凤阳老家修的明中都及南京的明故宫以及清代沈阳故宫，也都有着关系。

此外，包括一切流散于故宫外的清宫旧藏，如台北故宫博物院的60余万件器物、典籍、档案，台湾“中央研究院”的30余万件清宫档案，国内外各个收藏清宫器物、档案、典籍的博物馆、学校、研究机构等，都应纳入故宫学的范畴。故宫学的提出，将使流散海内外的清宫旧藏有个“学术归宿”，它们的文化精神是故宫学的一部分。

学术寻根与交流

记者：您刚才提到了一个故宫，两个博物院。我们都知道，台北故宫博物院的藏品丰富，且实力也很强。目前，两岸故宫博物院已开始了交流合作，这对于故宫学意味着什么？或者说，故宫学在两个博物院的交流中有什么作用？

郑欣淼：两岸故宫博物院都是故宫学研究的重镇，并且都有着重视学术研究的良好传统，在故宫学研究上也都有相当的成果和基础。海峡两岸两个故宫博物院同根同源，其藏品都以清宫旧藏为主，都是中国传统文化艺术的精华。从1925年至1948年，又为两个博物院的共同院史。这种血脉相连的渊源，决定了两个博物院之间有着难以割断的关系，而故宫学则是连接“一个故宫”和“两个博物院”的纽带，也是两个博物院交流合作的内在动力。

2009年，两岸故宫博物院打破60年的隔绝状况，迈开了交流合作的步伐，并且达成了一系列互利双赢的协议，特别是去年在台北故宫合办“雍正时期文物大展”、召开两岸故宫首届学术研讨会，引起社会高度关注，产生了积极效果。由于在故宫学上达成的共识，这种交流合作的不断加强必将促进故宫学研究的深入。

记者：今年引起很大反响的两岸故宫重走文物南迁路正是这种交流合作的体现吧？

郑欣淼：是的。两岸故宫共同重走南迁路，是一次唤起共同历史记忆的“寻根”行动。两岸故宫都保留了大量有关南迁的文献档案，虽然都感到南迁史研究的重要性，但从未进行过实地调查。这次北京故宫在建院85周年与抗战胜利65周年举办《故宫文物南迁史料展》，同时举办“重走文物南迁路”考察活动，立即得到台北故宫的积极响应，并建议以“温故知新”作为此次重走活动的主题。

活动由北京故宫的16人与台北故宫10人组成。串联起当年文物南迁、西迁、东归的部分运输路线，按照将历史考证与现状调查、档案文献与口述历史相结合的思路，调查收集了散存各地的文献、档案及研究资料，考察了遗址、遗迹的保存状况，聆听了当年参与“护宝”行动人员的介绍，并通过摄影、摄像、录音等多种形式，补充、完善了相关影像资料，取得了丰硕的成果。这次活动以“重走”的方式共同回顾这段不寻常的历史，追寻先辈足迹，让个人记忆变成集体记忆、民族记忆，不仅对文物南迁的精神和意义加深了认识，也进一步增加了两岸故宫的相互了解，有利于继续推进交流与合作。

作为工作指导的学术研究

记者：我们知道故宫博物院肩负着故宫保护的重任，作为学术理论的故宫学与故宫的保护、故宫的实际工作有什么关系？

郑欣淼：故宫学不只是个学术概念，它也成为指导故宫保护和博物馆事业发展的理念，例如从故宫古建筑的价值与地位出发，开展百年大修，努力保存完整真实的历史信息；从故宫是个文化整体的观念出发，开展文物清理工作；从全面保护故宫的要求出发，重视非物质文化遗产的保护等。这也说明，故宫研究与文物的收藏、保护、展示不可分割。因此，故宫学术研究不是经院式的繁琐论证，也不是从书本到书本，它直接面对故宫的文物、古建筑、档案、文献，对此进行客观分析、比较，解决宫廷历史人物和事件的物证和历代文物的真伪鉴定及其艺术价值、文化联系等诸多问题。总而言之，即以物证史、以物论史，或以物鉴物、以史论物等，都离不开史与物的辩证关系。

在故宫学研究中“故宫学派”已逐渐引起学界关注。所谓“故宫学派”，即故宫博物院的研究者在关注故宫学学科理论建设和实践总结而形成的具有一定特色的学术流派，其共性是要求研究者以具体文物入手、以相关的文献档案为依据，利用、借鉴有关研究方法，做到以物证史、以史论物、史物结合。

记者：您能用实际工作中的例证来说明么？

郑欣淼：就拿我们开展文物清理工作来说吧，以前受传统的“文物”、“古董”观念影响，许多宫廷遗存未引起重视，大量物品未当作文物对待，仅列入“文物资料”的就约10万余件；还有不少连资料也未列入，例如约2.5万件清代帝后书画，过去什么也算不上，因为帝后不是艺术家，他们的这些东西不为重视。而从故宫学的角度，从故宫是个文化整体的观念出发，它们却有重要价值。故宫博物院因此从2004年到2010年，进行了为期7年的文物清理工作，摸清了文物底数，使大量宫廷遗存进入文物保管行列，为故宫学研究提供了更为丰富、完整的资料。从这里，我们可以看到，故宫学不只是个学术概念，它也成为指导故宫保护和博物馆事业发展的理念。

记者：如何在当代学术发展的视野中看待故宫学？

郑欣淼：从当代学术发展史的角度看，故宫学是一门新兴的、独特的学科。建立在具有丰富性、特殊性及唯一性的故宫价值上的故宫学。也不是当今社科学科分类所能简单包括或对应的。学科往往具有系统性、体系性的特点，从这样的角度看，故宫学还是一门初具雏形、正在建设中的学科。学科建设有其自身规律，不能拔苗助长，提出不切实际的要求，而要坚持不断切实推进。正因为故宫学是一门初具雏形、正在建设中的特殊学科，对当代学者来说才特别具有挑战性，具有无穷的魅力，因此故宫学提出以来，就受到学界的广泛关注。我们对故宫学的发展前景也充满信心。

原载2010年10月11日《人民政协报》

古老的故宫　年轻的故宫学

采访者：《中国社会科学报》记者祝晓风、李欣

2003年10月，故宫博物院院长郑欣淼在庆祝南京博物院成立70周年举办的“博物馆馆长论坛”上首次提出了“故宫学”概念，当即引起了学术界的关注。经过六年的认识和探索，2009年2月，郑欣淼的《故宫与故宫学》在北京出版，收集的21篇文章成为“故宫学”学科探索的一个阶段性成果。同年10月，《故宫与故宫学》繁体版在台湾出版，此时正值台北故宫博物院与北京故宫博物院合办的“雍正——清世宗文物大展”展出之际，台湾各界对故宫和“故宫学”的认同，大大促进了两岸文化的交往，增强了凝聚力。

从“故宫学”提出至今，已经七个年头。“故宫学”经历了怎样的发展？取得了哪些成果？“故宫学”对弘扬优秀的中国传统文化、推动中国文化的交流起到了怎样的作用？带着这些疑问，本报记者独家采访了“故宫学”概念的提出者郑欣淼先生。

一个故宫，两个博物院

记者：郑部长，您好！大家都知道，去年，北京故宫博物院和台北故宫博物院有很频繁的交流与合作，您率团访问了台北故宫博物院，两岸故宫合办的雍正大展也取得了巨大成功，您能介绍一下这方面的详细情况吗？

郑欣淼：好的。2009 年可以说是两岸故宫交流有了历史性突破的一年。去年 2 月，台北故宫博物院院长周功鑫参访北京故宫博物院，作为回访，我于 3 月 1 日率团抵达了台湾，虽然只有四天时间，但是成果丰硕，两岸故宫博物院有了更深一步的了解，特别是达成了 8 项共识，落实了两岸故宫博物院合作的具体方案。雍正大展是其中一项具体的合作事项。所以，就有了第二次访问台湾，那是去年 10 月初，参加了 7 日举办的“雍正——清世宗文物大展”开幕式。这次展览引起了巨大的社会反响，据统计，吸引了超过 75 万观众前往参观。

记者：雍正大展可以说是两岸故宫博物院交往合作取得的最大成果吧？

郑欣淼：可以这么说。这个展览在社会上的反响很大，台北故宫做的满意度调查显示，社会各界对这个展览的评价是很高的。另外，这个展览本身意义也很重大，一方面说明两个博物院取长补短，将文物放在一起能发挥更大的作用，另一方面也反映了两岸文化源自中华民族文明长河，是一脉相承，不可分割的。

我要补充的是，两岸故宫博物院交往合作所取得的成果不仅有展示在世人面前的这次展览，还有由此带来的人员、研究和资讯等方方面面的交流。两岸故宫已经建立了两院人员互访机制，每年双方各推选1到2名研究人员，到对方博物院进行2到3个月的研究访问，目前台北故宫博物院派的研究人员已经在北京故宫博物院访学了，我们也正在落实选派的人员到台北去。此外，我们双方还加强两院信息资料与研究的业务交流，互相交换出版物等等。我们还准备利用高科技设备实现视频通话，到时两岸博物院的信息交流就更畅通了。可以说，两个博物院的交流合作将来会越来越丰富。

记者：我们期待两岸故宫博物院交流带来更多的成果。故宫学对两岸博物院，甚至两岸文化的交流，以及对中国传统文化的弘扬有哪些积极意义？

郑欣淼：我认为两个故宫博物院合作会产生“1+1>2”的效果。两个故宫博物院同根同源，一脉相承，其藏品具有很强的互补性。把它们放在一起，更能全面地认识中华文明的源远流长与灿烂辉煌。两岸故宫交流与合作具有三个方面的意义：首先，对于两个博物院来说，加强交流合作是双方事业发展的需要，对两院的发展有很大助推作用；其次，这是两岸同胞的福祉。两个博物院交流合作给两岸的同胞呈现出一个完整的故宫，受惠的是两岸同胞和学术界。两院的遗产、藏物、宝藏，是中华民族几千年文化的结晶，一脉相承，我们不能人为的阻断这血脉的交融，这也是两岸民众的文化权利；最后，两岸故宫的交流与合作具有世界意义。对于在世界上弘扬中华文明、让世界人民更深入、更全面地认识中国文明的博大精深有着积极意义。而且，这种交流合作体现了中华文化中那种刚健、坚韧、包容、和合等精神内涵，显示着中华文化的旺盛生命力。

“故宫学”——连接“一个故宫”和“两个博物院”的纽带

记者：大家都很高兴看到两岸故宫博物院有突破性的合作，但是这些合作能否持久下去呢？

郑欣淼：我认为两岸故宫博物院的合作是有内在动力的。两个故宫博物院有其特殊性，一方面，大家都知道，台北故宫博物院的藏品是过去故宫博物院的一部分，战乱中南迁文物的一部分，这部分藏品和北京故宫博物院的藏品一样，基本都是清宫旧藏，她们是一脉相承的，有很强的互补性，两者结合起来，才能看到真正清宫旧藏的原貌和全貌。另一方面，两个故宫博物院拥有一段共同的历史，就是从1925年到1949年，这20多年是中华民族的多事之秋，包括抗日战争、国共内战、中国的民主革命等等。故宫博物院的这段历史，特别是文物南迁，和中华民族的命运相连。所以赋予了故宫博物院这段历史的特殊意义，这里面有我们民族的感情，大家都很珍惜这段共同的院史。另外，在这段时期形成了对博物院管理的一些规矩、习惯，对文物研究的特点，这在我访问台北故宫博物院的时候也深有体会。所以基于这些原因，两岸故宫博物院是有长期合作的内在动力的。

我去年10月第二次访问台北故宫博物院的时候就感到，两岸故宫博物院的进一步发展，结合点就在“故宫学”。“故宫学”是我在2003年提出来的，是基于对故宫是一个文化整体的认识上提出的。“故宫学”不仅把故宫古建筑、宫廷文物珍藏以及宫廷历史文化当做一个整体，而且包括了两岸故宫博物院成立以来的80多年历史。这一整体性，也使流散在院外、海外、国外的清宫旧藏文物、档案文献、宫廷典籍，都有了一个学术上的归宿。“故宫学”这一提法也得到了台北故宫博物院院长和副院长的高度赞同和认同。台北故宫博物院的藏品虽然在数量上不及北京故宫博物院，但主要门类也是齐全的，法书、绘画、陶瓷、玉器、青铜等，一应俱全。只有将两岸博物院的藏品放在一起研究，价值才能全部体现出来。试想一下，如果北京故宫博物院的研究人员不了解台北故宫博物院的藏品，不了解台北故宫博物院的研究状况，那么他的研究肯定不能说是最好的。就像这次“雍正大展”，台北故宫博物院向北京故宫博物院借了27组（37件）藏品，展览取得了很大的成功。如果没有这37件藏品，台北故宫博物院也可以办一场很不错的展览，但是这些承载了雍正时期记忆的代表性珍品就会缺失在世人视线中，人们对这一时代的认识就会有局限性。同样的，如果北京故宫博物院要办雍正大展，它同样需要借助台北故宫博物院的藏品才能呈现给大家一个完整的雍正时期全貌。从这点出发，两岸故宫博物院要有更大的发展，就必须与对方交流合作，这是割不断的联系。只有通过对文物的全面研究，才能对当时的时代、工艺等有更深刻的认识。

非常可喜的是，两岸故宫博物院的同仁都意识到了这一点，所以去年第二次会谈时的合作议题就不仅限于合办展览了，我们感到更深层次的交流合作是对文物的研究，也就是我提的“故宫学”。这就是两岸故宫博物院割不断的内在联系。

我认为，两岸故宫博物院是不会人为阻断彼此间的交往的，即使由于政治大环境等原因有一时的曲折，但总的趋势还是会合作的。

我们有一个故宫，两个博物院。博物院想要发展，就必须互相取长补短。去年的交流从文物的相聚到后来着眼于“故宫学”，是两岸故宫博物院交往发展的必然，也昭示着两岸故宫博物院的交往将持续下去。

故宫学五年来又上一个新台阶

记者：您刚才提到了“故宫学”，五年前，您接受我采访时谈到《故宫学刊》是“故宫学”明确创立的标志。一个学科能不能成立，有几个重要方面，一是这个学科研究的对象是什么；二是这个学科的研究，它的研究成果，要有一定的基础。五年过去了，您能介绍一下“故宫学”在这几年取得的最有价值的成果吗？

郑欣淼：这几年“故宫学”学科一直在不断深化发展。主要取得了以下几个方面的成果：

首先，搭建了国际性的学术交流平台。故宫学研究涉及许多方面，但从北京故宫的文物藏品优势和其他特点来说，相对突出的有五个方面：对明清宫廷藏瓷、制瓷、用瓷的研究，对明清宫廷绘画机构及创作和收藏品的研究，对明清宫廷建筑的研究，对明清宫廷史的研究和对清宫藏传佛教文物的研究。由此，我们在2005年成立了古陶瓷研究中心、古书画研究中心；在2006年成立了古建筑研究中心；2009年10月，成立明清宫廷史研究中心和藏传佛教文物研究中心。聘请了海内外相关领域的著名学者专家作为客座研究员。这五个中心均属于非建制性的研究机构，目前挂靠在相关的文物部门。在这个平台上如何展开有影响力的学术交流活动，如何既各有特色、又能形成整体合力，正是目前筹划进行的工作。现在，我们已开始筹备“故宫学国际学术研讨会”，以庆祝故宫博物院成立85周年，五个中心都有重要的学术活动。

其次，组织了大型的出版工作。故宫将要出版《故宫百科全书》，这是专门知识的大型百科全书，大约有25000个条目，总计2000多万字，在撰写这部辞典的过程中，故宫学的学科体系以辞典的形式向学界和全社会展示，这在向海内外传播、研究故宫学有着不可替代的作用。目前，列条目名称的工作即将转入尾声，大约需要三、五年的时间可以出版。参加撰写的人员，以故宫的专家、学者为主，也聘请了许多国内外的知名学者一并开展工作。另外，2003年创办了《故宫学刊》，目前已经出版了四期，主要给研究故宫学的国内外专家和学者提供学术平台。今年还准备出版第一批“故宫学研究资料丛书”，其中的《故宫治学之道》、《故宫学术沙龙》、《故宫学术论坛》、《明清宫廷建筑大事史料长编》、《清宫金砖档案研究》、《民国故宫史料汇编》、《故宫博物院学术成果总目》、《故宫研究论著索引》八种争取在院庆之前出版。

记者：有没有重要的学术活动？

郑欣淼：最后，在研究机构和高校开办学位教育和学术讲座，也是最近几年重要的工作。我们在高校举办“永远的故宫”系列讲座。目前高校还没有独立开设故宫学这门课程，但是，许多高校邀请故宫的专家和学者讲授故宫学的理论、故宫学的实践成果等等，受到广大师生的好评。我们与中国艺术研究院研究生院联合培养硕博士研究生，其中就有故宫学研究方向，现在已经有了研究故宫学的博士研究生。以后待条件成熟后，故宫应该成为研究故宫学博士后的流动站，最终成为学界瞩目的研究中心。“永远的故宫”系列讲座是由故宫博物院与北京部分高校联合主办的旨在广泛传播故宫传统文化知识的活动。从2006年启动以来，已经在北京大学、清华大学、北京师范大学、中国人民大学等11所高校举办了31场讲座，内容涉及“故宫学”、博物馆研究与比较、明清古建筑、清代宫廷生活、文物珍赏等。

故宫学在与多学科的互动中发展

记者：“故宫学”研究范围广泛，包括故宫古建筑（紫禁城）、院藏百万件文物、宫廷历史文化遗存、明清档案、清宫典籍和85年的故宫博物院历程等六个方面。它是一门综合性学科，涉及历史、政治、建筑、器物、文献、艺术、宗教、民俗、科技等。那么，它与相关学科，如明清史研究、满学研究有怎样的关联？

郑欣淼：从明清皇宫到故宫博物院，“故宫学”涉及范围的确很广，其理论要旨是以明清宫廷文化遗产（可移动文物与不可移动文物，物质文化遗产与非物质文化遗产）的保护、研究、展示、传播为核心，联系并打通相关学科，从研究内容与研究方法两个方面形成特色鲜明的故宫学派。故宫学研究方法上的最大特色是跨学科性。

用“故宫学”研究宫廷文化，使相关学科产生有机联系。如研究满学，就其范围而论，涉及东北满族和满族入关后的八旗等等，用“故宫学”的视角去研究满学，就会将满学与清宫史联系起来，那就是研究满学在清宫的生存和发展，又由于清帝特别是康熙、乾隆皇帝热衷于汉文化，使汉文化对满学产生了积极影响，这样，在“故宫学”的视角里，清宫史、满学和汉文化产生了积极的交互影响。

例如，汉文有篆书，满文也有篆书，它是在汉文篆书和蒙文篆书基础上创制出来的新字体，其各种篆体的命名，都沿用了汉文篆书的原名，乾隆皇帝的《御制盛京赋》，就曾用32体满汉文篆字编印，每种篆体各一册。乾隆皇帝钦定的“二十五宝”，其中21种都是满汉文两种篆书镌刻，以使之协调。

记者：“故宫学”与相关学科是如何交互影响的？

郑欣淼：“故宫学”一方面吸收历史、文学、考古学等其他学科的发展成果，另一方面本身的成果反过来对其他学科也有推动作用。比如说“故宫学”与明清史研究，明清史研究不等于故宫学研究，但明清史研究中的明清宫廷史研究应该是故宫学研究的重要组成部分。明清两代大部分的皇帝都在宫廷活动，留下了大量的文物和痕迹，这对明清史的政治、历史、文化、艺术、工艺方面都有重要的互动的作用。我们对明清宫廷史的研究对整个清史研究就有促进作用。

记者：故宫本身是一个巨大的有物质形态的存在，如何利用这种优势，推进故宫学的发展呢？

郑欣淼：物和史，本是两个不同类的事物，前者是文化载体，后者是记述历史发展的文字。我认为：“物非鉴史物非物，史无物证史无史。”“故宫学”就是要把这两个分家的事物牢牢地联系在一起，这就是“以物证史、以史论物、史物结合、物物相证。”过去，研究上古史，非常注重出土文物，研究明清史，非常注重文献，但对实物注重得不够，这与博物馆的开放程度有一定的关系，故宫学研究方法的要旨之一就是要将宫廷文物的研究与宫廷历史的研究紧密地结合起来。

记者：古代中国人的文化和精神很大程度上是由历代思想精英和皇家统治集团提升、确立、散播天下，如儒家文化就是成为官方意识形态后成为中国人核心价值观的。也就是说，皇家宫廷文化与古代中国人的文化精神关联极大，与中国传统文化密切相关。比如治国理念的确立、变化，牵涉国计民生的重要政策的讨论、确定的过程与程序等等均可寻出文化意味。在这方面“故宫学”是否有过研究？“故宫学”在中国文化传统中是个什么样的位置？

郑欣淼：中国传统文化从哲学层面上说，有儒家文化、道家文化和佛教文化等等；从社会层面上说，有皇家文化（即宫廷文化）、官宦文化、文人文化、民间文化等；从传统文化自身来说，其社会科学包括哲学、历史、文学、艺术等等，其自然科学则更广泛，如天文、地理、算学、医药等等。这些文化之间虽各有不同，但没有鸿沟，互有联系。“故宫学”所处的位置是皇家文化这一部分，或者说，“故宫学”所研究的核心是皇家文化。

皇家文化代表了一个国家执政家族在拥有物质文化艺术财富的程度、享用物质生活的质量达到的当时的最高水平。皇家文化的物质水平是最高的，但不等于精神生活一定是最高尚的，因为其精神境界与水能“载舟”和“覆舟”密切相关，在他们面临上升的时期，其精神状态是比较健康的，当他们面临崩溃之时，其精神状态是极度空虚甚至是相当肮脏的。所以，我们要纠正那种“以皇家文化为最高”的片面思想。那么，具体地说，研究皇家文化应当包括精神和物质两大类，在精神方面，研究他们的统治理念及其演变和衰落，研究他们与宗教的关系和民族关系，研究他们的统治策略，研究他们的各种礼仪等等，特别是研究他们治国方略的得失成败，研究几代帝王和大臣们的执政水平，总结其经验教训，对我们国家目前所进行的建设事业是大有裨益的。在物质方面，研究皇家的生活方式，如他们的各类建筑、饮食、娱乐、医疗、养生等等，研究他们收藏的历代各类艺术品及其他们对这些艺术品的整理和判断力，研究他们所从事文化艺术创作的成就等等。

记者：最后，我们了解到今年是故宫博物院建院85周年，紫禁城肇建590周年，在学术方面，故宫博物院是否有重要的纪念活动，能否提前给我们透露一些？

郑欣淼：好的。一个大的纪念活动是举办“明代永乐宣德时期文物展”，明代永乐宣德时期有很多的特点，之前没有专门关于这个时期的展览。另外，我们会举办“两岸故宫博物院第二届学术研讨会”。这是继去年11月在台北召开的“为君难——雍正帝其人、其事及其时代研讨会”后第二次由两岸故宫博物院合作举办的学术研究活动。我们还计划在10月份前后举办一个国际性的“故宫学”学术研讨会，台北故宫博物院院长周功鑫也将出席。我们3月份就开始做准备工作，计划分为古建筑、古文物（陶瓷、书画等）和宫廷历史文化三个专题，同时还有综合性的对“故宫学”本体的学科理论和学科建设的探讨。再有一个活动就是关于文物南迁的资料的展览，主要展示的是档案，包括当时的电文密信、各种文献。最后值得一提的一个活动是我们计划组织一次重走文物南迁之路的活动，那些守护中华民族瑰宝免遭破坏的护宝人们的精神值得我们永远铭记和发扬。

原载2010年2月11日《中国社会科学报》

以学术研究推动故宫发展
以开放理念完善公众服务

——郑欣淼院长专访

采访者：南京博物院院长龚良

郑欣淼，男，1947 年生，陕西省澄城县人。故宫博物院院长，曾任国家文物局党组副书记、副局长，文化部副部长等职。着力于政策理论、文化理论、文博建设等方面研究，先后有 8 部著作出版。特别是近年来对“故宫学”的创立与建设，不仅引起学界的关注，更是有效地推进了故宫博物院事业的发展。

2010 年 3 月，南京博物院龚良院长带领部分院领导、中层干部应邀访问故宫博物院，并受本刊编委会委托，就故宫、故宫学及博物馆的遗产保护、学术研究、服务公众等内容，对郑欣淼院长进行了专访。

龚良：郑院长您好！早在您任职国家文物局时，作为文化学者，您已经给文博系统和学术界留下了深刻的印象，所以大家都比较关心，也比较期待：一个学者型的院长，对于故宫会有怎样的认识和评价？

郑欣淼： 我是作为一个院长来故宫的，我的任务是管理好古建筑及其藏品，办好故宫博物院。刚开始它在我眼里的印象，是中国的一座最大的博物院，现在的认识则进了一步。故宫不单单是一座皇家宫殿，也不单单是中国最大的博物馆，而且是将建筑、文物、典籍等多个方面融合在一起的文化整体，可以这样说，故宫本身就是中国传统文化的一个结晶。

在故宫现有的150万件文物中，论其年代，上自新石器时代，下至宋元明清直至近现代；论其范围，囊括了古代中国各个地域的文明精华；论其民族，包容了汉族和古代许多少数民族的艺术精粹；论其类别，我们藏有25大类、69小项文物。中华民族上下五千年的文明史，在故宫博物院的各类藏品中都能一一得到充分的印证。

另外，故宫最为人们所瞩目的皇家建筑，也是文化整体的一部分。故宫的建筑群包括了政治、宗教、祭祀、文化、家居、休闲、娱乐等各种功用，它代表了中国古代建筑的最高艺术成就和管理水平，甚至可以说是古代东方建筑的典范之作。一条中轴线、金色的琉璃瓦、朱红的高墙，故宫的一砖一瓦都将皇权、礼制的语言铸造在其中。故宫的建筑史以凝固的形态，留住了历史的精神气质。这种精神气质，无形却有力地透视出时代、社会、国家和民族的政治、宗教、伦理等深层次的文化内涵。

这是从我做院长到现在最大的收获。

龚良： 您上任伊始，就着手实施故宫的大规模修缮，目前维修已进入第二阶段。这次世纪大修是1911年以来的首次全面维修，再加上故宫在国人心目中的特殊地位，因此备受国人关注。郑院长能不能详细介绍一下具体情况？

郑欣淼：此次故宫大规模修缮任务由国务院确定后，故宫博物院与中国建筑设计研究院历史研究所合作制订了《故宫保护总体规划大纲》，这其实是《文物保护法》以及《中国文物古迹保护准则》在故宫维修工程中的具体化，是故宫保护工程的指导文件。按照要求，故宫保护工程必须完成保护故宫整体布局、彻底整治故宫内外环境、保护故宫文物建筑、系统改善和配置基础设施、合理安排文物建筑的使用功能、提高文物展陈艺术品位与改善文物展陈环境等五大任务。

我们的维修计划分为两个阶段。第一个阶段是从2002年一直到2008年。主要是把中轴线及其以外的主要建筑修复好。第二阶段是2009年到2020年。2020年是紫禁城建成600周年。到2020年的时候，我们的目标就是要把所有的建筑物都修复一遍，实现制度化、规范化、数字化的维护管理，走上良性循环，使故宫能焕发青春。

龚良：您是一位学者型的领导，重视和坚持学术研究是您多年来始终秉承的理念。因此，紧接着这项世纪大修，您又提出了“故宫学”的学科概念，并为建设这一学科著书立说、躬身实践。记得您是在2003年南京博物院成立70周年举办的馆长论坛上正式提出了这一概念，概念提出以后，旋即引起学界的广泛关注，其后也出现了一些针对“故宫学”作为一门学科的争论。您当时是在怎样的背景下，或者说是基于哪些考虑提出这一概念的？

郑欣淼：“故宫学”的提出，在故宫博物院发展史上是一个大事。能不能成为一门学科，首先要确定有没有可研究的内容与对象，同时要看研究的成果和基础，两方面都具备了，才有可能成为一门学科。博物馆都有收藏、展示、研究的任务和功能，大型的博物馆对于学术研究则更为重视，但像故宫博物院有着明清两代的皇宫，有着以宫廷旧藏为主的150万件文物，有着80多年学术研究的大量成果，这是一般博物馆无法比拟的。这就使得故宫学有了作为一门学科所具备的研究对象、内容与研究成果和基础。2005年是故宫博物院成立80周年，2003年我们已开始筹备80周年的庆祝活动。我到故宫时间不长，结合院庆，对故宫80年历程进行回顾总结，包括学术研究。80多年的故宫研究，总的来说，已取得令人瞩目的成果。但从故宫本身的地位、作用及当时（2003年）的研究状况看，故宫研究还需要提升、创新、突破。其时还存在一些问题：缺乏长远、统一的规划，重点不很明确，一些重要课题的研究还不够深入，研究方法还比较单一，研究力量缺乏必要整合，海内外的学术交流还不够广泛，故宫对院外研究者提供必要的服务还做得不够好，等等。因此，有必要提出并加强故宫学的建设，即明确故宫学是一门学科。

因此，故宫学是我们在总结以往经验教训、立足故宫现实情况、着眼博物院未来发展的基础上提出的。故宫学不仅是学术研究从自发走向自觉的理论概括，也是处理好“宫”与“院”关系的方法论，指导并推动着故宫保护与博物馆建设全面发展。

龚良：的确，无论是从故宫本身的特殊地位及其藏品所蕴含的文化的特殊性，还是从一门学科的角度，“故宫学”的研究内容与研究对象确实涵盖甚广，我们很想了解故宫学更为具体的内容以及如何理解故宫学。

郑欣淼：故宫学的研究对象是故宫。我们说的“故宫”有两方面的含义：一是紫禁城古建筑（故宫），二是故宫博物院，二者密不可分。故宫学的研究内容主要有六个方面：一是紫禁城宫殿建筑群，二是文物典籍，三是宫廷历史文化遗存，四是明清档案，五是清宫典籍，六是故宫博物院的历史。

如何理解故宫学？弄清这个问题，首先要把握故宫文化的内涵和定位。故宫文化是以皇帝、皇权、皇宫为核心的皇家文化，属于中华传统文化的重要组成部分。宏伟的皇宫建筑，珍贵的皇家收藏，丰富的宫廷遗存，以及大量的宫中所藏档案及图书典籍，是皇家文化不可分割的组成部分，成为中华文明的最重要的载体和象征之一。国运的兴衰、帝王个人的爱好以及典章制度的变化，都可以从皇家文化的嬗递中探求出带有规律性的东西来。从这点看，故宫学不是杂乱的、零碎的、毫无关联的，而是有完整的内在体系的一门独立学科。它的重点是与皇家文化有关，而不同于一般的明清史研究，也不同于一般的艺术史研究或建筑史研究。

我提出“故宫学”就是把这些看成一个文化整体。我认为故宫本身是一个独立、完整的学术概念。故宫是个文化整体，敦煌文书不一定与敦煌有直接关系，而故宫与它的藏品、与发生在其中的人和事，是有密切联系的。故宫是明清两代皇宫，与朱元璋家乡凤阳故宫、南京明故宫及沈阳故宫都有关系，与整个北京城的明清皇家建筑也有关系，反映了好多政治理念、文化内涵。提出故宫学，有利于整合各方面的力量，发挥其积极作用，对流散在海内外的清宫文物也有个学术上的归宿。

我们重视传统文化在当代文化建设中的作用，特别重视全球化过程中怎么保持我们文化的自主性和独立性，我认为故宫可以发挥它独特的作用。

龚良：创立任何一门学科都是筚路蓝缕、充满艰辛的，尤其关于学科的研究对象、研究方法、学科定位等诸多基础理论方面的建设，往往是至关重要且十分紧迫。这些年对于故宫学这样一门新的学科，您倾注了大量精力。事实上您通过相关著作对这一学科体系的构建已经为学术界接受和认可。记得您在接受相关媒体采访的时候曾提及“故宫学是一门综合性学科”，事实上，作为一门综合性的学科，它的研究对象太过丰富；但如果仅从学科发展的角度出发，问题难免空泛，郑院长能不能具体描述一下故宫学的近期发展前景？

郑欣淼：故宫学涉及对中国整个文化的研究，包括中国文化史、美术史（包括工艺美术）、明清史，另外对宫廷文化史的研究意义也很大。正是因为故宫学研究内容很丰富，要一下子铺开不可能，只能从我们的实际出发。

从我们文物藏品与研究现状的实际出发，目前确定了几个重点：一个是古书画的研究，我们有 14 万件左右古书画，占世界公立博物馆的中国古书画所有藏品总量的 1/4。二是我们有古瓷 35 万件，而且这两方面学术力量已经形成梯队，有一定的研究成果，得到海内外的公认。三是古建筑研究，包括中国古建筑的传统工艺技术，这是珍贵的非物质文化遗产。四是明清宫廷历史文化研究。我们期望这四个方面能有大的突破，并吸引专家学者参与研究，我们也相信有一批年轻的学者，会伴随着故宫学的研究成长起来。

为此，我们先后成立了古书画、古陶瓷、古建筑、明清宫廷历史文化以及藏传佛教文物五个研究中心，聘请了一批国内外及港台的有关专家学者作研究员。各研究中心将根据不同的研究对象和范围，采取不同的活动方式，创造必要的条件。研究中心不是空牌子，为了确保研究质量，从研究场所、研究设备、文物资源的利用与保护、学术成果的出版与管理等方面都有一套完整的章程和办法。研究中心的成立为国内外专家学者开展合作性课题研究提供了学术平台。同时，我们也希望能藉此提高故宫整体学术研究水平。当然，这五个中心是重点，但并不是说其他方面不重要了，都要重视，都要努力进行。

龚良：的确，故宫学让故宫的学术研究更具开放性了，而且故宫学所倡导的“故宫在中国、故宫学在世界”的理念所蕴含的开放的工作思路、自觉的创新意识，不仅引领着故宫学术研究从自发走向自觉、积极规划故宫的学术前景、提高故宫的学术影响力和学术地位，更为故宫保护和博物馆建设事业提供了理论的指导。前面我们谈到的故宫修缮，便是故宫保护极好的例子。故宫作为世界遗产，在修缮中即遵循了遗产保护的理念和规范。

郑欣淼：此次大修是对故宫“完整保护、整体维修”理念的实践，体现出对故宫保护的文化传承意义。此次维修与以前最大的不同在于，以往维修都是哪出了问题对哪进行抢救性维护的被动行为，而此次维修有详细的计划和步骤。另外，此次维修将是对东方木构建筑进行保护的一次成功实践，维修的思路、原则、要求、标准、方法不但对国内，而且也将对国际文化遗产保护做出贡献。

在已进行的故宫保护工程中，相关技术对于更准确地记录故宫现状、文献，分析和认知故宫古建筑，补充传统技术的缺憾，筛选新保护材料、新工艺和采用新技术，发挥了重要的作用。在这次古建筑维修中，将对每处宫殿编制完整的档案，公开出版，总名为

《故宫古建筑实录》大型丛书。其性质是科学报告，是古建筑维修的真实记录。

可以说此次故宫维修，为今后中国传统建筑的保护性维修以及保护方式，走出了一条有中国特色的道路。

龚良： 自您提出“故宫学”的学科概念后，近年来，故宫在学术研究方面还有哪些重要的举措或者说是规划？

郑欣淼： 一是在制订《故宫博物院发展总体规划纲要》和《故宫保护总体规划》中，把建立“故宫学”的学科目标、规划“故宫学”学科框架作为重要内容。制定全面、系统的故宫学术研究计划。

二是重视基础工作，加强“非文物”与“文物资料”的整理。从全面保护文化遗产的角度，真正弄清故宫的“家底”。加强故宫基础资料、史料的整理，编辑出版有关故宫文化遗产的志书、实录、编年、记事等。

三是故宫在北京，“故宫学”在中国，在世界。树立开放心态，吸引社会学术力量介入，加强与海内外的合作、交流，通过客座聘任、课题聘任、项目合作等方式，完成一批重大课题。发挥中国紫禁城学会、中国博物馆学会、宫廷史学会等社会学术团体的作用。重视紫禁城出版社的作用，继续出版好故宫学术文库。

四是根据学科建设需要，积极培养和引进各类人才。建设高水准的文物研究学者、文物保护专家和博物馆管理专家团队，拥有相关学科带头人并形成合理的知识结构和年龄梯队。

我认为最重要的一点，就是要让社会参与故宫的研究，包括故宫的学术、文化整理。对此我们有些重大的举措，如故宫藏品的整理，故宫已作出宏大的计划，要将藏品目录向社会公布。

龚良：说到公布藏品目录，我想起故宫从2004年开始、预计今年内完成的另一项工作——即规模空前的文物清理工作，这是您到任第3年部署实施的又一件重要的工作。事实上，故宫清查家底已经不是一次两次，不过到目前为止还的确没能向社会公布一个确切的藏品目录，可见这项工作的艰辛与繁重，但这又确确实实是博物馆的一项重要且必要的基础工作，它关系到博物馆的综合实力、能力和保护、管理水平。

郑欣淼：以前我们在文物的理解上是比较狭隘的。现在我们对文物的观念已经扩展到文化遗产，宫廷的所有遗物都是历史的见证物，也应该得到保护。

在清理文物的过程中我们发现，我们对宫廷遗物的认识是不够的，长期以来，许多物品是不被当做文物看待的。举个例子，近年来，我们整理出皇帝、后妃的字画2万多件，仅乾隆皇帝的就有2000多件，因为其中有代笔或后人认为水平不高未被重视，仅当做"资料"看待。武英殿的"殿本"相当有名，现在故宫还存有20多万块殿本书版，质地是梨木、枣木，刻工相当漂亮，也未被当做文物。

事实上经过几代故宫人的整理、鉴别、分类、建库等，故宫对于馆藏文物现在基本上做到账目比较清楚、管理制度逐步健全。但是由于故宫藏品及遗物数量巨大、种类繁多、贮存分散，以及过去对文物认识的局限性等原因，虽进行过多次清理，仍存在某些文物账物不相符合、大量重要的宫廷藏品未列入文物、一些库房尚待进一步清理等问题，而且至今院藏文物还没有一个确切的数字。所以我们需要进行这次大清查，包括点核、整理、鉴别、评级等一系列工作。相信这次的清查将全面摸清故宫的文物家底。

龚良：这同时也是故宫在践行一贯奉行的“开放的故宫”的核心理念。

郑欣淼：80 多年来，故宫一直致力于继承、发扬优秀的传统与学风，秉承“开放的故宫”这个理念。当年清宫善后委员会一方面公开文物藏品，边清点清宫物品边整理出版，至 1930 年 3 月基本结束清查，《故宫物品点查报告》6 编 28 册就向社会公开刊行，117 万余件物品赫然在列。这在当时是非常了不起的。另一方面认真整理档案文献，也尽量向社会公布，还有故宫典籍目录、书画集等。最有影响的是连续出版 510 期的《故宫周刊》，图文并茂，图为介绍院藏各类文物包括古建筑物，文字部分有专著、考据、史料、笔记、校勘、目录、剧本等。

目前故宫还在对文物进行清点，在清点完文物后，故宫将编印《故宫博物院文物藏品总目》和《故宫博物院文物藏品大系》，向社会发行，以更好地为人们的鉴赏、研究等不同需要服务。也希望社会能够更好地对故宫的文物保护等进行监督。这和建院初的“绝对公开”一脉相承。

龚良：您在 2008 年出版的专著《天府永藏——两岸故宫博物院文物藏品概述》中，对两岸故宫博物院文物藏品渊源、发展及全貌的梳理，已经让人们对于故宫的价值、意义及地位有了进一步的认识。故宫藏品目录的公布将进一步让大家对北京故宫有一个全面的了解，特别是能让一些留有“北京故宫有宫无宝，台北故宫有宝无宫”印象的人，通过了解和对比，对相关事实有一个客观的认识。

郑欣淼：这个问题很多人不清楚、有误解，其实北京故宫不仅藏品远多于台北故宫，而且总体上精品也多于台北故宫。首先，故宫博物院成立之前，逊帝溥仪将1200余件书画精品、古籍善本和大量珍宝盗出宫。新中国成立后，其中相当部分重新回到了北京的故宫博物院，如《清明上河图》、《韩熙载夜宴图》、《五牛图》，以及早前流出宫外的《伯远贴》、《中秋贴》等。其次，1933年故宫南迁文物共13491箱，但北平故宫本院所留文物仍相当多，其中有不少是珍品，沦陷期间继续清点未曾登记的文物，并征集了一批珍贵文物。南京政府曾下令马衡院长选择留平文物精华装箱，分批空运南京，马院长虽将珍品编目造册报南京，但以各种理由推延装箱，后来一箱也没运走。南迁文物运台2972箱，占南迁箱件数的22%，当然多是精品。其实留下的78%中精品也相当多。国民党向台湾运文物，因战争形势突变只运了三次，第三次拟搬运1700箱，由于运输舰舱位余地有限，加之仅24小时装船时间，结果只运出972箱，另728箱也留在了内地。最后，两岸故宫文物藏品构成上稍有不同。运台故宫文物约60万件，其中清宫档案文献38万件册，善本书籍近16万册，器物书画5万余件；加上抵台后征集的文物，总计65万余件。北京故宫原有明清档案800万件，善本特藏50多万册（件、块），器物书画100万件，总计曾达960万件。1980年明清档案划出，成立中国第一历史档案馆；又将包括部分宋元版书在内的14万册宫廷藏书拨交国家图书馆及一些省市和大学图书馆。现北京故宫有藏品150余万件，其中1949年以后征集24万多件，80%以上仍为清宫旧藏。

我还要说明的一点就是，两岸故宫可以作这样的比较，但文物是不可替代的，而且它们都各有自己的价值。特别是故宫出去的这些东西，又都是皇家宫廷收藏的，本身就是一个整体，所以它们有很强的互补性。我们两家过去长期缺乏交流，但这个关系却是割不断的。因为这些文物的互补性，人为地阻断交流只能是暂时的。从2009年以来，两个故宫的交流迈出了历史性的第一步，并有了很大的发展，其根本动力就是这种同根同源的关系。

龚良：近年来，无论是国际博协倡导的理念还是我国的精神文明建设与和谐社会构建的需求，都有力地推进了博物馆融入人类的文化生活、社会发展等各个方面，博物馆的收藏功能固然重要，但是更多的人会比较关心当他们走进博物馆，究竟能看到多少文物。因此，博物馆开始关注并着力拓展自身的服务功能。2007年以来，我国博物馆陆续向公众免费开放，依托丰富的馆藏举办丰富的展览便成为公益性文化设施服务社会的一个重要举措，也成为博物馆的独特魅力。故宫有着如此丰富的馆藏，来自世界各地的观众络绎不绝，因此在吸引观众、服务公众方面一定有着丰富的经验和骄人的成绩。

郑欣淼：故宫的宝藏可以分两类，一类是有形的，看得见的，如紫禁城古建筑，大量的历史艺术瑰宝；一类是无形的但也是相当重要的文化遗产，如古代官式建筑的技术，文物保护的传统技艺等。

故宫的展览大体有三个方面，第一个方面是专题性质，属于长期的陈列。已办好的有珍宝馆、钟表馆、石鼓馆，以及武英殿的书画馆、文华殿的陶瓷馆；第二个方面的展览是宫廷原状或原状式的陈列，就是三大殿啊，西六宫啊，基本上按原来的样子，里面有大量的文物；第三个方面就是临时办一些展览，包括许多重要的引进展览，主要在午门、神武门举办，每年我们到国外办的展览以及参加的展览也有十个左右。

目前故宫的藏品有150余万件，约占全国文物系统馆藏文物总数的1/10，其中一级文物约占全国一级文物总数的1/6，不仅藏品等级高，而且品类全，包括了历代各门艺术的珍品。目前的开放面积约占总面积的1/3。经常在院展出的文物近万件，另外每年有上千件文物在国外展出。

参观故宫的游客近年来增长很快。2005年是830万，2006年870万，2009年达到1182万人次。大英博物馆免费，2005年才700万，卢浮宫也不过600万。2008年10月2日，故宫游客曾达14.8万。故宫是中华文明的重要标志，无论中国人或外国人，首次来北京而不看故宫，一般是不可能的，就像到了拉萨而不去布达拉宫。很多人一生只能来一次故宫，所以限制人数是不现实的。博物馆是公益性事业，社会效益是其永恒的主题。

龚良：观众是博物馆最珍贵的资源。从这一个角度说，故宫拥有绝对的资源优势。所以，你们秉承开放、服务和追求社会效益的理念，即使是修缮的情况下也坚持正常开放，一方面坚持履行了服务公众、服务社会的职能，另一方面也有效解决了文化遗产领域普遍存在也最为棘手的“保”与“用”的矛盾。

郑欣淼：我们是一边维修保护，一边开放展览。从目前来看，维修工作基本没有影响到我们的开放服务。

龚良：站在公众的角度，自然也是希望故宫开放的面积越大越好，展出的文物越多越好。但是当故宫为了满足公众日渐高涨的观览热情，一步步迈向更加开放的时候，对于故宫保护上的忧虑正日益加剧相关学者的不安。郑院长怎么看待这个问题?

郑欣淼：这个问题故宫确实比较突出。游客的增多，在向世人证明紫禁城价值的同时，也对古老的建筑及环境构成较大的压力，同时也有一个服务质量的问题。但故宫有个好处，就是大，可看的多。我们打算以拓展开放、促进保护的策略，促进开放总体规模，实施分片轮展等方式，促进文物建筑日常维护工作，有效改善文物建筑的延续性。以展存结合的对策，强调采用原状陈列方式，突出宫廷文化展示主题，寻求故宫不可移动文化遗产的有效保护和优质展示，全面扩大遗产的文化传播影响，提升社会效益。

目前正在进行的古建筑大修，将使开放面积逐步扩大，最后将占到故宫文物建筑区的80%以上。文物建筑利用强度将受到科学合理的控制，展示院落实行开放和分片轮换开放相结合方式，价值突出、空间有限的建筑和宫廷园林要划分特展区，按照保护要求严格限定参观人数。我们还要特别加强“黄金周”期间的开放管理。

龚良：许多人经常会拿故宫和国际上其他一些一流博物馆进行比较，往往觉得故宫的藏品展出太少，“藏”与“展”的矛盾还是比较突出。对此，郑院长怎么看?

郑欣淼：确实如此。当然故宫博物院也有一些特殊情况。故宫博物院是世界上现存建筑面积最大，保存最完整的古代宫殿建筑群，是世界文化遗产。许多游客来故宫，主要是看古建筑，加之故宫面积又大，从南到北，即使走马观花，匆匆一过，也很费时费力，旅行社又对游客有时间限制，这样不少好的展览往往就只能割爱了。

龚良：近年故宫着力拓展了新的途径，进一步扩大藏品展出的规模，保证了更多的珍贵文物的展出，切实提升了服务公众的水平和能力。郑院长能否详细介绍一下？

郑欣淼： 故宫的午门经过改造，已经成为一个近千米的现代化展厅，并获得联合国教科文组织亚太文化遗产保护创新奖，主要用于展示书画等条件要求比较高的文物。这里我要特别介绍一下武英殿书画馆的“故宫藏历代书画展”，从 2008 年以来，每年展三期，每期都以中国美术史为脉络，所选的展品均为我国美术史上的经典之作，展览分为晋唐宋元、明代和清代三个部分，连续 3 年办 9 期，把我院的书画精品呈现给广大观众，现已办了 6 期，今年第 1 期即将开展，已展出的有王羲之行书《兰亭序》、《步辇图》、《文苑图》、《韩熙载夜宴图》、《写生珍禽图》、展子虔《游春图》、韩滉《五牛图》、赵佶《芙蓉锦鸡图》、顾恺之《洛神赋图》（宋摹）、王希孟《千里江山图》、李白《上阳台帖》等。

目前，故宫正在筹备建立一个现代化的展馆，从而解决一些不适合在平常环境下展出的文物难题，比如丝织品、书画等。新馆建成后，平常少有机会露面的一些文物就有较多的机会跟公众见面了。当然，更多的文物还是利用原有的宫殿展出，我们还举办颇有特色的宫廷史迹展览。这是故宫的一个优势。

故宫还经常与一些国内博物馆合办重要展览。以书画为例，仅仅在 21 世纪初的四五年间，故宫用于国内外书画展览和涉及书画的综合展览以及各种形式的电子展示、出版照相、学术交流的书画就达万件次。这样大量公开书画原件、影像的举措是空前的，其受益的人群在百万以上，其中有 40 余万人亲眼观赏过张择端的《清明上河图》卷真迹。

龚良：大规模的维修对于故宫硬件的改善无疑是巨大的利好，软件服务上的提升对于博物馆各项事业的发展更为重要，特别是近年来博物馆界在数字博物馆、开发观众体验互动项目等方面取得的新的突破，全面推动了博物馆的公众服务能力。我们很想知道在这方面故宫都有哪些规划和举措?

郑欣淼：作为公共文化服务机构，故宫一向重视对软件服务的提升。2006 年我们与 IBM 公司正式启动了“超越时空的紫禁城”项目。通过运用全球领先的交互式观众体验系统和互动、实时的高科技手段，为实地和网络的全球观众提供超越时空的独特体验，实现与祖先和古老文明的对话。在“交互式文化环境”中，参观者可以通过完全互动的方式，深入了解紫禁城及馆藏文物更丰富的背景知识，还可选择参观紫禁城历史上的某些事件，以戏剧般的形式体验曾经的历史情境，获得在历史情景中角色扮演的难得机会。这种“交互式文化环境”开创了故宫博物院在观众导览方面的历史性变革。

我们很早就提出了“数字故宫”的目标，经过多年的努力，故宫院内的自动化办公系统，古建筑信息系统、文物管理系统、历史文档信息系统，以及观众文化信息展示系统等多个工作平台日渐成熟完善，标志着我院的信息化建设已经进入快速发展的新阶段，对弘扬文化的促进作用日渐显著。

我们还在加强“数字馆”的建设，故宫博物院网站收录了逾万张院藏精美文物和古代建筑的图片和文字内容，2009 年每天点击率为 65 万人次。我们还建起了高清晰度的电子画廊，基本可以满足一些专业研究者的需要。

龚良：您到故宫任院长如今已是第九个年头了，九年里您为故宫的事业发展做了许多工作。站在第九个年头的春天，如果对故宫的发展历程做一个回顾，您认为故宫最核心的理念是什么？

郑欣淼：八十多年来，故宫一直致力于继承、发扬优秀的传统与学风，秉承“开放的故宫”这个理念。应该说“绝对公开”的好风气，在相当一段时期里我们坚持得并不够好。改革开放以来，这个好传统得到恢复并发扬光大，特别是近些年来有了更大的进步，它不只反映在文物清理上，还表现在学术研究、文物陈列展览、文物保护、古建维修等多个方面，主要特点就是树立开放心态，勇于打破封闭，加强对外交流与合作，加强博物院与社会的联系。这是故宫保持生机与活力的重要保证。故宫现在正这么做，今后要越做越好。

龚良：展望故宫的未来，您对故宫有一个怎样的规划和定位？

郑欣淼：北京故宫是依托故宫（紫禁城）建立的，它是中国最大的博物馆，有以清宫旧藏为主的100多万件文物，还有丰富的宫廷历史文化遗存。它所在的紫禁城是世界上现存建筑面积最大、保存最完整的古皇宫，是世界文化遗产。故宫博物院是世界上极少数同时具备艺术博物馆、建筑博物馆、历史博物馆、宫廷文化博物馆等特色，并且符合国际公认的“原址保护”、“原状陈列”基本原则的博物院和文化遗产。这一特殊地位，使故宫成为最有代表性的中华文明的象征。

北京故宫未来发展，是在博采众长的同时坚持并发扬自己的特色，更好地发挥在保存、传承中华文化并创造新文化中的作用，这其实就是对世界文化的贡献。现在我们正在进行历时十多年的大规模修缮、对文物藏品的全面清查和整理、建设新的展览馆以及加强学术研究等工作，使故宫成为中国与世界交流、传统与现代对话的文化圣地和精神家园，这是我们的决心，我想也是全国人民的期望。

龚良：谢谢郑院长！相信我们广大的读者也将通过您的谈话内容对故宫、故宫学和故宫理念有一个更全面的认识和更深入的了解。我也代表读者感谢您！

原载 2010 年第 4 期《东南文化》

第二辑

两岸故宫之“脉”

——对话故宫博物院院长郑欣淼

采访者：《解放日报》记者曹静、吕林荫

在不久前实现两岸故宫60年来首次互访后，故宫博物院院长郑欣淼接受了《解放周末》的独家专访。

谈历史，两岸故宫之间割不断的血脉相连；谈今朝，两岸故宫对中华民族文化的一脉相承；谈将来，两岸故宫交流的勃勃脉动……郑欣淼院长谈兴甚浓，采访中，不时走到书柜前翻检有关资料，或翻阅在台北故宫的影像纪念。

血脉相连

两双手，紧紧地握在一起。

一个故宫，两个博物院。纠缠一个甲子的政治风云，改变不了同根亦同源的文化本质。

记者：从台北归来，您能不能简要评价一下这次两岸故宫互访的意义？

郑欣淼：这次两岸故宫互访，是两岸文化交流中的标志性事件，它的意义不仅局限于单纯的文化交流。两岸故宫的交流，是中华民族的一大幸事。

记者：当您的手和台北故宫周功鑫院长的手紧紧握在一起的时候，内心一定有一种特殊而复杂的感慨吧？

郑欣淼：是的，北京故宫与台北故宫之间，有着特殊的情愫。世界上没有哪两个博物院像台北故宫和北京故宫这样，拥有如此紧密的关系。

记者：这种特殊的情愫来自于相同的血脉。

郑欣淼：对，两岸故宫同根同源，其藏品都主要来自清代宫廷。北京故宫博物院现有文物藏品150多万件（套），其中130多万件（套）是清宫藏品和遗存，占藏品总数的85%。台北故宫博物院现有文物藏品65万件（套），清宫旧藏和遗存占到92%。两岸故宫是专门收藏中华历代艺术品最为丰富的两个博物院，都充分反映了中华文明五千年灿烂辉煌的历史，而且都是序列完整的，在世界上都很有影响力。

记者：两岸故宫都是历代皇家收藏的延续。美国两位汉学家曾经感叹，中国两千多年来的皇家收藏，有两点让人印象深刻：一是它异乎寻常的丰富，二是它屡遭涂炭的命运。

郑欣淼：的确如此。北京故宫和台北故宫，是和中华民族的命运紧密联系在一起的。

1925年，故宫博物院成立，1928年被南京国民政府接收。“九一八”事变后，考虑到日军一旦入侵华北，文物就有被毁或被劫的危险，故宫博物院选择院藏文物中的精品迁往上海储藏。1936 年，南京朝天宫文物库房建成，存于上海的文物分批转运到南京储存。不久后，日本侵略者接连发动“七七”事变、“八一三”事变，刚刚转迁到南京的南迁文物，又不得不再次避敌西迁，分散在贵州安顺、四川重庆、乐山、峨嵋等四处，抗战胜利后，全部东归南京。

记者：西迁文物经历了 10 年难以想像的颠沛流离，万幸的是保存了它的完整性。但到 1949 年，中国皇家收藏被一分为二，在北京和台北各自前行。

郑欣淼：对。1948 年 9 月以后，国民党南京政府岌岌可危，故宫博物院和中央博物院决定，选择文物精品运往台湾。运台文物一共三批，总计 2972 箱，抵达基隆后，先后存放在杨梅、台中糖厂、北沟等地。1965 年，在台北近郊的外双溪辟建了博物馆，这就是台北故宫博物院。从此，世界上同时有了两个故宫博物院。

记者：这也就造成了故宫文物互相关联却两地分离的现象。元代黄公望的《富春山居图》，是不可多得的精品之作，前半部分保存在大陆，后半部分保存在台北。被乾隆并称为三希帖的王羲之《快雪时晴帖》藏于台北故宫，王献之《中秋帖》、王珣《伯远帖》存于北京故宫。

郑欣淼：两岸故宫之间这种天然的、不可分割的联系，是由历史和文化铸就的。这次周功鑫院长访问北京故宫，特意提出要看文渊阁。乾隆皇帝修《四库全书》，其中一部藏于紫禁城文渊阁。20 世纪 30 年代，文渊阁所藏《四库全书》南迁，随后又迁台，收藏于台北故宫。在文渊阁，不见《四库全书》，但当年存放《四库全书》的书柜都保存完好。这次周功鑫院长特意来看，看得十分专注。我在台北故宫，也看了离开文渊阁的这套《四库全书》。

一脉相承

60 年各自前行，道路曲折，却殊途同归———为弘扬中华传统文化而默默努力。

这种“不约而同”，体现的是中华民族的文化自觉。

记者：这次您访问台北故宫，印象最深刻的是什么？

郑欣淼：印象最深的一点是，几十年来，台北故宫在台湾社会中发挥了重要的作用，对台湾民众的文化提升起到了积极的导向作用，促进了传统文化与台湾社会的结合。

记者：台北故宫是如何做到这一点的？

郑欣淼：台北故宫的教育推广做得很好，在为民众服务方面，已经和国际接轨。他们针对不同的观众，如身心障碍者、年轻人，举办各种各样的教育活动，周六还实施夜间免费开放。文化产品的开发，也是台北故宫的长项，产品类型从食品到玩具，五花八门。这次我参观了台北故宫的儿童学艺中心，他们将《清明上河图》里各式各样的桥梁制成模型，鼓励儿童来搭建，这个创意就很不错。台湾故宫还有完善的志工（义工）制度，就是志愿者制度。目前台北故宫有成人志愿者 400 位，还有 29 位 10 岁到 12 岁的小志愿者。通过种种举措，台北故宫将历史文化和台湾社会联系得很紧密，在台湾民众中享有很高声誉。

记者：台北故宫有不少值得我们学习借鉴的地方。在此之前的 2 月中旬，您还接待了周功鑫院长一行来访。他们对北京故宫又有何感受？

郑欣淼：他们感觉到，我们在古建筑的保护、文物的维修、信息化建设等方面做得比较好，把传统技能和现代科技结合起来，是我们的长项。在参观时，他们对我们的古陶瓷、古书画研究中心以及有些陈列专馆等给予很好的评价。参观了陶瓷馆后，台北故宫的一些人员直言，感觉像是读了一本陶瓷通史。

最近几年，我们对故宫的研究下了一定功夫，在科研上投入了很大的人力、物力。《故宫博物院学术文库》、《中国紫禁城学会论文集》、《明清论丛》等……这些使得台北故宫对我们的学术研究状况有了较多的了解。现在，我们和香港中华书局合作，10卷本、2500万字的《故宫百科全书》也在编撰中。

记者：经过60年来的各自发展，两岸故宫形成了各自的特色，但应该也有不少共同的地方吧？

郑欣淼：珍惜、保护文化传统的精神，是两岸故宫共同继承的。我这次到台北故宫的文物登记部门看了看。1935年，故宫文物南迁到上海后，曾搞过一次清点，形成了127册文物清册，这次我在台北故宫看到了，他们将其保存得十分完好。我感觉非常亲切，因为这127册文物清册北京故宫也有，我们保存得也很好。

故宫博物院从1925年建院以来，对库房的管理就很严格，有一套完整的手续。即使南迁到上海后，不能适用原来的方法，还是坚持了库房管理的准则。尽管分隔两地，两个故宫博物院都继承了这一传统，文物保管得很好，制度很严密。这次，我到台北故宫库房，感受到这一点。箱子打开一次，封一次，3月2日打开看完后，封条上就写着3月2日。而北京故宫的库房管理，有人评价说太死板，我不这么认为。对文物的珍惜、爱护，是故宫长期形成的传统。在严谨的态度、一丝不苟的精神上，北京故宫和台北故宫是十分相似的。

记者：两岸故宫对文物的尊重、保护，体现的正是对共同的中华传统文化的尊崇和守护。

郑欣淼：确实如此。我在台北故宫看到“三希堂”、“闲居赋”、“至善园”等从样式到名称都很有中华传统韵味的建筑，能感觉到台北故宫对中华民族传统文化的向往之心，这是非常可贵、感人的。这恰恰说明，因为台湾文化是中华文化的一部分，台湾文化在自觉地融入到中华文化的传承中。而台北故宫，就是两岸文化一脉相承的重要标志。

记者：无论是台北故宫，还是北京故宫，都是中华民族文化的圣殿，是中华民族文化的传承者和弘扬者。

郑欣淼：两个故宫博物院，继承了共同的早期的故宫的历史遗产，努力保护好这笔丰厚的文化遗产，并为弘扬中华传统文化、使中华文明赓续不断而努力，是两个故宫博物院庄严而神圣的历史使命。

勃勃脉动

本是同根生，交流遮不住。

大门开启时，不仅是珍贵文物的重新聚首，更是两岸民众以故宫为起点，对中华民族共同的灿烂文化和悠远历史的深情拥抱。

记者：60 年来，两岸故宫一直没有正式交往。两个故宫的藏品，至今没有到对方办展览，或者合作办展览。这次两岸故宫互访，是否具有“破冰”意义？

郑欣淼：此次北京故宫和台北故宫在交流、合作方面达成了8项共识，我非常高兴。这是两院合作迈出的实实在在的一步。这些共识包括使用文物影像互惠，如台北故宫出版《龙藏经》，以《龙藏经》2套交换北京故宫博物院提供的影像；此外，还有加强两院信息展示与研究技术的业务交流，互赠出版品等等。

记者：其中大家最关心的一件事是，台北故宫今年秋天将举办雍正特展，北京故宫向台北故宫出借27组（共37件）文物。

郑欣淼：对，这个特展的名称是“为君难——雍正大展”，合作形式是通过第三方机构出借展品。“为君难”是雍正的一枚印章，藏在北京故宫，也是这次出借给台北故宫的珍贵展品之一。值得一提的是，协议上的后一句话——“之后展览由两院共同研商决定”，尤其重要。

记者：后续还会有各种展览？

郑欣淼：对，至于将来的展览是什么形式，是合办，是北京出借文物给台北故宫，或者是台北文物出借给北京故宫，都在以后再说。

这次会谈达成的8项协议，有一个共同特点——从个案入手，达成某一方面的机制。比如，今年11月5日、6日，将于台北召开“为君难——雍正帝其人、其事及其时代”研讨会，我们将其定义为“两岸故宫第一届学术研讨会”，之后各届学术研讨会由两院共同研商议题。

记者：形成了机制化、常态化。

郑欣淼：是的，除建立展览交流机制外，两岸故宫还将建立两院人员互访机制。每年双方各推选 1 到 2 位研究人员，到对方进行 2 到 3 个月的研究访问。两个故宫博物院同根同源，其藏品互补性很强，只有把它们作为一个整体来看待、研究，才能全面认识中华文明的源远流长、灿烂辉煌与一脉相承。

这次访问台北故宫，我还建议，明年是故宫 85 周年大庆，两岸故宫可以开展对共同院史的研究。比如，一批 1949 年前故宫的档案，被带到了台湾，其中包括一些重要的信件、档案。北京故宫也有 1925 年成立后的一大批重要档案。对我们共同的历史档案文献进行交流、开发和利用，是很有意义的。

记者：这一研究是否可以统一在"故宫学"的概念之下？

郑欣淼：对。对于"故宫学"的研究，台北故宫也非常支持和赞赏。周功鑫院长曾不止一次地在不同场合表示，"故宫学"这个概念很好。"故宫学"概念，是在基于对故宫是一个文化整体的认识上提出的。"故宫学"不仅把故宫古建筑、宫廷文物珍藏以及宫廷历史文化当做一个整体，而且包括了两岸故宫博物院成立以来的 80 多年历史。这一整体性，也使流散在院外、海外、国外的清宫旧藏文物、档案文献、宫廷典籍，都有了一个学术上的归宿。

记者：两岸故宫交流的成果，值得期待。

郑欣淼：我相信，"1 + 1"的效果绝对大于 2。因为，两岸故宫交流有三个层面上的意义。

首先，从两个博物院来说，加强交流合作是双方事业发展的需要，对两院的发展有很大助推作用。

其次，两个故宫博物院的交流与合作，是两岸同胞的福祉。两个故宫的交流和合作可以向两岸同胞共同展示故宫的全貌，这也是民众的文化权利。

第三，两岸故宫的交流与合作，对于在世界上弘扬中华文明亦有积极意义，可以使世界人民更深入、更全面地认识中华文明的丰富博大。而且，这种交流合作体现了中华文化中那种刚健、坚韧、包容、和合等精神内涵，显示着中华文化的旺盛生命力。

记者：而您恰恰亲身参与、见证了这一历史性事件。

郑欣淼：是的。在台湾举行的新闻发布会上，我十分激动，思绪涌流。我说，访问台北故宫这几天，我们都互称“同人（仁）”。这个称呼，对两个故宫博物院来说都有特殊的意义。“同人”是《易经》六十四卦里的第十三卦，“同人卦”。“同人卦”前面一卦，是“否卦”；“同人卦”后面一卦，是“大有卦”。“否卦”就是“不通”，穷（穷尽）则思变，变则通，通则久，“否卦”发展到极端，必然要扭转过来。“同人卦”是齐心协力、同心同德。正因为同心同德，下一卦就是“大有卦”。

现在，北京故宫和台北故宫已经过了“否卦”这一关，正处在“同人”阶段，下一步，我们要同心协力，为“大有”而共同努力。

原载2009年3月27日《解放日报》

相同的根脉　共同的心声

——北京故宫博物院院长郑欣淼台北归来接受本报独家专访

采访者：《光明日报》记者李韵

成立于1925年的故宫博物院，是在明清两代皇宫及其收藏基础上建立起来的。1948、1949年间，国民党当局分三批将2972箱故宫文物精品运往台湾，故宫文物分隔两岸至今。台北故宫博物院于1965年落成。

拥有150余万件藏品的北京故宫博物院和拥有65万余件藏品的台北故宫博物院，分别是海峡两岸规模最大的博物馆。前者是著名的世界文化遗产，后者也在世界上享有盛誉。

然而，历史的原因，这两家本是同根生的兄弟却60年来一直没能欢聚一堂。终于，改变就从2009年早春的一天开始了。

2月14日~17日台北故宫周功鑫等人访问北京，作为回访，北京故宫博物院院长郑欣淼一行于3月1日~4日对台北故宫博物院进行访问。

相同的根脉　共同的心声

本报北京3月5日电（记者李韵）今天下午，刚刚结束对台北故宫访问的北京故宫博物院院长郑欣淼匆匆赶到了小组讨论的会场。

讨论间隙，刚走出会场，他便被记者们围得水泄不通。所有的问题都是关于两岸故宫博物院高层互访的。幸好本报记者早在他去台北前便约好了专访，才有幸就上述话题进行了一次独家专访。

两岸故宫同根同源

刚一落座，郑欣淼委员就直奔主题："这是两岸故宫博物院高层首次互访，也是60年来两岸故宫的突破性交流。"

隔绝两岸故宫交往的冰封正在打破。

郑欣淼说，故宫作为中华传统文化的一个代表符号，对两岸同胞的民族认同感意义重大。故宫及其藏品，是中华民族文化的根脉；它的建筑，它的文物珍品，是中华民族历史文化的结晶；同时它又有象征意义，就像埃及有金字塔，希腊有雅典神庙。

他表示，两岸故宫的文物藏品来源一样，而且互补性很强，"有的东西，譬如一套书，他们有一部分，我们也有一部分，藏品有这么一个历史渊源，事实上来往是割不断的。"在台北故宫的文物登记室，郑欣淼意外地看到了一套登记册，那是当年国宝南迁，1935年在上海清点时的登记册，共127册。当年油印了几套，北京故宫博物院也收藏有完全一样的一套。

然而，长时期以来，两岸故宫一直没有正式的交往；两个故宫博物院的藏品，至今仍没有到对方办展览，或者合作办展览。60 年来，两岸故宫共守数以百万件计的珍贵文物，中华文化一脉传承的瑰宝，隔着一湾浅浅的海峡，遥遥两相望。

如此，这加起来不过 8 天的互访，绝对是一个具有里程碑意义的事件。

台北之行收获颇丰

郑欣淼介绍，前几天的台北之行主要任务是把在北京会谈时的一些框架性意向具体化、细致化，使之具有操作性。

在北京，周、郑等人讨论过两院的副院长定期互访的话题。台北之行，此事有了实质性进展，不仅商定每年 7 月 ~9 月中旬两院的常务副院长要进行一次面谈，交流彼此的工作情况，而且要拟定下一年合作的议题和项目。同时，还建立检查机制以落实双方的工作情况。郑欣淼表示，建立这种互访机制，有利于两岸故宫博物院交流合作的常态化。

台北故宫博物院计划在今年 10 月，从雍正其人、其政绩、艺术品位、信仰及臣属关系等五大子题切入“雍正大展”。周功鑫等人访京，其中很重要的一项成果就是成功商借了 27 件组相关文物。此后，还要举办一个学术研讨会。此次郑欣淼等人的台北行，则成功商定：11 月 5 日 ~6 日，将联合举办“首届两岸故宫学术研讨会”，主题是雍正，由台北方承办。以后还要继续合办学术研讨会，议题则由两家共同研商。同时，双方还商讨了合作办展的事宜。

此外，双方还确定了资料共享优惠政策，互相交换出版物，各自的网站也将同步推出对方的展览内容及展品目录。北京故宫这次就带去本院今年全部展览预告及书画馆三次展览的书画目录，请台北故宫网站予以介绍宣传。

共同坚守的故宫精神

说起此次台北之行的感受，郑欣淼用“感触颇多”来总结。

在台北故宫博物院门口，郑欣淼遇到了一位90岁的老者。经介绍，竟是当年护送国宝一路南迁并最终来到台湾的“护宝人”。对国宝无以复加的珍爱，保护国宝可以舍却身家性命，其核心就是对传统、对历史的尊重与珍爱。郑欣淼将之称为“故宫精神”。

在台北故宫博物院参观的过程中，他欣喜地、感动地看到，“故宫精神”在这里也被很好地继承下来，延续至今。他发现，一些在故宫博物院1925年建院时形成的操作规章，台北故宫博物院也仍在沿用，严谨的工作作风一以贯之地在这里被坚守。比如，提取文物时，每开一次箱都要重新封一次。甚至文物运输保存也部分延用当年的方式。在山洞库房里，甚至还看到了部分当年文物南迁时候用的箱子。

相通的交流心桥

郑欣淼对记者说起一件趣事：在周功鑫等人离开北京前，两岸故宫博物院互赠礼品。出乎意料的是，双方都选择的是《清明上河图》的复制品。北京是张择端的版本，而台北是清院本。台北故宫博物院副院长冯明珠笑道："《清明上河图》里桥多，我们需要桥来沟通嘛。"一种巧合，一句戏言，却无意中透露出一种信息——交流合作是两岸故宫人共同的心声。

台北故宫博物院院长周功鑫也曾在来京前表示，合作对于两个博物院来说是双赢的机会，双方可以取长补短。她举例说，台北故宫博物院的专长是文物科学分析和展示，而北京方面拥有非常丰富的钟表收藏经验，"我们只有很少数的钟表，但我们不敢去接触它们，因为缺乏相关的技能。"

郑欣淼在结束采访时再次强调："故宫博物院虽然有两个，但故宫只有一个。故宫作为一个文化整体不容分割，历史上形成的阻隔只能是一时的，两岸故宫的深入交流是历史潮流，共同合作乃大势所趋。"

原载 2009 年 3 月 8 日《光明日报》

架起两岸故宫交往之桥

——访故宫博物院院长郑欣淼

采访者：《人民日报》记者刘琼

20世纪40年代末，故宫博物院抗日战争时期南迁文物的1/4运到了台湾，1965年在台北成立故宫博物院。自此，北京与台北两个故宫同时存立，话题不断。台北故宫今年10月即将举办“为君难——雍正时代文物特展”，由于没有收藏雍正画像而向北京故宫商借，60多年互不往来的两岸故宫开始破冰交流。

继台北故宫博物院院长周功鑫2月中旬来访，3月1日至4日，应台北故宫邀请，郑欣淼首度以北京故宫博物院院长身份率10人团赴台访问。短短4天，双方在不涉及名称表达等问题的前提下，在落实双方合作机制、使用文物影像互惠机制、建立展览交流机制、建立两院人员互访机制、出版品互赠机制、资讯与教育推广交流机制、学术研讨会交流机制、文创产品交流机制等8个方面达成共识并制订了具体方案。台北归来，郑欣淼院长就相关话题接受了本报专访。

记者：此次台北故宫举办雍正大展，北京故宫答应出借哪些展品？为什么之前计划的双方联展没有实现？

郑欣淼：北京故宫允诺借展的展品清单，包括雍正帝朝服像（轴）、为君难玺、美人图等27组37件。我在台湾接受采访曾说：“我这一次带着北京故宫的工作人员来台湾，就是进一步落实上次周院长访问时协商的意向，你来我往相互正式交流，这一条路已经开始了，万事开始难，我们将继续走下去。”访问中，我感到我们之间首先都有诚意。有了诚意，就会搁置一些争议，而从实际出发，从能办到的事情入手，一步一步地走。原来准备办联展，因为牵涉到名称表达等具体问题，一时半会儿不好解决，我们就通过借展实现。我们还约定，两院常务副院长每年举行会谈，确定下一年包括以后的交流计划，建立“检讨”（总结，分析，研讨）机制。两院交流不仅是两个博物馆的交流，不仅是重大文化事件，也是我们要共同面对的历史和文化。台北媒体认为，向北京故宫借展，北京故宫表现出极大的诚意，不仅可充实雍正大展的内容，也为两岸故宫间的馆际交流迈出重要而关键的一步。

台北故宫对此反应也很积极，台北故宫绝大多数人主张交流。这次周院长来访，互送礼物时，同时选择了《清明上河图》复制品，是巧合，也意味深长。张择端的原本在我们这里，台北藏的是清代的院本。《清明上河图》中画了很多桥，桥起着沟通作用；今天两个故宫也需要桥来沟通，更何况我们都秉承着共同的故宫精神。

两岸故宫在互访期间，都互称“同仁”，这对于两岸故宫也有着非同寻常的意义。它和故宫的历史联结在一起，也意味着大家将共同面向未来。现在，两岸故宫的交流已经克服闭塞不通的“否卦”阶段，达到了“同人”的同心同德阶段，下一步就是“大有”

了，我对未来两岸故宫合作的前景充满信心。

记者：为什么长期以来在公众印象中，北京故宫只有古建筑，好东西都在台北故宫？

郑欣淼：这是误解，当然有多种原因。故宫院藏可移动文物150多万件（套），其中宏富珍贵的清宫旧藏和遗存即达130多万件（套）；台北故宫文物藏品65万件（套），清宫旧藏及遗存有60万件（套）。北京故宫文物总数相当丰富，过去由于受展览条件限制，以及文物一直未对外公布，出版物也少，对国内外公众宣传不够等原因，人们以为好东西都在台湾。去年，我在《天府永藏——两岸故宫博物院文物藏品概述》中第一次对两个故宫的源流、文物藏品作了全面介绍，分古书画、古陶瓷、青铜器、工艺类文物、宫廷类文物、文献典籍等12个方面，把两个故宫的文物藏品进行详细对比分析，指出双方各自的特点。北京故宫的文物不仅数量上远远多于台北故宫，就精品而言，北京故宫总体上也多于台北故宫。

近年来，我们在陈列展览、社会宣传、学术研究以及出版物方面，都有很大提高。对北京故宫博物院来说，保护好紫禁城是我们的重要任务。在此基础上，北京故宫利用原址布置的三大殿原状陈列，是独一无二的。我们的书画馆、珍宝馆、钟宝馆、陶瓷馆、青铜器馆等专题馆，与台北故宫按照编年史陈列不同，集中反映一类藏品，或者某类艺术的发展通史。周功鑫院长说，台北故宫也打算重新规划改变现有的陈列展览方式。

台北故宫在国际上产生影响比较早。20世纪60年代，台北故宫曾在美国五大城市搞文物巡回展，其中的中国书画艺术在欧美产生了重大影响。许多欧美观众对古老的中华文化艺术的认识主要是从台北故宫的展览中获得的。直至七八十年代，一些欧美研究中国艺术史的人也主要是以台北故宫的收藏品为依据，这是历史原因形成的。台北故宫在发挥博物馆职能上下了功夫，在博物馆建设方面积累了很多经验。他们认真筹办展览，还到各地搞巡展，重视对公众的宣传教育。台北故宫利用文物资源，开发文化产品，非常有特色，对宣传故宫本身也起到了重要作用。我们这次去台湾，同行的人都买了他们的不少商品，足见这些产品很吸引人。

记者：常说两岸故宫文脉相连，文物典藏伯仲相依，能否举几例来说明？

郑欣淼：拿今年10月台北即将举办的“雍正大展”来说，展览以雍正皇帝的一颗玉玺“为君难”为题，而这颗玉玺就在北京故宫！因此，策展小组向北京故宫提出借展品以充实展览内容。乾隆时期敕编的文渊阁《四库全书》从大陆带到台湾，而用来存放四库全书的文渊阁至今伫立在紫禁城，当年珍藏《四库全书》的柜子也在北京故宫。《龙藏经》共两套，康熙时期的在台北故宫，乾隆时期的108函，台北藏36函，北京藏72函，台北故宫要出版康熙时期的《龙藏经》，但因为相隔340年之久，其中一函无法揭开，便请北京故宫协助，解决了问题，并以送我们两部《龙藏经》作为交换。许多互有关联的书画分藏两岸故宫，甚至台北故宫有些文物如唐代怀素《自叙帖》等精美的原包装盒留在北京故宫，珠椟相分，令人感慨。台北故宫王羲之《快雪时晴帖》与北京故宫王献之《中秋帖》、王珣《伯远帖》合为乾隆皇帝的“三希”。我们一直希望合作办一个“三希”展，海外也有人做这方面工作，这是大家的一个美好愿望。

原载2009年3月27日《人民日报》

故宫学：搭建两岸合作的“虹桥”

采访者：《中国报道》记者刘梦羽

记者：您的新书《天府永藏——两岸故宫博物院文物藏品概述》首次对两岸故宫文物藏品进行梳理，并向社会公布，能否谈谈这部书的创作背景？

郑欣淼：背景就是近年来“故宫学”的研究，北京故宫和台北故宫都是故宫学的研究对象。长期以来，由于各种原因，两岸同胞对彼此了解不够。我希望通过这本书，展示一个相对完整的故宫，让人们对故宫的藏品有一个全面了解。故宫藏品是两岸故宫继承的重要文化遗产，同时，也折射出中华文明的源远流长，以及两岸故宫的一脉相承。本书还有几个特点：首次正式向社会公布北京故宫的藏品。比如，分 12 个大类介绍 150 万藏品，具体到青铜器、书画、瓷器等各有多少，对每一类又进行了细分。因为有些藏品记载着两岸故宫博物院共同的历史，有些则是后来各自增加的，书中对这类藏品介绍得很多，包括是通过什么渠道增加的等等。特别是北京故宫博物院很多过去不被重视的宫廷物品，如宫廷医药类的文物，甚至包括地毯等进行详细介绍。

记者：为什么近些年才展开对藏品的梳理工作?

郑欣淼：应该说以前的时机不够成熟，包括理念上的制约，比如要不要向社会全部公布北京故宫博物院的藏品，哪些东西应该算作文物等。这些看似简单的问题，没有达成共识。比如，北京故宫博物院藏有帝后书画约25000件，在我刚到故宫的时候，它们还不被当文物看待。我们应该把故宫的文物彻底清理，对有的文物进行重新定级，然后向社会公布。今年这项工作将基本结束，从今年开始，陆续出版《故宫博物院藏品大系》。

记者：您在什么情况下提出了故宫学的概念?

郑欣淼：2003年我提出了故宫学的概念。我认为，故宫学主要是对故宫价值的重新发现和认识。我们应该把故宫作为一个文化整体来看待。比如乾隆帝下令编的《四库全书》，现在流传的有好几部，北京故宫博物院的文渊阁和书柜虽然还依然在，但《四库全书》则在台湾。建筑与书的关系是割不断的。将古建筑、藏品、有关的人和事之间三位一体的关系结合起来研究，就是故宫学。故宫学的研究是一个过程，不可能在较短时间内产生很多成果。学术有学术的规律，研究应是实实在在的。

记者：现在国内研究故宫学的多吗?

郑欣淼：在我提出故宫学的概念之前，就有不少人在进行有关故宫的研究，可以说都属于故宫学。我提出来这个概念以后，大家对三位一体的研究方式更加认同，促进了这个学科的成长。

现在我在中国艺术研究院带一个博士研究生，专业就是博物馆学（故宫学）。我们还办一本叫《故宫学刊》的刊物。当然，现在北京故宫博物院并不是所有研究人员都是研究故宫学，但故宫学对故宫来说，是一个重要的、主要的研究任务。

记者：台湾对于故宫学的研究，是否和我们有相通的地方？

郑欣淼：是的。他们的研究主要也是故宫学的研究，只是没有提出明确的概念。但是，我提出的故宫学研究，已经得到台北故宫博物院同仁们的赞同。而且两岸故宫的交流合作对故宫学的发展也是一个机遇。

记者：这种机遇具体表现在哪些方面？

郑欣淼：比方说一些同时出土、出自同一工匠之手的青铜器，有的在台北，有的在北京，两岸藏品各有各的特点，而故宫学的研究只有把它们结合起来才更完整。比如，今年10月台北故宫博物院要举办“雍正特展”，要借北京故宫博物院的雍正的《行乐图》等藏品。其实，不借藏品也能办成展览，但有了这些藏品，效果肯定更好。现在台北故宫博物院正在大力宣传这个展览，在民众中也产生了很大影响。

记者：您到故宫7年，带来最重要的东西是什么？

郑欣淼：我到故宫不到7年，算6年半吧。应该说通过对外宣传和我们自身的努力，全社会对故宫的关注度更高了。让故宫走向了大众，走向了社会。对我来说，一方面想让社会更了解故宫，使得故宫在群众中的印象和观感、认识越来越深刻，另一方面，在以前的基础上，继续故宫的工作，包括文物的清理、展览、对外交流、其他建设等。还有就是故宫学，我认为它的发展是无限的，也可能并不轰轰烈烈，但随着社会对故宫认识的加深，以及两岸故宫交流的加强，我认为将来故宫学研究将会有大的成果。

原载 2009 年第 4 期《中国报道》

穿越一个甲子，我们深情相拥

——全国政协委员、北京故宫博物院院长郑欣淼访谈录

采访者：《人民政协报》记者朱奕

双方的合作源于台北故宫一次偶然的投石问路

记者：由两岸故宫合办、在台北故宫举行的“雍正大展”自10月6日开幕以来，在海内外引起巨大反响。从年初台北故宫院长周功鑫首访北京故宫，到10月双方合办的大展开幕，在分离整整一个甲子之后，两岸故宫跨越时空的千山万水深情相拥，仿佛冥冥中的注定。作为亲历者，您能讲讲“破冰”的始末吗？

郑欣淼：双方的合作源于台北故宫一次偶然的投石问路。

去年年中，台北故宫计划举办一个雍正展，但策划者在策展选件的过程觉得少了雍正的肖像画、行乐图、朝服像等（它们都在北京故宫），感到非常遗憾，于是就考虑是否可以向北京故宫借展。今年年初，他们试探着向北京故宫提出这一要求。我们毫不犹豫地就同意了。

很快，他们就来了。2 月 14 日台北故宫博物院周功鑫院长一行抵达首都国际机场，开始了对北京故宫博物院为期四天的访问。这是海峡两岸同根同源的故宫博物院的院长第一次相聚，打破了两岸故宫 60 年的隔膜，被称为“破冰之旅”。

实际上，借文物的事我们已经同意了，都不用怎么谈了。我们“醉翁之意不在酒”，更多谈的是双方合作的事。两岸故宫经过磋商，在八个方面形成了共识。

半个月后，3 月 1 日至 4 日，我率领 10 人访问团回访台北故宫，这是两岸分隔 60 年来两岸故宫博物院院长首次正式互访。赴台的第二天，双方在台北故宫举行座谈会，就双方进行实质性合作达成 8 项共识，包括人员互访、图书交换、影像授权、网站互联等。

8 月 14 日，台北故宫博物院与北京故宫博物院进行视频连线，共同宣布在 10 月份至明年 1 月合办“雍正——清世宗文物大展”。本次展览预计展出总计 246 件雍正王朝的文物精品。其中台北故宫提供 203 件展品，北京故宫提供 37 件，另外还有来自上海和台湾有关机构的器物、文献等展品。由借展到合办，文物还是那些文物，但意义却更加深远，说明双方的交流又向前迈进了一大步。

10 月 6 日，我如约来到台北故宫，为“雍正——清世宗文物大展”揭幕。

由于北京故宫的参与，“雍正大展”成为名副其实的大展

记者：北京故宫的参与，能让“雍正展”有着怎样的不同呢？

郑欣淼：对于雍正皇帝，其历史评价从来就是毁誉参半。然而

不可否认的是：他是一个勇于改革的皇帝，并且带动了一个革新的时代，在清代具有承前启后的历史地位。

例如，雍正皇帝在位时间并不长，只有13年，却是中国古代最关切宝岛台湾的君主之一。在“和衷”（即和睦同心）思想指导之下，雍正皇帝不断强化台湾的军政管理机构，升澎湖巡检司为澎湖厅，改台厦道为台湾道，将台湾总兵升为挂印总兵。他选拔内地出色的官员经略台湾。雍正皇帝对台湾原住民更是施恩布教，维护其耕猎之地不受侵扰。自雍正三年（1725年）起，清政府和福建泉州、漳州等地每年包销大量台湾稻米，以平抑大陆沿海粮价、缓解台湾粮食滞销。雍正五年（1727年），他删改禁令，谕准垦荒的大陆民众可以携眷过台，令宝岛人丁兴旺、粮果丰登。经过数代人的奋力，台湾成为清代“康乾盛世”下的一片热土。因此，在台北故宫办一个雍正展，我认为是很有意义的。

这次雍正大展，正是要重新诠释历史上清世宗雍正皇帝的本来面目，而所藉之途径乃正是珍贵文献档案与精美书画器物。

两岸故宫有着24年共同的历史。它们都是中华民族文化的圣殿，都是以清代皇家庋藏的历代文物精华为基础，这当中包括有大量雍正朝的文物精品，具有不可分割的联系和互补性。台北故宫拟定的展览和研讨会主题是“为君难”，这件开题文物“为君难”印章是北京故宫的藏品。而此次北京故宫借出的《十二美人图》画面上陈设的一件汝窑椭圆花盆，则是台北故宫的精品。两岸的珍贵文物在这次“雍正大展”上重新聚首，珠联璧合，交相辉映，从而使展品具有非同寻常的完整性、代表性，这也使该展览成为名副其实的大展。

记者：那么北京故宫赴台参展的文物有着怎样的特点？有哪些精品、孤品？

郑欣淼：本次我院赴台“雍正大展”参展文物共计37件（套）。其中，书画类21件，器物类12件，宫廷类4件，一级品7件。

37件（套）虽然数量不多，但涉及我院主要文物收藏类别，并且是其中的精品甚至孤品，特别是像雍正帝朝服像、“为君难”玺、泥塑雍正像等，均为本次《雍正大展》的“点睛”所在。这也说明两岸故宫收藏各具特色，优势互补。

此外，这些文物内容丰富。既有反映雍正皇帝御容以及从事政务活动的内容，也有表现日常生活及精神层面的题材，特别是“雍正行乐图”（行乐图是中国人物画的一种，一般以描绘皇家的娱乐生活为主题）、“清人画美人图”等，对观众感性上“认识”雍正其人，进而从理性上探究他的内心世界具有重要意义。

比如，皇帝着装奇特，服饰类别丰富是“雍正行乐图”重要特点。满族入关以来，为防止被汉族同化，清政府明令禁止满人穿汉族服装。但是雍正在行乐图中，大多着汉服，扮为村夫、文士、官吏等。不仅如此，雍正还有穿蒙古族、藏族和西洋文艺复兴后期、新古典时期服装的行乐图。这在中国古代可以说是绝无仅有的。从题材看，雍正行乐图反映的是皇帝日常生活的情景，或者是皇帝追求的生活意境。举个例子，如这幅《刺虎》。狩猎刺虎是清初满族皇帝的常见之举，清中期的乾隆皇帝亦有刺虎图。这幅画作奇特之处在于雍正皇帝的穿着，他头戴西洋假发，着西洋装，俨然欧洲人的装束。这反映了雍正皇帝内心世界是非常丰富的，有标新立异的一面。

另外，这些文物还有着鲜明的时代特色。雍正朝虽只有短短13

年，但上承康熙，下启乾隆，“康乾盛世”恰逢其中。这些艺术珍品无不承载着康熙朝的兴盛，也开启了乾隆朝的繁华，充分展示出雍正朝在继承与创新方面所取得的成就。

是文物的重聚，更是心灵的共鸣

记者：在亲临台北出席“雍正大展”的日子里，有哪些感想、故事给您留下深刻印象？

郑欣淼：通过此次两岸故宫的交流与合作，我也深切地感受到它已不仅是珍贵文物的重新聚首，更是两岸民众对于中华民族共同的灿烂文化和悠久历史的深情拥抱。在台湾和回到北京的这短短几天内，我能感受到这样的交流已在两岸民众中引起了深深的共鸣。

这次赴台的 4 天期间，除了出席 10 月 6 日的“雍正展”开幕式之外，10 月 8 日我还参加我的《故宫与故宫学》一书繁体字版的发布会。继今年 3 月出版《天府永藏——两岸故宫博物院文物藏品概述》之后，这是我在台出版的第二本书。发布会上，主办方精心筹办了茶席；同时，邀请著名京剧艺术家李宝春与新生代演员黄宇琳演出“四郎探母”唱段《坐宫》，以京剧雅集与香茶品茗的方式祝贺新书出版。整个活动中我时时都能感受到台湾文化界的深情厚意。

10 月 9 日上午，我应邀来到台湾政治大学以“故宫与故宫学”为题做了专题演讲，也引起不小的反响。当地媒体以《郑欣淼院长谈故宫学 风靡政大师生》为题报道了此事。其中有一个花絮，让我印象特别深刻：我演讲的时间为上午 10 点，但我 9 点半就到了。我说：我来得早了。会议主持人政大文学院周院长接过话意味深长地说：不早不早，已晚了60年了。

出席“雍正展”开幕式期间，台北故宫原研究员、著名书画家、年过9旬的张光宾先生专门托人送我三本自己的著作，有书画作品集，有研究论文集，表达他对两岸故宫交流的期许。我非常感动。在给他写的信中，我说：“先生为故宫前辈，早岁即以绘画名世，又以书画史研究驰誉于学界，而今年虽望百，犹身健笔雄，令人敬佩。我在《天府永藏》中所述台北故宫碑帖法书，主要得益于先生的文章。两个故宫，80多年，名家辈出，如先生等的研究成果，不仅属于故宫，亦为民族的文化财富。今年以来，两岸故宫交流合作进展顺利，先生当为之欢忭。我们会继续努力，把这项顺应潮流、有益同胞的事业坚持下去，为传扬中华民族文化而尽绵薄。”

这次我还见到了一位老故宫人的儿子。他叫庄灵，是台湾著名的摄影家，今年已70多岁。他的父亲庄严曾参与故宫博物院的筹建，后到台湾，任过台北故宫博物院副院长，也是1948年底第一批故宫南迁国宝运台的押运者。庄严先生生前一直有个愿望，就是希望原藏乾隆帝三希堂书斋的王羲之《快雪时晴帖》（现藏台北故宫）、王献之《中秋帖》及王珣《伯远帖》（后二者现藏北京故宫，三者并称三希帖）三件稀世珍宝有朝一日能再度团聚，但这个愿望他临终也没有实现。而今，它也成为庄灵先生的一个心结。近几年我们通过几次信，但没见过面。在这次雍正展的开幕式上，我们见面了。他对我说，他有一些故宫文物南迁时的珍贵资料，想捐献给北京故宫。他说，两岸故宫原本是一家，乐为两岸故宫的广泛合作做一些实实在在的事。

回京后，在香港的当代国学大师饶宗颐先生托其来京公干的女婿专门给我带话：“两岸故宫的交流很好”。

从台湾刚回到北京后不久，我还收到一个寄自高雄的邮件。是一幅带有镜框的素描画像，画的是我和周功鑫院长，共同手持一幅画有台北故宫的小画像，高 80 厘米，宽 60 厘米，挺大的。通过联系，得知作者是一位家住高雄的女画家，名叫刘姮妤，对她的其他情况我一无所知。我很感动，便给她回了一封信。信中说：“刘姮妤女士：您好！很高兴收到惠寄的大作。画面上周功鑫院长与我都很传神，这说明您画技的高明。谨致谢忱。您的画作，表达了对两个故宫及两岸的文化交流的赞许和期望，我从中感受到了台湾同胞的厚意。这也是鞭策，我们会继续努力，进一步加强交流合作，共同弘扬中华民族传统文化。”

两院未来将持续进行更宽广的实质合作

记者：今年两岸故宫交流的效果如何？未来互访交流有着怎样的前景？

郑欣淼：今年年初定的几项交流合作项目都落实了。我院自 4 月至今先后接待了来自台北故宫的 7 批人员来我院提看文物、查阅资料、参观访问。其中，台北故宫的陈博士于今年 8 月 3 日到 9 月 18 日，在我院文物保护与古陶瓷研究方面进行了近 2 个月的学术交流。9 月 22 日、23 日，台北故宫志工协会参访团一行 30 人来访我院。我院专门安排了参访团与我院相关部门进行了座谈。

此外，刊物资料书籍的互相交换等机制也都建立起来了。今年年底，两岸故宫还将开通视频，届时，双方可以随时召开电视电话会。

另一个值得一提的是双方的学术研讨会交流机制。也就是前几天（11 月 4 日），台北故宫召开了为配合雍正展举办的两岸故宫第一届学术研讨会“为君难——雍正其人、其事及其时代”。我院派出副院长为团长的一行 8 人出席了会议。会开得很好。此次会议双方合办，他们承办。明年 10 月，将举办两岸故宫第二届学术研讨会，由我们承办，主题围绕“永乐宣德文物大展”。我想今后一定还会举办第三届、第四届。

“雍正——清世宗文物大展”是半年多来两岸故宫交流的重要成果，也是下一阶段两岸故宫合作良好的开端。两院均表示未来将持续进行更宽广的实质合作。

两院未来新增合作计划包括：合作开展南宋玉器、宋代名窑瓷器、清内府鉴定、清代书籍版本、装帧、装潢等方面研究；两院互换院史档案和图片等等。

记者：雍正皇帝几百年前肯定想不到，几百年后，他还能起这么大的作用。

郑欣淼：是啊。84 年前的 10 月，故宫博物院宣布成立。84 年后，同样是 10 月，两岸故宫同仁在分离整整一个甲子之后，为“雍正——清世宗文物大展”再次重聚一堂。两岸故宫的交流是历史的必然，必然性中又有偶然。台北故宫博物院举办雍正大展，北京故宫参展，共襄盛举，就是必然中的偶然。的确，在此我们应该感谢雍正皇帝，正因为有了他，才有了这次令世人瞩目的雍正大展；也正因为有了这个展览，才有了两岸这一个难得的契机，才有了两岸故宫人翘首期盼的这一次亲密合作。

原载 2009 年 11 月 17 日《人民政协报》

郑欣淼：两岸故宫就像一家人

采访者：（台湾）《中国时报》记者白德华

北京故宫博物院院长郑欣淼曾两度到访台北故宫，令他感受深刻。他说，“台北故宫在社教功能、管理及认真度都令人印象深刻，值得学习。”十月六日将来台主持“雍正展”开幕的郑欣淼说，雍正展所有准备工作已就绪，“这是两岸故宫文物首次聚首，相信未来两岸故宫合作还将深化。”

“当故宫遇见故宫，历史性的一刻”，郑欣淼忆起〇二年底首次来台时，时报的一句标题。学文史加上原籍陕西，让这位“中国文物第一人”对国宝有种骨子里的狂热。笑声爽朗的他谈起故宫，有种深深情怀，“二十四年的共同史，让两岸故宫更像一家人。”

的确。乾隆书房“三希堂法帖”的三件墨宝，《中秋帖》和《伯远帖》如今陈列北京，《快雪时晴帖》却在台北；唐代怀素的《自叙帖》在台北，但当时为减重，装《自叙帖》的精美木盒却留北京。何时让文物再聚首，也是两岸故宫探讨的合作主题。

社教管理　台北值得学习

《中国时报》报导，对于两次造访，郑欣淼总结四点感受。一，台北故宫在台湾民众心中地位很高，对提升民众素养起了导向作用；二，“台北故宫搞得很好，是真正作为博物馆来办！”三，和世界各地博物馆联系广泛，对中华文化传播影响很大；四，“两岸故宫有二十四年共同史（1925～1949 年），台北故宫还保留传统，对国宝珍惜及管理制度令人印象深刻。”

北京陈列　三种明确主题

不少人参观北京故宫，就像刘姥姥逛大观园。“主要是两岸故宫的特色不同”，郑欣淼说，“如果你到上海博物院、首都博物馆，感受就和台北故宫一样，以展示文物为主。”

按郑欣淼说法，北京故宫陈列展览分三大部，一以宫殿为主，二是皇家生活展馆，三是专题文物馆。第一种属原状或原状式展览，主要是三大殿和西六宫等宫廷陈设，第二种是具皇家特色的展览，如皇帝大婚、万寿庆典、武备、戏曲文物等专题展览。

郑欣淼说了个小故事。北京故宫有二百多幅皇帝行乐图，记录各朝皇帝生活场景。“有次台北故宫周（功鑫）院长来访时，无意间到了延禧宫，看到展出雍正行乐图，她很吃惊，雍正行乐图就有一百一十幅，她当时就决定选了其中几幅参展。”

第三种是专题文物展。其实，北京故宫博大精深，穷一生之力难窥堂奥。郑欣淼说，宁寿宫的珍宝馆放着乾隆时期的“大禹治水”玉雕，重五吨玉石从新疆搬运北京，再运扬州雕刻，待运回北京，几近十年。

此外，奉先殿是钟表馆，文华殿是陶瓷馆，武英殿是书画馆，还有承乾宫的青铜器馆、钟粹宫的玉器馆、景阳宫的珐琅器馆，以及有着完善、先进的现代化设施、专门举办重大展览的午门城楼。

雍正大展　一甲子头一遭

虽说宫廷文物令人眼花缭乱，但听取周功鑫建议后，郑欣淼仍决定在北京故宫内筹划新馆。位在故宫内西华门北侧的中国第一历史档案馆迁移后，这块面积不小的地方就是其中一个选择，集中展示功能的新馆或将在此出现。

两岸故宫一甲子重聚首，三月签署的八项合作案陆续展开。下月六日将来台主持“雍正展”开幕的郑欣淼说，两岸故宫首次联展意义重大，期待以后双方能有更加广泛深入的合作。

故宫下乡　文化走入百姓生活

不久前，一碗卅元人民币的兰州拉面在故宫开卖，引起各方争议。有人说，当年非要把星巴克请出去，如今来了“贵得要死”的拉面，“真不知故宫在干什么！”面对非议，郑欣淼说，故宫一直是社会高度关注所在，对外界非议向来不回应，但他说，“我很反感强烈的排外民族主义意识！”

兰州拉面被批评后处于“关门”状态，但郑欣淼说，主因是在办消防证，未正式营业。但他希望外界理解，他说，故宫每天游客平均六七万人，去年“十一”长假的十月二日，一天游客竟达十四万八千人，故宫几乎被挤爆。餐饮都是对外招标，但故宫规定不能“明火”，多是外送，也导致成本较高。

郑欣淼很重视文化创意展现，谈到两次台北故宫行，他说，“台北故宫文化创意很精致，做得很好，在理念、认识上都比较早”。不过，北京故宫的文创意识也逐渐苏醒。

他表示，两院互设文化商品柜台合作事宜已在进行。“近年，我们提出‘把带不走的故宫带回家’，利用现代科技手段，以故宫文化产品为载体，让中国文化、中华文明走入千家万户。”

同时，为强化社教功能，近年北京故宫也强调融入社会。郑欣淼说，故宫每年都拿出一些藏品到全国各地展览，让那些没有机会到故宫的人，能认识故宫、了解故宫。

此外，定期向中小学生和农民工免费开放。最近，甚至开办紫禁城文化进社区、进军营、进学校等活动，反响相当热烈。

“司法扣押”虽无解　陆方：保证不会发生

台北故宫曾担心文物借展北京，会出现“司法扣押”，北京故宫博物院院长郑欣淼坦承，“这的确是无法解决的问题，也不是两院能解决的。”不过，稍早国家文物局长单霁翔曾表示，台湾可打消这方面的顾虑。

郑欣淼表示，台北担心“司法扣押”并非针对大陆，“就我了解，台北故宫文物如到欧洲展出，也担心这种问题，因为台湾作为中国的一部分，不能与别国产生‘邦交’。”但就两岸来说，他承认，这一问题至今仍没有解决。

尽管如此，去年十一月曾首次赴台访问的国家文物局长单霁翔说，他可拿出两件事实来打消台湾方面的顾虑。“一是最近三年共有六十多个境外博物馆在大陆办展览。越来越多的境外展览在大陆举办，说明大陆有良好的展览条件，和理解这些文物的参观者；二是我们一再声明，且可以再次声明，回大陆展览的文物不涉及所有权和保管地点的问题。”

《国际先驱导报》也曾引述大陆文物专家的说法指出，台北故宫文物与过去中国在殖民地时期被西方列强抢走的文物是两回事。“对于后者，考虑到民族情绪问题，大陆文物主管部门一般不赞成他们回大陆展览。”

对于未来是否能以法律有效解决相关问题，郑欣淼说，“这涉及两岸关系未来发展，但我相信双方一定有智慧、有办法来合理的解决。”

《快雪时晴帖》漂泊大陆　落脚台湾

北京故宫有个“三希堂”，这不到数平方公尺的养心殿西暖阁，曾是紫禁城的“艺术中心”——乾隆把他最爱的三件珍品存放此处。如今千里外的台北故宫也有个“三希堂”，“书圣”王羲之的《快雪时晴帖》就静静躺在这里度过六十寒暑。

《快雪时晴帖》远离王献之《中秋帖》、王珣《伯远帖》来到台北故宫，要从八十五年前“末代皇帝”溥仪出宫说起。一九二四年十一月五日，紫禁城陷入混乱，溥仪仓皇离宫却没忘记一件事，把《快雪时晴帖》偷偷卷进细软携出宫，但携出神武门时，被守城士兵搜出上缴。溥仪出宫后，《快雪时晴帖》被“清室善后委员会”当成头号宝贝保护。“九一八事变”后文物南迁，故宫秘密筛选精品打包。《快雪时晴帖》原是王羲之写给友人短箴：“羲之顿首，快雪时晴，佳，想安善，未果为结，力不次。王羲之顿首，山阴张侯。”短短廿八字，竟成历代文人膜拜圣物。其实这并非真迹，而是唐摹，但上有赵孟頫题跋，因乾隆视为至宝而天下无双。

一九三三年二月五日夜，故宫到前门火车站全线戒严，世界文物史绝无仅有的“国宝长征”拉开序幕。对日抗战爆发前，《快雪时晴帖》和一万三千多箱故宫文物，在上海法租界安度了四年时光。抗战后，登上长江码头运往汉口，开始漫漫西迁路，直到抗战胜利，《快雪时晴帖》才结束十年长征，重返金陵。

然而国共内战开打后，文物迁台已成定局。一九四九年，台北故宫前副院长庄尚严护送《快雪时晴帖》来台。“三希堂”的另两件珍品——《中秋帖》及《伯远帖》在溥仪出宫后流散大陆，至一九五〇年代才辗转回到北京故宫。

从一九二四年出宫算起，《快雪时晴帖》漂泊大半个中国。不过，三件珍宝后来极可能在台北故宫团聚。《快雪时晴帖》的流离，正像两岸关系的写照。

迁台三千箱　北京还有一万箱

台北故宫的文物是怎么来的？很多人认为国共内战，国民党将原故宫四分之一文物装箱运台。但按郑欣淼说法，故宫文物“南迁”始于“九一八事变”。

文物南迁曾引起文化界人士如胡适、鲁迅的反对。鲁迅甚至写下“寂寞空城在，仓皇古董迁”及“文化一去不复返，古城千载冷清清”的讽刺诗句。

即便如此，郑欣淼认为，文物南迁是当时情况下的最好选择。“包括大英博物馆、卢浮宫，在战时都做了馆藏转移的准备。”

郑欣淼表示，抗战前故宫文物装了一万三千多箱，本来决定暂存上海，随后又在南京修库房。抗战全面爆发后文物开始西迁，疏散不下六七个城市。

国共内战开打后，国民政府原决定全运台湾，但只运三次便喊停，主因于李宗仁当上代总统，下令阻止文物运出。最后，故宫文物运台总数为二九七二箱，多属一类精品；而北京故宫馆藏文物还保有原来的一万箱左右。

不过，郑欣淼说，其中两千箱（约十万件）如今还放置当年（南京）朝天宫的故宫仓库。这两千箱文物是否“归还”北京，郑欣淼说，“这是历史遗留的问题，半个世纪过去了，我们仍在争取解决。”

原载2009年9月14日（台湾）《中国时报》

故宫博物院有两个，但故宫只有一个

——郑欣淼访谈录

采访者：《中国文化报》记者卢毅然

在岁末年初、春机孕育之际，在北京故宫博物院院长郑欣淼去年下半年推出的新著《天府永藏》首次系统全面地介绍两岸故宫博物院的沿革、渊源和各自收藏的特点，在海内外引起反响之时，北京故宫博物院和台北故宫博物院在近期策划运作和即将进行的一系列互访交流、合作办展活动为两岸文化交流带来浓浓的春意——在这样的背景下，北京故宫博物院院长郑欣淼在百忙中接受了本报记者的专访。

需要说明的是：故宫，只有一个，就是北京的紫禁城——下文中的“两岸故宫”指的是同根同源的北京故宫博物院和台北故宫博物院。这“一宫两院”、国宝分居的格局是历史造成的，而在牛年之春，两岸故宫博物院一系列表达加强合作交流愿望的“春天行动”正是顺应历史和现实要求、合乎两岸同胞人心的必然之举。我们相信，这不仅仅是一个令人欣慰和憧憬的良好开端……

两个故宫博物院：延迟太久的正式互访

记者：郑院长，感谢您在新春之际接受本报的采访。据了解，您将在今年3月到台北故宫博物院访问，而台北故宫博物院院长周功鑫即将率员于2月14日来京“进宫”访问。请问这是否是两岸故宫博物院发展和交流史上前所未有之举？

郑欣淼：两岸故宫长时期以来，一直没有正式的交往，虽然我也去过台北故宫，我们很多人员都去过，但是绝大多数都不是对方邀请的，我们之间还没有一个正式的协议，这样两个故宫的藏品，至今仍没有到对方办展览，或者合作办展览。但是因为两岸故宫的文物藏品来源一样，而且互补性很强，有的东西，譬如一套书，他们有一部分，我们也有一部分，藏品有这么一个历史渊源，事实上我们的来往是割不断的。多年来特别是学术上的交流是不断的，两岸的研究人员经常互相参加对方一些学术研讨会，包括我们成立的两个研究中心——古陶瓷研究中心、古书画研究中心，也都聘请了台北故宫的研究人员做我们的特约研究员；学术研究的文章，都曾在对方的学术刊物发表。

两岸故宫交流目前确实出现了新的气象，这也是在两岸交流有了一个更好的氛围的大背景下进行的。这里我要特别说的，是这几年对于两岸故宫的合作交流，不光是中国人——内地的、台湾的、香港的同胞积极关心，还包括国外的朋友，例如日本的平山郁夫先生，他想促成两岸故宫的交流，专程到北京、到台北，当时台北故宫的院长是林曼丽，平山郁夫先到北京与我谈，从我这儿离开就直接去找林曼丽了……由于条件还不成熟，许多人的努力都没有结果，但事实上还是起着积极的促进作用，对此我们都是表示感谢的，因为两岸故宫应该加强交流。现在有了好的机遇，我们当然会抓住，两岸故宫都有这个愿望，而且是直接在联系，并不是通过第三方，我认为这是一个突破，是难得的。

我们一直期待两岸故宫合作办展览，台北的能过来，我们的能过去。一些法律问题和具体问题可以通过协商解决。台北故宫博物院将在今年秋天办雍正展，他们期待届时北京故宫的文物能到台北展览，对此我们抱着积极的态度，不只是文物到台北故宫，而且建议以两岸故宫的名义合作办展览。

所谓的“有宫无宝”和“有宝无宫”

记者：有关两岸故宫博物院的历史渊源和各自的收藏情况与特点，很多人并不清楚，甚至会有一些误解。比如有人居然说北京故宫是“有宫无宝”，台北故宫是“有宝无宫”；台湾学者李敖以前未来过大陆，认为北京故宫“有皮无瓤”，2005 年他参观了北京故宫，了解了收藏情况后为他以前说过的话表示“忏悔”。您能否由您的新著《天府永藏》介绍一下两岸故宫各自的收藏特点？

郑欣淼：《天府永藏——两岸故宫博物院文物藏品概述》这本书我用了大量的文献档案及其他资料，也得到了台北故宫同仁及台湾朋友的帮助，去年 8 月出版。《天府永藏》讲两岸故宫的文物藏品，讲文物的历史渊源以及变化情况，同时也论述了两个博物院的发展进程。对于两岸文物，我放在一起论述，叫做“通览”。我把文物分成12个类别，如古书画、碑帖、青铜器、陶瓷器、玉器、典籍、宫廷类文物等——台北故宫有多少？它的精品、代表性的东西是什么？特点是什么？北京故宫又是什么情况……

台北故宫现在的藏品是65万件，北京故宫我们对外宣布是150万件，这还不是最后的数字，肯定要多于这个，过去好多文物没有算进去，现在正在清理的过程，到2010年基本完成，会公布藏品总目录。两个故宫博物院，首先文物构成上有些区别，台北故宫的65万件里面，60万件是大陆过去的，5万件是他们到台湾以后征集的，这60万件里面，最多的是档案文献，有38万多件明清档案。北京故宫过去有明清档案部，20世纪50年代后期划给国家档案局，在60年代末又归还给故宫，到1980年它又再次划给国家档案局，成立了中国第一历史档案馆，当时有800多万件档案，现在已达1000万件。如果你从西华门那边进故宫的话，就能看到西河沿有中国第一历史档案馆，地方也没有变，还在我们故宫里面。现在搞清史研究、编清史，就主要依靠这些档案。我们也留了少量的档案，譬如部分陈设档，这是清宫内务府每年对其所辖各处殿堂陈设物品清点的清册，还有一些其他的档案，如舆图、“样式雷”建筑档案、帝后服饰和器物小样等。

北京故宫150万件文物藏品中，古籍特藏、殿本书书版等有50多万件，其余的百万件是书画、器物等，台北故宫约55万件是明清档案、古籍善本，书画器物约10万件。以古书画来说，台北故宫有9400多件，早期作品（元以前）比北京故宫的多，尤以两宋书画收藏丰富著称。台北故宫的山水画很有影响，宋元帝后和一些历史名人的肖像画颇具特色，其书法亮点是一批唐人摹晋的书迹及唐宋文臣的真迹。北京故宫书画有14万件之多，收藏的种类较全面，并有明清大幅宫廷书画的庋藏；20世纪五六十年代的大规模收藏，弥补了清宫收藏的缺项；北京故宫的早期藏品引人注目，东晋顾恺之的《洛神赋图》、《列女图》（均为宋摹本）和传为隋展子虔的《游春图》，分别是我国现存最早的名家人物画和山水画作品，为画史探源的珍贵资料；西晋陆机《平复帖》是现存最早的名家法书，王羲之《兰亭序》三种最佳唐摹本皆在北京故宫，王珣《伯远帖》是王氏家族唯一的传世真迹。

再如青铜器，台北故宫有5615件，先秦有铭文的约500件。北京故宫藏历代铜器1.5万余件，其中先秦青铜器约1万件，有铭文的1600余件，这三个数量均占中外传世与出土数量和的1/10以上，是国内外收藏中国青铜器数量最多的博物馆。另有历代货币1万余枚、铜镜4000面、印押1万余件。两岸故宫青铜器都以传世品为主，台北故宫收藏品的总量和精品数量都较少，但毛公鼎、散氏盘、宗周钟等重器则十分有名。两岸故宫青铜器因为系出一源，故时代序列完整和器类齐全且多传世品是其收藏的共同特色，有不少成组的器物分藏于两岸故宫。如清代晚期山东益都县苏埠屯出土的亚丑组器，台北故宫收藏鼎6件、簋2件、尊5件、角1件、觚2件、觯1件、卣2件、方彝1件，北京故宫则收藏鼎3件、簋1件、尊1件、觚1件、斝1件、卣1件、罍1件。成周王铃是一对仅存的西周早期有铭文的青铜乐器，传世仅两件，一件阳文的藏于北京故宫，另一件阴文的藏于台北故宫。

在宫廷类文物中，北京故宫具极大优势，从代表皇权的典制文物到皇家日常生活用品文物，无所不藏。例如清代玉玺“二十五宝”、卤簿仪仗等为台北故宫所无，帝后冠服也最为齐全；反映清代科技发展水平以及中外文化交流的天文仪器、钟表亦为北京故宫特藏。清代皇帝重视文玩鉴赏，其鉴赏所用的印章，绝大部分藏在北京故宫。清代皇家信仰多种宗教，以本民族传统的萨满教、道教与藏传佛教为主。北京故宫收藏有大量萨满教与藏传佛教的法器、祭器、造像、唐卡等，还完整地保存了宫廷中一些藏传佛教及道教殿堂的原状。还有一些种类，如刻石、画像石与画像砖、墓志、甲骨、封泥、陶俑、匏器、敦煌文献等为北京故宫特有。总的来说，两岸故宫文物藏品各有特点，但北京故宫不仅数量上远远多于台北故宫，精品也远远多于台北故宫。

台北故宫是个新建的博物馆，它的建筑设施是为展陈服务的；北京故宫是宫殿、是古建筑，这对文物藏品的展览是有局限的。这些年通过维修改造，我们增加了不小的展览面积，既有宫廷原状陈列，又有武英殿的书画馆、文华殿的陶瓷馆、奉先殿的钟表馆、宁寿宫的珍宝馆等基本陈列，每年又办好多临时展览，但是因为故宫太大了，到故宫来的一些人用半天的时间，从南到北走，光看宫殿就很费劲，再看展览往往就没时间了，也有很多人是来专看皇宫的，所以好多人看过故宫，印象最深的还是皇宫的宫殿建筑。因为北京故宫从没有完全对外公布过藏品的具体目录，人们对我们藏品状况并不清楚，有这样那样说法是不奇怪的。

故宫学的亲情内涵和文化意义

记者：您曾提出，“故宫在中国，故宫学在世界。”那么，两岸乃至世界共同参与的针对故宫、故宫文物等中华民族文化瑰宝的故宫学研究以及两岸故宫交流有什么样的文化意义？请您谈一谈您在这方面的深入分析和最新见解。

郑欣淼：两岸两个故宫博物院在世界上都是有影响的，这在世界上是绝无仅有的。台北故宫从1965年在台北外双溪修成新馆到现在也40多年了，这批文物运到台湾已60年了，我感到它对台湾的民众、台湾的社会，在文化上起了一个很好的导向作用，一个提升的作用。在台湾，台北故宫的地位是相当高的，这个高不仅在于它的院长的级别高，更重要的是人们以神圣的眼光来看它。故宫有象征意义，有导向作用，有很重要的地位。

美国有个人，中文名字叫做沈戴维，是乔治·华盛顿大学的教授，他与他的姑妈（也是一位汉学家和艺术收藏家）共同写了一本书，叫做《中国皇家收藏传奇》。这本书写的是两岸故宫，一再论及的中心论点是：在中国，历朝历代的统治者都将皇家收藏视为其合法性的主要来源，不论执掌政权的是古代的王朝还是现代的政府。作者认为，在今天的中国，国宝长久以来的分割象征着国家的长期分裂。国宝分别被收藏在北京的故宫和台北的博物院，已达半个多世纪。从1949年以来，两个博物院一直在大陆和台湾扮演着十分重要的政治象征角色。当然对这一观点，并不是所有的人都赞成，但我认为还是启人思考的。该书指出，既然大量国宝滞留台湾，收存于一个仍然叫做故宫博物院的机构，那就意味着台湾和大陆、和民族的过去联系在一起，它无形中成了一条重要的纽带。这个认识是深刻的。作者后记中的一段话也很有意思，我不妨全文引用，他说：“也许有一天，两处博物院会进行直接的交流，共同展出国宝，为某种形式的政治联合搭建一座文化的桥梁。这样或许会为两院重新合并馆藏打开一扇大门。如果这一切能发生，就将在中国皇家艺术收藏史中开创出政治服务于艺术而不是艺术服务于政治的新篇章。”

对故宫的认识，我是一步步深入的。2003 年的后半年，我提出“故宫学”的概念。提出故宫学的依据是什么？就是故宫是一个文化整体，这个整体包括故宫的古建筑、故宫的藏品、故宫里边近 600 年所发生的人和事，它们是不可分割的。像养心殿里的三希堂，作为乾隆皇帝的书房，三希堂已经成为中国一种高雅文化的象征，台北故宫对三希堂是很推崇的。作为建筑物的三希堂还完好保存，三件著名的书法作品分藏在两岸故宫。围绕这三件书法的收藏有一段曲折的历史，你看《快雪时晴帖》上乾隆皇帝那么多条题跋，把它写的满满的，它反映了乾隆皇帝的审美观，他的艺术趣味，也反映了他当时的心境以及当时发生的一些事件，把这些结合起来研究，我认为就是故宫学。前几年我们一个副院长到台湾去，台北故宫院长当时是石守谦先生，我曾让我们这位副院长向石院长征求对故宫学的看法，石院长听后说觉得“有道理”。

提出故宫学，是把故宫当做一个大文物看待，为了深刻地发掘和认识故宫的文化历史内涵，使流散各地的清宫文物在学术上有个归宿。故宫学的提出，是以故宫博物院成立以来的丰富的故宫研究成果为基础的，但我认为以前的故宫研究是自发的，提出故宫学，把它当做一门学科来建设，故宫研究就到了自觉的阶段，或者说一个新的阶段。这些年来我发表了二十来篇有关故宫研究的文章，已结集为《故宫与故宫学》，不久就会面世。

故宫博物院有两个，但故宫只有一个。北京故宫在故宫学研究中负有重要责任，台北故宫也是故宫学研究的重镇。北京故宫与香港中华书局合作，正在编写约10卷、2500万字的《故宫百科全书》，但是尚没有台北故宫藏品的内容，没有这个部分，“全书”也不算全。两岸故宫交流合作，不只是办展览，共同进行故宫学研究也是一项重要内容。

两岸的交流中，文化交流十分重要，故宫的交流又具有特殊的作用。故宫是中华传统文化的一个代表符号，对于两岸同胞有一种民族认同感，因而相当重要。故宫包括它的藏品，是中华民族的文化的根；它的建筑，它的文物珍品，是中华民族历史文化的结晶，反映了五千年的中华文明；同时它又有象征意义，就像埃及有金字塔，希腊有雅典的神庙，紫禁城也已经成为中华民族文化的一个代表，具有了象征性的意义。因此两岸故宫的交流具有重要的意义，是不可替代的。

原载2009年2月11日《中国文化报》

两岸故宫交流需有更多智慧

——《网易新闻访谈》

在备受关注的紫禁城里，身为故宫博物院院长的郑欣淼，用长达七年的时间发现了很多以前不为人知的宝贝。与此同时，在两岸关系趋缓的时代背景下，他也小心、聪明且积极地与海峡那头的故宫博物院开展交流。面对故宫的守与变、旧与新、分与合，郑欣淼用线性的逻辑思考并解决着一个又一个“宫里宫外”的问题。

网易新闻对话故宫博物院院长郑欣淼，听一听这位故宫掌门与故宫的故事。

85 年来故宫有变化，有的不大，有的不小

网易新闻：很多人之前也来过很多次故宫，但是每次来都看不到特别大的变化，现在故宫 85 岁了，这种变化体现出来了吗？

郑欣淼：这个大家说的也是有根据的，但是故宫的变化也是在不断地发生着，这个变化主要在我们办的一些展览。

我们的博物院是在依托清代的宫廷，宫殿建立起来的，宫殿本身的藏品就是我们博物馆的藏品，故宫古建筑是世界文化遗产，故宫本身又成了专有的，大家一说故宫就是皇宫了。古人修宫殿是为皇帝用的，没想到（后人）要办博物馆。

网易新闻：故宫现在还有一个大家特别关注的问题，就是百年大修，要经历20年的时间。咱们这个大修到了什么样的阶段了，在大修过程当中有没有遇到困难?

郑欣淼：正式开始是2003年，到现在已经七八年时间了，进展还是比较顺利的，原来的计划就是在大致近20年的时间，每年拿一亿的投资来进行维修。当然古建维修有很多不可预见的因素，不像盖新房子一样，我的投入是多少，需要多少，维修过程当中有很多不可预见的，比如说实地勘测时候发现它不是我们想象的那样，当然有的状况还不错，我们不需要大的动作。总的这一段维修，我个人的体会，也还是一个不断总结和摸索的过程。

今年年底，故宫藏品会有准确数字

网易新闻：故宫的藏品很多，您当院长以来进行了很多的清理，查证的工作，现在想问您一下，咱们有没有一个精确的数据，故宫的藏品到底有多少万件?

郑欣淼：故宫的藏品可以这样说，作为清宫遗存下来的有两类，一类是传统的古物，古董，过去就是很珍贵的，像古代的书画，铜器，玉器，这些账目是很清楚的。但是我们还有一些，当年它并不全是当做文物来看待的，比如说有大量宫廷的服饰，衣料都很多的，成捆的在那儿。比如说皇宫里面，清代帝王字都写得不错，从顺治以来，一直到光绪，每一个皇帝写的字我们都有，包括慈禧太后，乾隆的最多，起码有一万多件乾隆的书法作品，还有乾隆画的画，这些皇帝皇后画的画有四千多件，也不算少。但是过去我们把这些不算作文物，原因就是感觉到书画是艺术品，皇帝的怎么能算，咱们今天谁也不能说不算文物，可能它的价还更高。

网易新闻：这算不算是新发现？

郑欣淼：这个也不算是新发现，我来的时候，这个有账，但是没有列进文物，比如说过去我来故宫的时候，故宫对外公布的账是多少，98 万件，现在我们公布的是 150 万件。

比如说我们有十万件“文物资料”，这是故宫特有的，这批东西很不错的，但是它不算是文物，可以当资料，这是我们特有的。其实都应该算文物的，比如说很珍贵的一个瓷器，就是因为它有一个裂纹，或者是器形不完整，就不算文物，但是这些器物，可能就填补了某一方面的空白。所以有人就说在中国维纳斯可能不会当作艺术品，因为它是残缺的，中国人的观念，残了，价值就没有了，不考虑它的其他的价值。

网易新闻：您举的这样的例子，是说这样的东西在故宫里面有很多。

郑欣淼：对，我们有十万件的资料，这十万件都应该算进去，我们现在把相当一部分也都重新列入文物，我们还有一批古籍，也要列入文物。最后我们会公布一个文物数字，我想会比这个多的。

网易新闻：您准备公布最后的数字是在什么时候？您预想会是在什么时候？

郑欣淼： 应该是年底，今年年底，因为我来以后抓的一个大事就是文物的清理，刚才我跟你讲了，我们其实书画，传统的文物，都是很清楚的，复杂的是宫廷的东西，怎么来看待它，算不算文物，就是这么一个问题。

“台北故宫有好东西。我们这边的，一时不大好说”

网易新闻： 您一直在查家底，社会上也很关注，通过这么多年的查家底，能不能确定一下北京的故宫博物院有没有什么“镇馆之宝”？

郑欣淼： 很多人问我这个问题，这也是大家希望了解一个博物馆有影响的文物，台北故宫的“镇馆之宝”，一般人都知道翠玉白菜，那个东西工艺不错，人气很好，人喜欢看，台北故宫包括书画都有一些好的东西。我们这边的，我一时不大好说。

网易新闻： 您的心目当中没有“镇馆之宝”，但是我们有很多非常名贵的藏品。

郑欣淼： 我感到“镇馆之宝”太大了，比如我举一个很典型的例子，你到宁寿宫，东北方向的，乾隆皇帝准备他退休以后给他自己修的一处宫殿，你看那个规制就像一个小紫禁城一样的。你到后面，离珍妃井不远的宫殿里面有一个玉雕，大型的玉山，大禹治水玉山，五千多公斤，一万多斤重的，从新疆和田运到北京，在北京又给它设计雕刻的图案，然后运到扬州，在扬州雕好以后，又把它运到北京，最后安在那儿，从乾隆时期到现在没有动过，你说那算不算“镇馆之宝”？

我们还有很多，比如说皇帝的宝座，这个值钱不值钱？清宫的二十五宝，清代之前皇家的，包括明在内，真正的玺印一般都没有了，唯有清宫的，25 件，乾隆时代最后确定的这 25 件玺印，不同的印章有不同的用途，这个我们现在是完整的保存了。还有很多这样的东西，随着我们对它认识的加深，文物的价值也就更加凸显。

两岸故宫对文物的保护都很不错

网易新闻：今年温总理两会上说，希望两岸将来合展《富春山居图》，这幅画的一部分是在大陆这边的浙江省博物馆，两岸故宫各存部分文物的情况是不是更多？

郑欣淼：更多，包括书籍，图书都有这样的，我就说两岸的这种联系是客观存在的。另外还有一个很重要的，1925 年成立故宫博物院，1949 年大陆解放，蒋介石他们最后逃到台湾，其实在 1949 年之前这一段 24 年里面，是一个故宫博物院，当年走的那一批人，也不是他们的选择，是上边的命令，但是这一批人谨记一条我是保护文物的，台北故宫博物院对文物的保护也都是很不错的，这是很难得的，我们有着共同的历史。1933 年到 1948 年、1949 年十几年的时间，是文物南迁，那个时候养成的，在民族存亡的关头，对文物保护的那一种意识，包括大家到处颠沛流离，克服困难，一切为了国宝的故事。

网易新闻：今年 85 年院庆，您做文物南迁展是不是也有意传承这种精神，可以让两岸联系更紧密，有没有这样的想法在里面？

郑欣淼：当然有，但是我感到，我们做的已经晚了一步，应该做的更早一点，做的更好一点。今年我提出“重走故宫文物南迁路”活动，得到了台北故宫的响应，他们开会，提出要加一个主题，“温故知新——重走故宫文物南迁路”，“温故知新”四个字是他们提出来的，他们感到有必要加这么一个主题，我们就是通过温故而知新，纪念这段不平凡的事情，让个人的记忆变成集体的记忆，民族的记忆，不应该忘记这一点。

大陆不会扣押文物

网易新闻：两岸故宫之间的学术交流很顺畅，但是我们了解到两岸在文物之间的交流中好像还有一些现实的困难？

郑欣淼：这个就是大家都很关注的，我们大陆的东西北京故宫的可以去，他们的为什么不来呢？他们有一个所谓的“司法免扣押”的规定，即台北故宫的文物要到什么地方去，到哪个国家，你这个国家在司法上，法律上给我一个保证，不能扣押我的东西。

网易新闻：好像20年前，美国华盛顿的一个美术馆找台北故宫博物院借的时候，他们用的也是这样的方法。

郑欣淼：美国人后来给了司法上的保证，现在在日本为什么不能办展，也是要求对方要做这么一个保证。我们想这是外交问题，大陆怎么给你做这个？他们也知道大陆不会扣留他的东西，但是他们坚持这一点，我想这个问题，因为现在大家都很关注，有关部门我想也会重视这个事，只要大家想办法，我认为是可以解决的。

网易新闻：如果可以成行的话，台湾的文物到我们这边来展出，需要变通的只能是咱们这边做一些积极的工作，因为他们那边比较坚持。

郑欣淼：这样就看两岸怎么去谈，最后以什么形式来实现，我想只要大家共同努力，只要有这个诚意，我想是会解决的。比如说就像北京故宫的东西到台北故宫去展出，我们和台北故宫也不能签协议的，因为他的名称叫“国立故宫博物院”，我们也不同意他叫“国立”两个字，我们也试图劝说他们用台北故宫博物院，我用北京故宫博物院，其实我们的名字也不叫“北京故宫博物院”，我就是“故宫博物院”，他叫“国立故宫博物院”。他们不赞同，他们要是用台北故宫博物院，没有这么一个机构，在法律上就没有效力。最后采取的，我们的东西借给他，是通过第三方的，我们找了一个基金会，我们和基金会建立一个联系，基金会等于把我的东西借过去，基金会又和他签订协议，借给他。

网易新闻：问您一个有趣的问题，如果您跟周院长互换角色，您最想做的事是什么，怎么推动两岸故宫交流的工作？

郑欣淼：我看台湾的环境是很复杂的，但是如果叫我在台北故宫，我想我努力克服困难，不管怎么样，要两岸交流，尽最大的努力，我想是来加强的，加强这个联系的。其实台北故宫我认为也还是比较努力的。我个人感觉到，因为我们博物馆有博物馆的特点，我们的工作应该是扎扎实实的，我们不是简单做个样子，好像做个姿态一样，我们得真真正正的，一步步在推进。

星巴克开在故宫，亵渎不了中华文化

网易新闻：前些日子，社会上特别关注星巴克的问题。您前几天有了一个表态，时隔这么久，您的表态意图是什么？

郑欣淼：那是我在人民网有个访谈，我讲的过程中有一个提问问到我的，我不是有意识发布。这一类事情，如果是早一点，我可能也不会回答的。我是感到，经过这一段的时光，大家可能能更加冷静的来想，大国应有大国的心态，我们的文化不是你在我这儿开这么一个店，你就亵渎了中华文化了，影响我文化的传播了，我认为多数人都会理智的来考虑。我们防止有时候比较偏颇的认识。我们原来的老院长，他曾给我打过电话，他说不赞同让星巴克出去，这是一种狭隘的民族主义，他态度很明确。我们所谓汉唐气象，盛唐的气象，就是敢于大胆吸收外来文化。其实清宫里面，应该是当时，通过正规渠道接受外来东西最多的，慈禧太后喜欢照相，其他的包括电灯，在宫里面都是比较早的，电灯，电话，包括其他的。所以当时发生这个事，也有人就说，可口可乐能不能再卖？其他的外国饮料呢，这就比较复杂了。

网易新闻：当时引起社会这么大关注，他确实对故宫进行商业开发有一定的关注，您作为一个院长，您在故宫，商业开发模式上，有没有自己的一些想法？

郑欣淼：这不叫商业开发，这是一个服务的，给公众服务的，当然他本身是一个商业行为。现在我们需要开发一些文化产品，就是带有博物馆特色的，对故宫来说是带有故宫元素，现在喜欢用“元素”两个字，故宫元素的。我认为在这方面我们做得还是不够，台北故宫做得比我们好，他们产品开发的很多。我们现在也把它提的很高，提到什么程度？其实它也是宣传故宫文化的，比如说游客买走一件东西，它有故宫的元素，有故宫的纪念意义，他就带走了一个不可带走的紫禁城。

网易新闻：所以这两天的新闻关注故宫开网店，文化中心这边是在开网店，卖一些文化产品。

郑欣淼：我在四年前，台北周功鑫院长上任之前，我就让一个副院长，专门管经营的，我让他到台北故宫专门学这个。对故宫博物院来说，文化产品要大力开发，因此它的意义也是很大的，但同时也要守住我们基本的底线，因为我们毕竟是一个公益性的博物馆，我们不是企业，我们不是一个工厂，我搞这个，不是简单的为了改善职工的生活；我搞这个，有宣传故宫的目的，也满足了游客的需要，也创造一些价值，我认为是必要的。台北故宫也是很活的，包括授权，复制一些书画，包括一些元素。前一段时间，你看有一个公司，可以造金币的，他做的金的“正大光明”的金条，我想只要能卖，总还是社会需要的，对故宫也没有造成什么其他负面的影响。

这辈子我都离不开故宫

网易新闻：您是陕西人，连战来到大陆的时候，一听您的口音就听出来了。

郑欣淼：其实那时候我还不知道连战主席是在陕西出生的，在故宫漱芳斋一起喝茶休息，他说郑院长，我听您的口音是西北人，我说我是陕西人，他说，他是在西安出生的。我就问，您在台湾能不能吃到陕西的小吃，他说羊肉泡馍可以吃到，肉夹馍可以吃到，但是这么厚的锅盔吃不到，他用手指比划着。一说家乡就有这么一个感情，都感到很亲切了。

网易新闻：有人说陕西是中国的文化大省，让一个来自于文化大省的人当故宫博物院的院长特别合适，您当时接受任命的时候，领导有没有这方面的考虑？

郑欣淼：我想可能是碰上了，谁也不可能设计它的，好像最后走棋一样，最后走到这一步，前面很多步是怎么来的，是按它自身的，你看不见的逻辑在那儿发展。我自己也没想到，但我感觉到很庆幸的，我是喜欢文物，文化，我跟很多老外讲，我说我们陕西西安，外国人都感觉到这个地方是不错的，我跟他们讲，我就在华清池边的华清中学上的学，这个地方离兵马俑并不远的，我在上学的时候，曾在秦始皇陵上植过树，华清池我也去过，那时候经常去，跑步就到了。而且在临潼这个地方，给我感觉到骊山好像是一个故事的山，鸿门宴什么，一切都是和历史联系在一起的，中国封建社会，所谓强盛时期的周秦汉唐的首都都在那儿。

网易新闻：所以说您当院长是偶然中的必然。

郑欣淼：不能这样说，以后我有幸搞了文化工作，在一个省当副省长的时候也是管文化的，我又有幸在国家文物局工作了四年，我认为这是一个转变。我自己一个特点，也是干什么事喜欢钻研什么，这个事也是很快就喜欢了，到以后到故宫来，从这一点来说，也可能以前的那一切都是作了铺垫。

网易新闻：最后一个问题，在您的任内，您想把故宫发展到什么程度，有没有一些重点发展的领域，您想达到什么样的状态？

郑欣淼：因为我现在已经干到第九年了，也不短了，年龄早就超了，60 岁一过就超了，但是我想有一个起码的，事业不会中断的，即使我不在这个岗位上，但是这辈子我考虑的都离不开故宫了。

故宫不简单是一个旅游景点，房子和物，房子和物是联系在一起的，它里面有很多故事。很多人和事是联系在一起的。只有这个联系的观点，你才能生发出新的，寻找新的意义。所以我们现在不能光见物，要见人，要见事。这个工作，我想我在任不在任，都尽我力所能及的，以我能参与的方式，我会继续做下去。

网易新闻：谢谢郑院长接受网易新闻的专访，谢谢您！

原载2010年12月8日《网易新闻访谈》

打开皇宫之锁　细数千年文物宝藏

——专访北京故宫博物院院长郑欣淼

采访者：（台湾）《艺术收藏＋设计》
记者许玉玲

今年初春，两岸故宫博物院进行了首次正式交流，在这具有里程碑意义的时刻，北京故宫博物院院长郑欣淼撰著的《天府永藏——两岸故宫博物院文物藏品概述》一书，繁体中文版交由艺术家出版社于3月1日正式发行，预定在3月1日访问台北故宫前夕，郑欣淼在北京故宫院长室接受《艺术收藏＋设计》的专访，谈及北京故宫目前在硬体与软体的改善工程以及未来计划，并乐见未来两院能有进一步的合作。

当两岸故宫互访交流议题炒得沸沸扬扬之际，除了后续两院合作的可能性大受关注，两院的藏品也免不了成为各界评比的标的；分别成立于1925年与1965年的北京故宫博物院与台北故宫博物院，是否真如李敖先前所言，一个有宫无宝、一个有宝无宫？或者，北京故宫这许多年来因为披盖着一层神秘面纱，真相尚未得世人所窥见？

诸如此类问题，促使现任北京故宫博物院院长郑欣淼期望对实际状况做出更深入的剖析。在2002年上任北京故宫院长一职后，郑欣淼着手进行两件大工程，一是故宫古建筑维修，一是文物藏品再次清点，并首次将北京故宫藏品明细向大众公开，编列于他2008年出版的著作《天府永藏——两岸故宫博物院文物藏品概述》中，针对两岸故宫的藏品也提出一份数据与特色的比较分析。“这是北京故宫第一次将文物藏品明细对外公布，而且列出种类、数量等细节，这在过去是从来没有的事。”郑欣淼表示，两岸故宫的比较，是他在撰写这本书时相当关键但却也是非常不好写的一部分，“我曾经听到台湾的一些同行，甚至大陆这边的人，都是‘好东西都到台北故宫了。’”要回应相关疑虑，必然得有更详尽深入的研究资料作为说明，“这些研究非常有意思，我也参考了大量的文献资料，并尽量站在客观的立场；我不能自己说台北的收藏好或是北京的收藏好，因为事实是客观存在，不是谁说了就算数。”

北京故宫一百五十万件文物藏品公诸于世

要将两院的藏品作比较，自然得先清点罗列出所有藏品。北京故宫博物院自1925年10月10日成立至今（原名为国立北平故宫博物院），历经军事管制、“文革”及改革开放时期，对于故宫文物提出的统计与管理文献为数可观，但由于文物数量庞大、管理权多次转移，数据资料不尽完善，许多文物也一直深藏在库房中，未见曝光。

郑欣淼上任后，北京故宫迈向21世纪新发展阶段，锁定推动两个目标工程，一是对古建筑的维修保护，整体工程由2003年持续进行至2020年，也就是在紫禁城建成六百周年时，全面完成故宫维修任务；一是针对故宫藏品进行再次清点。事实上，自1949年以来，北京故宫文物藏品的清理工作已经进行了三次：第一次是在1954年至1955年，当时制定了文物分类标准，将文物划分为三级，编制了《院藏一级品简目》；第二次是在1978年至80年代末，文物保管工作的重新启动；第三次则是在1991年至2001年，在这十年期间，北京故宫院藏文物近60%从地面库房搬向地下库房，这场大迁移几乎移动了所有文物，院内也再次分类验收文物提单，核查数量，奠定数字化管理的基础。而目前进行中的是第四次清点，将由2004年持续进行至2010年，此次清理也是对于故宫大规模维修工程的促进。“目前进行得相当顺利，有一些比较清楚的，像是书画、青铜器及玉器，这些比较大的类别。后续我们也会将这些藏品分类推出自录。你可以想象一百五十万件的目录印出来是很可观的，但对博物馆来说是最基本的工作，也是个基础。”郑欣淼如此表示。

“北京故宫在理念上，过去是比较落后的，对社会服务的意识不是很强，博物馆很多藏品一直没有对外公布过，不像台北的故宫陆续在国际上推出许多重要刊物及藏品图录，北京故宫以往几乎没有投入这类工作。”郑欣淼表示，十年前香港商务印书馆自动提拨资金，和北京故宫合作出版了一套图录，前不久才出齐了六十本，整整印了十年。“但现在看来，这套书还是不够。现在我们规划再出版另一套图录，依藏品类细分为二十多种，全套计划出版五百本，算是作为北京故宫藏品总目录。”目前这一套《故宫博物院藏品大系》已经陆续出版，为方便收藏者购买，北京故宫特别让同类型藏品集结于同一时间推出。

郑欣淼说道："北京故宫曾经有十多年的时间没有任命院长，都是副院长当差，我上任后，工作很多，其中最重要的工作之一就是清点文物。本来有好多东西不归类于文物，像是皇帝的笔墨书画等，大约两万多件，现在也都在清理中，其中光是乾隆皇帝的作品的就有两千多件，一般说来，乾隆皇帝的笔墨算是很可以的，而且皇帝的作品本身就有它独特的价值，但这些之前都没有列入文物清单中。"他说自己上任后，他认为自己没有深厚的艺术底子，不可能进行文物基础研究，不像学艺术的人可能针对某位艺术家的作品特色进行研究，像是研究王羲之的书法；但换个角度来看，如果让他的作品跟乾隆皇帝的关系串联起来，那也很精彩。所以，他将自己的研究工作定位为故宫整体的研究。

"研究工作要有勇气，弄不好可能有人会反对你的。"郑欣淼院长笑着说，事情要做得好，又不能说别人做得不好，总是有很多环节要考量，而且最重要的是最后要有一个好的成果。他表示，故宫藏品档案在20世纪50年代交付国家档案局，60年代又回到故宫，80年代又划分出去，当初记录的是八百万件档案，还有相关史实、文献与统计资料都是他进行研究整体研究的参考。在解析北京故宫藏品时，他同时将台北故宫的藏品列出清单，并将两者对照分析。"台北故宫与北京故宫的藏品有强烈的互补性，像是青铜器，有同一批出土的，甚至是一对的，可能一件在北京，一件在台北；还有像是《满文大藏经》也是一部分在北京，一部分在台北；知名的《三希堂法帖》，也是分散两地。"郑欣淼院长表示，两岸故宫一直以来都进行着学术上的交流，尤其台北故宫现任冯明珠副院长在他进行比较研究时，于文献资料的汇整上给了相当协助。

四本重量级著作揭露故宫不同面貌

在就任北京故宫院长六年余的时间内，郑欣淼院长持续进行文物研究工作，并在 2008 年陆续推出四本著作，包括《天府永藏——两岸故宫博物院文物藏品概述》、论文集《故宫与故宫学》、《故宫访谈录》，以及集结故宫相关主题短文的《紫禁内外》。

其中，《天府永藏——两岸故宫博物院文物藏品概述》在史实文献的辅助说明下，披露了两岸故宫藏品的真相，并进一步将北京故宫许多尚未公开的档案纪录提出分析与说明，对于文物研究有相当大的贡献。由大陆紫禁城出版社出版的《天府永藏——两岸故宫博物院文物藏品概述》，业已协议将繁体字发行版权交付艺术家出版社，繁体中文版于 3 月 1 日正式发行。

针对这本著作，郑欣淼院长表示自己参阅了大量的文献与图录，从清宫旧藏、故宫博物院的成立、部分文物的南迁北返、两岸故宫的藏品，以及故宫文物与故宫学切入探究。“两个故宫相互了解不是很多，可能相对来说，大陆故宫对台北故宫了解比较多，比较多的原因是这么多年来我们过去的次数也多。”他希望透过这本著作，让更多对于文物研究的人得到实用资料，也让两岸民众对同时存在的两座故宫有更深入的认识。

依据书中记载，北京故宫现有的文物藏品达一百五十余万件，其中一百三十余万件是清宫藏品和遗存，“故”字编号为五十年以前故宫本来就有的，包括原本清宫旧藏，或更早期的陶瓷、青铜等藏品；“新”字为故宫在近五十年来新增的藏品，包括收购或捐赠藏品，这些其中有些也是清宫旧藏，但因为是近期新列入故宫藏品，所以划分在“新”字号。郑欣淼举例说明，逊帝溥仪在内廷十三年中文物的损失相当大，清室善后委员会于1925年在养心殿发现了一束“赏溥杰单”和一束溥杰手写的“收到单”，在1949年前后，北京故宫陆续从国内各地收回了三百多件，而这些藏品的清单也都清楚罗列于书中。

至于台北故宫博物院现有六十五万余件文物藏品，清宫旧藏及遗存高达92%，书中亦将其数据资料与介绍完整列出。书中在两岸文物藏品的分析上，则分为十二个类别来说明，列出数量与藏品的特点，再分两个部分谈两者各自的特点，其中包括古书画、碑帖、青铜器、陶瓷器、玉器、铭刻类文物、其他工艺类文物、宫廷类文物、宗教文物、文献档案、古籍善本，以及古建筑文物。

北京故宫迈向2009年的新展望

“北京故宫是一座宫殿群，但相对它的局限性也很大，面临的考验就是如何更完善地展示藏品。”郑欣淼院长表示，北京故宫的陶俑收藏，应该算是首屈一指，还有甲骨文、印玺等也是，尤其在故宫推动大修后，这几年已经增加1.8万多公尺的展览面积，常态性的展示文物数量相对也增加许多；主题性与国际交流的特展，也会陆续推出。“我们后年会在卢浮宫及大英博物馆举办交流展；在今后三年时间，也将以每年举办三次书画展的方式，分九次将故宫重点书画藏品有系列地展出。”

此外，北京故宫也将针对游客管理，思考如何将游客合理分流，以降低博物馆管理维护的风险。故宫参观人数众多，光是去年国庆的第二天参观人次即高达14.8万人，春节期间也高达28万人次。面对这么多来自国内外各地、说着不同语言的观光客，如何兼顾文物与古建筑的展示及维护，是北京故宫目前积极研究的重点之一。

当然，在今年开春，两岸故宫的交流互访以及后续的延伸，也成为未来故宫发展的关注重点。对此，郑欣淼表示：“感觉到有加强交流的必要，但也感觉到有一些限制，有的事可能不是两院层面可解决的。”对于两岸故宫交流，郑院长抱有高度期待，他认为就两个博物馆的发展来说，也是有益的。“这是好事，虽然受到政治或其他方面影响，但我想总会解决的。”

他说：“在2005年之前，石守谦担任院长期间，我们就常通信联系。我们当时成立了一个古书画研究中心以及一个古陶瓷研究中心，也从台北聘任了四个人前来，对方也常受邀来北京故宫开会，像冯明珠副院长当初也常过来开会，只是当初并没有针对合作细节制定协议。”此次互访，两方将讨论未来其他合作的可能，包括办展、举行学术研究活动等进行讨论，“毕竟经历半个多世纪没有来往，这次能成行本身就了不起。规划3月访台，就是一次互访的行程，会加强沟通，过程中或许针对合作内容进一步确认。”

除了两岸故宫中派出一组人员互访，郑欣淼对于相关著作的交流也乐观其成，也期望透过书籍中客观的分析与数据，让两岸文物研究再往前推进一步。在个人四本重量级著作陆续出版后，郑欣淼后续计划出版一本关于西部青藏高原的摄影集，目前正在整理中。

原载2009年5月（台湾）《艺术收藏+设计》

郑欣淼：两岸故宫何时彻底“融冰”？

采访者：《文汇报》记者江胜信

题记：宫墙下，去见证我们的诚意

3 月 14 日上午，温家宝总理在人民大会堂会见中外记者时用一幅画牵出一段情：元朝画家黄公望的画作《富春山居图》一半放在浙江省博物馆，一半放在台北故宫博物院，两幅画什么时候能合成一幅画？“画是如此，人何以堪？”

总理的话，道出了一奶同胞无法割断的血脉和无法疏离的亲近，隔着海，化作心底最厚最重、难以堪承的离愁。海上有些浪，十指还无法紧紧相扣，也有些风，胸膛还无法紧紧相依，但总还可以寄情于物，借物咏志。

《富春山居图》就是这样的“物”，很多很多像它一样的故宫文物也是拥有这种灵性的“物”。

于是我们欣喜地看到，在经历 60 年“冰封”之后，两岸故宫于去年上半年实现了院长间的首次互访，这被誉为“破冰”之举，又于去年10月7日至今年1月10日在台北故宫合办“雍正——清世宗文物大展”，促成两岸故宫文物的首度聚首。今年是故宫博物院建院85周年，借此契机，双方又达成一系列合作意项。

“破冰”之后，已有进一步“融冰”的迹象。

北京故宫的郑欣淼院长借用《易经》来描述合作前景：《易经》六十四卦中的第十三卦为“同人”，是指同心同德；它的上卦是“否卦”，意为闭塞不通；“同人”的下卦是“大有”，是人多、富有、大有收获的意思。“现在，两岸故宫的交流已经克服闭塞不通的‘否卦’阶段，达到了‘同人’的同心同德阶段，下一步就是‘大有’了，我对未来两岸故宫合作的前景充满信心。”

而台北故宫最近就两岸《富春山居图》能否合展之事的如下回应则让人感到遗憾：如果大陆的能来台湾，当然很好；但台北故宫收藏的《富春山居图》目前不可能到大陆展出，因为大陆方面没有完成“司法免扣押”。此外，对方还坚持想让大陆方面接受台北故宫“国立故宫博物院”的名称。

大家都知道，合作应该是双向的，作为合作模式之一的展览也应该是你来我往的。目前，互办展览遇到了坎儿，前景在哪里？

记者就此话题拜访了北京故宫博物院院长郑欣淼。郑院长的办公室，是故宫神武门西侧两排平房中的两间屋。那青砖灰瓦的平房过去是宫廷侍卫的居所；今天，60有余的郑欣淼同样也在以他的努力去守护：守护故宫，守护文物，守护寄寓在文物中的精神家园。

郑欣淼的语速不快，每个字似乎占了些故宫的古意，有些沉。这分明也是一份沉甸甸的决心和诚意，决心之坚和诚意之笃，巍巍宫墙可以作证。

互办展览展望篇

路其实有很多，诚意在，智慧在，路就在

两岸故宫“破冰”以来，“司法免扣押”这个词频频见诸媒体，“大陆没有完成‘司法免扣押’条款”是台北故宫高层所认为的影响文物来大陆展出的主要原因。

记者目前通过北京故宫得到了一份来自台北故宫的书面答复。该答复引用了台湾方面《新闻辞典》的定义：“‘司法免扣押’条款主要规范拥有争议文物的国家，在相关文物赴外展出，不会受到司法追诉或扣押，以确保外借文物‘有借有还’。”该答复指出，国际上许多国家也制定了“司法免扣押”条款：美国从“联邦公报”中找到相关法条，法国、德国、奥地利、英国也相继为台北故宫量身制定免扣押条款……

从该份书面答复中可以看出，“司法免扣押”把文物出借方定位为国家，而在“一个中国”框架下，大陆和台湾之间的文物交流显然不属于国与国的议题。

当然，我们坚持“一个中国”原则并不意味着放弃文物交流“有借有还”原则，这是两码事。郑欣淼告诉记者，事实上，包括卢浮宫珍贵文物在内的境外展品来中国大陆展出时，也从没有签署过“司法免扣押”，而只需要按国际惯例签署一份合作协议，以此保证文物的“有借有还”。该协议详细列明双方的权利和责任，包括何时何地把文物以何种方式搬运、交收、储存、展示、保护，以及何时何地如何归还，借出方还可以要求派员 24 小时保护文物和买最贵重的保险。如果台方同意，这种合作协议随时都可以签，两岸就可以展开历史性的文物交流。

国家文物局和北京故宫方面为了促成大陆和台湾互办展览，也曾屡次发表声明：回大陆展览的文物不涉及所有权和保管地点的问题。

尽管如此，台北方面依旧担心展品到大陆缺乏法律保障。这也导致了目前的交流展览呈现“跛足”状态，即北京故宫的展品去了台湾，台北故宫的却无法来到大陆。北京故宫博物院今年 9 月将举办一个纪念建院 85 周年的展览——明代永乐宣德文物大展，本来想向台北故宫借七八件文物，但也是碰到“司法免扣押”问题，提出了也过不来，最后就作罢了。

郑欣淼认为，文物作为文化符号，只在特定的情况下才会刻上政治烙印，比如被八国联军掠走的文物和被非法走私的文物，这些文物或被我国列为追讨的对象。但在台北故宫的文物却不属于此类情况，作为一个中国，那里的文物和因为历史原因而留在大陆各地的故宫文物是同样性质，比如温家宝总理提到的《富春山居图》如今就是浙江省博物馆的镇馆之宝，所有权属于浙江省博物馆，不会受到他馆的追讨或扣押。总之，两岸故宫文物不应该背负、也本来就不存在政治包袱。

为了消除台湾方面的顾虑，郑欣淼在 2003 年还曾公开表态：你拿若干件文物到我这里展出，我押若干件价值相当的文物在你那里，甚至我们可以多出一些，你该放心了吧。或者，双方也可考虑在第三地合作办展。比如，清宫“三希堂”的三件珍品，北京故宫有两件——王珣的《伯远帖》和王献之的《中秋帖》，台北故宫有一件——王羲之的《快雪时晴帖》，大家是不是都拿出来，在第三地合办“三希法帖展”？

郑欣淼介绍，台湾1992年主要针对欧美等博物馆的借展需求制定了“司法免扣押”，规定只将文物借给和台方签署此条款的国家和地区，以此确保出借文物万无一失。郑欣淼说：“应该讲，他们当初并没有预见到两岸故宫今天的交流局面。”如今，两岸交流是大势所趋，两岸故宫互办展览也随之成为新的时代课题，求解这一新课题需要新思路。

“凭着合作的诚意和努力，凭着中华民族儿女的智慧，台北故宫的文物迟早会来北京聚首，最终实现互来互往。”郑欣淼说，“让我们拭目以待！”

已走出第一步，用有原则的让步赢来一片叫好声

自1987年台湾方面允许台胞到大陆探亲以来，民间关于两岸故宫联办展览的呼声很高，2005年故宫博物院成立80周年之际，这一设想更是被两岸故宫高层同时提起。

但是，设想的付诸实施却一直遭遇阻力，直到去年上半年，双方才赢来了机遇——

起因是台北故宫在筹办“雍正——清世宗文物大展”时，由于缺少雍正朝服等重要文物，便向拥有这些文物的北京故宫博物院提出借展的请求。这很快得到了北京故宫的回应和支持。

面对双方对于交流与合作的诚意，台北故宫提议，能不能把原本的借展办成双方的联展？这个多年来曾屡屡止于口头的提议，又在那一瞬间激活了双方心底的渴望。

但与此同时，曾经的阻力又再次横在双方面前。首先是名称载示问题。

说到名称，有必要交代一下历史。1925 年 10 月 10 日，故宫博物院成立，30 年代改为“国立北平故宫博物院”。1950 年 2 月，北平市改为北京市，“国立北平故宫博物院”更名为“国立北京故宫博物院”，1951 年 6 月又改称“故宫博物院”至今。台北故宫则成立于 1965 年，被台方冠名“国立故宫博物院”，藏品主体是 1948 年底至 1949 年初随蒋介石从大陆撤退时被运往台湾的部分故宫文物，自此呈现“一座宫殿、两个故宫博物院”的格局。

为促成本次雍正大展的联办，两岸故宫本着务实的精神，在名称载示上各自作了让步，一方叫“北京故宫”；一方叫“台北故宫”。在对外场合，既以“北京故宫”和“台北故宫”来称呼对方，更以“两岸故宫”的共同身份来面对公众。

但在签订文物借展协议时，能否在甲乙双方中使用“北京故宫”、“台北故宫”的名称呢？台北故宫对此表示忧虑，他们认为，“台北故宫”这个称谓不是法律意义上申请注册的法人，一旦协议双方出现问题，从法律上不好界定。最后，双方一致同意通过不涉及敏感名称的“第三方”来签署协议，即北京故宫和台北故宫事先授权的台湾某基金会签订协议，把展品借给基金会，该基金会再和台北故宫签约，把展品借给台北故宫。据说，海峡两岸的不少文化交流也是通过第三方来推进的，这再一次显示了在文化交流大趋势下两岸人民的智慧。毕竟，交流是了解的前提，也是进一步认同的前提。

影响联展的障碍一一被清除了。这时候，离 2009 年 10 月 7 日开幕不到一个月时间了。

突然又有了新的麻烦。北京故宫出借的文物或包装文物的匣盒附件涉及珊瑚、象牙，郑欣淼说，这类东西要过海关，需经濒危动物保护办公室批准，其中又涉及管理陆生和海生动物的两个机构，手续比较复杂，没有一定时间是办不下来的。但这对于“轻舟已过万重山”的可喜形势而言，只是一个小插曲。国家有关部门特事特办，紫禁城的37件国宝便一路绿灯，顺利踏上了对台北故宫的“探亲”之旅。

10月5日至10月10日，郑欣淼率团以主办方的身份赴台，参与了展览的相关活动。北京故宫郑欣淼院长和台北故宫周功鑫院长以“两岸故宫”的名义，一起为展览图册作序，一起为开幕致词，一起按下揭幕启动按钮，一起接受媒体访问……

来自北京故宫的雍正朝服、雍正“为君难”印、“雍正行乐图”和台北故宫的雍正朱批谕旨、松花石葫芦砚等共同还原了一个真实的雍正，使“雍正——清世宗文物大展”成为名副其实的大展。据台北故宫提供的数据，共有70万人次的游客参观了这一为期3个月的展览，创历年同期之新高，其中大陆游客约占30%。台北故宫还进行了“雍正大展观众满意度调查”，游客对展览评价极高，展览内容满意度高达98%，展示方式满意度高达99.3%。与展览相关的出版物销售火爆，一版再版。

两岸文物界也借联展之机在台举办了“两岸故宫第一届学术研讨会”，与会学者约300人，其中13位是大陆专家，包括北京故宫的9位和分别来自南开大学、社会科学院、中国第一历史档案馆和上海博物馆的4位。两岸专家就书画、器物、档案等各方面观点和成果展开了充分交流。

无论是对普通民众，还是对专家学者，雍正文物大展的联办既是福音，同时也传递了一个向好的信号——更多的大陆公民是不是也可以像台湾同胞那么幸运，很快就能在家门口看到台北故宫的珍宝呢？

一种需要，一种必然

尽管两岸故宫曾经经历了漫长的冰封期，但故宫的历史并没有被割裂。这不仅在于两院的主要藏品均是清宫旧藏，更在于这些藏品以相同的文化基因注解了中华民族延绵不绝的文明。而赋予它们气息和性灵的故宫，也因此成为一部浓缩的文明史和两岸人民共同的精神圣地。

本着对文化根源的回溯、认同和呵护，在故宫博物院成立85周年之际，两岸故宫将共襄盛举。郑欣淼向记者透露了2010年两岸故宫合作计划：双方互派专家从事项目研究，建立视讯沟通机制，交流出版物，互换院史档案和文物目录，台北故宫将派员专程出席由北京故宫举办的永乐宣德展开幕式和“故宫学”学术研讨会，并参加以“永乐宣德”为主题的“两岸故宫第二届学术研讨会”，台北故宫还将参加北京故宫重走文物南迁路线的活动等。

“故宫学”是郑欣淼于2003年——他上任故宫博物院院长一年之后从学科高度提出的概念，目的就是把故宫作为一个“大文物”来看待，不断推进对故宫的综合研究，挖掘故宫文化的深邃内涵，同时也客观上使流散在院外、包括世界各地的清宫旧藏文物、档案文献有一个“学术归宿”。

郑欣淼关于“故宫学”的主要论述汇集在他撰写的《故宫与故宫学》一书中。去年10月雍正展期间，台北出版了该书的繁体版，郑欣淼还应邀在台北政治大学作了《故宫与故宫学》的学术演讲。郑欣淼说：“不管这些文物如何珍贵，如果离开了北京故宫这个母体，必然是孤零零的。这几年，台北故宫有很多同仁来北京故宫博物院参观，他们看得特别仔细，还会经过特许之后进入库房及其他不对外开放的区域。为什么？就是因为这里所体现的宫廷文化和所再现的历史场景，能够让文物变得更加生动，更加有内容。”

“当然，北京故宫也同样需要了解台北故宫。双方的交流并非个人的一厢情愿，而是随着学术研究的发展与深入，自然而然就有这样的要求。”郑欣淼的这个观点被“雍正——清世宗文物大展”备展过程中的一个小故事印证：两岸故宫互赠礼品时，双方不约而同选择了《清明上河图》的复制品。北京是张择端的版本，台北是清乾隆时期院体画的版本。台北故宫副院长冯明珠笑道：“《清明上河图》里桥多，我们需要桥来沟通嘛。”

但愿《清明上河图》中的桥，真的可以在两岸故宫之间架起一座座通达的桥。

那时候，“聚首”的就不再只是《清明上河图》复制品，有可能是《清明上河图》两个版本的原件，也有可能是分藏于两院的三希法帖、乾隆为母祝寿的泥金写本《甘珠尔》，还有可能是两院的镇馆之宝；

那时候，将实现你来我往的互办展览，大陆老百姓、台湾老百姓都将享有同样的眼福；

那时候，通过更深入的交流，两岸故宫将一起致力于文化遗产的保护和中华文明的弘扬。

当然，这一切决定于互信前提下的共同努力。台北故宫周功鑫院长曾说：“经由文物的交流，提升两岸人民彼此的了解和互信，但是如果冠上了政治的话，那是什么也推不动了。”就台北故宫文物能否来大陆展出问题，台北故宫冯明珠副院长也曾表示：靠双方的智慧，总会有“适当的时机”解决。

那么，我们就有理由去期待那一天。

这对有情而无言的两岸故宫文物，是一次成全；这对连着血脉却隔着大海的中华儿女，是一次善举。

文物交流史话篇

璧合珠联书先行

1992年，两岸故宫各选具有代表性的艺术珍品76件，合152件，由时任北京故宫博物院的副院长杨新和台北故宫博物院副院长张临生合作汇编成《国宝荟萃》一书，交香港商务印书馆出版。这是两岸故宫比较早的一个合作项目。

吟诗作赋聊解怀

台北故宫的镇馆之宝毛公鼎，是在郑欣淼故乡陕西出土的西周青铜器。2002年12月31日，首度访台的郑欣淼受《中国时报》邀请前往台北故宫，如愿以偿看到这件宝贝。次日，郑欣淼拜访了台北故宫前任院长秦孝仪，虽是初交，却一见如故。此后两人多次书信往来，吟诗作赋。郑欣淼在《贺新郎・在台北怀故宫文物南迁》中写道：“热血殷殷浓于水，中华心、一海焉能阻？”在《百字令・参观台北故宫博物院》中写道：“翡翠雕工，毛公鼎古，偿愿看琼久……风云变色，国宝暌离久。但有故宫名两岸，一脉相传深厚。”

秦孝仪也在回赠的诗赋中写道："结绳中绝，余燔渐熄，谁是补天高手?" 2005 年 10 月 10 日，在故宫博物院建院 80 周年之际，秦孝仪回家乡湖南办"诗文书法文房展"，他在开幕式上以"未老莫还乡，还乡须断肠"作为开场白，让到会宾客为之动容。

连战挥毫

2005 年 4 月 28 日，国民党主席连战与中国国民党大陆访问团部分成员来到故宫博物院参观，郑欣淼在内金水桥前迎候并陪同参观。

当天，连战参观了保和殿、乾清宫、坤宁宫、御花园等地。他感慨万千，挥毫写下了"昔日禁城百年沧桑难回首，今日故宫几番风华齐向前"、横批为"继往开来"的一副对联。郑欣淼也代表故宫博物院向连战赠送了仿制的乾清宫"正大光明"匾和《故宫珍宝》、《故宫钟表》两本图册。

那天，连战还和郑欣淼聊起陕西凉皮、锅盔的话题，十分投机。

李敖忏悔

2005 年 9 月 20 日，郑欣淼和台湾学者李敖有过一次会谈。郑对李说，我曾经看到您在凤凰卫视上讲过，北京故宫的精华都到了台北，北京故宫只剩下皮，瓤都在台北故宫。这个责任在我们身上，我们宣传不够，展示不够。李敖听完郑欣淼的介绍，参观了钟表馆、珍宝馆、武英殿等，又在漱芳斋看了顾闳中的《韩熙载夜宴图》、王珣的《伯远帖》和王献之的《中秋帖》等书画作品。看完之后，李敖对郑欣淼说："我为我原先说过的话感到忏悔。"

李敖当时还讲了他在台北的清宫档案里看到过的一个记载，雍正皇帝当年曾经送给台湾一批瓜的种子，说，如果你们能试种成功，只需要送20颗瓜给我便可。李敖说，站在历史的高度，今天台湾的水果销到大陆也是完全应该的。

原载2010年4月5日上海《文汇报》

当故宫再次遇见故宫

采访者：《中国报道》记者刘梦羽

3 月 5 日下午，在北京广电国际酒店的三楼会议室里，包括韩美林、冯骥才、张千一、金铁林、滕矢初等在内的十一届全国政协委员、中国文艺界的大腕们，目光都聚集到一个人身上。他们不时点头，或者发出会心的微笑。

而讲话的人，正是刚从台北故宫博物院访问归来的北京故宫博物院院长——郑欣淼。

郑欣淼院长的讲述虽语调平实，却有一种引人聆听、耐人寻味的独特魅力。

掌门人再度握手

作为中国人，有谁不知道故宫？

可是，有多少人知道海峡两岸各有一座“故宫”？

即便知道，谁又能清楚了解“一宫两院”的来龙去脉？

或许，没有人比郑欣淼院长更了解个中历史与缘由。

“海峡两岸两个故宫博物院的同时存在，颇为当今国际社会所关注。这因为，两个博物院的藏品都主要来自清宫旧藏，原本是一个整体，都是一脉相承的中国传统文化艺术的精华。从这个角度上看，故宫已成为源远流长的中华文明的象征。两岸故宫的交流与合作，就有着更为深刻的意义，也格外引人注目。但长期以来，由于人们都知道的原因，两岸故宫博物院的在任院长却无缘访问对方。”郑欣淼院长在《紫禁内外》一书中如此记录。

2009 年 3 月 1 日，是一个值得历史铭记的日子。

这一天，北京故宫博物院（下简称“北京故宫”）郑欣淼院长应台北故宫博物院（下简称“台北故宫”）周功鑫院长的邀请赴台，完成对台北故宫的回访。此次会晤，两位院长落实了今年 2 月周功鑫院长到大陆访问时初步达成的合作交流方案，包括：今年故宫两院将举办首届学术研讨会并于每年 7 月至 9 月互访、互赠新出版品、互派人员驻访 2 ~3 个月、协商互设商品柜台、台北故宫博物院今年举办的雍正特展向北京故宫博物院借展 27 组（37 件）文物等。特别是 10 月份将在台北举行的“雍正特展”，将成为两岸故宫博物院合作的里程碑。

“两岸故宫互访可谓两岸文化交流的一个标志性事件。”郑欣淼如此评价。

2008 年 11 月，海协会会长陈云林一行 74 人在台湾进行了为期 5 天的访问。这是新中国成立后大陆授权团队最高负责人第一次访问台湾，也是海协、海基两会领导人首次在台湾会谈。因此，陈云林访台，被媒体称为“和平之旅”与“破冰之旅”。

两岸在各领域的合作加速，是历史的潮流，更是不争的事实。

因此，郑欣淼对记者表示，此次台北之行的意义，形式或许比内容更重要，为未来两岸故宫博物院的合作交流开启了更为广阔的空间。

当故宫遇见故宫

2002 年岁末的最后一天，郑欣淼作为北京故宫博物院院长，曾到台北故宫博物院考察。他撰写了《简短小诗忆旧游》一文，记述了这段难忘的经历。

“在地下库房，我考察了文物保管状况。那着意保留的当年文物南迁时用过的包装箱，伤痕斑斑，把我的思绪引入到几十年前的艰难岁月。”

2003 年的元旦，《中国时报》头版刊登了郑欣淼院长在“台北故宫”观看毛公鼎的照片，并以“当故宫遇见故宫　两岸历史性的一刻”为题，对他的访问做了报道。

此次访问，郑欣淼院长与前任台北故宫博物院院长秦孝仪先生结下了深厚的友谊。

“这一年（秦孝仪）先生 82 岁，刚遇丧偶之痛，所幸心情渐已平复。他面目慈祥，说着我不能完全听懂的湖南话。我送先生两册北京故宫的文物目录，先生则送了我几种礼品。……初次见面，先生带来他书写的六体‘千字文’，还有他在大陆访问期间写的诗歌，让我欣赏。秀美的书法，隽永的诗意，我读之再三，不忍释手。先生长我 26 岁，我想之所以对我如此厚爱，就是因为我们都从事着保护中华文化遗产这一特殊的机缘。他虽离开了工作岗位，但还是心系文物，心系故宫。”

回到大陆之后，郑欣淼收到了秦孝仪先生寄来的信和诗稿影印本。后来，他将一册名曰《历史印记》，选用清宫玺印、缎面精装的 2003 年周历寄予秦先生。此后，两人多次互致诗词和著述，续写珍贵的文字情谊。

2005 年，秦孝仪先生仙逝。中华文化损失如此巨擘，让人十分怅惘。郑欣淼院长与秦孝仪先生的交往，成为一段佳话。两个人之间的情谊，为两岸故宫博物院的再度亲密接触埋下了伏笔。

两岸携手　还看今朝

> 往事堪回顾。叹陆沈、国之瑰宝，烽烟南渡。万里间关箱过万，黔洞川途秦树。说不尽，几多风雨。辗转西行欣无恙，故宫人、辛苦凭谁诉。十七载、无双谱。　　从来中土遗存富。更明清、琳琅内府，萃珍瑶圃。蓦地离分无限憾，默默思牵情愫。永保用、文明步武。热血殷殷浓于水，中华心、一海焉能阻。统一业、本根固。
>
> ——郑欣淼《贺新郎·在台北怀故宫文物南迁》

文物研究，对于郑欣淼来说，不仅仅是为之奋斗了十多年的事业。对传统文化的挚爱，造就了郑欣淼深沉而丰厚的文化积淀。作为北京故宫的掌门人，他不免对两岸故宫长期以来几乎隔绝的状态心有忧虑。

因此，郑欣淼提出，让公众了解两岸故宫博物院文物藏品的渊源、流变及全貌，进一步认识故宫的价值、意义及地位，是一项必须完成的工作，他也以此作为己任，亲自撰写了《天府永藏——两岸故宫博物院文物藏品概述》一书，对两岸故宫博物院的文物藏品进行全面介绍。

“长期以来，由于种种原因，两个故宫博物院的文物藏品并未为人们所广泛了解，或者明此而暗彼，或者只知其一而不知其二，甚至有些误传。”郑欣淼在书中记述。

事实上，北京故宫“有宫无宝”，台北故宫“有宝无宫”一度成为一种文化观点。

“20 世纪 80 年代以来，随着对故宫南迁文物的宣传，大家都知道藏品中的很多精品都到台湾去了。这种认识并不符合实际。实际上，北京故宫的藏品比台北多一倍以上，而且两岸故宫藏品的构成不完全一样。《天府永藏——两岸故宫博物院文物藏品概述》一书在台湾出版了繁体中文版。这本书将两岸故宫藏品情况客观地摆出来，让大家对其有更深层的了解。”郑欣淼院长对本刊记者说。

作为一部首次将两岸故宫博物院的文物藏品并列在一起介绍的书，《天府永藏——两岸故宫博物院文物藏品概述》不仅介绍了两岸故宫的历史渊源和基本情况，还专门开辟一章“两个故宫博物院藏品通览”，从古书画、碑帖、青铜器等十二个类别，对藏品一一梳理。

这部书是郑欣淼院长于故宫学研究的阶段性成果，同时也为两岸民众深入了解“故宫”这一中国传统文化宝藏，增添了一份弥足珍贵的资料。

在接受采访时，郑欣淼院长坦言，两岸故宫交流，还存在一些现阶段无法逾越的问题，如名称问题等，但“随着认识和交流的深入，总有解决的办法。”

链接：

你不了解的故宫

故宫博物院成立于1925年10月10日。

创立初期，由于北洋军阀政府的内战，政局不稳以及经费困难，遭遇了艰辛与挫折。1928年6月，南京国民政府接收故宫博物院。1929年3月，国民政府任命李煜瀛为故宫博物院理事会理事长，易培基为院长，故宫博物院进入了蓬勃发展的时期。1931年“九一八事变”以后，为了安全起见，故宫博物院理事会选择院藏文物中的精品，迁往上海储藏。

抗日战争胜利后，故宫博物院奉命复原。散处四川乐山、峨嵋、巴县三处库房的文物，从1946年1月到1947年，全部集中到重庆。两个月后，向南京转运。

1948年9月，南京国民政府准备逃往台湾，当时决定选择故宫精品，以600箱为范围先运台湾，以参加伦敦艺展的80箱为主，后决定全部运走，但因形势的变化，只运走三批：分别于1948年12月21日、1949年1月6日、1949年1月29日运抵台湾基隆港。据记载，运台故宫文物约60万件，占抗日战争时期南迁文物的1/4。

1965年，台北故宫博物院成立，现任院长周功鑫。

摘编自《天府永藏——两岸故宫博物院文物藏品概述》

原载2009年第4期《中国报道》

故宫两岸沧桑六十载：否极泰来　同人大有

采访者：中新社记者路梅

八月十四日下午，北京故宫博物院院长郑欣淼和台北故宫博物院院长周功鑫，通过视讯连线的方式共同宣布，将于十月在台北故宫开幕的“雍正——清世宗文物大展”正式开始布展，其中有三十七件文物向北京故宫借展。这将是故宫文物自一九四九年分离以来的首次聚首。

郑欣淼接受本社记者专访时指出，文化交流是两岸交流的根本。由于故宫的特殊地位以及在民众中的特殊影响，两个博物院的合作在两岸文化交流中具标志性意义，意味着两岸文化交流进入了一个新的阶段。

否——国宝命运多舛

作为中国封建时代的皇家宫殿，故宫堪称中国最精湛文化艺术品的宝库。然而在历史上，故宫文物却饱受掠夺侵占和颠沛流离之苦。

一九〇〇年，八国联军攻占北京后，利用各种机会进入皇宫抢劫；一九一一年辛亥革命后，大量国宝通过逊帝溥仪之手流失；故宫博物院成立后，国宝又为了躲避日本侵略者的炮火蹂躏而经历了十年的漫漫南迁。

郑欣淼指出，故宫博物院的成立，是中国民主革命的重大胜利。作为中国民族文化的象征符号，故宫文物的命运与中华民族的命运紧密地联系在一起，它不仅本身具有很高的价值，更具有政治上的意义，这是其他任何珍宝所不能取代的。

或许正因为如此，一九四九年，当时的国民政府匆忙迁往台湾的时候，将六十多万件南迁的故宫文物一起带走，并在台湾也成立了“故宫博物院”。从此一个故宫，有了两个博物院，国宝分离，隔着海峡守望。

乾隆书房“三希堂”中的三件墨宝，《中秋帖》和《伯远帖》在北京，《快雪时晴帖》却在台北；唐代怀素的《自叙帖》在台北，然而，当时为了减轻重量便于携带，用来装《自叙帖》的精美木盒却被留了下来，现存北京故宫；成周王铃是一对仅存的西周早期有铭文的青铜乐器，传世仅两件，一件阳文的藏于北京故宫，另一件阴文的藏于台北故宫。

更有故宫博物院图书专家梁廷炜，一九四九年护送文渊阁《四库全书》到台湾，他的儿子梁匡忠则留在了北京故宫，梁廷炜的孙子梁金生继续在北京故宫负责文物管理工作，他每天上班都要从文渊阁门口经过，却已是书去楼空……

泰——两岸情满海峡

回顾台北故宫的历史可以发现，一九六五年十一月十二日，孙中山百年诞辰，位于台北近郊外双溪的博物院新馆启用，蒋介石将其命名为“中山博物院”，只是“交由故宫博物院使用”，将来“反攻”胜利，故宫博物院的文物还将运回北京。

六十年来，台海局势风起云涌，柳暗花明。尽管国宝仍分置两院，两岸故宫博物院的交流随着两岸关系的解冻而逐步开展。虽然长期没有正式的交往，但多年来尤其是学术上的交流是不断的，两岸的研究人员经常互相参加对方一些学术研讨会，学术研究的文章都曾在对方的学术刊物上发表。

白驹过隙，两岸从全面的隔绝到全面的三通，轻舟已过万重山。如今，台北故宫是大陆游客的必访之地，甚至有人说，不看台北故宫，相当于白去台湾一趟。随着两岸大交流、大合作、大发展时期的到来，两岸故宫人的梦想也终要实现。今年年初，两院院长实现了六十年来首次正式互访，并达成了实质性合作机制，涉及人员互访、展览交流、文化出版、教育资讯等八个方面。

郑欣淼说，两岸故宫交流的新气象，是在两岸交流有了一个更好的氛围的大背景下进行的。现在有了好的机遇，我们当然会抓住，两岸故宫都有这个愿望，而且是直接的联系，这是个难得的突破。“雍正大展”正是展览交流机制的具体落实，这是故宫两院合作的标志性项目，将会是轰动海内外的真正大展。

大有——同人共期待

北京故宫提供给“雍正大展”的三十七件文物将在九月运抵台北。但郑欣淼更强调的是这些文物与台北故宫的文物所能反映雍正其人其事的完整性。这更充分说明了两院所藏文物的互补性。

正如郑欣淼所说，作为建筑，故宫只有一个，而故宫的文物和建筑是不可分割的。即使现在北京和台北各有一个故宫博物院，但二〇〇五年，两院都在同一个日子分别庆祝建院八十周年，这八十年里，两院有二十四年共同的历史，直至一九四九年的分离。

郑欣淼说，这共同的二十四年里，故宫人在保护文物过程中所形成的良好的精神和风格，比如对文物保管的认真负责、一丝不苟，和无私奉献精神，在两院都有不同形式的继承和发展。

访问台北故宫时，郑欣淼曾指出，两岸故宫人都以“同仁”相称。“同仁”一词对于两岸故宫有着非同寻常的意义，它和故宫的历史联结在一起，也意味着大家将共同面向未来。他引用《易经》说，《易经》六十四卦中的第十三卦为“同人”，就是大家在一起，同心同德；它的上卦是“否卦”，意思是闭塞不通，但往往是物极必反、不通则变；“同人”的下卦是“大有”，是人多、富有，大有收获。

他说，“现在，两岸故宫的交流已经克服闭塞不通的‘否卦’阶段，达到了‘同人’的同心同德阶段，下一步就是‘大有’了，我对未来两岸故宫合作的前景充满信心，抱有很大的期望。”

郑欣淼说，“两岸故宫的交流合作必须是真诚的，只要真的想做，遇到困难和障碍就能想出变通的办法。文化在交流中才能发展，何况两岸故宫同根同源。因此两岸故宫全方位、多层次的合作是必要的，一加一所产生的影响也将远远大于二。这对两院是幸事，对两岸民众亦为福分。在世界范围来看，这对于对弘扬中华民族文化也具有重要意义。”

郑欣淼指出，时隔六十年两岸故宫能破冰合作，说明中华文化传统和精神本身具有强大的凝聚力，显示了中华民族文化生生不息的、宽容和谐的精神实质，也将为人类文明的多样性做出贡献。

原载2009年8月27日中国新闻网

故宫学是两岸故宫交往的深层力量

采访者：《艺术家》杂志记者许玉玲

两岸故宫合办研讨会已行之有年，第三届日前于台北故宫举办，北京故宫博物院院长郑欣淼难得访台，他参与学术研讨会之余接受《艺术家》杂志访问，畅谈“故宫学”的主要概念。

两岸故宫第三届学术研讨会探讨17、18世纪中西方交流与对艺术的影响。研讨会的举办，反映两岸故宫在学术交流上的频繁。郑欣淼认为，两岸故宫近年不断合作举办研讨会与展览方面的交流，正说明故宫文物之不可分割性。而“故宫学”的主体概念，便是紫禁城491年的时间轴线、24位明清帝王的活动来反映宫廷历史文化。郑欣淼认为：“两岸文物具有联系性的特质，举办研讨会可加强双方合作，同时也强调了文物上的联系性。”

郑欣淼指出，在2009年至2010年，台湾清华大学便开设“故宫学概论”的课程，去年底中国社会科学院研究生院亦有课程设置。2011年5月，浙江大学更成立了故宫学研究中心。故宫学陆续出现在海峡两岸各重要的学院课程中，正说明目前在中国故宫学受到学术界的支持与重视。由于故宫学的推广也慢慢扩及到一般民众，为此，郑欣淼也正着手进行《故宫学概论》的撰写工作，“藉由故宫学的推动，大家更能够藉由故宫系统来透视中华文化的发展。”

故宫学目前之所以在中国大陆受到重视，不仅因为故宫本身就代表了中华文物收藏系统脉络，这也是一个能从帝王收藏脉络去理解中华文物的管道。“比方乾隆皇帝的三希堂，不仅仅可藉此去了解乾隆的艺术趣味，也能与其收藏活动建立联系。”郑欣淼认为，这种与历史文化紧密相扣的取径，更能显示出故宫珍藏的政治意涵，因皇家的收藏原本就具有政权上的意义，也具有其独特的继承性与合法性。

目前两岸故宫合作密切，也陆续互派研究员进行研究。郑欣淼表示，尽管目前双方因为名称上的关系而难以签订正式的协议，但藉由讨论协议内容而不签订的方法是目前两岸故宫主要的合作方式。亦即在会议过后，双方代表再各自宣布协议内容，并以此架构进行合作交流，如此便可在回避敏感的政治问题而达到交流的实质目的。

郑欣淼的新作《游艺者言》由《艺术家》杂志出版，郑欣淼提到，目前他已在台湾出了三本书，过去的作品也曾在中国大陆获得“中华优秀读物”奖，这回更感谢《艺术家》杂志的编印。“《游艺者言》内容集结的是我的短文创作，大多是描述与艺术家往来间的所见所闻，特别是对于他们的艺术成就、特点多有着墨。”

在繁忙之余，郑欣淼仍勤于写作、摄影。他认为，艺术能让我们精神生活有更为丰富的养分，而学习艺术的过程则能带给我们启发，这也是他最期望能与读者分享的部分。

原载2012年第1期《艺术家》

郑欣淼：两岸故宫重走南迁路的台前幕后

采访者：《中华儿女》记者涵子

2010 年 3 月，温家宝总理曾在会见中外记者时用一幅画牵出一段情：元朝画家黄公望的画作《富春山居图》一半放在浙江博物馆，一半放在台北故宫博物院，两幅画什么时候能合成一幅画？“画是如此，人何以堪?”

北京和台北两个故宫博物院是一个在历史大背景下关于悲欢离合、世事沧桑的故事。从 1925 年成立故宫博物院，到 1949 年初第三批文物运到台湾前，这两个故宫的文物共同在一起的时间有 24 年的历史，其中文物分三批南迁是 16 年。直到新中国成立前夕，溃败的国民党政权先后分三次运走了 2900 余箱文物、档案到台湾。两岸故宫文物至此已分别 60 年。而文物南迁则是现代中国文化史上的一次重大历史事件，是中华民族“文化抗战”的一个重要组成部分。

今年初，北京故宫博物院院长郑欣淼推出的“温故知新——重走故宫文物南迁路”，把两岸故宫的文化交流再度推向一个更新的高度。

2010年11月18日，记者前往采访郑欣淼院长时，他刚开完一个重要的会议："两岸故宫第二届学术研讨会"的开幕式。他的办公室，是故宫神武门西侧两排平房中的两间屋，那青砖灰瓦的平房过去应是宫廷侍卫一类的居所。作为故宫的守护人，郑欣淼讲述了"重走文物南迁路"背后的故事。

2008年是两岸故宫交往的重要拐点

至今，郑欣淼已在北京故宫博物院担任了八年的院长。

2009年3月，郑欣淼前往台湾与台北故宫博物院院长周功鑫见面，首次实现了历史上两个故宫高层的正式互访，并达成了包括"建立展览交流机制"等在内的9项共识。这次互访，被很多媒体称作是"两岸故宫的破冰之旅"。从那时开始，郑欣淼就在琢磨着如何加深两个故宫间的文物及学术上的交流。郑欣淼认为，两岸故宫的文物只有合起来研究才是完整的研究，其实也是对一脉相承的祖先文化的尊重，两个故宫本是一家嘛。这些年，因为历史遗留的原因，彼此的交往也是逐步深入进行的。2008年就是一个重要的拐点。

郑欣淼经常会回忆起2008年年末的那件事。当时，台北故宫计划举办一个雍正展，但策划者在策展选件的过程中觉得少了雍正的肖像画、行乐图、朝服像等（它们都在北京故宫），感到非常遗憾，于是就考虑是否可以向北京故宫借展。2009年年初，他们试探着向北京故宫提出这一要求，北京故宫表示同意。面对北京故宫的诚意，台北故宫提议，能否把原本的借展办成双方联展？之后的2009年10月7日，郑欣淼院长和台北故宫周功鑫院长以“两岸故宫”名义，一起为展览图册作序、开幕致词、按下揭幕启动按钮、接受媒体访问……

就在两岸故宫的交流有了非常好的开端时，郑欣淼又有了一个新的想法，这个想法来源于四川乐山安谷乡一个叫王连生的农民，他在当地租了一块地，建了一个纪念馆。抗战期间，在四川的安谷乡，有一批故宫南迁文物存放在这里七年之久。这是三批西迁文物中放得最多的一个地方，共放了九千多箱，除过故宫的文物，还有代管的国子监、颐和园的文物。抗战胜利后1945年，国民政府为感谢民众对国宝的保护，颁赠了题有“功侔鲁壁”四个字的匾作为褒奖。当年7个存放点，每处有一块匾。几十年过去了，这些匾已不好找了，王连生找来剩下的几个零星的字拼凑一起，并征集到与当年文物存放有关的资料，办起了“故宫文物南迁乐山史料陈列馆”，还建起了纪念碑。引起了专业人士的关注，包括郑欣淼。

郑欣淼在会上对故宫博物院的同事们说：“这些年我们忘了一件大事，我们的前人为了保护国宝付出了那么多的心血，在战时超过百万件珍宝通过陆路、水路辗转一万公里，保存基本完整，实在是个奇迹。对故宫国宝保护，当时的政府、军队、民众都给予了支持，这是全民抗战的体现，我们要记住这段历史，要弘扬先辈的精神。”

他说：“当我们津津乐道故宫现有150万件（套）藏品时，却不得不提抗战时期故宫文物南迁的故事，正是这次文物大迁移，才使得大量文物避免了战火破坏，这也直接导致了‘一宫两院’的隔海相望。两个博物院的一批元老级人物，都曾是国宝搬运中相濡以沫的同事和战友，曾有过深厚的情谊，在地覆天翻的历史转择关头，个人的作用是微弱的，故宫同仁在去和留的抉择中，道路不同，信念却相同，那就是‘和文物在一起’。”

如何纪念老一辈的故宫人，如何进一步探索与认识这一壮举的价值和意义？郑欣淼认为应该组织“重走故宫文物南迁路”活动。

2010 年正值抗战胜利 65 周年、故宫博物院成立 85 周年，郑欣淼提出的这个想法很快得到台北故宫的响应。台北故宫还建议在“重走故宫文物南迁路”前面加上“温故知新”。仅从两个故宫提出的字面上的意义上来看，两岸故宫人对南迁路的人和事都怀有很深的情感。就这样，台北故宫派出 10 个人，北京故宫派出 16 个人，于2010 年 6 月 4 日至 18 日先后寻访了 37 个故宫南迁的文物存放点。

见到老朋友庄灵

两岸故宫人分别从北京和台北起飞，同一天到达南京，如老朋友相见，温暖而快乐。南京是文物南迁的第一站，自然也是他们重走的第一站。

在南京的朝天宫保存库，原本从不对外开放的库房也因为特例对考察团一行人开放了。这次有了意外的收获。他们看见在库房的中部，摆放着几排当年文物南迁时所使用的木箱子，透过木板间的缝隙，依稀可见包裹过文物的旧报纸及稻草等填充物。文物箱上贴满了封条。从封条上的时间来看，文物每从一个地点的起运、卸运、库存，均有细致的点验查封。在那样一个战火纷飞的年代，各行各业的中国人都有着一颗爱护国宝的心。

郑欣淼见到了老朋友庄灵，他是“南迁”的后人，也是台北故宫派来的成员之一。这位已 72 岁的岛内著名摄影家见证了文物南迁的历史。

庄灵的父亲庄严曾参与了故宫博物院的创立，后任台北故宫博物院副院长，也是第一批故宫南迁国宝的押运者和负责人。从 1934 年开始，庄严就带着家眷与同仁们一起护送故宫文物南行。1938 年，当这批文物迁至贵州时，庄灵出生了，随后庄灵与 60 余箱故宫文物一起一路南行，最后抵达台湾。而这也成为庄灵人生一段宝贵的经历，庄灵与故宫文物就此结下了不解之缘。庄灵就曾给郑欣淼讲过这样一段经历：“贵州安顺和那里的华严洞成为我童年最早的记忆。每逢假日，父亲常会带着哥哥和我到华严洞去玩。天气好的时候，父亲和故宫同仁常会开箱，把容易受潮的字画取出来，在广场上摊开晾晒，我们就在一旁好奇地观看。”

从南京到贵阳，考察团一行人的飞行时间不过两小时的路程，而在当年故宫文物南迁之旅中却是历经曲折，异常艰险。1937 年，为避免日军飞机轰炸，当年故宫南迁文物中挑选出的精品从英国展览归国后，仍旧放置在特制的铁皮箱中，从南京经水路运往汉口，转到长沙，直驱桂林，直到 1938 年 1 月运抵贵阳。首批八十余箱最终被迁移到地处贵州安顺县的华严洞储存，并成立了故宫博物院驻安顺办事处。

四十米高的华严洞，由于地形隐蔽，有数千平方米的大型洞厅，当年被选作理想的藏宝之地。据悉，这批秘藏洞中六年的国宝中有唐寅的《山路松声》、马和之的《闲忙图》等，如今都是台北故宫博物院的“镇院之宝”。如今，山洞入口已变成新的佛堂，金碧辉煌，甚至遮蔽了原来的样子。站在华严洞旁，郑欣淼感慨万千。这地方在几十年前更加偏僻和荒凉，庄灵的父辈及故宫守护者付出了多少的心血。未来华严洞之前，郑欣淼就已对这里充满感情。2007 年，庄灵就和郑欣淼通过几次信，了解北京故宫五十年代初期从香港买回“三希”的《中秋帖》、《伯远帖》的详细情形，他们两人还互赠过自己的作品。他们第一次见面则是 2009 年 10 月，郑欣淼去台北时，有一天，庄灵就来到酒店房间找郑欣淼，他带了故宫文物南迁时的很多照片和资料来，说要捐给北京故宫，其中有一长卷，为故宫一位姓袁的同仁抗战胜利后凭记忆所画的一幅华严洞的图，其后是包括马衡在内的二十多位文化名人的题跋，郑欣淼看了之后很感动，也觉得很重要，便对庄灵说：“庄先生，我觉得您不要急于给北京故宫捐献，您对这些题跋的作者比较熟悉，可否根据每件题跋写一篇介绍文字，由北京故宫《紫禁城》杂志刊登出来，等你写完后再谈捐献的事。”庄灵先生年龄大了，平时不太愿意动笔写，可郑欣淼这么一说，他也觉得很好，于是写了好几篇，已陆续发表在《紫禁城》杂志上了。其中有一篇专门写华严洞的，郑欣淼认认真真看了，所以他对华严洞很有印象。

郑欣淼说，他们一行人中，庄灵的年龄最大，但他却从始至终保持对这些南迁之地的感情和激情，这一点，让他很感动。

现年 62 岁的梁金生在北京故宫工作，他也是重走南迁路中的一员。他说，他的祖父和父亲在上世纪三四十年代，曾协助保护文物。内战结束后，梁金生的哥哥、祖父和部分故宫文物一起到了台湾，而梁金生的父亲则留在大陆，继续看护文物，后又随文物返回北京。梁金生表示，“这次重走文物南迁之路让我意识到，我的父辈为此付出了多少努力。”郑欣淼曾看望过梁金生的父亲，这位故宫的前辈，并写过一篇介绍他们一家五代与故宫关系的文章。

发现了过去史料中未提及的珍贵片断

郑欣淼说，重走故宫南迁路，重新考证了那段历史，并发现了过去史料中未提及的珍贵片断。

比如在华严洞，当年的国宝在这里一放就是六年，其间还参加过国内外的文化交流活动，但是在史料中却是一笔带过，“实际在今天重新考证这段历史，可以感受到即使在战乱时期，战火丝毫没有泯灭人们对国宝的热情。特别是在贵阳举办的文物大展期间，观众纷至沓来，不少人把能够看到国宝当做一件幸事。尽管这是国宝南迁中颠沛流离的插曲，但如同当时民众的一种说法，如果不是由于文物南迁避寇，许多人可能永远无缘这些国宝。同时，与国宝相遇的经历甚至可能影响了有些人的一生。”南迁文物还在战时的重庆展出。当时日本飞机经常轰炸重庆，展览的宣传册子里有观众须知，其中一条是“如有空袭消息请来宾退出”。这些都令郑欣淼一行十分感慨。

在重庆，6 月是酷热难耐的日子。白发苍苍的当地博物馆管理人员胡长建，在一条泥泞的小道上步履蹒跚地带路，身后跟着一队来自大陆和台湾的学者，他们朝着重庆郊区的一片竹林走去。胡长建说，当年故宫的大量珍宝，曾经储藏在那片竹林所在的位置。当年这里搭建了几个大木棚，用来安放珍宝。超过百万件的北京紫禁城珍宝，曾经“屈尊”在这里。它们中有精美的书画珍品、美玉、奇瓷，都是世间珍宝，价值连城。曾经，胡长建只发现了3个藏宝洞穴，但他坚信还有一个，最后，沿着一条铁轨爬上一座山，考察团终于发现了第4个储藏洞。

在上海，考察团还在档案馆里找到了当年租界打的收租金的条，当年故宫人租用租界的房屋用于放置文物。

重走文物南迁路，不仅重温了共同的历史，也加深了两岸故宫同仁之间的了解。郑欣淼深有体会地说：“故宫文物南迁的意义正在被人们所认识，两岸故宫人也更体会今天所典守的国宝的分量与价值，更感到历史赋予的神圣使命，更激励自己继续努力弘扬中华文化，在两岸交流、祖国统一中发挥应有的作用。”

活动结束后，郑欣淼也一直在思考一个问题，他觉得，从整体来考虑南迁的历史文化价值，应该把当年存放文物的地方列为文物单位保护起来，因为故宫文物南迁路沿线的环境变化很快，有一些类似华严洞的遗迹正面临消失的危险。目前，他们正在积极地与相关单位协商做这方面的工作。

“重走南迁路”，引起了海外媒体的强烈关注，也引发了关于文物的归属问题。关于两个故宫的文物是否应统一放在一处，两个故宫的人在一起时都避免触及文物所有权的问题。庄灵曾多次说过，他的父亲庄严有一个遗愿。众所周知，乾隆时期三希堂的三宝：《快雪时晴帖》、《中秋帖》和《伯远帖》分别藏于台北故宫博物院和北京故宫博物院。庄灵说，他的父亲就曾亲自撰文讲述《我与三希帖的一段缘》，并希望它们早日聚集在一起。

原载2010年第23期《中华儿女》

第三辑

打开故宫“十重门”

——专访故宫博物院院长

采访者：新华社记者廖翊、黄小希

从香港两依藏博物馆展品在故宫展出被盗，到最新网爆“端门外西朝房展览逃税”，短短3个多月，故宫经历了大大小小的“十重门”，承受着前所未有的拷问与信任危机。

8月19日下午，故宫博物院院长郑欣淼在故宫接受新华社记者专访。

对于社会各界的质疑与关注，郑欣淼郑重表示重视与感谢。

以下为新华社记者与郑欣淼院长的对话。

“十重门”：折射管理漏洞

记者：郑院长，首先我们很想知道，这“十重门”内的真相究竟如何？

郑欣淼：爆料虽然情况不一，有的与事实有出入，有的还没有查实，但都指出我们的管理确实存在很多问题和漏洞。

记者：能具体说出这些问题与漏洞吗?

郑欣淼：首先说说斋宫展品被盗案。这个案件暴露出我院闭馆清场、报警设施设置、重大作案预判及相关措施等关键环节出了问题。这给了我们极为沉痛的重大教训，我和院领导班子都做了深刻检查，对分管院领导和各级相关责任人追究责任，按规定分别做出行政警告、记过、记大过和开除、留院察看的处分，以此教育、警示本人和全体干部职工。

记者：随后出现的“错字门”、“会所门”，故宫需要汲取的教训是什么?

郑欣淼：出现锦旗错字，故宫声誉受到严重损害，事情发生在具体部门和承办人，根源还在院领导。在错别字出现和当事人回应已经成为媒体热点，演变为突发公共事件后，如果立即公开诚恳承认错误，会有助于社会的谅解。由于纠错不够及时果断，又强调责任在下属，引起社会各界广泛批评，我们深感自责。

所谓建福宫办会所的事情，故宫方面已进行了调查并向社会作出澄清。故宫博物院领导班子从未有过在故宫开办任何会所的动议，一直将在火灾废墟上复建的建福宫花园主要用于举办新闻发布会、小型展览、公益文化活动和接待国家重要贵宾。鉴于合作方北京故宫宫廷文化发展有限公司严重违反双方协议，我院已经责成其停业整顿，终止并将修改协议书。由于我院对合作的公司平时监管不严，对其违反协议私下酝酿会员制的行为没有及时察觉，特别是在已成网络和媒体热点的情况下没有在第一时间查明情况解释清楚，以致质疑扩大发酵，并与展品盗窃案、锦旗错别字事件相互叠加，造成非常被动的局面。

记者：“哥窑瓷器受损”原因已经查明并公布于众，如何防止此类事情的再度发生？

郑欣淼：这个事件的教训是，事先文物保护实施方案不够周密、预判性不足，人员培训针对性不强不细，致使珍贵文物损坏。事后没有在第一时间向上级部门报告，我们对此负有不容推卸的责任。

记者：那么，接下来的这些爆料真实性究竟如何？

郑欣淼：“龙灿”微博爆料故宫曾经有过4起文物损伤一直没有披露，我这里分别说明。

一是关于“扔废弃木箱时将10多件佛像一并扔掉，由外单位送回”的情况。2006年6月9日，宫廷部两名职工在处理北五所寿药房库内存放的装运文物的木箱时，由于漏检，造成存于木箱最底层苯板下的黑漆描金小石编磬一组16片（未定级）连同箱子一起被集中至院内古建修缮中心。当时在岗的我院修缮中心职工孙会生发现后，对文物进行了妥善保护，并及时通知了有关部门马上取回。经过彻底核查，确认无其他物品遗漏，16片石编磬也均未出现任何新的伤况。根据《故宫博物院藏品管理规定》，对主要责任人给予了处罚。

二是关于“2006年前后，明代一级品法器人为损坏”的情况。经查，我院祭法器类文物无一级品。扩大调查范围，2004年5月27日和9月6日，宫廷部两名职工在整理核对文物时，分别造成清代黄釉盖登（未定级）的盖部和绿地粉彩八宝之“鱼”（未定级）底座的损伤。这两起事故均是由于当事人违反文物操作规程导致的。

故宫博物院根据有关规定对当事人给予了处罚。

三是关于“2008 年佛堂旧址二级品佛像损坏”的情况，经查，我院多年来未发生过原状佛堂内文物损伤事故。

四是关于“任万平主任的胳肢窝没夹住那件沉重的历史，碎了”的情况。2009 年，宫廷部搬运一对晚清时期的玻璃花插（未定级），后发现其中一件花插的一根玻璃枝杈断开。院研究认定，宫廷部工作没有违反操作规范，但预案不够细致，考虑不够周密，被责成作出检查说明，交院备案。

记者：紫檀嵌玉挂屏被水泡损坏，又是怎么回事？

郑欣淼：2011 年 6 月 15 日，宫廷部工作人员将紫檀嵌玉花鸟图挂屏一件（未定级）送文保科技部综合工艺科漆器镶嵌室除尘修复。该器物本身存在伤况。7 月 25 日早晨，工作人员发现，自来水管接口处有一小的裂缝致使挂屏上覆盖的棉垫被部分散落的水珠打湿，并渗透到挂屏上。相关专家到现场查看了这件文物，一致认为该件挂屏未因遇水而出现新的损伤，同时建议仔细检查松动的嵌件，对因胶粘剂老化出现的嵌件松动现象进行加固处理。

记者：故宫是否真的给过 10 万元封口费掩盖私分门票款？

郑欣淼：2009 年 7 月中旬，我院纪检监察办公室接到举报信，反映故宫午门工作人员与社会上不法导游勾结，利用工作之便私放旅行团进入故宫参观游览，从中牟取非法利益，并且声称有影像资料作为证据，可以协助故宫将此人抓获，但要求故宫给予举报奖励 15 万元，否则不提供证据。我院为了尽快查清问题，不给国家造成更大的经济损失，经反复协商，应允如证据属实可对举报人予以奖励 8 万元。经保卫处、北京市公安局天安门分局驻故宫派出所联合行动，2009年8月11日上午在举报人的配合下，在故宫午门东门洞中间检票口截获一使用过期票进入故宫的130余人的旅行团，抓捕了相关当事人并起获赃款7660元人民币。由于举报人提供证据信息属实，并配合我院和公安部门抓捕成功，参照我院的查补逃票奖励规定，从该项资金中付给举报人举报奖励费。

记者：对于故宫在拍卖会上购买五通宋人书札又卖出牟利的说法，你们已经予以澄清，有新的补充说明吗?

郑欣淼：事实就是我们前些时候所说明的那样。1997年，北京翰海拍卖有限公司春季拍卖会上拍五通宋人书札。当时，著名书画鉴定家徐邦达先生曾致函上级主管部门建议收购，经履行论证程序后，我院遂与拍卖公司接洽，当时媒体对此有所报道。动用这一数额的经费征购文物必须向上级部门申请，由于未获批复，此项收购未实现。我院2005年出版的《故宫博物院八十年》一书和官网“院史编年”栏目有此项收购的记载，现查明，这是由于我院当年整理院史大事记查阅公文档案时，误以当时上报申请经费文件为依据，没有核对所申请经费并未批复和未能购买的最终结果所造成的。

还有就是关于故宫图书馆丢失古籍一事。故宫在过去长达7年的清理古籍过程中，要求发现的疑点都必须记录在案。到2009年的阶段性统计，约20万册书籍中，还有100多册不能完全对上账（其中有普通古籍，也有一般线装书和印刷品）。由于涉及1950年以来延续半个多世纪的历史遗留问题，情况比较复杂，当时决定作为阶段性存疑记录在案，继续清查，至今仍未停止，尚不能做出丢失的结论。但是一旦清查清楚确认丢失和责任人，将依法依规处理。

记者：那么，最后一重“门”——“端门外西朝房展览逃税门”的真相又是如何呢?

郑欣淼: 端门区域过去不属于故宫管理，这些商户举办的展览已经存在了多年。目前我们尚在办理收回这些商户所用房屋的过程中，明确在全部完成接收后将改造成售票、咨询、疏导等观众服务区，不再举办展览。

要管物先“抓”人

记者: “十重门”有的与事实有出入，有的尚待查实，如何看待引发的社会反应?

郑欣淼: 我认为，失窃和瓷盘损坏是重大责任事故，集中反映了我们管理工作的漏洞和失职。公众因而对故宫的文物管理产生质疑，故宫内部也存在对过去一些文物损伤事件处理结果不满意的态度，于是接连出现4件关于文物损伤、屏风泡水、古籍丢失等内容的爆料，也许还会有新的质疑。公众同时也对故宫可能利用公器牟利存在质疑，包括建福宫会所、买卖宋人书札、私分门票款、端门经商等。而锦旗错别字和宋人书札购买情况记载有误，则反映了我们工作作风和制度的问题。

对文物发生问题如何及时严格按照规章制度处理、上报、公布，对于涉及的经营活动如何进一步加强监管，特别是保证公开透明，都是我们整改的重要任务。如果不能做到这些，今后还会有更多的问题出现。我们目前提出的一些整改措施，还只是应急性的，先保障目前工作的正常和安全运转。我们要继续学习和消化公众的意见和批评，组织干部职工更加深入地反思和检讨。下一步，我们将不断向公众汇报整改的阶段性情况，主动接受社会各界的监督。

记者：能简单介绍一下看上去很神秘的故宫博物院藏品管理制度吗？

郑欣淼：故宫博物院的文物保护有关的规章制度是从建院开始历经多年经验、逐步完善起来的。院藏文物管理制度主要通过藏品日常库房管理、出入库管理以及文物在陈列展览工作等利用环节中的管理三个方面，以及一系列规章制度，实现对文物安全的保障。这些规章制度，对库房管理、藏品的保管、修复、提用、出入院等都有详细的规定。通过这些规章制度，使得文物不论是在库房中的“静态”，还是在利用环节的“动态”中，都处于可控状态。

当然，再好的制度也要人来执行，因此，要保证文物安全，关键是抓好“人”的问题。对于规章制度的执行主体——员工，还应进一步强化日常管理和教育，常抓不懈，并加强问责的力度，以最终将规章制度落到实处，保证其不成为一纸空文。

记者：出现了这些问题后，故宫方面是否着手制定长效整改措施，以避免类似事情的再度发生？

郑欣淼：从近一阶段发生的问题来看，我们的规章制度也还需要进一步的改进、完善。随着时代的发展，故宫作为博物馆和世界文化遗产的双重功能，也使我们承担了较以往更多的社会使命，古建大修、文物保管、陈列展览等各种业务工作数量大增，随之出现一些新的问题和新的需求，规章制度也应及时做出必要的增加或调整。

我们找漏洞和制定整改措施是结合进行的。安全警卫方面的整改，我认为心防是最大的漏洞，盗窃案最为沉痛的重大教训，就是值班人员缺乏责任心，没有严格执行制度。必须加强责任感的培养和责任制、问责制的落实。

对于硬件方面的漏洞，我们正加快已有安防系统的升级改造，保证新中控室和二期安防设施按期、保质完成。

院藏文物保护制度方面的整改，重在强化实验室工作人员的安全责任意识；瓷器测试分析前，召开讨论会，结合待测文物不同的特点，制定相应的测试计划和方案；同时，要完善文物测试工作的安全措施，加强科研人员的操作技能，建立资质管理制度；在制定和完善文物测试的安全操作规程方面，要查找仪器测试过程中存在操作方面的安全隐患。还要对实验室仪器设备定期维护与检查，确保仪器正常操作和使用。我们还要将整改扩展到全院文物管理。

打破封闭　重塑形象

记者：作为公众文化单位，故宫将如何重新赢得公众的信任？

郑欣淼：最近我院发生的斋宫展品被盗案和瓷器损坏等事件，暴露了平时管理工作的缺陷、漏洞和不到位，对此深感内疚痛心和自责，希望通过媒体，衷心地、诚恳地向公众致歉。

我们作为世界文化遗产、中华文明瑰宝故宫的管理机构，对肩负的特殊使命认识不深，研究不透，责任感不够。正因为故宫在公众心目中极为崇高、神圣的地位。公众不能容忍这块瑰宝受到任何伤害，故宫工作的任何问题始终会处于公众的高度聚焦中。从这个意义上，故宫无小事，我们必须百倍戒惧，战战兢兢，如履薄冰，极其谨慎小心地处理好每一细节，没有任何客观原因能作为原谅自己过失的理由。

也正因为故宫在公众心目中特殊的崇高文化地位，公众强烈要求知情权和监督权，我们过去对此的认识和理解是远远不足的，总以为自己专业内的事，向社会说不清楚。平心静气回过头来看网友和媒体的批评，虽然很尖锐、很刺耳、很难受，但确实是逆耳忠言，很多评论直指要害。爱之愈深，责之愈切，社会上的疑虑、批评和建议，都是出自对故宫文化遗产保护的强烈责任感，促使我院不断发现问题，并认真研究和改进。

长期以来，我们处于一种相对封闭的工作状态，对媒体主要是单向的发布工作消息，缺乏与社会及时、充分的互动与沟通，也缺乏向大众更清晰明了地介绍自身业务体系的观念和能力。今后在加强信息公开和引进监督方面，我们将建立常态的和媒体与公众沟通交流机制，更主动地披露和开放日常管理的运行机制和工作程序，充分报告工作和措施的进展、结果和尚存在的问题，及时答复媒体和公众的疑问。

我们希望通过全院员工不懈努力，故宫将以更安全、舒适、方便的参观环境，更高质量的展览、科研、教育和对外文化交流，恢复和提升故宫形象，去赢得海内外公众的信任和喜爱，为社会主义文化大发展大繁荣做出新贡献。

原载2011年8月20日新华网

故宫的“多事之秋”：想象与现实

采访者：《三联生活周刊》记者王鸿谅

摘要：从失窃到“十重门”，今年5月以来的故宫博物院，经历了一场前所未有的信任危机。盗宝的石柏魁推倒了第一张多米诺骨牌，接下来，各种偶然和必然，持续着这场连锁反应。质疑之声呈压倒之势，疑云、黑幕、蒙尘，各种犀利的定性，当然有助于情绪的释放，可是除此之外呢？10米红墙围合的这片天地，从紫禁城变成博物院，已经有87年的历史，但人们的认知和理解，究竟停留在哪里？想象与事实之间，究竟有多远的距离？与其在猜测中下结论，倒不如以此为起点，重启认识之门——故宫是什么？

逃脱的盗贼

15摄氏度，中雨。这是2011年5月8日北京的天气。雨从下午三四点开始，持续到傍晚下班时分，间或雷声闷响。这一天是母亲节，世界红十字日，也是全年无休的故宫博物院普通寻常的一个开放日。按惯例，参观时间下午 5 点结束，开放区域的游客必须离开，工作人员清场排查，各宫各殿封门落锁，一天结束。

这个夜晚的不寻常，在王子宁的记忆里，从晚上 22 点 40 分左右的那通电话开始。“刚刚脱了鞋，准备上床休息，电话就响了，告诉我说东十三排岗亭的值班警卫发现了一个形迹可疑的人，他被警卫扣住盘查时，突然往南跑了。”56 岁的王子宁是故宫保卫处的副处长，当晚留守值班。他 19 岁从部队复员时赶上故宫招人，就舍弃了其他的就业机会，1974 年招的这批新人，被分配到保卫处的一共 11 个，都是最普通的夜巡队员。一晃 37 年，从夜巡队员到保卫处副处长，王子宁的岗位，始终没有离开过故宫安保。

王子宁是一个很有“混不吝”气质的人，退伍之后练过健美，学过国标，热爱旅游，而且一定是旁人难以去到的地方，比如几次开车去珠峰大本营和阿里，他办公室的墙上，挂的都是在藏区的照片。这些充满自我挑战的行走，无不暗合着潜藏的英雄情结，而这种自我期待，让他对失窃案更无法释怀。“错误的信息让我做出了错误的判断，从一开始，整个判断的方向就错了。”

错误的信息来自技术科值班室，也就是中控室，整个故宫现代化安保系统的“神经中枢”。王子宁说：“我的第一个电话就是打给中控室，问当天有没有什么异常，特别是珍宝馆地区。”“故宫历史上好几次失窃，都发生在珍宝馆，东十三排也在珍宝馆附近。”他得到的答复是“没有异常”，而且“回答得特别肯定”。于是，王子宁做出了第一个错误判断，如果中控室没有异常，不管这个人是一直躲着还是晚上才翻墙进来，不管是神志不清，还是心怀不轨打算作案，“都还没有得手”。他的第二个电话，打到了派出所，直接找到值班领导报警，警察几分钟内迅速赶到，故宫警犬队也出动了一头训练有素的“黑贝”。故宫有 9 个专门划拨的警犬户口，它们的日常责任是参与珍宝馆的封门检查。这些警犬只认警犬队的常福茂师傅和他的同事，野性十足，吠声慑人。国庆 50 周年的时候，故宫外墙大修，怎么防守总有心怀不轨的人半夜试图爬上来，最后把警犬牵到城墙上驻守才天下太平。

故宫太大了。全部面积 72 万平方米，建筑面积也有 15 万平方米。开放区域集中在午门到神武门的中轴线建筑，再加上太和门两侧的武英殿、文华殿，北部的东西六宫，以及东北部的钟表馆和珍宝馆地区，其他都属于非开放区域。发现可疑人的东十三排岗亭，在九龙壁东侧，属于非开放区域。于是 5 月 8 日当晚的搜查，集中在非开放区域。因为中控室的反馈，已经排除了开放区域的异常，而且除了 10 米的外墙，故宫还有 7.6 米的内墙，这些内宫墙围合着各个建筑群，形成另一重保护，开放区域的建筑群，都有这样的内宫墙。如果这时候还选择翻内墙进入开放区域，无异于自投罗网，就算不触发警报，也会在第二天的例行开门检查中被发现，“肯定跑不掉”。

全部拉网式封锁搜查都在地面进行，没有上城墙。这是王子宁懊悔的另一个判断：“警察问我，要不要封城墙，我说不用。”集中在他手里的信息，指向的只是一个来意不明、深夜在故宫非开放区域里晃荡、被警卫发现后吓跑的可疑人。而且，东十三排警卫当时的讲述里，缺少了一个很重要的细节，“从头到尾没有说这个人手里拿着包，第二天发现失窃之后，调取全部的摄像头监控画面，才发现这个人手里有包”，王子宁“从头到尾也没往他已经偷到了东西上想”。

东十三排这一线，只有岗亭有灯光，当晚值班的警卫师傅已经59岁，年底就要退休。他发现经过的陌生人，冲出去叫住了他，带回岗亭旁边，让他在地上坐下，开始问话。陌生人回答说自己是游客，迷路了，还说自己是山东人。一边是年迈的老警卫，一边是个头瘦小的年轻人，还没问到姓名，时间已经足够双方借着灯光彼此打量。陌生人突然站了起来，朝问话的老警卫师傅一步步走过去，找准一个空当，猛地往南跑了。老警卫反应过来，马上追赶，可他毕竟已经59岁，当时还穿着拖鞋，追出去100多米，再看不到人影。等老警卫跑回岗亭打电话报告，已经错失了第一轮的抓捕时机。

那个晚上的对峙，保卫处的人再说起来，真是各种感慨。每个人都难免会做角色互换的设想。王子宁的设想是，就算身上被扎几个口子，也要拼死扑倒这个人。但他也明白，设想没有意义，故宫这样有着各种传说的地方，漆黑的晚上，“那一瞬间的反应，真的难说”。王子宁唯一的庆幸，是老警卫发现了可疑人，“如果他没发现人，第二天却发现失窃，整个保卫处就真是更没法交代，更说不清了”。

凌晨3点，搜查还没有结果，王子宁心里实在不踏实，就给保卫处处长韩培福打了个电话。韩培福也没法睡了，立马从朝阳亚运村的家里赶过来。以中轴线为界，韩培福负责西边，王子宁负责东边，一直搜查到天亮，还是一无所获。直到5月11日晚上，警方抓获嫌疑人石柏魁之后，他们俩才知道，5月8日当晚23点左右，石柏魁就已经借助花盆爬上外墙，然后一直走到东南角楼，跳到宫墙外“从东往西数的第六棵松树”上，落地逃走，毫发无伤。1987 年的窃贼韩吉林，被围追堵截无计可施，也曾经用类似的方法跳墙，但落地摔伤了腿，被巡逻的警察迅速抓获。28 岁，身高不足 1.60 米，体重只有七十来斤的山东人石柏魁，留下了一个不可思议的脱逃纪录。

再回忆这个晚上，对于王子宁也是一种折磨。“我到故宫这些年，经历过四次失窃，前三次（注：窃贼分别是 1980 年的陈银华，1987 年的韩吉林，以及 1990 年的向德祥）我都是普通的工作人员，抓贼也轮不上我，自己在旁边激动，那三个贼也都抓到了。第四次，赶上了，我是总指挥，负责决策应对的人，结果，偏偏这一次，贼偷了东西还跑掉了。”他长叹，摇头，“那种感觉，不知道该怎么说”。

失守的斋宫

故宫的正常上班是 8 点。开放区域头一天关门落锁的各道宫门，要由故宫开放管理处的工作人员一一检查后再打开。直到打开诚肃殿的大门，失窃景象才呈现出来：西侧的一组展柜一片凌乱，展柜和后殿墙之间用做背景的石膏板装饰墙破了一个大洞，殿墙北面的一块玻璃也破了。

正在斋宫和诚肃殿展出的，是香港两依藏博物馆的藏品，包括明清家具和上世纪的西式化妆盒，都属于香港人冯耀辉的私人珍藏。展览原定从 4 月 29 日到 6 月 27 日，刚开展一周。清查之后发现，9

件西式化妆盒被盗。通宵的搜查，居然等来了这样的结果，韩培福和王子宁都蒙了。“我们自己也想不明白啊，贼到底是怎么进入诚肃殿的？又是怎么逃走的？警报系统为什么失灵？”所有的疑问，必须回到现场找答案。

斋宫和诚肃殿是相连的建筑群，在东六宫南边，与钟表馆相邻。在中轴线上的开放区域里，它们并不是常设的开放建筑。开放管理处处长檀文亭说：“斋宫偶然会用来布展，不过已经好几年没有使用过了。”从展览的人气上比较，斋宫毗邻中轴线，几乎是游客的必经之路，有天然的地理优势。但从展览设施和安保系统的硬件上来比较，修复之后的武英殿、文华殿和午门城楼展室，更适合布展。不管先天条件如何，只要布展，安保都是第一位的。斋宫展览的安保系统有两重，一种是故宫为整个建筑群提供的常设安全系统，一种是布展方为展柜做的安全系统。看起来，5 月 8 日的晚上，两重系统都失灵了。

技术上的解释其实很简单，关键在诚肃殿的西耳房。西耳房在大殿院墙外的西北侧，从不开放，里面是机房，放着几个大铁机柜，不同的电缆汇总到不同的机柜，前端信息在这里汇总，然后再传回中控室，这样的机房，故宫里有 100 多个。但西耳房的一个机柜比较特殊，里面设置了电源总闸，如果关闭，整个东北部片区的电源全部会切断，安保系统自然全部失灵。这个总闸设在这里，实在是历史原因，故宫安保系统的更新换代，历经了几十年的时间，因地制宜逐渐完成。西耳房大门上的锁并没有被破坏，面向大门的左侧有四扇窗，左上角的窗玻璃破损后一直空缺，只有方格图案的木质窗框，年代久远，木头发朽，用手就能拽断，石柏魁破坏窗框之后爬了进去，他找到了总闸，切断了电源，但也留下了许多的足迹和指纹印。

西耳房总闸断电，中控室的监控画面其实有报警反应，这个片区会因断电呈现出异常的颜色。抽丝剥茧地再查问下来，王子宁才知道，最大的失误就在中控室。5 月 8 日晚上 20 点 27 分，中控室值班人员发现了断电报警，但他们的处理方式并不是迅速上报，而是先跟建福宫花园联系。在监控系统上，异常显示是一个大的片区，无法具体到特定的点，只有原址重建的建福宫花园，配置了有实时画面传输的监控系统，因为画面中断，可以迅速判断出具体位置。建福宫花园反馈回来的信息是断电，中控室这边就再没有警觉。

故宫安保系统的断电报警在雷雨季很常见，雷电会导致电缆传输短路，屋檐的漏雨渗水也能导致机房的设备失灵，5 月 8 日刚好又是一个雷雨天。如果断电在开放区域，中控室的处理程序一般都是等到第二天开门检查之后再去维修。韩培福和王子宁都很清楚，其实这些都不是理由，而是二十来年都没有发生过失窃和意外之后，不自觉积攒下来的松懈和惰性。“太大意了。”当晚 23 点左右，当王子宁他们开始部署排查的时候，中控室重启了一次系统，试图修复线路，没有成功，也就这么算了，依旧没有上报。断电报警和发现可疑人这两个信息，成了两条平行线，中控室刚好还由王子宁直接分管，这让他实在有点窝火。“从晚上到天亮之前，我陆续给中控室打了三四个电话，得到的答复都是一样，没有异常。”

从断电的 20 点 27 分到警卫报告的 22 点 30 分左右，石柏魁在两个小时里完成了他的盗宝。他从西耳房的窗户爬出来，翻墙跳进诚肃殿后院，砸开大殿北面的一扇窗户爬进去，踢破挡在前面的背景墙，破坏展柜偷走展品，原路返回，从窗户爬出去，再次爬上院墙，借助高低错落相连的屋檐和宫墙，一路往北，跑到了北五所内墙的东北角，利用一根修缮工程遗留下来的电缆跳下来。他只在7.6米高的墙头留下了一个蹬踏的脚印，就顺着电缆荡到了地面，留下了一个比较重的落地痕迹。落地之后，石柏魁被神武门东侧的摄像头拍到了一次，说明他曾试图从神武门出去。神武门晚上有武警值守，他改变了主意，折回来往东边走，他没有选择有灯光的东筒子过道，而是继续往东走到尽头黑暗处，然后再往南，直到经过东十三排岗亭被警卫发现。摆脱警卫之后往南跑，在南三所的停车场，再次被摄像头拍到。

除了摄像头，能佐证石柏魁行踪的，还有他沿途掉落的展品。两件掉在北五所墙角附近，一件掉在南三所附近，还有三件掉在南边的小树林里。这些东西都在5月9日被陆续发现。掉落在北五所墙角的一件展品经历最曲折，韩培福说，它先被当天进场施工的民工捡到，偷偷带回了河北老家，可是又内心不安，从河北打电话回来坦白，警察赶去把东西取了回来。所以，石柏魁跳墙逃走的时候，身上就只剩下了三件展品。

物证痕迹足以显示，石柏魁是事先躲在内墙范围里的，于是疑问回到了起点，他到底是怎么留在斋宫和诚肃殿里的？这也是檀文亭最关心的问题。故宫的内墙和外墙，不仅是开放区域和非开放区域的一种天然分隔，也是故宫里的一种权责划分，内墙外的区域和各处大门，由保卫处负责；内墙里的区域，由开放管理处负责，是檀文亭的范围。按照封门检查的要求，工作人员必须是拉网式排查，不留死角，看起来简单，却是需要日复一日耐心细致的工作。在檀文亭就任之前，20 世纪 80 年代的三次失窃，窃贼全部是趁着工作人员的疏忽，藏在珍宝馆某个厕所的夹道里，躲过了封门检查。石柏魁究竟是躲在宫墙上的天沟里，西耳房和诚肃殿外墙那个直角夹道里，还是躲在西耳房里，他自己的供述也变来变去。虽然檀文亭至今也无法得到确凿答案，但他坦白承认，当天封门的工作人员，的确是有疏忽的地方。“其实留在墙上的脚印，看仔细一点，都是能发现的。”这位 1979 年就进入故宫工作的老处长，也忍不住叹气，“故宫最怕的就是封门雨。”

石柏魁有偷窃前科，通过西耳房里的指纹、摄像头拍下的画面，他很快就被锁定。58 个小时之后，石柏魁在网吧被捕，也证明了在有效信息指引下，北京警方的行动力。可是最后三件展品只找回一件，按石柏魁的说法，他拿着这些东西去咨询，得知不值钱，一气之下扔了两件，就留了一件自己觉得好看的。这桩盗窃案里的种种巧合和悖论，韩培福和王子宁都想不通。“要说他是经验老到，一开始就奔着总闸去的，可他在展柜和西耳房却又到处留下了指纹，他是有前科的，通过指纹很快就能锁定，看这种低级错误，实在又像是误打误撞才进了机房的。”“费那么大劲儿地偷了东西，还冒死跑出去了，却又把东西丢了，算什么事。”

“巧，太巧了，都赶到一块了，就像一部电影。”这是王子宁的感叹。韩培福的感叹更复杂一些，按照排班表，5 月 8 日晚上本来是他值班，因为受邀参加朋友家的喜宴，才跟王子宁换了班。他说：“我是山东人，石柏魁是山东人，本来该我的班，我又换了班，就这么巧，别人要是有什么想法，你说这个事情我怎么解释？

只能身正不怕影子斜。”这话里有背景，故宫最离奇的失窃发生在1991年，大白天正中午，展室里的4枚古印就丢了。站殿人员只承认工作失误，擅离职守跟人聊天，最后还是悬案，留下的只有巧合和猜测，当天的站殿人员是平谷人，故宫里刚好又有一支平谷的施工队。

除了中控室的问题，斋宫安保系统里的一个致命伤也暴露出来，西耳房这样重要的机房，居然没有入侵报警装置。失窃之后，故宫请来的专家们一致指出了这个问题，也拿出了解决方案。10月1日，本刊记者实地踏访过工程中的斋宫和诚肃殿，石柏魁留在宫墙上的脚印依旧清晰可辨，补救工程基本完工，容易成为视觉盲点的直角夹道死角，也增设了新的防范措施，更便于封门检查。领路的是中控室的队长傅中胜，说起失窃案，也是长吁短叹，当晚不是他值班。当晚值班的三个人，两名正式员工留院查看一年，一名派遣制员工被直接开除。被开除的那个，是傅中胜亲自从面试的人里挑的：“老实孩子，19岁进来，5年一直不错，本来明年就能排上转正了。”

接踵的麻烦

失窃的消息，故宫博物院院长郑欣淼5月9日上午就知道了，他正在浙江大学出差，马上订了机票赶回来，这是他任期内遭遇的第一桩失窃案。上一位在任期内遭遇故宫失窃的院长是张忠培先生，他很清楚地记得，自己“1987年6月20日到任，7天左右就遭遇第一次失窃，接着是一场雷雨引发的大火，然后再接一次失窃”。接连意外让张忠培意识到，在故宫“安全必须放在第一位”。距离1991年的4枚古印窃案，20年来，故宫再无失窃。

“失窃是硬伤。”郑欣淼很明白，“暴露了我们的问题，故宫20年没有丢过东西了，确实是容易麻痹大意。”他能做的就是亡羊补牢，查清原因做出补救。一层层查下去，等到石柏魁归案，故宫方面也拿出了自己的惩戒措施，中控室、岗亭警卫和值班的副处长王子宁一干人等分别领了处分，王子宁记大过，扣半年津贴。

对于北京警方58小时的破案，故宫方面自然心存感激，想送一幅锦旗答谢，保卫处处长韩培福具体负责。锦旗怎么写？韩培福真没少费心思，还特意找几名同事集思广益。“这是要表达故宫的谢意，不能随随便便写。”一名同事联系了远在外地的岳父，一位当地知名的老书法家，老人家很认真地想了三副对子，依次短信发过来，被挑中的就是“撼祖国强盛，卫京都泰安”。从选定到交代订制，没有一个人意识到“撼”字有问题。5月13日下午，韩培福陪同分管副院长纪天斌赶去北京市公安局，“到那儿才知道，好多媒体都在等着呢”，“在小会议室搞了一个锦旗交接仪式，好多摄像机都在拍”。

等到热烈的场面散去，在场的一名记者最先打电话到故宫办公室，“说‘撼’字用错了”。韩培福也蒙了，当时手头没有字典，就赶紧打电话给老战友们求助。他的一位老领导也是书法爱好者。“他问我是不是已经写好了，我说是，他就说，如果是已经写好了的书法作品，那从书法艺术的角度，也有价值，典故里也有‘撼山易，撼岳家军难’。”韩培福就把话转给了办公室，办公室据此答复媒体表示“没有错”。于是，从13日下午到16日故宫发布正式致歉声明，“错字门”酝酿成了沸沸扬扬的公众事件。

“怎么会没有错?”郑欣淼觉得又好气又好笑，“知道这个事情以后，我就赶紧让他们去把锦旗换回来，另一个就是查清楚到底是怎么回事。14 日中午老纪（纪天斌）就告诉我，已经换回来了，周末我在故宫陪同几位领导人参观，他们也说，老郑你这个字不对嘛，我说是不对，已经换回来了。一些朋友也给我打电话，问错字是不是真的，话说得很直，‘这个锦旗，你们还真是一个敢送，一个敢收’。我不生气，错了就是错了，不可能坚持说没错。”

故宫内部对错字的坦诚态度，和在大众传播界面上的表达并没能达成一致，这也是郑欣淼反思的地方。“我们院里当时确实是不对的，从一开始，就没有跟公众有一个良好的沟通。当时考虑的就是先了解清楚细节，可是办公室有同志已经对部分媒体说了没有错，最后调查结果出来，我们实事求是地公布了细节，结果给公众的感觉，反而变成了把责任推脱给底下的人。”郑欣淼开玩笑说，锦旗的故事只能写到回忆录里。“那位老书法家非常自责，觉得自己给故宫抹黑了，很诚恳地发短信来道歉。了解得越清楚，反而越觉得不能说得那么细了，说得太细，是不是大家又以为，故宫更加在推卸责任了?”郑欣淼说。

错字的阴影还没有过去，“会所门”又冒了出来。央视的一名主持人最早发布了这则信息，时间凑巧是石柏魁被捕当天，但这条信息被聚焦放大，则是送锦旗之后。建福宫位于故宫西北角，1923 年毁于一场离奇火灾，1999 年通过国务院批准，由香港中国文物保护基金会捐资，在火场废墟上复建，是故宫迄今为止唯一被国务院批准的复建工程。2005 年建福宫复建竣工后，故宫方面已经明确表示，将用做接待各国高级贵宾、举办文博学术交流活动、记者招待会等用途，不对公众开放。

看到网上爆出来的建福宫会所入会申请表，郑欣淼也是一头雾水，他也意识到，这影响的不仅是故宫的外界形象，还有内部的信任，“必须赶紧查，把事情说清楚”。故宫博物院办公室下设专门的建福宫花园管理科，承担日常维护服务的则是北京故宫宫廷文化公司。最后查下来，问题在这家文化公司。这个公司承接下日常维护后，有了更多的想法，还接洽了香港的一些投资商，形成了建全球顶级富豪会所的构思，选择性地发出入会申请表就是他们的市场试水。会所还没有付诸实施，投资方内部就先起了纷争，网络上后来的关键爆料者，也属于与香港资方有利益纷争的局中人。文化公司的行为，已经完全违反了与故宫签订的协议。“协议写得很清楚，承接日常服务的公司不能擅自改变建福宫的用途，有重大方向性的调整是必须跟院里报告的。那个公司也承认了，愿意接受一切处罚。这个事情，我们自己也非常生气，真是所托非人。”

问题在于，这个既隐秘又公开的事情，故宫的领导层，从院级领导到直接监管的建福宫管理科，居然全部失察，仅用“所托非人”如何服众？郑欣淼也只能坦诚面对：“假如真是院里做的，要有人承办、要走程序、走公文的啊，院里谁做过这个决定？谁开过会？没有，从来没有。要真的做了，院里这么多领导，七八个院长，我能捂住？开全院大会，我也在会上说，如果大家对建福宫的事情还有意见，可以继续质疑，还可以向上反映。任何事情，我们都是不怕反映的，是坦荡的，但我们的确监管失察，这个是不能推卸的责任。”

可是，由“会所门”引发的故宫商业化的讨论，实在让郑欣淼觉得有些委屈，因为他到故宫这些年努力的方向，恰恰是“极力防止商业化”。“2002 年我来故宫的时候，到处都是广告，路边的座椅、遮阳伞，上面赞助商的字多大，各大殿门牌底下都是美国运通公司的广告，一直到 2004、2005 年，广告都无处不在。”郑欣淼说，“看着真是扎眼啊，你再看现在的故宫，现在的环境，还有这些吗？我就坚持，故宫就是要给人一个和谐的氛围。”在去商业化方面，郑欣淼没少做得罪人的事，除了中止合同取消扎眼的广告，还有坚决取消神武门外的停车场，以及要求国宾车进午门之后必须停下。这是他心中“对历史的温情和敬意”，“如果自己都不尊重自己国家的历史，怎么可能指望其他人会尊重？”

对于外界揣度的故宫的生意经，郑欣淼也有些纳闷：“故宫是个全财政单位，收入和支出，每一分钱都是财政部给我核的，故宫没有擅自的钱。故宫每天的门票收入，都打入指定的财政部账户；经营都是如实上报的，所有的经营、服务收入，财政部都纳入经费预算。就在 6 月份，舆论沸沸扬扬的时候，审计署就在故宫，查我们的政府采购，文化部的系统里故宫是最大的单位，审计量够大，审计署也喜欢来查，连续这么多年，我们都没有问题，故宫的账目都是清楚的。”

从失窃到错字再到建福宫，故宫完全被推到了风口浪尖上。“连我订的《上海社科报》，那时候都在写‘故宫拙劣的三级跳’。”郑欣淼说，“错字的时候，故宫已经被误解了；到了建福宫花园，还真是底下私自搞的，结果说出来大家更不信了，觉得又是把责任往下推。我真的不怪舆论，假如我不是故宫的人，我看到这些，也会觉得，故宫肯定是不对的。”除了内容表达，还有姿态，郑欣淼说：“故宫不善于跟媒体打交道，过去都是媒体找我们，我们从来不去找媒体，有事情都是我们单方面宣布，媒体还要走后门来求我们，长期下来就养成了不好的习惯，给别人的回应，包括我们对外界说一些话，话太硬，作家韩少功就曾经批评故宫的表达像‘皇帝诏曰’，这确实是我们的问题，缺乏情感沟通。”

受损的瓷器

神武门进去往西，故宫的办公区域就隐藏在灰色砖墙后面，郑欣淼的办公室里，书架和书占据了绝大部分空间。“他是个文化人，在官员层面，更是当之无愧的文化人。”这是前任院长张忠培先生对他的评价。64 岁的郑欣淼乐趣依旧是读书、写文章、做研究，每一份讲话稿，都不让秘书代劳，要亲力亲为。但他不怎么上网，也不了解事件在网络中的酝酿发酵和几何级数的传播范围。他还在反思，“在应对媒体和公众舆论上，故宫的确是笨拙的，处理这些事情，我们的水平真的是不行，好像到了另一个战场上，没有章法了，不知道该怎么办”。网络上又投出了新的重磅炸弹——故宫瞒报哥窑瓷器受损。

瓷器受损是事实，肇事者是一名科研人员和一台叫做“X 射线能谱仪”的设备，就发生在苗建民一手建立起来的实验室。苗建民 1986 年进入故宫，一路靠自学成长，凭借研究成果在文物科技领域屡获殊荣，现在已经是故宫研究馆员、享受国务院政府特殊津贴的专家。他是典型的理工科做派，钟情实验室研究，面对采访拘谨腼腆，不掩饰电大学历，坦诚自学心路历程，喜悦而不自满，低调谦逊，对知识依旧保持渴望和敬畏。来故宫之前，苗建民在文化部文物保护科学技术研究所，先后在碳 14 年代测定实验室和热释光年代实验室工作，到故宫之后，自然也被安排在实验室。

那时实验室还隶属保管部，空有名称，“什么设备都没有”，苗建民的工作就是定期去清理和校准库房里的温湿度计。在此期间，他花了一年多时间，观察了解故宫对文保科技的需求，1987 年亲自去上海买回了实验室的第一台仪器。“一台 X 射线探伤仪，大概花了 8000 块。”直到 2005 年之前，这都是故宫实验室少有的几台设备之一。这台仪器第一次发挥作用，是对一件青铜器的鉴定。这个锈迹斑斑的器物，造型与纹饰或铭文明显不符，故宫的研究专家认为有拼接的可能，靠传统方法又难以定论。理论上用设备很容易解决的问题，苗建民和实验室的同事们花费了几周，却还是拍不出反映器物内部结构的 X 光片。他不死心，索性到朝阳医院放射科泡了一天，终于明白问题所在。改变参数之后再检测，照片结果一目了然，器物曾经破损被修复。苗建民的论文《青铜器的 X 射线无损检测技术》发表在 1991 年《故宫博物院院刊》第三期。他忍不住笑说：“现在来看，那就是一个特别简单的检测，没什么技术含量，这篇文章也算不上学术论文，就是实验报告。但在当时的故宫是个新鲜事，也让我特别受鼓舞。”这是他在故宫发表的第一篇论文，也是他研究生涯的第一个里程碑，他有了自信和动力。

青铜器、唐三彩、珐琅、琉璃、古瓷器，20 多年来，苗建民的研究领域在不断拓展，成果也越来越有分量。他最感激的，是故宫博物院给他的信任和宽松环境。从 1986 年进来，他真正待在故宫里的时间很少，大量时间都在外面，泡在不同科研机构的实验室里，“借用别人的设备，做故宫的研究”。为了唐三彩年代和产地的研究，他在中科院考古所李虎侯先生的热释光年代测定实验室待了整整三年，紧接着从 1994 到 2000 年，陆续被香港城市大学和香港大学几次邀请去做访问学者。“对方提供资金和各种先进设备，让我按照自己的想法做研究。”

从香港大学结束访学，苗建民才算是在故宫安定下来，他陆续给院领导打过七八次报告，希望建立一个现代化的实验室，终于在 2005 年等来机会，故宫决定成立古陶瓷检测研究实验室。仪器设备的配置和采购，由苗建民一手操办，他胸有成竹，因为“这些年跟文物科技相关的各种仪器，我都亲自使用过，明白它们的特点和差别”。他拿出来的仪器配置方案，在专家论证会上一致通过。2005 年 10 月 10 日，古陶瓷检测研究实验室正式成立，面积为 850 平方米，配备了总价 1300 多万元的 20 多台设备，包括那台“X 射线能谱仪”。

苗建民第一次接触到“X 射线能谱仪”是在香港城市大学，这种方方正正的仪器，可以用来给古陶瓷完整器物做无损分析，对元素组成做定性和半定量分析，2005 年故宫购买的型号更先进。苗建民说，每次检测，都严格遵循故宫的藏品规定，能亲手触碰藏品的只有各库房里有特定资质的专业人员，他们按程序把藏品拿来，放到仪器操作平台上，实验室人员只负责仪器操作，不能触碰藏品。对一件国家级藏品的检测，更是慎之又慎。

这台仪器 2010 年成功检测了 50 多件珍贵的古瓷器，无一意外。哥窑盘子的检测，是 2011 年来的第一次，这件瓷器出土的时候被定为哥窑，此次用无损检测可以得到科学的分析数据。7 月 3 日是周日，苗建民在办公室加班，接到实验室常务副主任的短信，商量第二天的瓷器检测。实验室归属文保科技部，那时候苗建民已经升职，既是实验室主任，也是文保科技部的主任。苗建民的意见明确，“检测时必须要两个人在场”。结果，“7 月 4 日早上大概 9 点 40 分，当事人打电话给我，她一开口就哭了，说发生了意外，瓷器被仪器压碎了”。苗建民赶到实验室，仪器操作平台上，瓷盘真的受损裂开。

哭泣的操作员，2004 年实验室筹建之初就在苗建民手下工作，是一名分析化学的研究生，也是年轻的业务骨干。实验室人手紧，最初只有 3 个人，现在也只有 9 个，每个人平均要负责管理两台设备。这名操作员去年主要操作的是另一种仪器——“X 射线光谱仪”，但她同样懂得“X 射线能谱仪”的操作。苗建民说：“购买设备的时候，第一批就派她到厂家专门去学习过。”今年换她来检测，也是实验室里的正常轮换。按照事先安排，陪同她一起完成检测的，是一直负责这台仪器、成功完成了去年所有检测的那名实验室人员。可是，当库房人员把瓷器平稳放置好之后，操作员在没有同事到场的情况下，自己启动仪器开始检测，然后就出事了。

“X 射线能谱仪”的操作，就像使用显微镜，镜头和载玻片的距离是关键，既要调整到一个适当的距离，又不能过，否则载玻片或者镜头都会受损。只不过，这台仪器不用人工调解旋钮，而是在电子屏幕上输入数据，操作台就自动提升，接近检测探头。发生瓷器被压坏的意外，只有两种可能：仪器异常；或者操作失误，输入了错误的数值。操作员开始一直坚持自己没有失误，而这台仪器的设计程序里，又没有保留历史输入记录的功能。真相到底是什么？苗建民和实验室成员一时间也难以判断。报告了院领导之后，他们在北京大学和北师大等相关专家的参与下，通过各个时段、各种数值的反复模拟操作，与事发时有记录的仪器运转时的页面截图比对，“花了大概两周时间，才得出结论，不是仪器异常，而是操作失误”。

接着是跟仪器生产厂家取得联系，讨论仪器的程序调整。“比如输入数字要给出确认提示，记录历史输入，改变危险情况下的仪器应对模式，不能只保护探头，也要保护检测物品，等等。”操作员也终于改变了说法，承认操作失误。苗建民说：“她说第一次输入了一个数字，操作完成之后，目测瓷盘和探头之间还有一定空间，又输入了 0.02 毫米的数值，结果，这次可能弄错了小数点。”这时候，时间差不多也到了 7 月底，要交给院领导的报告和检查由苗建民组织来写，还没有完成，已经被网友爆料了。郑欣淼说：“没有人想隐瞒，也没法隐瞒，只是想调查清楚再报告。”可是按照国家文物局的相关规定，虽然故宫一直在彻查此事，但的确没有第一时间上报。从另一个角度来看，故宫处理上的这种斟酌，或许也与古陶瓷检测研究实验室相关，这个实验室从成立之初就一鸣惊人，在文物科技领域陆续为故宫赢得了各种荣誉，连自诩在文物科技上实力雄厚的台北“故宫”也自愧不如。

失之毫厘，谬以千里。这个事情对苗建民的触动很大，实验室开了很多次会，“调整研究思路，完整器物的检测先不做了”。“文物损坏了，整个过程不可逆，这种损失我们无法弥补。”他本来可以置身事外，却主动请罚，扛下了作为实验室领导的处分。故宫文物管理处处长梁金生手里还有另一份账目，是历年来故宫各种文物的损毁情况，他的感叹是，“出事的大都是研究部门，都是真正想做些事情的人”。

藏品的真相

关于故宫商业化的质疑之声还没有消退，由瓷器受损开始的一系列网友爆料，再次让故宫成为焦点。新一轮的故宫“黑幕”，全部与藏品相关。刚退休的故宫文物管理处处长梁金生看了网上的一些质疑，惊讶于外界对故宫藏品的了解如此贫乏，也反思，“故宫的确在很长的时间里，都是一个自我封闭的小系统，不怎么跟外界打交道”。

梁金生一家与故宫有据可查的就有五代渊源。清咸丰年间，他的曾曾祖父就在内务府如意馆就职，担任咸丰皇帝的宫廷画师，曾祖父后来担任宫廷画院如意馆的掌管。爷爷梁廷炜本来承袭祖业为宫廷作画，1925“清室善后委员会”成立后，担任组长，负责清点清宫的公私物品。1931 年为躲避战乱，故宫选择了一批珍贵文物南迁，梁廷炜和年仅 14 岁的儿子梁匡忠开始了长达 18 年的南迁生活。1949 年梁廷炜接到密令，跟随国宝去了台湾，1972 年在台北故宫博物院去世。梁匡忠则留在南京故宫博物院，1953 年返回北京故宫，梁金生是梁匡忠的第三个儿子，金生，就是生在金陵的意思。

梁金生在内蒙古插队 11 年，进入故宫已经 31 岁。“1979 年国家刚刚拨了一笔款项用于故宫大修，故宫就从社会上招了 50 多名维修工，统一招考。”梁金生在工程队干了 5 年，参与库房维修建设，然后被调到保管部织绣组，后来再到总保管组，跟父亲成了同事。那时候故宫还没有地下库房，都是利用现有的地面宫殿、库房来存放文物。“先天密封条件非常差，门窗不严，风沙一过，满屋子尘土，天天打扫都没用。而那些‘原状陈列’、小范围开放的地方，就算走‘太空步’，脚一落，特别细的尘土就飞起来。”梁金生回忆，“地面不防潮，湿度大的时候地面都长毛。”故宫古器物部金石组的资深库房管理员方斌描述：“库房里后来配了专门的吸湿器，有半张桌子那么大，机器运转 1 个小时，300 平方米的空间，能吸出两到三大桶水来。”

做库房维修的时候，梁金生就算能接触文物，也是“搬搬抬抬的事情”，“把要维修的库房搬空，东西挪到别处，修好了再搬回来”。到了保管组，他才有机会真正地跟文物打交道，第一次接触的，就是毓庆宫里成箱的织锦和布匹。“半人多高的大锡箱子，站在旁边手伸不到底，底下的布匹，要爬到箱子里，举着递出来一卷卷地打开，查验清楚是一段还是一匹，再封好放回去。”算起来，这其实是 1949 年之后的第二次藏品清理，梁金生身体力行地感受到了这项工作需要的无比耐心和细致。到了总保管组之后，梁金生定下了心思：“以我的年纪，再从事专项研究太难了，不如在这里踏踏实实地下笨工夫。”

藏品清理就是要摸清故宫的家底，这项浩繁的工程，从故宫博物院成立开始，一直在继续。郑欣淼到任之前，历史上的 6 次清点，3 次在 1949 年之前，分别是清室善后委员会的接收点查，文物南迁之后的点查，以及北平沦陷期间的点查。1949 年之后的 3 次，分别是 1954 至 1965 年，1978 年至 80 年代末，和 1991 至 2001 年。每一次都耗费了大量的人力，历时 10 年左右。从皇宫变成博物院的故宫，不仅有历代帝王的珍藏，也是一个“家”，一个庞大的生活起居场所，有一应俱全的宫廷物资，和帝王后妃们的生活痕迹。这些东西如何归类？算文物还是非文物？观念一直在变。从2004到2010年底的第七次藏品清理，在文物概念上，有了最大的拓展，把故宫98万余件藏品的记录，提升到了最新的180万余件。

郑欣淼研究过故宫的历史，他带的第一个“故宫学”研究方向的博士，毕业论文就是故宫博物院的院史。他发现，“故宫博物院成立以来，一直在处理非文物的东西”。新中国成立之后的第一次清理，也就是1954年开始的那一轮，主旨是“清理文物，处理非文物，紧缩库房，建立专库”，从1954到1959年，主要是清理历史积压物品和建立文物库房，成立了处理非文物物资审查小组，政务院批示由中央监察委员会、最高人民检察院、最高人民法院、文化部社会文化事业管理局以及北京故宫共同组成故宫博物院非文物物资处理委员会，先后共处理各种非文物物资“70万件又34万斤”。不同时期被当成非文物处理的种类各异，茶叶、皮件、貂皮，乾隆收藏的“假次画、宗教画”，乃至士兵甲胄都有。“前几年，周海婴先生还拍卖过鲁迅先生买的清宫茶叶。”现在看来，这是对待清宫藏品问题上走过的弯路，但回到特定的情境，这种“甩包袱”的做法，“不是个人问题，是时代民族问题”。

文物的观念在变化，历代故宫人对于故宫藏品的认知也在变化，但守护藏品的态度和原则始终如一，这种传承，梁金生最清楚。从1984年开始，他在“文物总管”的岗位上已经27年，成了故宫内部公认最熟悉所有藏品的人。梁金生说，故宫的藏品有两套账，一套是总保管组的总账，另一套是与总账相对应的各个库房的分类账。账目里，一种是“故”字号，这是1962年吴仲超院长任期那次文物清理建立下的故宫藏品账目；还有一种是“新”字号，这是1954年之后给新增文物建立的账目，最乱的是1949到1954年之间的文物，后来专门固定了一个“新”字号的字段。各个时期的账目都传承下来，梁金生特意搬出了60年代总账中的一本，16开大小的蓝布皮账本，全部是手写记录，蝇头小字，一行行清晰工整。这些账目是最原始的依据，每一次清查，新发现的文物新增号段，而原有的文物必须总账与分账、账目与物品逐一对应。

故宫的家底，就是靠这样必不可少的笨拙方法清点、记录并传承下来，直到引入电子化的信息记录系统。梁金生说，“每一套总账，国家文物局都是备案的，故宫不可能自己私自改动”，而且，任何的文物转移和调拨，账目上都必须记录，就算是因为人员交接问题，某个时期的分账出现偏差，“对比总账也一定能发现问题”。《故宫博物院藏品管理规定》的草稿，就是梁金生根据工作心得总结出来的。

让梁金生觉得最可笑的是关于那五件宋人书札的指控。网友爆料说，由故宫拍下的这五件文物后来重现拍卖场。故宫的文物征集，刚好也属于总保管组的权责范围，收纳新的藏品，是故宫博物院自我丰富的一种方式，通过藏品呈现出不断代的历史和文化。梁金生有写工作日志的习惯，他翻查出了当年的记录：“当时是徐邦达先生给院领导写信，希望故宫能够拍下这五件宋人书札，它们很有价值。院里讨论以后也决定参加拍卖会，但申请经费的时候，却因为数目太高没有得到批准，全部过程都有文件存档。”这件没有完成的拍卖之所以写进了年度工作总结报告里，属于工作失误，然后，被无限放大了。

失之交臂的这五件宋人书札，梁金生很惋惜。他回忆，从解放初期到20世纪90年代初期，故宫的文物征集一直很容易，“尤其是解放初期，物价稳定，博物馆也少，文物商店把整车整车的文物拉来故宫，送货上门，任由故宫挑选。‘文革’故宫关门期间，也还有好多东西送进来，1966年底，在北展搞的‘红卫兵成果展览’，展出之后全部送到了故宫，当然，这部分后来落实政策的时候全部退还回去了。可是‘文革’结束之后，落实政策的80年代，可能是大家都心有余悸吧，又是一个文物进入故宫的高潮”。转折在90年代中期，“拍卖公司出现之后，局面就变了。80年代我刚负责文物征集的时候，故宫每年给我的征集费用是1万元，到了90年代初期，是每年10万元，到了1995年，征集费预算已经到了1000万元，都是拍卖公司抬起来的”。

故宫是拍卖公司喜欢的客户，故宫的名气就是提升拍品价值的最好宣传，但他们却并不会因此给故宫最公道的价格，遇到不厚道的拍卖公司，还会故意设局找人假扮买家抬价。梁金生记得，有一次拍卖，他进场后故意没有跟拍卖公司的人打招呼，坐在角落里，举牌几次之后，就再不动声色，看着价格被一路抬上去。到最后，场面上是神秘电话竞拍者胜出，但现实里，是拍卖公司不停地给故宫的领导打电话，追问故宫的竞拍者到底去了没有。最后，拍卖公司的把戏被戳穿，梁金生不仅用事先协议的价格拿走了拍品，还成功砍掉了交易的佣金。只不过，这些风光的故事只是少数，故宫的财务预算制度和文物价格的直线提升，已经让这条收集文物的路径越来越困难。“按故宫的规定，今年必须做出明年的征集预算，但是文物可遇不可求，我怎么知道明年会出现什么东西?”

关于藏品的诸多爆料出处何在，郑欣淼和故宫内部很多人心知肚明，只是不愿说破。“利益之争哪里都有，故宫是个老单位，也是个有各种告状的地方，历史上第一任院长易培基就被诬告盗宝，只是为什么出于私念，却要赔上整个故宫的名声?”

故宫的定位

郑欣淼就任之前，故宫博物院院长的职位已经空缺了11年。张忠培1991年卸任之后，一直没有任命新的院长。郑欣淼是陕西人，从地方干部做起，1992年调任中央政策研究室，继而担任青海省副省长，因为做眼睛手术必须离开高原，才到了文化系统，历任国家文物局副局长和文化部副部长，就此与文物结下渊源。2002年，故宫成为文化部直属单位，同年10月10日，郑欣淼就任故宫博物院院长。

10米红墙里的天地，对时年55岁的郑欣淼来说，也是全新的开始。“故宫是个老单位，1925年10月10日正式成立，从新中国成立以来，总共16年没有院长（1952到1954年，1984到1987年，1992到2002年），实在千头万绪，我很有压力。也有人说，不能拿历史问题当借口，但故宫确实是个有历史问题的老单位，牵涉到方方面面，这个不是我能抹掉的。”他说。

上一任院长张忠培也有同样的感触，他是故宫院长职位空缺4

年后的继任者，1987 年 6 月 20 日正式就任。这位北大考古系毕业的高材生，在吉林大学任教 30 年，一手开创建立吉大的考古学科，只想站在考古学术前沿搞学问，对于故宫博物院院长的任命，心中虽然并不情愿，但也决心有所作为。保卫处副处长王子宁对这位老院长印象深刻：“夏天穿着大裤衩坐在门边搓着脚跟警卫聊天，朴素得像个农民，但是只要一谈起学术，完全换了一个人，是位令人真心钦佩的学者。”张忠培用学者眼光对故宫做了一个初步评估：“四大优势只剩了一个半——学术研究上已经远远落后于考古学术的发展，宫廷文物这一块没有地位，古建筑这一块好一点，优势领域就是保存的传世文物。”

这个院长该怎么当？故宫到底该如何定位？如何发展？张忠培还记得，“全院开会讨论，说得最多的是管理传世文物的部门，古建部的人也发发言，宫廷部没人说话。专家们也有各种意见，提出故宫应该办成艺术博物馆。我的想法是，应该区分故宫和博物院，故宫有两块牌子，既是国宝，又是 1987 年被联合国教科文组织认定的世界文化遗产，那故宫的特色应该突出两方面，一个是传世藏品，一个是明清故宫，历代王朝缩影”。讨论没有结果，但张忠培想清楚了，“少说多做，先从规章制度建设开始，让各部处权责分明”。他从 1988 年开始故宫的奖金改革，希望“在不伤害任何人利益的前提下，实行按劳分配的竞争机制”。

张忠培还做了另一件硬碰硬的事情，重新做产权登记，收回故宫不同时期被划拨或者被其他单位使用的房屋。“我来的时候，故宫的房子有 14 个单位占着”，其中就包括端门地区。端门外 1917 年就被划拨给了历史博物馆，张忠培回忆：“在公安部门的主持下，

1988年我跟当时的历史博物馆馆长俞伟超坐下来谈，我们是北大考古系的同学，都是苏秉琦先生的弟子，我们达成了协议，端门地区的产权归故宫，但历史博物馆可以使用，继续租赁经营用以补贴开支，一直使用到他们盖好新馆。如果万一那时候福利还不行，也可以继续使用，但最终还是要归还给故宫的。”历史博物馆和革命博物馆后来合并成立国家博物馆，国家博物馆新馆2011年才竣工。张忠培定下的协议，终于在郑欣淼的任期得以实现，郑欣淼说：“今年4月30日签的字，11月端门所有的经营户必须退出，到时候天安门管委会将协助我们收回，具体怎么把端门利用起来，我们还在考虑，可以保证的是，游客再也不会看到那些闹心的历代太监宫女展了。”

郑欣淼比张忠培幸运得多，他赶上了故宫百年大修的历史机遇。工程计划长达20年，每年投资1个亿。上任之前，时任国务院副总理李岚清与郑欣淼谈话，就特别指出他最重要的工作就是主持故宫大修。郑欣淼正式上任后不到一个月，故宫大修启动。作为初来乍到的“新故宫人”，他在千头万绪里开始了他的任期——维修方案怎样制定，招标工作如何进行，组织机构如何设定，任务如何计划分配，等等。除了古建修复本身的各种不确定性，还有社会上的各种争议之声。“背景也很复杂，当时不光故宫，颐和园、天坛都在修，一些国际组织在质疑中国的修复方法。其实，修的范围、进度都可以商量，争议关键是我们的方法和工艺对不对。”

郑欣淼选择的应对方式，与当年的张忠培很相似，埋头做事，不争辩。修复之后的武英殿和太和殿就是答卷。“武英殿我们经验还不够，更换琉璃瓦时新旧分开，所以新的那半看起来特别亮，批评我们的人也特别多，说故宫修得金碧辉煌像影视城，其实新的琉璃瓦都有火气，太亮，过两三年之后就好了。等到太和殿工程，我们就吸取了教训，8万多块琉璃瓦，全部拍照，每块瓦都编号记录，哪块需要换，哪块不需要，哪块只要上釉，哪块要连泥坯一起更换，一块块来处理。”关于故宫大修5年的阶段性成果，已经在2007年召开的国际会议上得到了肯定。“22个国家的40多名专家，3个国际组织到太和殿现场考察，那些外国专家都明白了，东方的建筑是不一样的，材料不同，工艺不同，维修的方式肯定不同。”众口难调，关于故宫大修的争议当然还在，但郑欣淼和故宫的修复团队已经有了底气，“中国式的修复方法已经得到了国际的认同”。

郑欣淼和张忠培一直保持着联系，两位老人常常在电话里探讨，求同存异。张忠培的任期只有“2年1个月13天”，他因为一些特殊的历史原因，1989年8月被停职，1991年卸任，各种构想，空成遗憾。但他在郑欣淼身上，看到了诸多构想的实现。他对郑欣淼的评价是：“这个院长没有选错人。”郑欣淼也觉得，他们对故宫的思考有许多共通之处。回顾9年任期，郑欣淼的自我总结很简单，一只手就能数完：“故宫的百年大修，第七次藏品清理，提出‘故宫学’研究，两岸故宫交流和故宫的国际交流。”总的方向，是让故宫以开放的姿态，与外界有更多的互动，公开化，透明化。“比如我们正在编辑出版的500卷《故宫博物院藏品大系》，这是第一次透彻地向公众交代故宫的家底，让全社会来监督。”郑欣淼也希望藏品大系能够澄清一种误解，就是北京故宫只有皇宫，好东西都去了台北“故宫”。“台北‘故宫’的65万件文物，38万件是档案，近20万件是图书，真正的书画文物只有10万件。好多人喜欢拿台北‘故宫’跟北京故宫比，其实两者差异很大，台北‘故宫’是公务员建制，跟我们的很不一样。”

其实故宫在很长一段时间里，像“文物总管”梁金生形容的那样，就是一个封闭的小世界。开放管理处处长檀文亭回忆，故宫的游客从“假日经济”、“黄金周”的概念提出之后，才开始增多，游客暴增则是2008年奥运会之后，2009年10月2日，是故宫历史上游客最多的一天，14.8万人。“那是什么概念，外面，从午门排到端门外，全是排队的人和旅行社的各色小旗子，里面，高个的只能看到人头，矮个的只能看到别人的衣服。游客散后，一地垃圾。”这种压力还在持续，2011年的国庆，虽然故宫已经做出了每日限流8万人的方案，并且提前通知公众，但从国庆当天开始，游客压力就在持续增加，同样在10月2日、3日呈现井喷态势。就算没有之前一系列的是非和争议，这种旅游压力，也必然让故宫要越来越多地全方位接受公众检视，这是发展的必然，也是公众对博物馆文化需求的进步。

主管经营的故宫博物院副院长李文儒，曾经是国家文物局第一任博物馆司司长，他一直在思考博物馆文化，他觉得：“欧美国家，博物馆已经成为公众日常文化消费的一个部分，但我们的博物馆意识，远没有深入人心。”“中国以文保单位为依托的博物馆占了1/3，到底应该以什么眼光和理念，来传播这种以藏品为主的博物馆文化？如果大家说起故宫，都是经济换算，动辄是里面的什么东西值多少钱，其实应该由故宫来反思，你给公众提供了什么精神层面的东西？这是问题。”72万平方米的故宫，开放区域已经将近1/2，蜂拥而至的游客们兴趣点究竟在哪里？除了拍着故宫的门钉，激动万分地说终于看到了皇上住的地方，还有什么？那些已经被磨得锃亮的门钉，都是附庸传说和走马观花的印记。

10 月 2 日，国庆游客最多的那一天，本刊记者再次到访故宫，上午 9 点半，整个中轴线上，已经水泄不通。而故宫陈列部精心布展的三个主题展览，武英殿的书画展、文华殿的瓷器展，以及午门城楼的兰亭展，却游人稀疏。这三个展室都免费开放，有凝练的主题，展示着诸多传世文物，还配备了现代化的展览解说和演示系统，就算对这些主题从不了解，也可以通过现场电子设备的辅助，开始一段中国传统文化之旅。可惜，这些稀疏的游人里，愿意静下心来欣赏的人更加少，许多人只是匆匆绕场一圈，无视禁止拍照的警示，拿着相机或者手机，趁着工作人员不备，偷偷按下快门，闪光灯此起彼伏，闪过那些传承百年千年的传世文物。午门兰亭展里的工作人员们，一上午都在重复同样的话——“请不要拍照！”从最初的客气克制，慢慢变得不耐烦和生硬，但他们的努力，旋即就被更多的闪光灯淹没了。

原载 2011 年第 44 期《三联生活周刊》

第四辑

坚守·继承·发展

——郑欣淼委员呼吁以温情与敬意厚待民族文化

采访者：《人民政协报》记者毛毛、润棠

新任全国政协委员郑欣淼是我国鲁迅研究和文化理论专家，先后出版学术理论著作数部。他说："我有一个特点，就是喜欢调查研究——做什么事情总希望能琢磨出一些道道来。"近些年，尤其是在他就任文化部副部长并"执掌"故宫以来，他更是深入调查、研究，推陈出新，全力寻求保护、弘扬民族文化之法。

他有一个很明确的观点，就是对待民族文化应从整体上持肯定态度。为此，他吁请国人要以温情与敬意来厚待我们的民族文化。

以温情与敬意厚待民族文化，最重要的是要对民族文化从整体上持一种肯定与热爱的态度。

钱穆先生说："所谓对其本国已往历史有一种温情与敬意者，至少不会对其本国已往历史抱一种偏激的虚无主义，亦至少不会感到现在我们是站在已往历史最高之顶点，而将我们当身种种罪恶与弱点，一切诿卸于古人。"这段话对我们很有启发。

我们的国家之所以伟大，我们的民族之所以伟大，一个重要原因，就是我们创造了光辉灿烂的中华文化。当然，我们不是说传统文化一切都好，它也有糟粕，也有不好的东西，但是文化是不断积累、不断发展的过程。中国绵延数千年的传统文化，其中一些具体的内容，在不断积累的同时，也在不断地淘汰，但是贯穿其始终的基本精神，则随时代的发展而发展，形成民族文化的传统。

从总体上看，传统文化是我们民族数千年文明的结晶，也是我们民族精神的体现，是我们民族的灵魂。为什么中国成为世界上唯一的民族文化未曾中断的国家？我想这绝不是什么偶然，而是在于中华文化本身所包含的丰富的情感与卓越的智能，以及由此产生的力量，在于中华文化本身所具有的伟大民族精神。

我们都说文化是民族的身份证。党的十六大报告中有这么一句话："文化的力量深深熔铸在民族的生命力、创造力和凝聚力之中。"党的十七大报告指出："中华文化是中华民族生生不息、团结奋进的不竭动力。""弘扬中华文化，建设中华民族共有精神家园。"我认为这些都说得相当精彩。正是中华文化创造了中华民族，正因为如此，我们要肯定与热爱我们的民族文化。

《国家"十一五"时期文化发展规划纲要》（以下简称《纲要》）第七条的标题是"民族文化的保护"，我看了以后，很有感触，因为在我的印象里面，我们过去谈到这个问题的时候，都要加一个"优秀民族文化"或者是"民族的优秀文化"，而这一次谈的是民族文化的保护。我想它的意思也不是说，我们对民族文化要无批判地全盘肯定，要无批判地继承与弘扬，而是反映了我们在总体上对民族文化的一个肯定的态度。这其实也是爱国主义的基础和起点。如果你对你的民族文化都不热爱，怎么热爱国家和国家的历史？

民族文化是一个很宽泛的概念，内容也是很丰富多彩的。我想，在民族文化里面还可以分不同的层次。有一些东西，它是随着文化的发展，自身也要发展；另外还有一些最基础的东西、基本的精神，构成了我们民族精神的一些东西，它是不会变的，它是有永恒的价值，它是有永恒的生命力的。对这个基本的精神有多种概括：有的人说是《周易》里的“天行健，君子以自强不息”、“地势坤，君子以厚德载物”；有人说是“己所不欲，勿施于人”、“先天下之忧而忧，后天下之乐而乐”、“精忠报国”、“天下兴亡，匹夫有责”的精神等等。各种概括有很多。尽管各个不同时代有着不同的时代内容，但是作为民族的基本精神，它们是一脉相承、代代相传、推陈出新、与时俱进的，都具有历久弥新的生命力，永远不会过时。

以温情与敬意厚待民族文化，就要加强对民族文化的研究、了解与宣传，要有“文化自觉”。

“文化自觉”是费孝通先生提出的一个概念。他认为文化转型是当前人类共同的问题。他提出“文化自觉”，其意义在于生活在一定文化中的人对其文化有“自知之明”，明白它的来历、形成的过程、所具有的特色和它发展的趋向。自知之明是为了加强对文化转型的自主能力，取得决定适应新环境、新时代文化选择的自主地位。

我感到，要有“文化自觉”，就要懂得民族文化，懂得民族文化的价值。

在《纲要》里面，对小学、中学甚至大学，都提出了增强民族文化知识教育的一些很具体的规定，这很重要。民族文化的教育、传统的教育，也要从孩子抓起。《纲要》对社会教育也提出了要求，比如广泛开展吟诵古典诗词、传习传统技艺等优秀传统文化普及活动等。我认为一些措施是相当重要的，它对个人来说，对增强人的文化素养、健全人格的形成和高尚人生目标的树立都很重要。对一个社会来说，同样是必要的。

2006年，故宫博物院开了一个关于吴冠中先生创作的研讨会，李政道先生来参加了。李政道先生一直宣导科学与艺术的结合。这很有意义。我们不仅要有具体的专业的知识，我们还要有一定的人文方面的素养。因为科学不能代替伦理，技术不能代替正义，物质文明不能代替精神文明。在一个社会全面和谐的发展中，文化人文的素养，传统文化的教育是相当重要的。它是我们的精神家园。我就对他说，许多有识之士都主张这样的观点，既要重视科学，又要重视人文，这对社会的全面和谐发展，防止精神偏颇很有意义。

对民族文化还要加强研究，挖掘其深刻的内涵。以故宫为例，故宫本身就是传统文化的宝库，有许多需要我们挖掘的。故宫的三大殿，太和、中和、保和，是清代顺治时候改的殿名。为什么要改三大殿的名字？我想这个改不是简单的一个名字，它反映了清代的一个治国理念和指导思想，清代就很注意各民族融合、团结的问题。故宫里面的“和”字很多，有人统计过大约有20多个殿与“和”有关，深究起来，这个“和”是人与自然的关系、人与人的关系、个人内心协调等问题。从“和为贵”的处事之道到“和而不同”的文化理念到“协和万邦”的国家观念，中国传统的“和谐文化”曾深深影响中华民族的成长，推动了社会的进步。像这一类的文化内涵，我认为我们在新的时代，是应该去挖掘的。

文化需要坚守，更需要继承和发展。我的一个观点就是，我们中华民族之所以伟大，是因为它的民族文化是随着时代的变化而变化的，是开放而与时俱进的，是不断地进取的。它是通过各种学科、各种学派的相互砥砺、相互渗透而发展的，也是通过同世界各国的相互交流、学习而进步的。我们说“汉唐气魄”，重要的就是指敢于大胆吸收域外文明的气度。到清代后期，我们闭关锁国，中国落后了，我们在文化上也落后了。但是，经过中国人民一百多年的求索，我们今天仍然走向了改革开放的道路，这背后，就是我们民族精神的支撑，有中国文化开放、进取的基本精神的支撑。我们的民族文化，是不断前进的，是与时俱进的。

以温情与敬意厚待民族文化，必须加强民族文化的保护。党的十七大报告指出，要重视文物和非物质文化遗产的保护。应该看到，遗产保护的任务还很艰巨。我们的民族文化，它不光是我们大家看得见的博物馆里的东西、我们的各个遗产地，也还有我们大量的看不见的非物质的文化遗产，还有国家、民族的语言文字，还有各种文化典籍，这都是需要我们保护的。我个人感觉到，问题最大的是少数民族文化的保护。

我这里想以故宫维修为例。故宫维修既是文物保护，也是文化传承。2001 年 11 月，李岚清同志视察故宫博物院并主持会议，确定了故宫古建筑维修和文物保护的任务，要通过整体维修保护，使故宫重现盛世庄严、肃穆、辉煌的原貌。故宫大规模修缮任务由国务院确定后，故宫博物院与专业研究机构合作制定了《故宫保护总体规划大纲》，确定了整体保护和合理利用的目标、原则，规定了故宫维修工程的方针和任务。按照《大纲》要求，故宫保护工程必须完成保护故宫整体布局、彻底整治故宫内外环境、保护故宫文物建筑、系统改善和配置基础设施、合理安排文物建筑的使用功能、提高文物展陈艺术品位与改善文物展陈环境等五大任务。故宫保护工程从2003～2008年为近期，2009～2014年为中期，2015～2020年为远期；到2020年紫禁城建成600周年的时候，全面完成故宫维修任务。五年来，在党中央、国务院的关怀下，故宫博物院在正常开放的同时，保证了古建筑保护修缮的有序开展，实现了工程预期。作为试点的武英殿工程已于2004年圆满竣工，午门城楼及中轴线东西两庑目前已经基本恢复原有格局。2008年，故宫中轴线核心建筑太和殿及太和门维修将竣工。维修后的建筑中，有的布置了新的展览，对社会开放。故宫文物保护工程的意义体现在两个方面：一是对故宫"完整保护、整体维修"理念的实践，体现出对故宫保护的文化传承意义。二是维修的思路、原则、要求、标准、方法，不但对国内，而且也对国际文化遗产保护做出了贡献。在已经进行的故宫保护工程中，我院安排了众多的科研课题，有些是我院独立承担的，有些是与国际文物保护机构等合作进行的，都取得了具有相当价值的成果。这些技术对于更准确地记录故宫现状，分析和认知故宫古建筑，补充传统技术的缺憾，筛选保护新材料、新工艺和采用新技术，发挥了重要的作用。故宫维修为今后中国传统建筑的保护性维修以及保护方式，走出了一条有中国特色的道路。从故宫的维修实践中，我们既感受到国家对文化遗产保护的决心，同时也认识到保护任重道远，需要继续努力，坚持不懈。

对文化遗产，我们不光要保护好，还要利用好，为公众服务。

总之在民族文化的保护方面，需要做的工作还有很多，比如法律的保障，各个方面的努力，这都是需要进行的。

原载2008年3月3日《人民政协报》

郑欣淼：我这辈子恐怕和故宫脱不了干系

采访者：《凤凰周刊》记者李明三

圆顶礼帽，青呢大衣，郑欣淼步出办公室，在故宫的高墙下迎着夕阳款款走来时，与会客室里侃侃而谈、滔滔不绝的他扮若两人。

摄影师说，“郑院长全身上下都带着一种范儿”。

这种“范儿”，立马会让人联想起1954年，周恩来在各国外交官注视下，步入日内瓦会场时的自信、从容。那是在朝鲜战场上，中国人挫败美国以后，周第一次以大国总理的身份亮相国际外交舞台。

郑欣淼也有多重身份：官员，学者，诗人，玩家，哪一个才是他的本真？

“我这一辈子，可能再也离不开故宫，离不开这些文物了。”身为故宫博物院院长的郑欣淼，此刻，更像一位大管家，一位掌握明清宫廷遗存的大内总管。

郑2002年11月执掌故宫，一开始就做了两件大事：一是1911年辛亥革命以来故宫首次百年大修，一是彻底清点故宫馆藏。百年大修，按规划总投资19亿元，一直要持续到2020年，在他的任内可能是完不成了；而文物清点，历时7年，2010年底终告完成。

清点结束，郑欣淼拿出北京故宫最新的文物清单是：藏品1807558件，其中珍贵文物1684490件，一般文物115491件，标本7577件。

守护着祖先们留下来的这份厚重家当，郑打骨子里流露出一种幸福、满足、宁静与自豪。“掌管故宫是一种缘分。”国资委主任李荣融还在任时，郑就曾对他说，“我管的也是国有资产，而且是一笔难以估量的优质资产。”

故宫新增文物30万件

1947年，郑欣淼出生在陕西澄城。学生时代，他在华清池边的临潼中学读书，在骊山山麓秦始皇陵上植树，很早就与古代文物结缘。20世纪80年代末，郑在主政陕西省委政策研究室时，主抓的一件大事就是与省政协合作，对中国第一文物大省——陕西文物进行普查研究。

这是郑欣淼第一次参与文物工作，给他留下了很深的印象，也触发他接任故宫之初，即下决心彻底而全面地清点故宫文物。

对这次清点，郑欣淼要求做到家底清楚、账物相符，而且历史上的遗留问题也要彻底解决，不再留给后人。清点结果，故宫馆藏文物比此前对外公布的150万件，增加了30万件。

“新增文物主要是清宫遗物，过去我们不够重视，没有列为文物，仅仅当作资料处理。”郑解释说，这些资料很有历史价值，是清朝典章制度的组成部分。

这里面很重要的一项成果是发现“乾隆御稿”。“嘉庆皇帝收集整理他父亲的书稿，弄了几大箱子，最后清查有两万多篇。”郑说，箱子上就刻着“乾隆御稿”四个大字，此前一直搁在地下库房里，没有得到应有的重视，也从来没有认真整理过，更没有公开出版过。

目前，故宫正在联系出版商，准备出版“乾隆御稿”。郑认为，这有助于对《清高宗诗文集》的研究，有助于对乾隆皇帝诗文创作的进一步认识。

类似的物件还有：20000多件帝后书画、5000余件明清家具、上万本宫廷剧本、大量的戏剧道具，还有大批出入皇宫的腰牌、大臣晋见皇帝的红绿头签，甚至枕头、门窗挂帘等生活用品。“其中一批袁世凯称帝时制作的大型帘子，填补了故宫织绣类中‘洪宪文物’的缺项。”郑欣淼还注意到，有些门帘上绣有“承运”字样，证明袁世凯称帝时，确曾将太和殿改名“承运殿”。

自1925年成立博物院以来，故宫清点馆藏文物已经不是一次两次了，但细到一个枕头、一块腰牌、一挂门帘，都造册建账，这还是第一次。“故宫有多少家底，作为院长，我心里得有数。”郑欣淼说，清点工作结束后，将出版《故宫文物藏品总目》，公开发行，不但更好地为社会服务，对自身也是监督。故宫第一任院长易培基，就是因为被外界指控盗卖古物而蒙冤去职。这事，他常常挂在嘴边。

挂在他嘴边的，还有另一位故宫博物院院长马衡。20 世纪 30 年代，为了使馆藏文物免遭战祸，从 1933 年到 1952 年，20 年间，马衡组织故宫同仁，护送 13000 多箱文物南迁、西移，颠沛流离，备尝艰险。除近 3000 箱约 60 万件文物随国民政府迁台外，大部分文物在建国后完璧归赵，重返北京故宫。

马衡在危难中对故宫文物慎微戒惧，悉力保护，“诚以此仅存劫后之文献，俱为吾国五千年先民贻留之珍品、历史之渊源，秘籍艺事，莫不尽粹于是。”2005 年，郑在马衡辞世 50 周年时撰文纪念这位前院长说，马先生“终生以保护文物为职志”，“其所成就，已归于不朽。”

“每一代故宫人，都有他们的历史使命。”郑说，易培基那一代，功在创建，开创国立博物馆之先河；马衡那一代，功在守护，使国宝重器免遭战火焚毁；现在这一代人的使命，就是保护好文化遗产，并认真研究她，将故宫精髓发扬光大。

“故宫学”轰动台湾岛

1949 年，故宫馆藏分流两地，一部分去了台湾，一部分留在大陆。从那以后，北京故宫与台北故宫，到底哪家的馆藏更丰富，质量更高，更有代表性，就成了一个颇受外界关注的话题。

多年来，由于对外宣传和服务工作比较到位，在很多人眼里，台北故宫似乎力压北京故宫一筹。台湾学者李敖就曾扬言：“故宫的精华都到了台湾。北京故宫只剩下皮，瓤都在台北故宫。”台北故宫的负责人也公开说，台北故宫有宝无宫，北京故宫有宫无宝。

事实真是这样吗？郑告诉《凤凰周刊》记者，当年运台故宫文物60万件，其中清宫档案文献38万件（册），善本书籍近16万册，器物书画5万余件，加上抵台后征集的文物，总计不过65万件。而北京故宫原有明清档案800万件，善本特藏50多万册（件、块）；器物书画100万件，总计960万件，更何况还有独一无二的古建筑。

这次清点以后，郑欣淼心里更有数了。“两岸故宫是一家。虽然文物不能互相替代，好东西还是咱们这里多。”他说，北京故宫所藏文物，不但在数量上远远多于台北故宫，而且文物精品在整体上也无可争辩地多于台北故宫。以乾隆的三希堂法帖为例，台北故宫有王羲之《快雪时晴帖》，北京故宫有王献之《中秋帖》、王珣《伯远帖》，并不逊色。

2005年9月，李敖参观北京故宫。郑特意安排他参观了珍宝馆、武英殿、钟表馆等，还请他到漱芳斋看了顾闳中的《韩熙载夜宴图》、王珣《伯远帖》和王献之的《中秋帖》。看完后，李敖说：“郑院长，我为原先说过的话忏悔。”

对此，郑欣淼粲然一笑。“这不能怪你，责任在我们身上，是我们宣传不够，展示不够，致使大家的了解不够。”

为了宣讲故宫，打通两岸故宫的交流渠道，郑在2003年10月，首次提出“故宫学”，将故宫研究带入一个新阶段。他倡导的故宫学包括紫禁城宫殿建筑群、文物典藏、宫廷历史文化遗存、明清档案、清宫典籍以及故宫博物院自身的历史。

“与名扬海内外的红学、敦煌学相比，故宫更有理由、更有资格成为一门独立学科。”郑欣淼说，这个概念出来后，台北故宫的同仁们很是羡慕。

台湾清华大学历史研究所教授谢敏聪研究故宫40年了，非常赞成把故宫学作为中国通史研究的一个切入点。2009年秋，他率先在台湾清华大学开设“故宫学概论”课程。这是一门选修课，带正式学分，以郑欣淼的著述为教材，围绕故宫讲授历史之真、文物之美、意涵之善，展现中国历史之源远流长与中华文化的博大精深。

让郑始料不及的是，故宫学80位修课名额，竟然引来2000学生报名，后来校方追加了15个名额，又有数百人争抢。岛内媒体报道，开课当天，同学们挤爆教室，盛况空前，轰动清华。

继台湾清华大学之后，中国社会科学院研究生院也在日前与北京故宫签约，拟于2011年秋季开始招收“故宫学”研究生。“故宫学的学术价值，是由故宫在中国文化史上的特殊地位所决定的。”郑欣淼欣慰地说，有计划的人才培养，将为故宫的长远发展打下坚实的基础。

敬畏中的守望

在故宫任职多年，郑欣淼之于文物，有了一种难以割舍的感情。他虽然没有一件私人藏品，但只要见到那些器物、古建筑，甚至一座古墓，都会油然而生敬畏感。

“看到这些东西，我就会联想历史，感知文化。”他说，我们的祖先真是了不起，文化脉络绵绵不绝，生生不息。

在执掌故宫之前，郑曾任青海省副省长，分管全省文化工作；后来又调到国家文物局，任职三年；最后转到故宫。上任那一刻，他的感觉是，冥冥中似有天意，此前所有的工作经历，似乎都有意无意指向故宫。“这也算是缘分吧”，他在这里找到了终身的归宿。

怀着一颗敬畏和赤诚之心，郑走进了故宫。然而让他吃惊的是，外交部安排的国宾车队，总是呼啸着开进午门，驶过内金水河。每次看到车队从内金水桥上轧过，他的心就隐隐作痛。“这样做对中国文化，明显有失尊重。”他扪心自问，如果在法国的凡尔赛宫，或者意大利的古罗马竞技场，参观者自费乘车登堂入室，东道主会作何想？

后来经过打听，郑进一步了解到，这并不是外宾的要求，而是中方自己安排的。在他的一再坚持下，这个多年的惯例终于取消了，但他的心情并没有就此轻松下来。“如果连自己都不尊重自己的文化，又怎能期望得到别人的尊重呢？”

九年来，郑欣淼组织清点文物、维修宫殿，每一件都是立足长远的基础性工作，足以在故宫历史上留下重重一笔。“故宫是世界上最丰富、最重要的中国古代艺术品的宝库。我这一辈子恐怕和故宫脱不了干系。”郑今年64岁了，如果哪一天离开领导岗位，他也会以自己的方式，从事与故宫相关的研究工作。

而当前，对已经出过《守望经典》、《天府永藏》等好几本著述的郑欣淼来说，最要紧的是撰写一本《故宫学概论》。“这是我的历史责任，非写不可，不能再拖了。”他说。

我尽力了

记者：担任院长这九年，你给自己的工作怎么评价，打多少分？

郑欣淼：我只能说尽力了。在故宫九年，干的时间也不算短，手里这几件事，文物清点有结果了，宫殿维修在正常进行，故宫学我们也已经成立研究所，都算是有了阶段性成果吧。

记者：在你之前，故宫有过多位院长，比如易培基、马衡，都很有名。与他们相比，你把自己放在什么样的位置上？

郑欣淼：故宫在不同时期有不同的人物，不同的环境，也有不同的使命。比如说马衡先生当故宫院长，组织文物南迁、西迁，他的历史使命就是把文物保护好。我们这个时期的任务就是保护好文化遗产，并且组织好文物研究，我在院长任内提出了故宫学，对藏品进行彻底的清理，办文物展览，加强中外交流合作，让故宫博物院更好地发展，这就是历史赋予我们的责任。

真正的作家你是管不住的

记者：文物能怡心养性，你研究故宫、研究文物这么多年，有什么心得？精神境界有什么变化？

郑欣淼：与我这几年在故宫所做的工作相比，我在故宫得到的东西更多，故宫让我懂得民族的历史和文化，懂得中华民族生生不息的创新精神和绵延不绝的生命力，这在故宫留下了明显的印证。文化需要不断创新，历史告诉我们，凡是文化昌盛的时候，都是社会具有开阔胸怀，兼容并包的时候。当然我也要强调，在故宫里面，并不都是神圣、美好的，也有很多糟粕。比如专制制度，中国的历史就是这样走过来的，我们在吸取历史教训时，对糟粕也要批判，因为它还在影响人的心灵，影响社会的文化氛围，跟新的文化现象还会有千丝万缕的关系。

记者：与历史上的文化昌盛时期相比，现代中国文化创新似乎跟不上经济发展，创造力明显不够，经典作品太少。你觉得，这是什么原因？与当前的文化政策有关吗？

郑欣淼：文化创作，我感觉最主要的还是作家本身，作家个人的文化素养、社会背景、教育程度，这些都很重要。另外，某种程度上还和社会思潮有关。至于文化政策，我认为关系不大，因为现在的政策总体上还没有到影响到你不敢写。真正的作家你是管不住的，而真正好的作品，都是写人的心灵，并非一定要和当局作对。当然，中国社会现在也酝酿着一个变化，大家疯狂地向钱看以后，现在可能冷静了一些，开始注重真正的文化了，有了这种文化氛围，相信社会上慢慢地会有好作品出来的。

收购文物，故宫不参与市场竞拍

记者：现在民间兴起收藏热，市面上也出现了很多假古董，以假乱真，你对此怎么看？是否会有损中国文物的声誉和价值？

郑欣淼：盛世兴收藏，这是一件好事，我个人没有收藏，但我看过好多民办博物馆，也支持他们的发展。文物市场的兴衰和社会环境、经济发展水平有密切关系。我认为市场活跃是大好事。当然，我们反对以假乱真，扰乱市场。文物造假历来都有，这是避免不了的。其实很多高仿，仿得好，也能在一定程度上满足人的鉴赏需求，但是如果你拿这个骗人，就增加了市场乱象，肯定我们是反对的。中国文物市场，还需要加强管理，积极引导。

记者：埃及、印度等国都在积极追讨海外文物，中国民间也有人高价竞买流失在海外的中国文物，你赞成这样做吗？为了获得有价值的文物，故宫是否会参与市场竞拍？

郑欣淼：海外文物，能追回来当然好，但是要注意方式方法，条件不成熟时，我主张保留追索的权力，留待条件成熟时再追还。我不赞成市场竞拍，这只会抬高回收的成本。在这方面，我们很珍惜故宫的牌子，决不能贸然行事，我们行动不谨慎，文物市场就可能更乱。原则上，故宫不会参与市场竞拍，一方面如果我们参与竞拍，等于将市场价格再抬高一倍；另一方面也有一个程序问题，要申请资金，得向国家打报告，现在拍卖价格太高，动辄要几个亿，我们跟国家不好张这个口。

当然，市场上有好的机会，我们也不会错过。2003 年，我们买过一个隋人写的《出师颂》，花了 2200 万，这是双方议定的价格，如果真正上市场拍卖，可能不止那个价。这样的机会可遇不可求。前些年，我们在日本买回了几件相当好的青铜器，也是通过国家批准出钱的。做这些事时，我们尽量不声张，因为公开以后，在社会和市场上都会引起反应。

原载 2011 年第 7 期《凤凰周刊》

郑欣淼：故宫是我的最后一站 我将全身心投入其中

采访者：《搜狐文化客厅》栏目组

搜狐文化：各位搜狐网友，大家好！我们今天的文化客厅来到故宫博物院，做客我们文化客厅的是故宫博物院郑欣淼院长。

郑欣淼：大家好！

搜狐文化：在几年前接受媒体采访的时候，您曾经说在2002年来到故宫的时候是诚惶诚恐的心态，当时的情形您现在还清楚吗？

郑欣淼：我来的时候是2002年的10月10日。很有意思，故宫博物院是1925年的10月10日成立的，我在故宫博物院建院的日子来，我认为肯定是一个巧合，但是非常有意义。我也是记忆犹新，文化部的部长来开会，他在会上宣布的。

搜狐文化：现在已经是2010年岁末了，在8年的时间里，您给故宫带来了什么？

郑欣淼：8年的时间，也确实不算短。现在我已经60多岁了，在我的人生里程中，在我的工作经历中，故宫肯定是我的最后一站。

在这8年里，我个人感觉，我是把我的全身心投入到故宫，我想在故宫干更多的事儿。故宫每天有很多事情发生，有一些日常事情的处理，但我回顾这8年的过程，我觉得最主要的，一是故宫的维修，二是文物的清理，三是故宫的开放，对外的交流，包括两岸故宫的交流。我感到如果将这些可以结合起来，最重要的一点是我提出了“故宫学”这个学术概念。故宫学不仅是一个学术上的概念，如今它已经作为一个理念在实际工作中指导了我们。

当然，这些也应该说一切都是天时地利人和，我们得到了党中央国务院的支持、文化部的支持、文物局的支持，我们得到了社会各界的关注与支持。这么多的工作，我们一步一步的走过来，大家在这个过程中，大家也在提高自己，促进事业的发展。

“不管游客以怎样的目的来到故宫，我们都要让他留有印象”

搜狐文化：您是一位资深的故宫研究学者，我们想了解一下，如果普通人去接触故宫、感受故宫，可能还是用浏览的方式，用一个游客的方式在故宫行走、观看。您对故宫的理解要比我们深入很多，如果您建议一个普通人感受故宫，您会给他几点建议呢？从您作为学者的角度，游客从哪些地方能感受到这座宏观博大的博物馆的美妙之处？

郑欣淼：我的理解是这样的，对故宫来说，它是一个国内外游客首次到北京来最重要的选择，我们的游客量也在不断的飞升。我来的时候是七八百万，但到去年已经达到1160多万人，今年截止到

10 月底游人数量已经是 1140 万人了。游客旅游有不同的目的，有不同层次的文化结构，但是对我们来说，我们要适应不同的需要，有的人就是“到此一游”，从神武门走过去半天的时间就完了，但是对有一些人来说想做进一步的了解。我想即使是那些匆匆一游的人，我们都应该让他留下深刻的印象。

从故宫学的角度看，故宫有深刻的内涵，它不是一个简单的旅游景点，我们应该让游客在浏览的过程中对故宫有更多了解，通过故宫了解中国的传统文化。我觉得我们要做好研究，这个研究可能是少数人的；另外，我们的学术研究要普及化，要大家知道。所以，这几年我们拍了 12 集的故宫系列片，包括出了很多通俗性、导游性的书，如今语音导游有 40 多个语种，尽量的让大家在故宫得到的多一点。

搜狐文化：故宫给我们的感觉非常厚重、非常宏大，每个人走在里面感觉是臣服于它，隶属于一个非常庞大的建筑群。我们的游客用自己的眼睛、自己的脚去感受它，然后拍照留念，我们故宫博物院有没有过用其他更亲切的方式让游客多一条途径保留记忆的方式?

郑欣淼：这一点我们也是有的，比如尽量将故宫的知识、内涵变成普及性，从展览上来说，我们搞了原状陈列，如果你从午门进来，都是过去皇帝、后妃生活场景的样子，包括太和殿，庄严的重要场所的摆设。另外，我们办了一些表现皇家生活的展览，比如皇帝的大婚展、车轿展、宫廷乐器展览，还有宫廷的戏剧文物展。我们到博物馆是看东西，有人会问，这些是不是真的？一般都是真的，我们博物馆一般是不允许拿假的。所以，我们尽量让大家看到更多的东西。另外，我们还办了一些很重要的专馆，比如陶瓷馆、书画馆、钟表馆、珍宝馆、石鼓馆。我们通过大量的展览让大家来看，当然还有一些专题性的，引进国外的展览，这些都是很重要的。

“特殊时期流失的文物，国家保留对它索回的权利”

搜狐文化：在刚刚过去的秋拍中，有价格非常高的文物性质的艺术品，我们知道，中国有大量的艺术品是流传在文物拍卖市场，国家文物局表示不支持购买非法流失文物，在这些文物的回收方面，您个人认为现在面临着怎样的情况？

郑欣淼：清宫文物的收藏，在近代的时候出现过几次大的灾难性的事件，比如圆明园的文物遭毁掠，1900 年八国联军也曾经进入皇宫中，虽然破坏不是很大，也损失了一些。还有一个重要的原因，就是进入民国后，溥仪仍在后宫，一直到 1924 年前，在故宫里待了 13 年，这一段时间大量的文物被太监等各种人偷出去，溥仪自己也以赏赐的名义，带出去一千多件中国的书画精品，比如《清明上河图》等，博物院成立的时候没有这些东西，因为被他带出去了。带到了伪满洲国长春的小白楼，抗战胜利后这一批东西就流散了。这一部分流散的东西有的也流散到海外。所以，清宫文物的流失是一个很复杂的问题。

故宫博物院从新中国成立以来，有一个文物征集，我们主要回收一些清宫流失出去的比较重要的东西。当然，流失出去的东西很多，全都要买回来是不可能的。此外，我们也买一些虽然不是清宫的，但也是中国历史上最珍贵的艺术品。首先，现在市场变化很大，通过拍卖公司拿出来的，一些上亿或几个亿的东西，东西是好东西，如果国家要拿这么多资金去收购，恐怕很为难。其次，刚才你提到国家文物局表示不支持购买非法流失文物，我很赞同这一点。这几年我们国内有的买家确实出于爱国去竞价，但是在客观上抬高了这些东西的价格，比如圆明园的兽首，本身是掠夺出去的，它本身的价值到底有多高？我认为以它的价值绝对不应该抬到那么高的价格。另外，这个局面也是因为有人在里面故意炒作。这种行为的严重后果在哪里？就是造成了文物走私的猖獗。文物回流之后既能够卖个高价，而国内也会有人愿意出钱收购。这样的交易，改革开放几十年来屡禁不止，而且演变成愈演愈烈的一个问题。比如台湾故宫通过一定的特殊渠道征集到我们山西出土的一些古代珍贵文物，也从一个侧面反映了文物走私的猖獗。在历史上特殊时期流散出去的文物，我们国家保留对它索回的权利，这是我们一定要坚持的立场。另外，最近我看两篇关于当下走私活动的报道，秦始皇东陵也被盗了，这确实都是骇人听闻的事件，我看了以后也是心情很沉重。

“文物的价值是客观存在，重要的在于我们如何去认识”

搜狐文化：现在我们还在面临一个问题就是对于文物认识的问题。大家是否可以用“可使用的态度”对待文物，对于“资料”和“文物”之间的界限您如何界定呢？

郑欣淼：你提了一个很重要的问题，就是我们怎么样看待文物？什么样的物品算作文物？它的价值应当如何认知？我认为，我们现在有国家文物局，我们有国家颁布的《文物保护法》，故宫也是全国重点的文物单位。但是，“文物”二字是我们现在的提法，民国的时候用“古物”比较多一点。比如故宫博物院成立的时候设立了两个馆，一个叫图书馆，一个叫古物馆，古物馆是图书典籍和清宫的档案以外，都算古物，书画等都算古物了。1914 年，北京的民国政府就成立了古物陈列所，也叫“古物”，当时大家比较普遍地叫“古物”。“古物”的提法我认为有局限性，简单的看待物品的视角。任何一件艺术品、一件历史文物都应该有丰富的价值，它的价值也是客观存在的。我们了解不了解它，我们了解多少？这是我们自己的认识问题，随着认识的发展，我们可能感觉到过去没有当作文物的东西，现在也可以被当作文物了。比如你刚才说到“资料”，“资料”是故宫博物院特有的一个分类法，它叫“文物资料”，故宫文物的评级有自己定的标准。

所谓“文物资料”，就是说在故宫的文物中它的重要性不及文物，但是它又有它的价值，所以给它起了一个“文物资料”的名称。这些年我们搞文物清理，我来之后就知道有十多万文物资料，现在基本上都归入文物了，毫无争议的它们应该是“文物”。但是由于我们认识上的问题，有的过去连“资料”都算不上。比如我在很多场合也讲过，清宫里面清代的帝王文化修养都较高，我们有从顺治皇帝一直到光绪皇帝写的字，还有画的画，还有后妃的，包括慈禧等，我来故宫博物院的时候这些都没有归为“文物”，大约 24000 多件吧，乾隆皇帝的字就有一万多件，他画的画有几千件，你说在今天拍卖市场上算不算文物？它们不是一般的文物，是很重要的文物。前几年李敖先生来故宫参观，有一个景仁宫内设有景仁榜，对故宫捐献过文物的人都会上榜：哪一年谁有捐献，我们把姓名刻在上面。李敖先生看了以后也受到触动，他说“我要给故宫捐”，他就捐献了一幅乾隆的字，故宫中乾隆的字虽很多，作为收藏者来说都是很重要的，但是在过去它连“资料”都不算。

再比如，本来一件瓷器可能弥补某个时代的空白，可能就是独此一件，但是因为它有一点小瑕疵或者裂痕，就把它不列入“文物”。按照中国这个观念，维纳斯绝对不算文物，因为它是残的。我想，如果大家有了文化遗产的视角，我们对“文物”才会有全面的定义，赋予它新的内涵。

“四本出版物代表我从各个角度认识故宫的过程”

搜狐文化：随着时间的推移，我们对很多事情的看法也进一步的完善，把以前一些不够完善的思想一步一步的深化。我们故宫博物院也有下属的出版社，也出版大量围绕故宫、故宫学的书，我们现在摆在这里的是我们出版的书，郑院长自己也是笔耕不辍，出版过《天府永藏》、《守望经典》、《紫禁内外》、《故宫与故宫学》，能否介绍一下您在这四本书中融入了您哪些对故宫的理解？

郑欣淼：这四本书，应该说是从前年的后半年到去年的前半年陆续出的。我首先声明，我绝对不是一个专门写书的，因为我是一个院长，院长要对院里负责的。但是这几本书是和我的工作联系在一起的。《天府永藏》我写两岸故宫藏品的来源，包括藏品放在一起的概述，或者有一个比较的意思在内，这本书我是做了大量的研究，因为很多人，包括朋友、领导，包括一些很高的领导同志，都问过我一个问题，北京故宫和台北故宫哪个的东西多？或者哪个好的东西多？当然，我想这与过去文物南迁有关，社会上了解不多，就有了一种神秘感。但是在我来说，因为我提出“故宫学”，“故宫学”就是研究故宫的东西，文物藏品是很重要的。所以，我从这个角度出发，想把它弄清楚，弄清楚以后心中就有数了。我写过一篇短文在《光明日报》登了，以后就逐步发展，没有想到最后写成了一本书。但是写的过程和我们文物的分类、文物的清点也有关系，在这个过程中我也得到了院里相关专家的帮助。去年3月1日我到台湾去的时候，这本书在台湾也出了繁体版，出版社的老总跟我说读者市场还可以。我感觉到，在我来说，我尽量站在比较客观的立场上，不能绝对的说哪一件文物好、哪一件文物不好。如果我们用一种古董商的角度来说，可能这件文物卖的价钱有大小，但是从文化价值来说，则各有不可替代的价值。所以，我尽量客观地来反映，这本书适应了社会上对故宫了解的需要。

另外一本书叫《故宫与故宫学》，这是一本论文集，是我这几年来写的关于故宫的，特别是关于故宫学文章的汇集。我提出了故宫学，但是故宫学包括了什么内容？故宫学是怎么回事？我曾写了近四万字的一篇文章，包括对故宫价值的一些阐述，有一些是我在一些地方做的学术报告。这本书，我去年10月份到台湾去，台湾的远流出版社出版了。这本书主要是我对故宫的认识，而且我在书的前言中也谈到我对故宫认识的不断发展。

另外一本是《守望经典》，是我在接受不同的媒体采访的谈话，就像我们今天一样，虽然也给了我提纲，但我在谈的时候有突然想到的，这本书的好处就是它虽然不是很专题性的就某一个问题谈，但是它里面有一些我认为闪光的东西，或者是我个人独特的感受和体会，包括对故宫学谈一些重要方面的认识，比如《中华读书报》刊登的“故宫在北京、故宫学在中国、在世界”这样一篇采访，里面有我很多关于故宫学的重要观点。这个好处就是比较随意，但是谈了一些我灵机一动的认识。

另外一本是《紫禁内外》，大部分是我的一些小文章，有的是展览的序言，有的是应报刊的要求写的专门的文章，都不长，但是它反映了故宫的方方面面，光从题目上就能看到故宫工作的丰富多彩。

所以，这四本书互有关联，从不同的角度反映了我对故宫的认识的一个发展过程，或者说我对故宫价值方面的不同认识。当然，它也记录了这几年特别是近六七年来故宫同仁的工作，他们的努力，在我的文章里都能得到体现。

“故宫学是一种理念，指导着故宫人工作”

搜狐文化：“故宫学”这个概念的提出已经有 7 年了，我们想知道“故宫学”这个概念在学界引起了怎样的反响？这个事情的进展是怎样的？

郑欣淼：“故宫学”的提出，确实是我对故宫认识的一个深化，我到故宫之后工作怎么抓？怎么开展？作为一个世界文化遗产，作为古建筑的保护，它需要维修；另外，我们又是博物院，故宫和故宫博物院两个在一起给我们带来了很多有利的条件，但是同时也有一些矛盾，它有各自特殊的任务和要求。这样，我在这个过程中，逐渐地感觉到它内在的联系。故宫不是一个“壳”，故宫的文物也不是个“物”，它们两个之间有联系，就是与历史上人和事联系在一起，而且和故宫博物院联系在一起。

比如说现在墙上的复制字画，这幅字是“三希帖”中的《伯远帖》，这个字谁都可以研究，谁都可以写文章，比如美术学院的老师、学生可以写作者的生平是怎么回事、这幅帖在书法史上的地位等等。乾隆皇帝还收藏了《中秋帖》、《快雪时晴帖》，这两件收藏放在不同的地方。后来把三帖放在“三希堂”，乾隆对“三希”提出过不同的解释，但是不管怎么说，“三希堂”里面有三件晋人的书法，这是了不起的。如果你把乾隆收藏这三件书法作品的经过研究一下，再把上面众多的题跋进行研究，将这些题跋反映的乾隆的艺术思想、审美观念，以及绘画、瓷器等鉴赏评论联系起来研究，这就是“故宫学”，这就不同于一般的研究，这就和清宫的历史文化，包括收藏的地点也都有关联。

所以我说故宫是中国几千年来宫殿制度发展的集大成者，里面包括反映的阴阳五行、风水的观念，包括那么多楹联、匾额，在不同时期的名称，比如太和、中和、保和，这是清初顺治皇帝时候才改的，开始不是这样的名称，到明嘉靖皇帝的时候就把它改了，到清顺治皇帝时才改成“太和”、“中和”、“保和”，这里面有他的治国理念。

通过这些，我感到应当看到故宫的整体性，是不可分割的。正是因为这个整体性的概念，让我想到了应该有一个“故宫学”来研究。比如现在我们这么多清宫的东西流失出去了，有的不是有意识的流失，比如中国第一历史档案馆原是我们的明清档案部，它本身就是清宫的一部分，虽然它不在了，不由故宫来管理，但是它和故宫的关系是割不断的。比如台湾故宫的文物中的65万件，其中有60万件是当年故宫南迁的文物，虽然它在台湾，但是和北京故宫藏品的联系、与故宫博物院的联系是割不断的。当然，“故宫学”的提出，还由于对故宫价值认识的深化，以及我们国家正在修的《清史》，大家对《清史》的广泛关注，都起到了积极的作用。

“故宫学”提出以来，我们大致做了两方面的工作，一方面是加强对它的研究，作为学术、作为一门学科，它有它的规律，它的形成是一个漫长的过程，有它自己的特点和规律，我们必须遵循。我们在逐步地发展，办了一个刊物叫《故宫学刊》，今年的10月庆祝建院85周年，成立了故宫学研究所，故宫学研究所对我们来说有里程碑的意义。在此之前我们成立了5个研究中心，依据我们的藏品和研究的优势，我们成立了古书画研究中心、古陶瓷研究中心、古建筑研究中心、明清宫廷历史文化研究中心、藏传佛教文物研究中心等，这几方面都是我们藏品有优势，包括古建筑，我们是有发言权的，而且我们聘请的都是国内外在这个行业内一流的学者。

另外，我们也做了一件很重要的事。故宫学研究必须靠大家来做，不是故宫博物院关起门来自己能完成的，也不是北京故宫和台北故宫两家能完成的，我们要吸取一切与故宫有关的学术成果。虽然一些机构它没有藏品，但它的学者也可以研究这个课题，我们会给他们提供一些资料，提供一些方便。我们这几年编了一些大型的书，今年10月已经出版了一本85年来，从1925年10月到2010年6月故宫博物院研究人员的所有成果目录，印了一本书，这个目录索引，分门别类，关于建筑、书法、绘画、瓷器、玉器等。另外，我们今年底马上要出一本海内外关于故宫研究的总目录，图书馆的两任馆长说年底就可以出版了，英文的、日文的研究也都包括其中。这样给大家提供一个资料索引，有谁写了什么东西就都知道了。另外，我们院里的藏品，现在对外公布是150万件，下月底会公布新的统计结果。

大家为什么不知道北京故宫里面有多少东西？一个是我们的任务艰巨，大家一直都在清理；另外一个也说明我们在理念上不够重视，可能还有一个原因是指导思想上认为不需要社会知道，现在我认为是应该开放的，因为博物馆是为公众服务的文化机构。所以，我们现在编印一个500卷的故宫藏品大系，已经出了30卷，12月份我们准备开一个座谈会。这还不算宫殿建筑的部分。

另外，我们正在编一本《故宫百科全书》，预计这本书将有两千万字。还有一个很重要的，是故宫藏品150万件的目录全部要公布，马上要出，分门类，因为出目录不能简单地写个名字，还有相应的有关信息，我们已经试编了几个类别，现在文物也快清理完了，我们首先出电子版，因为印刷是相当庞大的。与此同时，我们还编写了一套《明清宫廷建筑大事年表》，这都是在清宫档案里面摘出来的，也是两千多万字，这些我们都要出版。我们给社会公布，让社会上关心故宫的、有这方面需要的，他有研究能力的，他可以研究，这是我们做的一个工作。

另外，"故宫学"不是简单的一个学科建设，它是作为我们工作中的一个理念，反过来指导了我们的工作。过去不把一些东西当文物、或者连资料都不算，这是因为我们没有从故宫学的理念或者宫廷历史文化这样一个宏观的视野来看待。现在从反映清宫历史文化的角度来看待，凡是有关的都应该保护，都有它的价值。你感觉它不重要是因为你没有认识到它的重要性。我们要展开全面的保护，比如对非物质文化遗产，现在已经有4项列入国务院公布的非物质文化遗产，比如我们的一些工艺，故宫官式建筑的建造技艺，还有书画的修复、装裱，青铜器的修复、复制等等。故宫学建设，我们这几年实实在在的做了大量的工作，整理故宫的文物，尽量地给社会提供观看和研究的资料。

搜狐文化：我好像也听到一些消息，一些学校也在参与故宫学的一些事情？

郑欣淼：对，这几年来，我们故宫，我个人带头并请很多专家和院的领导到许多高等院校进行演讲，这是我们的一个责任。我在北大、清华、中央民族大学、北京外国语大学、国防大学、中央财经大学等，都去讲过，包括地方上的，外地的浙江大学、武汉大学，我感觉到这是一种宣传故宫、宣传故宫学的责任。

今年前半年我意外地得到一个消息，台湾清华大学的谢敏聪教授也是研究故宫的，研究几十年了，他对“故宫学”深表赞同，他不仅赞同，还在台湾的清华大学开了一门课叫“故宫学概论”，是一门选修课，80个名额，记入学分，报名的达到2000多人，他最后给我发来一些资料，可以看到上课的学生很拥挤的情况。我和他也探讨过，学生主要还不是一定要得学分，而是要了解故宫。当然我也很感动，也受到鼓舞。谢教授的“故宫学概论”根据我的几本书编了一套教材，当然他自己对故宫也很有研究，也有他自己的成果。

最近让我感到很振奋的一个消息，是南方的某知名大学决定成立“故宫学研究中心”，而且我也看到了他们的一些安排和计划，北京一个有影响的研究生院也要开设“故宫学专业”。为什么大家对故宫学这么响应和重视？可能是大家对故宫本身价值的认识在提高，而且社会有这种需要，故宫是了解中华传统文化的一个窗口，是一个标本，是中国传统文化的载体。我们能够看到物质化的最重要的传统文化载体应该是故宫，它的藏品，它的建筑，它与在490多年时间的24个皇帝，它和中国传统文化的众多方面都是连在一起的，最后的总结性的都体现在这里了。

“电子信息渠道传播故宫文化是社会发展的趋势”

搜狐文化：我们知道故宫是中国几千年文明的集大成者，而且有点绝后，以后再也不会建造新的这样的建筑了。

郑欣淼：在传统历史文化集大成这一点上肯定是绝后的，这我也同意。

搜狐文化：我们故宫博物院现在也在做大量的研究，出版文献，我们刚刚也听到郑院长讲，著作有千万字，量非常大，对普通人来说可能接受的机会还比较小，我听到我们的书也会通过网站，通过网络电子的传播渠道传播，请您介绍一下这方面的情况，好吗？

郑欣淼：我现在知道的，我们有一批书，包括我们的《故宫经典》，据说还有我的《守望经典》，也通过电子书的形式出现。这对我来说，完全都是新的，但是我感到，这个时代在发展，应该适应社会的需要。因为我要看的东西，有一些也是通过网上下载了解，我们中国对印刷术有重大的贡献，电子书的出现逐渐地被越来越多的人接受，我认为也是社会发展的趋势，它对我们传播故宫的知识、对我们的文化建设起到相当重要的作用，我认为意义是很大的。

搜狐文化：我们也祝愿故宫博物院能够把故宫、故宫学的研究进一步的深入，同时通过各种各样的渠道，通过出版、电子出版，甚至其他更多的媒体环境，把这些东西介绍给普通的中国人，大家更加深入的了解传统文化，也能够把传统文化在中国现代化的生活中融入其中。我们今天的搜狐文化客厅就到此告一段落。院长，我们一起向网友道别！

郑欣淼：谢谢大家！

2010 年 11 月 29 日《搜狐文化客厅》

故宫的守护者

采访者：《渭南日报》记者张晓玲、张莉娜

故宫，又名紫禁城，曾经住着明清两朝皇家人。1420 年建成，至 1911 年清王朝统治结束，先后有 24 位皇帝在此居住并执政 491 年。

故宫，1925 年 10 月 10 日，紫禁城神武门的门洞上悬挂起了一块匾额，上书“故宫博物院”，时至今日已走过 86 载，郑欣淼是第五任掌门人。

……

说起故宫，人们就会不由自主地想到郑欣淼。说起郑欣淼，人们又会不由得想到故宫。郑欣淼，已和故宫紧紧地连接在一起。

郑欣淼，1947 年出生于陕西省澄城县，1975 年离开澄城县。34 年来，从渭南到西安，从北京到青海，从国家文物局到故宫博物院，他一路走来，对诗词有着独到的见解，对鲁迅研究有着执著的追求，对故宫有着特别深厚的感情，对家乡有着割舍不下的情怀。

当有人得知郑欣淼是陕西人时，便打趣地说，陕西文化底蕴深

厚，不愧做故宫博物院院长。他说，在临潼上高中的时候，他感受到每寸土地都是历史，都有一个故事，那里给了他熏陶和感知。在国家文物局任副局长时，他走遍了全国文物古迹所在地，那段阅历，给了他积淀和财富。有意思的是，学习时代的临潼，是中国第一个皇帝秦始皇的栖息地；现在任职期，却是中国最后一个皇帝溥仪所居地故宫。

故宫，有着近600年的历史，承载着中华民族5000年的文明。从郑欣淼笔下的《故宫与故宫学》、《故宫在北京，故宫学在世界》、《永远的故宫，永远的保护》、《守望经典》、《北京故宫与台北故宫文物藏品比较》等文章和书籍中，我们没有看到一丝官气，而寻到一个文人，一个学者，一个对故宫有着深厚感情，对故宫学执著不懈的人。郑欣淼说："故宫不同于一般的博物院，它本身就是一个文化遗产；它的文物在中国馆藏文物中最多，是全国文物文化重要集聚地；它有象征意义，它是中国传统文化的代表。外国人通过故宫这个窗口认识中国，中国人通过故宫认识我们的历史文化。加上特殊的原因，台湾也有一个故宫博物院，这种状况在世界上是绝无仅有的。"

访谈中我们了解到，郑欣淼来到故宫博物院已快十年，主要抓了四件事。他说："一个是维修。维修是国家的大事，民族的大事。维修得到国际文化遗产组织的肯定，也说明我国经济发展有一个雄厚的基础。"

"再是清理。原来皇帝和皇后写的几万件书画都不算文物，我们打破固有的理念将其纳入文物范畴。用了七年时间，一件一件地整理，去年年底对社会公布1807558件，这是一个详细的，权威的数字。”

“第三是提出故宫学。这是 2003 年提出的。要看到故宫宫殿、文物藏品之外还有一个看不见的故宫，在建筑物、在文物背后的人和事。故宫学的提出产生了不小影响，台湾清华大学 2009 年开设故宫学概论课程，当时计划招收 80 名学生，电脑报名的达到 2000 人。去年 12 月我在台湾清华大学讲演时，亲身感到大家对故宫的浓厚兴趣。今年 5 月 9 日，浙江大学故宫学研究所成立揭牌，我作为名誉所长及兼职教授出席。”

“第四是办展览。陈列展室的手段在不断提高。一个是原状，三大殿、西六宫，另外举办宫廷历史文化的展览，戏曲展览，皇帝大婚展，衣食住行展等。二是专题，长期陈设展览，有中国陶瓷展，绘画展等。绘画展已经办了三年，每年三期，今年又开始新的一轮。三是大型展览，在国内外展出的同时，引进国外的展览，如奥运会期间的宫廷服饰展，在英国的盛世华章展等，使更多的人了解中国历史文化。今年将举办兰亭大展，9 月底在法国卢浮宫办明清宫廷文化展。”

在访谈中我们了解到两个故宫博物院的来历：1933 年，为了躲避战火，国民政府决定将故宫文物南迁。这年 2 月 5 日深夜，第一批南迁文物从故宫神武门广场起运，随后离开北平一路南迁、西迁、东迁及北归，经历了 15 年之久的颠沛流离，也因此，有了北京、台北两个故宫博物院的局面。

去年 6 月，两岸故宫人员重新踏上了当年的文物南迁路，而这正是缘于郑欣淼的提议。郑欣淼说：“两岸两个故宫博物院同根同源，其藏品有着很强的互补性。从 2009 年展览开始合作，到现在人员的交流，科研的交流，文化产品的研发交流。今年6月，台北故宫举办《富春山居图》山水合璧展，北京故宫借给4件文物，后半年又办康熙大帝与路易十四展览，北京故宫又借给20件文物，同时围绕此次展览举办‘第三届两岸故宫学术研讨会’，这些都对两岸文化交流及统一起着积极的推动作用。”

……

“我热爱我的家乡，一个不热爱自己家乡的人，怎么会热爱自己的祖国呢?”郑欣淼说。

《山阴道上》是郑欣淼新出版的一本文集，其中有一篇文章《故乡情缘》写道：“不管别人怎么看待，我从未把自己当做北京人，特别是带有浓重的陕西口音的普通话，总使我时时记住自己的出处。那年陪同台湾连战先生参观，他竟然听出我是陕西人。一般来说，澄城人性子倔，说话直，心眼实，颇见‘澄县老哥’特点，平时互相走动少，但对家乡却充满热情，能使上劲的，肯定会出力。”

访谈中，浓浓的乡情四溢。说起儿时上学要翻沟过河，说起老同事在窑洞一起工作，说起家乡小吃水盆羊肉，美好而醉人。令郑欣淼记忆深刻的是，在渭南市委办（当时的渭南地委）工作的时候，和其他单位的同志一起做农村调查，了解农村集体经济的状况和负担，他们用半年时间走访了当时的14个县，真实地了解了农民的生存现状。“在我人生前行的路上，这段经历和实践是非常可贵的，也是刻骨铭心的。”

这些年来，澄城县的城隍庙神楼、精进寺塔以及刘家洼乡良周的秦汉宫殿遗址，白水仓颉庙等先后被公布为全国重点文物保护单位；尧头窑瓷烧制技艺、澄城刺绣也被命名为国家非物质文化遗产保护项目，他很高兴，他时时关注着家乡的发展与变化。

有人说，他是故宫忠诚的守护者；也有人说，他是渭南的一张名片。深夜，再看故宫，静穆威严，空旷神秘，北门的一角，郑欣淼办公室的灯还亮着，他摈弃都市的繁华与浮躁，静心专注于故宫学的研究和故宫的保护。

原载2011年5月26日《渭南日报》

一路书香一路歌

——记故宫博物院院长、原文化部副部长郑欣淼

采访者：成瑞莉

从西北边陲的澄城县到祖国的心脏北京，从一名普普通通的农民到故宫博物院院长、文化部副部长，六十二年的光辉岁月，他伴着书香一路走来，留下了一串串闪光的足迹……

解不开的鲁迅情结

郑欣淼于1947年10月出生于我县雷家洼乡一个耕读家庭。他的父亲是新中国成立前的高中毕业生，非常重视读书。受父亲的影响，郑欣淼很小就嗜书如命。在那个没有多少书可读的年代，偶尔得到一本他总是爱不释手、反复阅读。高中时代，他所在的临潼华清中学就坐落在华清池东边，离秦始皇陵只有七八里，闲暇时间，他便时常去那里领略中国古老的文化艺术，那种对历史、对文化、对文物的执著就是那时在潜移默化中渐渐形成的。

文革时代，鲁迅的文章风靡全国，他那犀利的文风、畅快淋漓的痛诉以及爱憎分明的伟大人格深深感染着郑欣淼，他夜以继日徜徉在鲁迅的著作中，学习他的语言，感受他的思想，领略他为人处世的真谛，自此跟鲁迅结下了不解之缘。

郑欣淼是老三届，20 世纪 70 年代末、80 年代初，他的同学纷纷考上大学，他却因工作关系未能去考。那时，他已经陆续在《鲁迅研究》刊物中发表了一些文章，就想报考西北大学鲁迅研究的专业。当时考研有 35 岁的限定，如果再不考，过了 35 岁以后就没机会了。因此他潜心准备了一年多，同时又写了一篇关于鲁迅国民性的论文，然后去找单演义教授。当时单教授在招硕士研究生，已招了两届，在全国也有影响。单教授看了他的文章说："你对鲁迅研究很热爱，而且也有一定的基础，欢迎你来报考。"后来因为工作原因没有报名，单教授又建议他研究鲁迅的国民性，于是他就下定决心，利用业余时间写作了《文化批判与国民性改造》，并于 1990 年在陕西人民出版社出版。1996 年他出版了《鲁迅与宗教文化》，其后又先后发表了《鲁迅的方向仍然是中国先进文化的前进方向》、《鲁迅是一种力量》等多篇论文，他本人也于 2001 年担任中国鲁迅研究学会会长至今。他说："几十年来我一直坚持于对鲁迅的研究，通过鲁迅来提高自己的思想境界和道德情操，尤其是在市场化冲击日益强烈、人心普遍浮躁的今天，看看鲁迅深刻的论述，对于约束和提高自己是大有裨益的。"

深厚的文学素养

从中学时代开始，郑欣淼就醉心于古体诗词的创作，而且笔耕不辍，成果颇丰，先后出版了《雪泥集》、《陟高集》和《郑欣淼诗词百首》3本古体诗词集。一位评论家这样评价郑欣淼的诗词，他说："郑氏的诗之所以令人流连品味，就在于写的都是当今社会生活，感时赋事，见闻入诗，所历所思，无不入韵。"无论是游历古迹时的凭吊感怀如《桂枝香·岳阳楼》、《永州柳子庙》等，还是读书看戏观画听报告时的思绪心得如《读鲁杂感》、《在西宁观豫剧》等，可谓雪泥鸿爪皆诗句，是情是理任剪裁。

亦师亦长亦良友，有幸忘年我遇君。
霁月溶溶消吝鄙，要言淡淡长精神。
双眉不画趋时样，忠鲠常为违世音。
青冢忍看木已拱，三秦春树燕山云。

这是郑欣淼1993年5月写的一首题为《纪念张宏图同志逝世十周年》的小诗，可谓真情流露。郑欣淼说，张宏图是他当年在澄城县工作时的县委书记，对自己人生曾产生过很大的影响。此人性格耿直，人品高尚，工作雷厉风行，在当地是深孚众望的好领导。曾有幸跟随在他身边工作的郑欣淼从这位长辈身上学到很多令他受益终身的东西。他至今还记得，有一次他和张宏图一起下乡时，路途寂寂，困顿交加，他的情绪低落到极点，而这位同样劳累不堪的县委书记竟有腔有调地吟诵起南唐中主李璟的一首词，而且颇为投入，自得其乐。这给了郑欣淼很大触动，他突然醒悟：只要心态积极，任何工作都有乐趣可言；不管环境如何，只要你愿意，总有机会亲近书香。

郑欣淼嗜书，如果不出差，即便是周末他也在办公室度过，他喜欢办公室的安静。在他办公室的任何一个地方，都能随手拿得到书。房子分里外两间，外间会客沙发后，是一排摆满工作用的大部头的书架；里间一进门，则见整面墙都是书架，架上满满当当摆着各类图书。郑欣淼还喜欢借书。他说："多年来我一直在北京图书馆办借书证，加上文津街分馆的一共办了三个，我在首都图书馆也办了借书证。我们平时比较忙，借一些书读，不是简单增加一些知识，也能使人的心境平和一些。"

干一行，专一行

身为老三届的郑欣淼，高中毕业后回到澄城农村务农。1970 年他在县城参加工作后，由于出色的表现实现了"三级跳"，从澄城县调到渭南市，又从渭南市调到陕西省，再到 1992 年调到中央任中央政策研究室文化组组长。但无论处在什么样的位置，郑欣淼都没有放松对文化的执著与热爱。他说："我这人还有个习惯，就是干什么就吆喝什么，干一行就钻研一行。"

1977 年至 1992 年间，他一直在省委搞政策研究。其间，在中央党校学习的半年时间，他利用学习之余潜心致力于《政策学》的写作。当时有关政策学方面可参考的材料几乎没有，他凭借着自己不断探索的理论功底和丰富的工作经验，于1989年出版了长达20余万字的《政策学》，获陕西省社会科学第二次优秀科研成果奖，在当时引起不小的轰动，人民日报等许多报刊都给予了很高的评价。陕西省委政策研究室主任朱平主编的《调查研究概论》共15万字，其中9万字由郑欣淼执笔。当时的《红旗》杂志（现改为《求是》杂志）推荐过此书，省委组织部发通知要求把此书作为各地培训干部的教材。到中央政策研究室后不久他又写了20余万字的《社会主义文化新论》。

1998年至2002年，郑欣淼任国家文物局党组副书记、副局长。他常说，要“以温情与敬意厚待民族文化”。在文物局工作的那三年半中，他跑遍了全国大多数重点文物保护单位，看了许多珍贵的文化遗产，了解了国家的文物政策，写了许多关于国家文物方针、博物馆发展、文物与旅游关系研究的文章，在全国文博界产生了很大的影响，也为他日后胜任故宫博物院院长奠定了坚实的基础。

2002年9月，郑欣淼就任故宫博物院院长兼文化部副部长。上任后的第一个月，他就开始了故宫的百年大修，这是自末代皇帝搬出皇宫以来故宫的首次整体大修缮。同时，他还提出，从2004年开始，要用7年的时间，到2010年，故宫要完成对文物的清理工作。他说，故宫文物也是重要的国有资产，我们在故宫工作的同志，是受国家委托来保管这些文物的，最后到底保管得怎么样，损坏了没有，要向国家和人民作出郑重的交代。只有完成了清点工作，才能做到心中有数。

到故宫工作以后，郑欣淼对故宫的历史地位和文化价值的认识，也在不断加深。过去故宫是皇宫，500多年来，明清两代24个皇帝和他们的嫔妃、皇子等在此演出了他们的悲喜人生。而现在，它是博物院，是古建筑，同时又有150万件文物藏品。皇宫的地位很高，它是中国封建等级制度和帝王威严的体现，是中国传统文化的象征和载体，是中国“大一统”观念的体现。所以故宫不是一般的博物院，藏品也不是一般的藏品。在这些认识的基础上，2003年10月，首届江苏文物节“世界博物馆馆长论坛”上郑欣淼首次提出“故宫学”，这将故宫的研究提高到一个前所未有的高度，引起了国内外博物馆界的极大关注，而此时离郑欣淼任故宫博物院院长一职，仅仅一年零一个月。

2005年，在故宫博物院建院80周年之际，郑欣淼又策划故宫博物院和中央电视台联合推出12集大型纪录片《故宫》，将故宫的内涵充分挖掘并展示给世人，在社会各界引起了强烈的反响，故宫在国内外的影响不断扩大。这两年，他又先后出版了《天府永藏——两岸故宫博物院文物藏品概述》、《紫禁内外》、《故宫与故宫学》和《守望经典——郑欣淼谈故宫》四本关于故宫的书籍。

谈到自己这些年的经历，郑欣淼感慨万千。他说，我认为还是要下苦的。即使天分再好，外部的环境只能起到促进的作用，真正能不能有所作为，还在于自己。人每天的时间是有限的，我不可能让时间延长，但我可以不干其他事，我可以推掉一般的应酬多用来学习，这是自己可以把握的。

正如郑欣淼说的，干什么事都“要下苦”，都要付出代价。在陕北蹲点时，他用闲暇时间写第一本鲁迅研究著作，第二年便查出高血压。写《社会主义文化新论》时，即使是在日本学习的仅仅三个星期，他都带着书稿，紧接着又被查出糖尿病。如今，年过花甲的他虽然有着22年的高血压和14年的糖尿病史，但为了能让故宫的历史永放光芒，他依然鞠躬尽瘁、废寝忘食，一如既往地将他的文化事业进行到底。

原载2009年第2期《澄音京韵》（内部刊物）

诗人郑欣淼：感时赋事吟心声

采访者：《今日中国论坛》记者王川

“无论你是写作新诗的诗人，还是写作旧体诗的诗人，伟大的时代都在召唤着我们，沸腾的生活都在召唤着我们。诗人的心灵之舟，只有驶向澎湃的时代和生活之海，才能领略那风云际会的壮观风景，体会到那弄潮冲浪的壮丽人生。为时代放歌，为人民立言，我们的诗人们重任在肩，责无旁待。”

2011 年 10 月 15 日，在由文化部、中国作家协会和福建省人民政府共同主办，厦门市人民政府承办的第三届中国诗歌节上，身为中华诗词学会会长的郑欣淼谈到如何发展当代诗歌和当代诗人的使命时，讲了上面一段话。

这是郑欣淼第一次出席参加中国诗歌节，作为当下中国传统诗词创作者的一个代表，2010 年 6 月，他当选为中华诗词学会会长也可谓实至名归。除了中华诗词学会会长的头衔，郑欣淼还是现任故宫博物院院长、中国紫禁城学会会长、中国鲁迅研究学会名誉会长、中国作家协会会员。

郑欣淼从小热爱诗词，8 岁开始上学，对课本中的诗词爱不释手，背之诵之不倦。到初中，尤其高中之后，对诗词堪称酷爱，又喜读古文典故，视野、知识既广又博，文字功底甚牢。兼对诗词之爱好持之以恒，习之不辍，日积跬步，在传统诗词创作上终有大成，居声诗坛内外，扬名四海八方。

王素先生在《郑欣淼诗词百首》代序中评价郑欣淼诗词道："欣淼先生力主以真性情写诗，其诗词亦皆为'情缘物动，物感情迁'之真性情作品。故虽世代变异，而能与时俱进，既遵旧体平仄韵律，兼容新式情愫物事，旧瓶新酒，受到时贤推许。而其情涉猎之广，举凡工作之情、乡里之情、羁旅之情、怀旧之情、思古之情、山水之情、亲友之情，皆囊括其中。"

勤奋的诗人自是收获颇丰。1994 年 6 月，郑欣淼出版了第一部诗集《雪泥集》；2000 年 8 月，第二本诗词集《陟高集》问世；2006 年，《郑欣淼诗词百首》出版。2010 年，由于机缘巧合，线装书局所编《古韵新风——当代诗词创新作品辑二：郑欣淼作品集》在郑欣淼当选为中华诗词学会会长一个月后出版。这部诗词精选和诗评选集出版之前，主编易行先生突然接到郑欣淼来电，告知希望自己的"作品集不要上了，因为一出任会长就出书，影响不好"。易行争辩："这套书年初就组稿了，且已排完版，那时并不知道您要出任会长。再说，正因为您新任会长，有更多的人想进一步了解您的人和诗。"最终这倒成为这个集子出版过程中的一个趣事。

郑欣淼的每一部诗集，都集中反映了他的人生经历和感悟，他用"我手写我心"，记录着心灵对生活的点滴感触和碰撞，这个陕西汉子用朴实的诗风和细腻的笔触，表达了一个干一行、爱一行，在每个工作岗位都奋勇前进的诗人形象。

神韵相依格自高

白居易《与元九书》中论“歌诗大端”时开篇即谈到：“夫文，尚矣，三才各有文。天之文三光首之；地之文五材首之；人之文《六经》首之。就《六经》言，《诗》又首之。何者？圣人感人心而天下和平。感人心者，莫先乎情，莫始乎言，莫切乎声，莫深乎义。诗者，根情，苗言，华声，实义。上自贤圣，下至愚呆，微及豚鱼，幽及鬼神。群分而气同，形异而情一。未有声入而不应、情交而不感者。圣人知其然，因其言，经之以六义；缘其声，纬之以五音。音有韵，义有类。韵协则言顺，言顺则声易入；类举则情见，情见则感易交。于是乎孕大含深，贯微洞密，上下通而一气泰，忧乐合而百志熙。”

香山居士所言之义，即作诗，应当以感情为根，语言为苗，声韵为花，思想为果。郑欣淼自幼习读古文，诵记不辍，为诗词创作打下了良好基础；与此同时又熟读杜甫诗作，深得子美家国情怀精神气场；又研习诗韵，恪于要求，以开放姿态不断摸索前进，因此在诗词创作上游刃有余且风格自高。

在创作上给予郑欣淼以精神给养的是杜甫的诗。郑欣淼上高中时，语文老师周老师曾送他清仇兆鳌的《杜诗详注》。他熟读了杜甫从《望岳》“岱宗夫如何，齐鲁青未了”到《小寒食舟中作》“春水船如天上坐，老年花似雾中看”1400多首诗歌。带着对杜甫的敬仰，郑欣淼步入了诗歌创作的殿堂。杜甫忧国忧民处处彰显家国情怀的创作基调直接影响了郑欣淼诗词创作的主旋律，而郑欣淼也并没有刻意地去模仿杜甫，而是在步入诗歌殿堂之后不断参悟、不断开拓创新，每有新作，必琢之磨之，使他的诗词具有浓厚的现代精神。已经出版了4部诗集的郑欣淼回头再看自己诗歌的创作历程时，引用杜甫《戏为六绝句》中“别裁伪体亲风雅，转益多师是汝诗”，表达了他的创作体会。

杜甫的格律诗无人能出其右，在诗歌创作中用韵上，郑欣淼认为写旧体诗一定要遵守平仄，但是也应注意语音随着时代发展而产生的实际变化。2006年，郑欣淼接受《中国文化报》就旧体诗创作的问题时谈到诗韵问题时说：“从宋、金到现在，一百零六个韵部的‘平水韵’已经运用了八百年。现在诗歌创作用韵大致有三种情况：一是完全恪守‘平水韵’；二是用韵较宽，但原属于入声今读平声的字仍作仄声用而不派入平声；三是完全用新韵，没有了入声。……今天写的诗是写给今天的人看的、吟的，随着时代递嬗，语音已经变化，……我认为诗韵应该改革，应该放宽，应以今天的实际语音为主，但新韵宽到什么程度是个需要继续探索的问题。……我赞成中华诗词学会在《21世纪初期中华诗词发展纲要》中提出的主张，即一方面尊重诗人采用新韵或运用旧韵的创作自由（新、旧韵不得混用）；另一方面又要倡导诗词的声韵改革，大力倡导使用以普通话语言声调为审音用韵标准的新声新韵，同时力求懂得、熟悉、乃至掌握旧声旧韵。”郑欣淼同时也引用国务委员马凯对用韵“求正容变”的看法，说明多数人是抱着开放、包容的态度来推动诗词用韵的发展的。

郑欣淼诗词用韵是对原是入声今读平声的字，仍作仄声用，用韵较宽。1965 年，郑欣淼买了一本上海中华书局出版的《诗韵新编》，对他产生了深远影响，郑欣淼诗词创作基本上就是按照这本书用韵的。

真景真情出境界

1965 年 11 月一个周日，陕西大地早已进入严冬，酷寒袭人，18 岁的郑欣淼从骊山脚下一个学校出发，步行 30 余里路去灞桥探望一位正在服役的同学，接受两种文化的冲撞后，他“情不能已，遂试着写了两首七律”。这两首诗成为郑欣淼诗歌创作的处女作，其中一首被收录为《雪泥集》的开篇，“不是敝帚自珍，权作一个记录”。

第一组诗歌的创作背景和内容奠定了郑欣淼诗词创作的基调：我手写我口，工作、生活中每有感触即吟诵之，每遇良辰美景当赞美之，每感家国情怀必讴歌之。如邵盈午先生所言：“诗家身之所历，目之所睹，情之所钟，心之所感，屐痕之所至，志节之所尚，一一尽发于诗。”

1994 年 6 月《雪泥集》的出版对诗人郑欣淼来说别具一番意义。《雪泥集》共精选了郑欣淼 200 首诗，时间跨度从 1965 年到 1994 年近 30 年。这本带着浓厚、清新乡土气息的诗集反映了诗人郑欣淼的心理路程、工作经历、游历感悟、怀古愁肠、离愁别绪等情感，质朴而细腻，坦荡而豪放。

作于 1984 年 10 月的《杜甫草堂》折射出郑欣淼和杜甫的心灵交汇：“浣花溪畔已黄昏，独入草堂寻旧痕。森柏有忧怀蜀相，水鸥无趣寄江村。苍生每念洗兵马，良将常思筑剑门。好句千年吟不尽，犹期广厦满乾坤。”一首短短的七言律诗，将杜甫《蜀相》（森柏有忧怀蜀相）、《江村》（水鸥无趣寄江村）、《洗兵马》（苍生每念洗兵马）、《剑门》（良将常思筑剑门）、《茅屋为秋风所破歌》（犹期广厦满乾坤）五首名篇糅合在一起，诗人研读杜甫的功力和举重若轻的能力可窥一斑。“好句千年吟不尽，犹期广厦满乾坤”一句更是将杜甫的功绩和自己的志趣完美表述出来。

与《杜甫草堂》有异曲同工之妙的还有作于1990年9月的《谒鲁迅墓》。“仿佛仍随风雨行，苍松翠柏寄深情。目光炯炯透温厉，箴语殷殷铭爱憎。上海殊荣埋铁骨，高山仰止慰冰心。文章凝血总难老，犹盼高扬鲁迅旌。”郑欣淼与鲁迅先生有不解渊源，值得一提。郑欣淼是“文革”时期的“老三届”，1970年走上了工作岗位，参加工作较早，虽然没有上过正规大学，但是凭借毅力参加自学考试，获得西北大学大专学历。1977年恢复高考制度时，郑欣淼已经调到陕西省委工作了，在知识分子迎来发展的春天之际，郑欣淼也按捺不住考大学的冲动，1982年，30多岁的郑欣淼决定考西北大学单演义先生的研究生，单演义是全国第一个招收鲁迅硕士研究生的老师，培养了一大批研究鲁迅的专家。郑欣淼拿着辛苦写就的《鲁迅国民性思想初探》找到单演义先生，得到先生鼓励后却因工作原因无法报考。抱憾之余，单演义建议郑欣淼把《鲁迅全集》认真通读，郑欣淼也就照做了，认真做笔记，于1980年代末写就《文化批判和国民性改造——鲁迅思想研究》一书，1990年出版后获得了陕西省社会科学成果二等奖。郑欣淼和鲁迅及其相关的一切结下不解之缘。从2000年到2009年，郑欣淼做了九年的中国鲁迅研究学会会长，2009 年之后成为名誉会长。郑欣淼始终保持着对鲁迅的关注，并不断写出和鲁迅相关的文章。“一个民族之所以伟大，是由一些伟大的人物支撑起来的。鲁迅就是这样的人物。”郑欣淼评价鲁迅存在的意义说。

《雪泥集》诗作基本上都是诗人工作之余所作，1977 年到 1990 年之间，郑欣淼因忙于工作，很少作诗。工作能力的突出使他在陕西的调动达到惊人的速度。1977 年郑欣淼从渭南调到陕西省委后，给一个领导做秘书。1984 年 4 月份，郑欣淼被提拔为副处级调研员，当年 12 月就提升成了处长。1985 年的 1 月份提成陕西政策研究室的副主任，不到 10 个月连升了三级。1988 年兼任了陕西省委副秘书长，1991 年政策研究室主任退休之后郑欣淼就当了研究室的主任。1992 年 11 月调任中共中央政策研究室文化组组长，来到了北京工作。

与郑欣淼工作职位一样快速变化的是中国社会。改革开放使得中国社会的变迁令人目不暇接，与之相对应的很多内容都流动不居，如何更好地制定和实施政策成为其中一个重要问题，而郑欣淼所从事的正是社会政策的研究。1989 年，陕西人民出版社出版了郑欣淼的《政策学》一书，立刻引起了广泛关注。1989 年 5 月份，在这本书出版前，郑欣淼题诗《撰写〈政策学〉，将付梓，自题》一首：

从来治国须良策，度势还需又审时。
永记铭心刻骨处，六州大错肇分厘。

郑欣淼之所以能调到中央政策研究室工作，与此书的出版有很大关系。未调动以前，郑欣淼有一次到北京开会，中央政策研究室一位领导同志见到郑欣淼便说，我看了你的书，一直找你，终于见到你了。郑欣淼这种较强的总结能力和超前意识，是他不断前行的引擎之一。

1990 年郑欣淼两首感怀韶光易逝而言志的诗也能解开他能攀登上人生、工作每个阶段高峰的秘密。1990 年正月初一，作《马年有感》：

龙腾蛇走又新年，迢递征程未解鞍。
伏枥盼存千里志，仰天啸对万重山。
明君朔漠扬蹄去，壮士疆场裹革还。
增齿莫兴过隙叹，仍将奋勇着先鞭。

是年 11 月 1 日，郑欣淼住甘肃临夏，逢阴历九月十五诗人 43 岁生日，遂赋《生朝有感》：

黄河东走我西行，果是人生在旅程?
献赋帐前唯谔谔，勒铭座右但诤诤。
忙中研讨为随性，暇里诵吟聊寄情。
岂羡绝峰光景异，不辞跬步又攀登。

一个人一生所能取得的成就，人生所能达到的高度取决于日积月累，聚沙成塔的点滴进步。知晓这个道理不难，难的是保持一颗平静不浮躁的心，每日三省吾身，不浪费时间做有意义的事情。

“增齿莫兴过隙叹，仍将奋勇着先鞭”、“岂羡绝峰光景异，不辞跬步又攀登”表达的就是这种平静而积极的心态。

诗人《志丹小记（六首之三)》更是这种心境的反映：

心如止水远喧哗，晨履凝霜晚戴霞。
最爱一天忙累后，夜阑伴读有清茶。

相较于上面两首“重口味儿”的励志诗，这首诗倒清新别致。与诗人工作相关的小诗读来也是别有风味：

苞米芋头亦自香，围炉烤火话家常。
难忘派饭山深处，借箸共商致富方。

这首《陕南下乡小记（四首之二)》不仅描绘出田园风光，还将历史、社会背景交代的韵味十足，实属难得。

越是平淡，在一条路上走的也就越远，取得的成就也就越大。郑欣淼在诗词创作上是如此。《雪泥集》后的《陟高集》便是明证。

惟觉夜阑清思多，文章经济两蹉跎。
十年逆旅潘郎鬓，一路征尘织女梭。
岂乏豪情土克水，那堪往事蚁旋磨。
人寰终盼开新页，又见春风绿满坡。

这首作于2002年除夕的《春节杂咏（四首之一)》相较于12

年前的感怀言志之作《马年有感》，更归于平淡，更隽永，更有境界。郑欣淼在创作上也更收放自如。如这首《胶东行（十二首之十）》：

汉武秦皇屐有痕，芝罘横卧伴烽墩。
且看流彩溢光处，不是狼烟是翠云。

刚开始给读者营造了一个颇为紧张的气氛，最后一句“不是狼烟是翠云”真是生花之笔，一下子给读者展现了一幅美不胜收的画卷。

记录诗人工作历程的诗自不可少，如作于1998年12月的《红楼上班有感》代表性十足：

岁暮长安寒渐加，红楼今始度生涯。
眼低犹待行千里，腹俭直须充五车。
辉耀史编魂溯古，瓞绵禹甸物含华。
不辞跬步蓬山远，敢望馀年忝一家。

还有词《水龙吟·任故宫博物院院长感赋》：

又逢双十佳期，宫城渐见萧萧气。金风曳柳，淡云宏殿，斜阳危雉。百万珍琛，中华文脉，殷殷承祀。忆维艰筚路，辉光八秩，拂征尘，重开翅。　　大任砺人心志，惕中心、薄冰今履。当筵鲍老，郎当挥袖，岂能推避？千载新机，四方瞩目，须乎盛世。但惟怀悃悃，浅深揭厉，且闻鸡起。

2002年10月10日，郑欣淼就任故宫博物院院长，开始了他新的征程。《陟高集》整体体现出诗人郑欣淼不辞跬步、不断前行的决心和勇气，而诗词创作更加驾轻就熟，有《父亲逝世百日纪念》、《佛踪吟记》等多篇具有气势恢宏的诗赋之作。就任故宫博物院院长之后，他以诗人的敏锐和聪慧，以不失豪放的气魄，不遗余力的推动与台北故宫博物院的交流。有诗为证：

直似桃源世外天，秋云翠麓小河潺。
一声问答心头暖，今我迟来六十年。

2009年10月，郑欣淼在3月份回访台北故宫博物院之后，专程出席两岸故宫联办的“雍正——清世宗文物大展”开幕式，作一组《台北纪行（二十首）》，这是其中第十三首。10月9日，郑欣淼赴台湾政治大学演讲，比约定时间早到半个小时，说“到早了”，而其文学院周院长连声作答：“不早不早，已经晚了六十年”。郑欣淼因此作诗纪念之。

而上任故宫博物院院长一年后，2003年，郑欣淼在南京博物院的一次学术研讨会上，第一次提出“故宫学”。2005年，《故宫学刊》正式创刊，这本专为“故宫学”而创办的刊物上发表的第一篇文章，便是郑欣淼所写的长达37000字的长文《故宫学述略》。从“政策学”到“故宫学”，我们不仅看到的是一个学者型的官员的郑欣淼，我们看到的郑欣淼还是一个干一行、爱一行，诗词行行诉衷肠的郑欣淼。

在诗词创作上，另外一首作于2009年的《行香子·同学聚会》的小词能使我们对郑欣淼高水平的创作窥豹一斑：

秋色漫弥，故土和熙。更佳日、当尽盈卮。豪情虽减，谈舌难羁。记骊山梦，华山愿，燕山思。　　岁月如诗，世事如棋。亦曾经、英发雄姿。而今花甲，衰鬓难欺。看杯中酒，笑中泪，话中痴。

古秦少游有《行香子》：

树绕村庄，水满陂塘。倚东风、豪兴徜徉。小园几许，收尽春光。有桃花红，李花白，菜花黄。　　远远围墙，隐隐茅堂。飏青旗、流水桥旁。偶然乘兴、步过东冈。正莺儿啼，燕儿舞，蝶儿忙。

将田园风光描写的妙不可言，而今有郑欣淼《行香子》将人生感悟表露的感人腹肺，催人泪下。正如王国维所言："境非独谓景物也，喜怒哀乐，亦人心中之一境界。故能写真景物、真感情者，谓之有境界；否则谓之无境界。"郑欣淼诗词，谓之有境界也。

自信自觉不等闲

"发展当代诗歌必须有高度的文化自觉和文化自信，要着眼于提高人民思想道德素质和科学文化素质，要着眼于塑造高尚人格，要在中国特色社会主义的伟大实践中进行文化创造，要拥抱社会，切近民生。”在厦门第三届诗歌节上，郑欣淼还说了这样一段话。

在诗词创作和生活、工作上，郑欣淼“不羡屠龙求薄技，随意，茂林但觅一支栖”，他用高度的文化自信和文化自觉，在旧体诗创作上有所担当，而没有古人“拣尽寒枝不肯栖”的愁肠百结。

2010 年 6 月，郑欣淼当选为中华诗词学会会长，更加致力于发展中国诗歌大业。因为“中国文化源远流长，中华诗词更是文化瑰宝。要努力让诗歌在提升民族素质和塑造高尚人格方面发挥更大的、更积极的作用。”他结合自己的创作经验谈到，中国旧体诗创作要健康发展应重点解决，一有一定的诗词创作基础知识，必须掌握它的格律，知道平仄、用韵等一些基本要求，明白它的多种限制；二是要有真情实感，要有鲜明的个性，不能无病呻吟，矫揉造作；三要注重创新，反对“无一字无来历”、掉书袋、獭祭鱼，支持典故活学活用；四创作要注重推敲修改，提升诗意、诗境。

郑欣淼在祝贺中华诗词研究院成立时所写的《鹧鸪天》中有两句“忽闻动地歌吟起，始信心声不等闲”，说诗歌的力量，诗歌的作用。浩如烟海的诗词遗产，方兴未艾的诗词创作活动，特别是有庞大壮观的诗歌作者和读者队伍，使我们有理由对中国当代诗歌的未来保留美好的愿景和瑰丽的想象，当代诗人也一定会以自己卓有成就的工作，来促进当代诗歌事业云蒸霞蔚、高歌前进，并把当代风流写入明天的辉煌的诗歌史册。

“时代需要诗歌，人民需要诗歌。”郑欣淼肯定地说。谈兴所致，我们得知郑欣淼的新诗集《红楼集》也正在筹划出版当中，他还提醒记者，现代诗歌吟诵也是需要大力提倡和发展的，“通过吟诵，不仅能使一些诗歌流传开，还能提升人们的文化素养，是个益处多多的活动……”

原载 2011 年第 12 期《今日中国论坛》(总第 84 期)

斑斓岁月　诗意人生

——访十一届全国政协委员、故宫博物院院长郑欣淼

采访者：郭涛

2003年7月，在南京举办的“世界博物馆馆长论坛”上，故宫博物院院长郑欣淼提出了“故宫学”概念。这被业内专家评论为：“可以更深刻地发掘故宫的价值，可以整合多方面资源，使潜在价值上升为现实价值，使故宫更好地为社会所认识，为社会所需要。这将使故宫的研究、保护和发展进入一个更科学的阶段，这将是故宫博物院完成多重使命的基础。”

“故宫学”的提出，表达了郑欣淼对于故宫文化、对于中国传统文化的理解、热爱，体现了郑欣淼长期以来在文化理论研究、政策科学研究、鲁迅思想研究、文化遗产研究基础上的继续努力和新的开拓，也展示了他作为学者、官员、理论研究者三位一体的刻苦学习、努力实践的人生积累和经验。

闻名乡里的少年才俊

1975 年 7 月，郑欣淼在《人民日报》上发表了一篇通讯：《工人群众有伟大的创造力》。此时他是家乡陕西澄城县委宣传部的干事。这篇文章说的是本县机械厂制成半连续井壁管铸管机的事迹。《人民日报》还配发了《充分估计群众的积极性》的评论。一个县的通讯干部在《人民日报》上发表通讯且配发评论，这在澄城县是第一次，在渭南地区也是少有的。

郑欣淼少年时就是家乡出了名的“文化人”、“笔杆子”。他当年读的是临潼华清中学。华清中学创办于 1938 年，坐落在美丽的骊山脚下，北眺渭水，东傍兵马俑，西临华清池，得历史之厚重，文化之气韵，山之胸怀、水之灵性，是三秦大地著名的重点中学。郑欣淼是这里品学兼优的好学生，文史科目尤其出色，课余时已将王力先生及南开大学编写的《古代汉语》读了不少，他喜欢诗歌辞赋，钟爱杜甫，写得一手好文章，他学习刻苦，不断进步，胸怀着做祖国事业接班人的远大志向。

然而，1967 年他高中毕业时“文化大革命”已轰轰烈烈，高考停止，学业中断，郑欣淼惜别课堂回老家澄城务农。他犁过地，扬过场，随着村里的匠人在县城修建工程中当过小工。但是郑欣淼从没有放弃过读书学习，他是农田里劳动的好把式，也是村里最用功的读书郎。一年后就被乡亲们推举到公社当了聘用干部。1970 年，他为公社书记起草三干会的讲话稿，其中引用了毛主席的一段语录，书记讲话后第二天，《人民日报》的社论也有这段语录。这个他也没想到的巧合，却使公社大院里的同志无不对他刮目相看：这个小伙子不简单！

1970 年 7 月，郑欣淼参加了工作，进入县财税局，当了文书。这时全国掀起学哲学、用哲学的高潮，他写了一篇用毛主席哲学思想指导税收工作的文章。他论述了“发展经济、保障供给”的指导方针，提出税务部门不能只想到收税，只想到去“取”，而要把精力放在帮助农村集体经济的发展即培植财源上，集体经济发展了，收入多了，完成税收自然有保障了。这是“取”与“予”的辩证关系。材料上报到地区财税局，认为是篇好文章，转发到全区 14 个县。

1971 年，崭露头角的郑欣淼调到县委宣传部搞通讯报道。澄城县的新闻报道一直没有起色，几年来几乎没有上过《陕西日报》。郑欣淼上任后，《陕西日报》接连刊登了他写的报道、通讯及理论文章，《人民日报》也有了他的文章，澄城县的新闻报道在渭南地区走在了前边，郑欣淼被评为先进，获得了一支钢笔的奖励。

1975 年郑欣淼被调到渭南地委，1977 年又调到了陕西省委。

成果丰硕的鲁迅研究专家

1990 年和 1996 年，郑欣淼出版了《文化批判与国民性改造》和《鲁迅与宗教文化》两部著作，至今仍有人不断寻找以认真研读。这是鲁迅思想研究方面的有影响的著作。

郑欣淼对鲁迅作品的喜爱是从中学时代产生的。那时他读了不少鲁迅的散文、杂文，还有小说，在“文化大革命”中，可读的书太少了，鲁迅的作品却大量印行，他便买了一本又一本的单行本，至今仍存藏着。他在县委宣传部工作时，部长是中共中央西北局宣传部的一位下放干部，学中文的，也喜欢鲁迅。郑欣淼经常向他请教，与他交流。这位部长有一本《鲁迅诗歌注》，郑欣淼借了认真地读，并做了详细的读书笔记。70年代初期，新华书店卖重印的20卷《鲁迅全集》，那是鲁迅去世后编印的第一部全集，印得很好，郑欣淼决心买一套，把书都搬回了，但定价50元，而他一个月工资才38.5元，考虑再三，还是退了回去。

郑欣淼发表的第一篇关于鲁迅的文章，刊登在1975年8月的《陕西日报》上，谈鲁迅的艰苦奋斗精神。开了这个头，他就不由自主地走了下去。

郑欣淼在陕西省委工作后，高考恢复，他的不少同学进了大学校门。当他也准备报考时，年龄却不允许。只有一个可能，就是以同等学力报考研究生。西北大学的单演义教授是鲁迅研究专家，他已招了两批鲁迅研究专业的硕士研究生，于是，郑欣淼决定报考单先生的研究生。

郑欣淼以高中毕业的学历报考研究生，当时他周围的人认为问题并不大。他一直没有停止自学，相关的大学基础课程都认真学习过，就是外语也有几分胜算。当年在华清中学学俄语时，因为成绩优秀很得老师的欣赏。需要再下功夫的是专业课。为了得到单演义先生的指导，也为了“拉关系”，郑欣淼便写了一篇8000多字的论文：《略论鲁迅改造国民性思想》。单先生看后认为写得不错，鼓励他报考。

然而组织上没有同意郑欣淼报考研究生，他感到十分遗憾，但还是服从了。此时正值粉碎“四人帮”后的拨乱反正、百废待兴的重要时期。各项工作的开展正需要像郑欣淼这样德才兼备的年轻干部。郑欣淼继续留在工作岗位上，担负了更重要的责任。他后来通过自学考试完成了进一步的系统学习。对于鲁迅，单先生的话启发了他：不上研究生同样能进行鲁迅研究。他和单先生也成了忘年交，1989 年单先生去世后，他曾写诗悼念：“常施绛帐卅余年，腕底胼胝心力殚。忽报故园失宿老，清明冷雨洒长安。”

郑欣淼几十年来着力于鲁迅思想的研究，取得了丰硕的成果。除过 10 多篇论文外，主要是《文化批判与国民性改造》与《鲁迅与宗教文化》两本书。1988 年由陕西人民出版社出版《文化批判与国民性改造》一书。该书 29 万字，是第一部系统探索鲁迅改造国民性思想的专著，论述了鲁迅这一思想产生的社会历史条件、发展过程以及与他的思想各个方面的关系，探讨了鲁迅着重从传统思想文化方面（主要是儒、释、道）对中国国民性弱点形成根源的挖掘，并提出了在当前研究鲁迅这一思想的现实意义。《中国社会科学》、《中国图书评论》等刊物对该著进行过评价。该书 1990 年被评为陕西省第三次社会科学优秀成果二等奖。1996 年由陕西人民教育出版社出版、2005 年中国社会科学出版社再版的《鲁迅与宗教文化》一书，以 35.7 万字的浩大篇幅、翔实的资料与缜密的分析，填补了鲁迅宗教思想研究这一空白。全面分析了鲁迅思想体系组成部分的宗教观的发展及特点，详细论述了鲁迅对佛教、基督教、伊斯兰教世界三大宗教以及中国道教的研究，剖析了鲁迅把宗教当做文化现象对待的深广内涵，挖掘、梳理了鲁迅的一些富有意义的思想和观点。该书对于全面掌握鲁迅的思想以及今天的思想文化建设，都具有一定的意义。该书为陕西人民教育出版社出的“鲁迅研究书系”（共15卷）之一，“鲁迅研究书系”1997年获第三届国家图书奖提名奖。

近年来，结合社会现实状况，郑欣淼对鲁迅精神给予新的阐发，并努力宣扬。

2006年是鲁迅逝世70周年，《文艺报》8月1日发表了郑欣淼的访谈录《鲁迅的方向仍然是中国先进文化的前进方向》；2006年10月20日，《解放日报》又发表他的《鲁迅是一种力量》的访谈。郑欣淼还结合工作实际宣传鲁迅。2006年9月6日在“紫禁城里的东西方艺术对话”上，作了《吴冠中与鲁迅的世界》讲演；2007年6月27日在“中国·比利时绘画五百年”学术报告会上，作了《鲁迅与麦绥莱勒》讲演；《鲁迅研究月刊》2007年第9期发表、《新华文摘》2007年第24期转载了他写的《从鲁迅全集的一条注释谈故宫盗宝案》的文章。

郑欣淼的研究关注现实，这体现在与时俱进，学以致用，他致力于将鲁迅研究与现实生活和实际工作结合在一起，现实可以启发他确立研究课题，而研究成果又对现实有指导作用。郑欣淼的研究具有创造性：这体现在他将鲁迅的研究带入了不同的新的领域，使关于鲁迅的研究更加开放、丰富，更能深入和发展。

郑欣淼的研究还有更重要的意义，这就是使自己能够更好地向鲁迅学习。鲁迅的气质、精神，鲁迅的深刻、敏锐，鲁迅的文风、情怀，都使他深深地敬仰和尊崇。

他认为：毛泽东同志在20世纪40年代提出的“鲁迅的方向，就是中华民族新文化的方向”论断仍是正确的。鲁迅的方向就是建立一种健全的现代人文理性和科学理念的“人的文化”，就是汲取传统有意义的因子，用“拿来精神" 摄取域外文明，创造一种平等、自由、富有创造性的开放的东方文化。鲁迅以其博大、深刻及由此形成的巨大的精神内涵和人格魅力，已成为现代理性和民族良心的卓越体现者，成为民族文化精神的杰出代表者，并成为对民族的后来历史产生深远影响的思想文化遗产。在当今社会急剧变化的时代，在中华文化转型与重构的过程中，继承、弘扬鲁迅的遗产有着重要的意义。

因为郑欣淼在鲁迅研究方面所取得的成果和所做出的贡献，2001 年，他被选为中国鲁迅研究学会会长。他将继续他的研究。

目光独到的政策科学研究者

1989 年，郑欣淼出版了《政策学》，为我国早期“政策学”领域中为数不多的成果之一。

郑欣淼在到陕西省委工作之前，担任渭南地委书记的秘书，正在搞一项关于农村问题的调查。地委书记姓杜，是 1940 年参加革命的老干部，对工作认真，对自己对身边的人要求严格，正直坦荡、率真质朴：他认为上级领导的做法不对就会直接提出意见；他把家乡陕北的洋芋高粱当做世上最好吃的美食，把家乡的唢呐认定为世上最好听的曲调，说它高亢嘹亮，而吹奏者也好久好久不用换气……当然，他对家乡的父老乡亲更是充满深情厚谊。他派身边的秘书郑欣淼和一些经验丰富的老同志一同下去调查，他要了解农业发展的具体情况，了解农村集体经济的经营状况包括负担的问题，了解农民群众的真实生活和他们的意愿与呼声……这在“文化大革命”还没有结束的1976年冬，实在是了不起的举动。

1976年冬天，郑欣淼一行带着任务下去调查。关中东部的渭南地区有14个县，是陕西人口最多、农耕地面积最大的地区。这个调查组走进村庄，走进家庭，与农民群众打成一片，深入细致地了解各方面情况。这次调查广泛、深入，历时大半年。后来郑欣淼离开了渭南，但对这次调查却铭记难忘，他认为这是自己人生一次非常重要的经历，是一次关于调查研究的全面训练，他由此把调查研究当做以后进行工作的基本方法，而此次调查研究的成果也成为他一生的财富。

郑欣淼在他的成长过程中遇到了许多这样的老领导、老同志，郑欣淼的父亲也是一位新中国成立前参加革命工作又多年从事农村基层工作的老干部。他们无论在怎样复杂的情形下，在怎样艰难的境况中，都坚定不移地全心全意为党工作、为人民服务，他们所展示的政治智慧、业务才华、人生经验、性格魅力，都给了郑欣淼深深的影响。为他以后成长为党的高级干部、负有重要的责任并做出成绩都有着重要的意义。郑欣淼始终敬重这些老领导老同志，始终珍惜与他们在一起的经历和时光。他们中有的已经去世，郑欣淼深情地写下诗篇，以表达对他们的怀念。

郑欣淼到了陕西省委政策研究室，开始参加编辑为省委决策服务的政策性刊物《调查资料》。他是这里最年轻的后生，在机关拍大合影照片时，他会和服务员们一起蹲在前排。但是这个年轻人却是不同凡响。他在编辑《调查资料》的同时，自己也进行调查研究。

陕西是传统的农业省份，在陕西省委政策研究室期间，郑欣淼工作研究重点是农村、农业、农民的三农问题。他结合农村的改革发展实践深入田间地头，或个人或与人合作，写出了《协调城乡关系促进农村经济稳步发展》、《陕西农村私营经济发展的理论思考与政策建议》、《建立健全农村社会经济技术服务体系初探》、《大中型企业的产品扩散及其与街乡企业的协作联合》、《农业深度综合开发：现阶段农业剩余劳动力的基本出路》等研究报告。这些文章的共同点是理论与实践结合，有情况，有问题，有分析，有政策建议。1989 年 3 月，中共中央农村政策研究室、农业部、国务院经济体制改革委员会等 9 个单位联合发起举办纪念农村改革 10 周年征文活动，在 2400 多篇征文中，郑欣淼为第一作者的《城乡经济关系在协调中走向一体——陕西农村经济发展的一个思路》获奖，文章收录在《中国农村改革十年》（何康、王郁昭主编，中国人民大学出版社，1990 年）一书中。郑欣淼说，他如果继续在陕西工作，肯定会成为一位农村问题专家。

郑欣淼在这里同样遇到了德才兼备的好领导，领导同志强烈的事业心、认真的工作态度，对问题的概括总结和理性提升的能力和对年轻人大力培养、提携的胸怀，都使郑欣淼受益匪浅。

郑欣淼 1977 年调到陕西省委，1992 年离开，在此工作了 15 年。1984 年 4 月，郑欣淼被任命为副处级调研员，这一年 12 月任处长，1985 年 2 月任命为省委研究室副主任。短短 10 个月，从副处级提到副局级，这一年他 37 岁，这样的提拔在省委大院是绝无仅有的。须知，在当时重视知识、重视学历的环境下，郑欣淼被提拔时，还是高中学历。半年后，他才通过国家自学考试，获得大专文凭。郑欣淼不负众望，做了更多的工作，担负了更重要的职务，取得了更多的成绩——1988 年，担任了陕西省委副秘书长，1991 年，任陕西省委研究室主任。

郑欣淼干一行、爱一行、钻研一行的特点，在陕西省委研究室工作期间有了充分体现，这就是他的《政策学》一书的出版。他干的是政策研究，但感到当时还没有建立起一门严整的政策科学理论体系，也没有形成在这一科学体系指导下建立的科学的政策制定系统。郑欣淼根据自己 10 年政策研究工作的实践，结合我党长期政策工作的经验教训，运用马克思主义观点和方法，并进行理论的概括和提升，写成了《政策学》。此书为我国最早出版的为数不多的政策科学研究著作之一，获陕西省社会科学第二次优秀科研成果奖，有较大影响，后来同类著作多有提及。这部著作还对郑欣淼的事业产生了影响。

1991 年，郑欣淼参加了中央政策研究室在北京召开的关于农村工作的一个会。中研室的一位领导见到郑欣淼就说："你的《政策学》我看了，写得好。"后来，这位领导提出郑欣淼是否愿意到北京工作。诚邀素不相识的郑欣淼来京，这位领导唯才是举，完全是为党的事业搜寻人才。郑欣淼十分感动。

1992 年，郑欣淼调任中共中央政策研究室，任文化组组长。他在此工作了近 3 年时间，完成了多项重要工作。

这 3 年间，他的主要工作是参与起草中央领导同志的讲话稿，及其他文件、材料。1993 年参与起草江泽民同志"纪念毛泽东同志诞辰一百周年"的讲话稿；1994 年，参与起草《政府工作报告》，参与起草胡锦涛同志在"关于农村基层组织建设"会议上的讲话稿及有关中央文件；1995 年，参与起草“纪念反法西斯战争胜利 50 周年”有关文章。

在提议并组织召开“企业文化全国研讨会”和“关于科技成果转化的出国考察”两项活动中，郑欣淼在扩大工作领域、改进工作方式、加强与社会合作等多个方面都有所突破、有所创造。

1993 年，郑欣淼在新疆参加“西北五省区党政主要领导联席会议”期间，了解到新疆生产建设兵团在转型期面临着严重问题，便连夜开始调查。在那个晚上，人们都在剧场联欢，郑欣淼与兵团的领导做了一次深谈。这是涉及多方面关系的重大问题，他将调查了解到的情况向中央反映，得到领导的重视，并采取措施，努力解决存在问题。

在中央政策研究室任文化组组长期间，郑欣淼又认真研究社会主义市场经济条件下文化建设的热点难点问题，特别是对改革开放以来文化建设中的新鲜经验进行概括总结，写出了《社会主义文化新论》一书，为中国青年出版社的“社会科学新论”丛书之一。这本书切近现实，不乏创新之处，例如对文化自身规律的探讨，对文化市场的分析，对积极引导好人民群众文化消费的论述，对文化雅与俗辩证关系的研究等。《人民日报》、《中国图书评论》、《光明日报》等报刊发表过 10 余篇评价文章，中国青年出版社曾推荐参加中国出版业协会的“畅销书奖”的评奖。

1995 年，郑欣淼调任青海省人民政府副省长。他主要负责文化和体制改革方面的工作。这包括文化艺术、广播电视、新闻出版等，包括民营经济如何发展、国营企业如何改革、住房制度如何改革、股票的发行等，涉及范围广、政策性强。因为身体的原因，郑欣淼在青海实际工作时间并不长，但他的喜欢读书学习、喜欢研究问题，给青海的同志留下了深刻印象。他写的《深化我省企业改革应重视的几个问题——海东地区、西宁市的调查与思考》一文，以及在全省新闻出版工作会上的讲话、在省体改委干部会议上的讲话等，都是亲自执笔，不要旁人代劳，观点鲜明，内容切实，开了一个好的风气。

厚养博学的故宫守护人

2003 年 7 月，担任故宫博物院院长不到一年的郑欣淼，提出了“故宫学”概念，并先后撰写了一系列理论文章，对故宫的研究和故宫事业的发展，产生了深远影响。

在到故宫之前的 4 年间，郑欣淼担任了国家文物局的党组副书记、副局长。就像是命运的安排，他每走一步，就离故宫更近一程。他的刻苦读书、潜心研究、深入调查、认真著述还有他的工作实践，似乎都是在为他担当故宫博物院院长这一重任而打基础、做准备。

在文物局工作的 4 年中，他倡导并组织了“文物保护世纪行”活动。这是新中国成立以来最大规模的文物保护宣传活动，旨在让全社会了解文物保护的意义，让全社会对文物保护更加关注。活动举行了两次，1999 年的活动历时 23 天，行程 4000 多公里，考察了河北、河南、陕西、山西四省，2000 年的活动历时 25 天，行程近 6000 公里，考察了甘肃和新疆，40 余名新闻工作者写出了 240 余篇报道，收到了广泛的社会宣传效果。《穿越千年——文物保护世纪行》（学苑出版社，2001 年）一书，记载了有声有色的这两次活动。

他提议、策划了由国家文物局、国家建设部、世界银行、联合国教科文组织合作召开的“中国文化遗产保护与城市发展国际会议”。这个会议召开的起因是受到1999年佛罗伦萨的一个相同主题会议的启发。郑欣淼出席了这次国际会议。虽然是文物战线的新兵，但善于思考的他却抓住了这个机会，进行了认真的研究，并结识了一些朋友。终于在2000年7月，在北京成功举办了这次会议。会议讨论了“文化遗产的文献采编标准和记录技术的作用”、“历史保护区：城市发展中的有效规划和保护”及“合理利用古建筑和历史文化遗址：管理计划的制定”等问题，会议通过了关于“文物保护与城市发展”的具有重要意义的《北京共识》，取得了圆满成果。现在这一文件收录在由联合国教科文组织世界遗产中心、国际古迹遗址理事会、国际文物保护与修复研究中心以及中国国家文物局四个机构主编的《国际文化遗产保护文件选编》（文物出版社，2007年）。

在这四年中，他着力最多的是对文物保护与博物馆事业的调查研究。他撰写了多篇关于国家文物方针、关于博物馆发展、关于文物与旅游关系的研究文章，如《最重要的是转换思路——上海博物馆的启示》、《建立全社会参与为重要内容的文物保护新体制》、《文物与旅游业关系初探》、《论文物资源在旅游业中的特点及开发、保护问题》、《关于民族民间文化保护立法工作的几个问题》等。这些文章，是实践的总结，又有理论上的思考，提高了自己，也指导了工作，在中国文物界产生了比较大的影响。

在这样的过程中，他走遍了祖国的大江南北，到过全国大多数重点文物保护单位，对灿烂的中华文明有了更为深入的认识，对文物的特点与作用有了更多的了解，对党和国家的文物政策有了更为全面、准确地把握，对文物工作也更充满了感情。

2002年9月，他成为故宫的掌门人，守护者。他不辱使命，做了大量的工作，取得了丰硕成果。

——主持故宫全面大修

郑欣淼上任后不到一个月，故宫开始了它投资19亿、为期19年、自1911年宣统帝逊位以来的首次整体大修。这场浩大的工程共分三个时期：2002到2008年为近期，中期从2009到2014年，远期工程为2015到2020年。

故宫始建于明永乐四年（1406年），建成于永乐十八年（1420年）。目前，明清皇宫紫禁城占地72万平方米，现存建筑面积16.7万平方米，房屋8700余间。它与从夏商经秦汉到隋唐，再到宋元宫殿建筑的发展是一脉相承的，尤其与凤阳、南京明皇宫和沈阳清宫有密切联系。其建筑设计反映了我国传统哲学思想（如天人合一）和美学思想（如壮丽重威、平衡对称）。在中国历代宫殿中，只有明清皇宫紫禁城在总体布局上最接近“左祖右社，面朝后市”、“五门三朝”等儒家的理想和封建礼制。传统的五行学说、阴阳学说在紫禁城建筑中也得到应用和体现。故宫作为我国古代宫殿建筑发展的集大成者，在建筑技术和建筑艺术上代表了中国古代宫廷建筑的最高水平。故宫是世界上规模最大、保存最完整的皇宫建筑群，这在世界上是少见的，同时也是唯一的原址保护陈列的皇宫博物院，是非常珍贵的世界遗产。

这次大修所要实现的目标，是要完成维修、保护古建筑群的任务，完成完备的排水、供电、供热、信息通讯、安防设施等系统的建设，使古老的紫禁城祛病延年，恢复其庄严、肃穆、辉煌的历史原貌。郑欣淼还强调故宫古建筑传统技艺的非物质文化遗产的意义，要求在大修中进一步发掘、整理和传承故宫古建筑技艺，对每一座建筑的修复都将详细记录，竣工之后，出版维修报告，公诸于世，保证文化遗产的完整性和真实性得到延续。使故宫大修不仅仅是对古建筑的维修，也要为后世提供古建筑保护的范本，实现对文化的传承。

——主持文物彻底清查

郑欣淼认为，故宫大修是推动博物馆各项工作的一个契机。他提出要对全院文物藏品进行彻底清查。2004 年此项工作开始，2010 年结束。这要解决两方面的问题：第一，完成包括点核、整理、鉴定、评级、管理等一系列工作。故宫文物大致有 150 万件，清理之后就要搞清准确的数字，要准确到每一件，同时要出版故宫藏品目录、图录，公开向全世界发行。这样就可以让社会大众更好地了解故宫，同时也更好地为学术研究服务。2008 年年底，《故宫博物院藏品大系》的“绘画编”，已有数卷与读者见面。第二，要解决好对“文物”的认识。郑欣淼认为，长期以来，我们对宫廷遗物的认识是不够的，许多物品没有被当做文物看待，传统的以“经济价值大或者稀有”的“古物”、“古董”、“古玩”才视为文物的观念影响很深，而没有把对文物价值的评判主要放在文物自身所蕴涵的历史文化信息上。我们应该扩展文物的概念，思路应该更开阔，从文化遗产的角度去看待故宫的宫廷遗存，并挖掘、突出它的社会文化价值。同时，对文物的判定也不应简单地按某一年代作界限。许多具有科学、艺术、历史价值的东西，或是反映当代某些重大历史事件的物品，以及反映特定地区、时代、民族的图片、实物，当代的一些有代表性的艺术品等，都应作为文物来收藏、抢救。

——创立故宫学

2003 年 10 月，在庆祝南京博物院成立 70 周年举办的“世界博物馆馆长论坛”上，郑欣淼提出了一门新的学科——故宫学。

故宫学的研究对象是故宫。故宫有两方面含义：一是紫禁城古建筑（故宫），二是故宫博物院，二者密不可分。故宫学的研究内容十分丰富，包括紫禁城宫殿建筑群、文物典籍、宫廷历史文化遗存、明清档案、清宫典籍以及故宫博物院的历史。研究目的是不断推进对故宫的综合研究，挖掘故宫文化的深邃内涵，具体来说有四点：第一，希望研究故宫的学者特别是中青年学者，把故宫作为一个“大文物”来看待，弄清故宫学的学术覆盖面及其内涵，在学术视野上解决点和面及面和体的关系。第二，使流散在院外、国外的清宫旧藏文物、档案文献有一个“学术归宿”，它们的文化精神是故宫学的一个部分。第三，增强全社会对包括古建筑在内各种故宫文物的保护意识。故宫学的确立，不仅仅是要引起学术界关注，而是要整个社会都来关心文化遗产的问题；不仅仅要加强对物质文化遗产的保护，而且要注重对非物质文化遗产的传承。第四，便于向社会公众普及和提高对故宫的总体认识。故宫是最能代表中华传统文化与古老文明的载体之一，要使人们从一般“游览”的心态转到对优秀传统文化的景仰，进而得到熏陶、启迪，这在很大程度上有赖于故宫学的传播。

郑欣淼指出：故宫学术研究已有 80 多年积淀，这为故宫学打下了基础。80 年来，故宫学的研究领域不断扩大，成果不断涌现，但从故宫本身的地位、作用及研究状况看，故宫研究还需要提升、创新、突破，故宫学就是要把这些基础研究整合起来，统一在一个内在逻辑之中，这对于整合研究力量，规划研究方向和重点，加强薄弱环节，提高研究水平，更好地挖掘故宫丰富的历史文化内涵，具有重大的文化建设意义，它也能进一步揭开围绕着故宫的许多谜团。

郑欣淼认为，故宫学是综合性的学科。因为它本身就是一个文化整体。在漫长的中国封建社会，宫廷在一般情况下起着核心和主导的作用，它包含了诸多方面的历史信息。故宫学的内涵很丰富，涉及的范围很广泛——历史、政治、建筑、古器物、档案、图书、艺术、宗教、民俗、科技、博物馆等学科都包含其中，从已有的研究成果看，许多都是中国文化史、中国艺术史、中国明清史的重大课题。在研究中需要运用历史学、考古学、文献学、建筑学、文学、美学及相关的自然科学的理论和方法。需要多学科协作，全方位展开，不断深入探求，才能得出科学的结论。

故宫学是开放的学科，一方面由于其特有的研究对象与范围，注定了它的学术地位，必然会引起学界的关注；另一方面，由于清末国势日衰，政治腐败，外患频仍，清宫文物珍藏多次遭到劫掠或毁损，许多被抢到异域，不少流失民间。国外一些研究机构、学校及图书馆藏有不少清宫文物。清宫文物在海内外的散佚，客观上为更多的机构与个人参与故宫学研究提供了条件。故宫博物院在故宫学研究中有着特殊的地位，也负有重要的责任。它不仅要利用自身优势，在已有基础上有新的提高，而且要为海内外故宫学研究提供服务。要继承并弘扬故宫学术研究的传统，树立开放的理念与心态，树立公开、开放的风气，吸引和组织社会力量参与，加强与海内外高等院校、研究机构、学术团体、专家学者的合作交流，推进故宫研究的不断深入。

故宫学的提出，对故宫的研究、保护和发展具有划时代意义，对我国的文化建设是一大贡献。在制定《故宫博物院发展总体规划纲要》和《故宫保护总体规划》时，已把建立故宫学的学科目标、规划故宫学学科框架作为重要内容。

郑欣淼说，故宫学的提出，根本目的在于充分发掘故宫深厚的文化内涵，更好地传承中华文明，弘扬民族精神。故宫学的研究具有清醒自觉的反省意识与批判精神，体现了科学的传承观。推进故宫学研究，既是故宫博物院保持生机与活力的体现，也必将在我国当代再创文化的辉煌中发挥其应有的作用。是故宫博物院在21世纪的学术责任和历史使命。

——致力于学术抢救

郑欣淼始终重视学术的研究成果和学术研究者，始终尊重为故宫做出贡献的人们。他认为，故宫的许多老专家，在文物鉴定和学术研究上做出了重大贡献，他们也是国宝。

在他的倡导下，为故宫的老专家老先生著书立传，使他们的研究成果得以传播，惠泽后人。唐兰、罗福颐等先生的遗著正在抓紧整理。为将近百岁的书画鉴定大家徐邦达先生出版16卷的文集，为已故的古建专家、明清档案专家单士元先生出版4卷文集，为古陶瓷专家耿宝昌先生配助手，协助他完成著述。古琴专家郑敏中、玉器专家杨伯达等老先生的研究也都得到了重视和支持……郑欣淼强调，这些老专家和他们的研究成果是国家的宝贵财富，一定要全力抢救，一定要全力保护好。对于中青年学者，郑欣淼也是给予相当的重视，《紫禁书系》已出22种，其中绝大多数为院四五十岁研究人员的著作。

在他的倡导下，创刊《故宫学刊》，加强《故宫博物院院刊》等原有期刊的编辑出版，以对故宫的学术研究和抢救提供支持。

在他的倡导下，故宫建立了“景仁榜”，将那些为故宫捐赠文物的人士的名字镌刻其上，使他们永远被纪念被敬重。

——致力于学术研究

在故宫的6年多，郑欣淼写了20来篇发掘故宫价值、阐述故宫学内涵的文章，如《故宫的价值与故宫博物院的内涵》、《紫禁城与故宫学》、《故宫学述略》、《故宫博物院八十年》、《清史研究与故宫学》、《故宫对于我们的意义》、《故宫藏传佛教研究的回顾与前瞻》、《故宫、故宫文化与故宫学》、《故宫的价值与地位》等，分别发表在《人民日报》、《光明日报》、《中国文化报》、《解放日报》、《文汇报》、《中国文物报》、《故宫博物院院刊》、《故宫学刊》等报刊，其中6篇为《新华文摘》转载。

他的研究深入、深刻，科学、系统，博大精深，高屋建瓴，独辟蹊径而又融会贯通，细致入微而又气势磅礴，既继承了传统又具开拓创新精神，既是对过去的总结又是对未来的引领。他的研究成为故宫学学术思想的奠基，确立了故宫学的学科体系，对今后故宫的研究和故宫的事业发展，都产生了深远的影响。

郑欣淼在故宫6年来学术研究与工作成果的一个集中反映，是他于2008年后半年相继出版的四本可称为“故宫系列”的丛书：《故宫与故宫学》（论文集）、《天府永藏——两岸故宫博物院文物藏品概述》、《守望经典——郑欣淼谈故宫》（访谈录）、《紫禁内外》

（短文汇集），四本书近130万字，从中可以看到他的令人敬佩的勤奋精神。

郑欣淼热爱故宫，热爱守护故宫的事业。他常常早晨5点钟起床，从位于东三环的家中出发，穿过半个北京城，6点钟便到达故宫开始工作，这72万平方米的区域，让他着迷，让他魂牵梦绕，让他充满了温情和敬意，让他呕心沥血，殚精竭虑，也让他尽展智慧和才华。

他深深懂得：历史形成了故宫的国宝地位，故宫具有中华文明与中国传统文化的象征意义。故宫挽留住了历史的精神气质，故宫是不可替代的。故宫博物院的成立及其不平凡经历，给皇家收藏赋予新的意义，使它与民族文化血脉的传承联系在一起。

他深深懂得：他是受国家委托来保管这些国宝，责任重大，使命光荣，他必须恪尽职守，继往开来，使这些中华民族极为珍贵的历史文化遗产得到很好的保护，向国家和人民做出郑重的交代。

郑欣淼，这个当年从家乡陕西渭南走出来的后生娃，终于成长为国家担当重任并做出贡献的高级干部，在这个过程中，风云际会，丰富精彩，在这个过程中，展示了他的美好品质和富有魅力的性格——他是忠诚事业、刻苦努力的人。

他办事认真实在，从不满足，追求事业完美。在他的事业进程中，进入到多个领域，变换过多个岗位，他干一行爱一行，钻研一行干好一行，他每到一个新岗位，都做出成绩，都有文章发表或著作出版，这都是他工作实践的总结，是他努力从理论高度上来认识的探求。他来到故宫时，已55岁，虽有深厚的积累，仍需要深入的学习。俗话说：四十不学艺。但是他投身其中，花大功夫学习、研究、著述，成为了内行、专家，这使他能够更好地守护故宫，更好地推动事业的发展。

他热爱学习，刻苦读书。在陕西澄城县老家，提起郑欣淼，老人们都印象深刻“那是个爱读书的娃”；在青海当副省长时，有一篇《副省长逛书店》的文章，记录了他买书、看书的书痴故事；他在青海工作时患了眼疾，从此他右眼视力只有0.1，左眼视力也大受影响，但他仍一本一本地阅读，一笔一笔地写作、读书，已贯穿了他的每一天，读书使他拥有智慧和才华，使他能够担当重任，把事业搞好；使他心灵宁静、心胸开阔、心情快乐。他曾赋一首《鹧鸪天》抒发他对书的感情：

> 也怪竟结翰墨缘，痴迷书肆乐其间。休看寒舍几藏度，宁让渭河千亩田。　　心存远，自恬淡，书城拥坐自流连。难如五柳求粗解，虽有一得不忘筌。

他是淡泊名利，厚道老实的人。

他1970年1月入党，是有近40年党龄的老党员，长期以来，无论作为一个基层的普通工作人员还是作为国家的高级领导干部，始终以党和国家的利益为重，以做好工作有所进步为己任。他一切听从党的召唤，服从组织的安排。他到高原青海工作时已患有高血压8年、并诊断出又患了糖尿病，仍在工作中开拓进取、取得成绩；他到国家文物局工作时，是“副部级”当“局级”使用，郑欣淼全然不理会，满怀激情地投入到工作中。国家文物局在红楼办公，上班第一天，他就写了一首诗《红楼上班有感》：

岁暮长安寒渐加，红楼今始度生涯。
眼低犹待行千里，腹俭直须充五车。
辉耀史编魂溯古，赓绵禹甸物含华。
不辞跬步蓬山远，敢望馀年忝一家。

这表达了他努力学习做好工作的感受和愿望，也展现了他忠诚老实、淡泊名利的高贵品质和精神。

他性情宽厚温和，待人真挚坦诚，和他一起工作的人都对此印象深刻："他善于合作，好打交道，他对待下属都会以一种商量的语气去处理问题，而不是命令式地直接让大家去执行。深受大家的拥护和尊敬。"他认为:"做人必须正派、廉洁，做事要民主、公正，还要不断地学习，具有全面的人文素养。"他常说："作为一个领导者必须要有自知之明，要善于倾听各方面的意见，坚持调查研究，坚持民主程序与规定。"他强调："任何工作都是在前人的基础上，我是过程中干过程中的事。一定要加倍努力，把工作做好，做实在。"

他是热爱生活，充满诗意情怀的人。

他少年时代就钟情于旧体诗，尤其喜爱杜甫，后来研究鲁迅，对其诗歌更是下功夫学习。他从十七八岁就开始写诗，并不断有诗作发表，已发表了500余首。他总结道："率由兴趣而发，或因事寄语，或感时咏怀，或山川纪胜，或诗友唱酬，情缘物动，物感情迁，不计工拙，聊志鸿爪而已。"他出版了3部诗集：1994年出版了《雪泥集》，2000年出版了《陟高集》，2006年出版了《郑欣淼诗词百首》。有评论家评论说：郑欣淼的诗令人流连品味，因为他写的都是当今社会生活，感时赋事，见闻入诗，所历所思，无不入韵。无论是游历古迹时的凭吊感怀如《桂枝香・岳阳楼》、《永州柳子庙》等，还是读书看戏观画听报告时的思绪心得如《读鲁杂感》、《在西宁观豫剧》等，可谓雪泥鸿爪皆诗句，是情是理任剪裁。以当代生活入诗，记录当代人的心灵感触，表达当代人的思想感情，以激活古体诗的生命。

他对诗词的爱好源于对生活的感谢和领悟，因此浑然天成、造化于心、朴实真挚，热情洋溢，诗中充满了从容不迫、悠远深邃、浑厚开阔之气韵，充满了丰满圆润、华美生动、飘逸洒脱之意境。

2002年10月10日，郑欣淼就任故宫博物院院长，他“自知任重”，有感而赋《水龙吟・任故宫博物院院长感赋》，这是他为国家努力工作的热烈情怀的深情表达，也是他几十年精彩人生的真实写照：

又逢双十佳期，宫城渐见萧萧气。金风曳柳，淡云宏殿，斜阳危雉。百万珍琛，中华文脉，般般承祀。忆维艰筚路，辉光八秩，拂征尘，重开翅。　　大任砺人心志，惕中心、薄冰今履。当筵鲍老，郎当挥袖，岂能推避？千载新机，四方瞩目，须乎盛世。但惟怀悃悃，浅深揭厉，且闻鸡起。

原载朱鹏主编《使命》第八卷，中国文联出版社，2009年

编辑后记

由原文化部副部长、故宫博物院院长郑欣淼先生编定的《故宫答问——郑欣淼访谈录》一书即将由故宫出版社出版发行，作为《守望经典——郑欣淼谈故宫》的责任编辑，再次担任《故宫答问——郑欣淼访谈录》一书的编辑工作，欣喜之情，难以言表，聊赘数语，以为骥尾。

众所周知，北京故宫博物院以其拥有的世界上规模最大、保存最完整的古代皇宫建筑群，数量庞大的具有丰富中国传统文化内涵的艺术收藏品，成为世界最为著名的综合艺术博物馆之一，受到海内外人士的热爱和推崇。作为这一人类共有历史文化遗产的守护者，对其进行科学保护、深入研究并尽可能多地展示给海内外热爱中国传统文化的各界人士，自然是我们应有的历史责任和文化担当。

基于此种认识，郑欣淼院长自2002年就任故宫博物院院长一职后，怀着对中国传统文化的温情和敬意之心，以及传播、弘扬这一优秀文化的历史担当，毅然投身于故宫博物院的各项工作中去。他积极推动《故宫保护总体规划大纲》和《故宫博物院2003~2020年发展总体规划纲要》的编写工作，为故宫博物院的长期发展勾画出清晰的蓝图；启动历时七年的馆藏文物清理工作，使故宫博物院自建院以来首次摸清了自己的家底，为搞好文物保护工作以及向社会开放提供了基本条件；启动历时十年的古建筑大修工程，使这座世界上规模最大、保存最完整的古代皇宫建筑群重新焕发出新的生命力。为了全面深入发掘故宫的文化内涵，他于2003年提出了“故宫学”的学科概念，吸引了院内外大批学者参与到故宫的研究中来，推出了一大批具有一定水平的学术成果，不少知名高校还因此开设了故宫学硕士学位课程，使故宫研究日益受到学术界的重视。可贵的是，出身学者的郑欣淼院长还把科学研究作为搞好管理工作的基础，因此在繁忙的工作中总会抽出时间，亲自从事故宫相关问题的研究，短短几年间即推出了一百多万字的学术成果，成为最勤奋、学术成果最多的故宫人之一，有力地支撑了故宫各项工作的顺利开展。

为了向海内外热爱中国传统文化的各界人士介绍故宫这一全人类共同拥有的文化遗产，从而赢得其关注和支持，郑欣淼院长还在繁忙的工作中抽出时间，接受了海内外众多媒体记者的采访，就大家关注的故宫相关问题，畅谈了自己对故宫的了解和认识，也赢得了社会各界人士的理解和尊重。其中的主要内容就汇集在《守望经典——郑欣淼谈故宫》和《故宫答问——郑欣淼访谈录》两书之中。

我们相信，随着《守望经典——郑欣淼谈故宫》和《故宫答问——郑欣淼访谈录》两书的出版发行，故宫及其蕴涵的丰富文化遗产，必将吸引更多人士的关注和支持，故宫这一全人类共同拥有的文化遗产必将得到更好的保护和传承。

陈连营

2014年3月

图书在版编目（CIP）数据

故宫答问——郑欣淼访谈录 / 故宫出版社编. — 北京：故宫出版社，2014.3

ISBN 978-7-5134-0559-1

Ⅰ. ①故… Ⅱ. ①郑… Ⅲ. ①故宫博物院-概况-北京市-问题解答 Ⅳ. ①G269.263-44

中国版本图书馆 CIP 数据核字（2014）第 011816 号

故宫答问——郑欣淼访谈录

责任编辑：陈连营　王志伟

封扉设计：李　猛

出版发行：故宫出版社

地址：北京市东城区景山前街 4 号　邮编：100009

电话：010-85007808　010-85007816　传真：010-65129479

网址：www.culturefc.cn　邮箱：ggcb@culturefc.cn

制　　版：保定市万方数据处理有限公司

印　　刷：保定市中画美凯印刷有限公司

开　　本：787 毫米 × 1092 毫米　1/16

印　　张：32.75

字　　数：400 千字

版　　次：2014 年 3 月第 1 版

2014 年 3 月第 1 次印刷

印　　数：2000 册

书　　号：ISBN 978-7-5134-0559-1

定　　价：76.00 元